四川循环经济研究中心课题资助（课题编号 XHJJ-2206）

The research was supported by the Open Fund of Sichuan Province Cyclic Economy Research Center (No. XHJJ-2206)

乡村振兴视域下基于产权约束的农村土地流转市场定价研究

Research on the Pricing of Market-oriented Circulation of Farmlands based on Constraint of Property Rights from the Perspective of Rural Revitalization

黄晓懿　钟林 ◎ 著

Huang Xiaoyi, Zhong Lin

西南交通大学出版社

·成　都·

图书在版编目（CIP）数据

乡村振兴视域下基于产权约束的农村土地流转市场定价研究 / 黄晓懿，钟林著. -- 成都：西南交通大学出版社，2023.10
ISBN 978-7-5643-9544-5

Ⅰ. ①乡… Ⅱ. ①黄… ②钟… Ⅲ. ①农村 – 土地流转 – 定价 – 研究 – 中国 Ⅳ. ①F321.1

中国国家版本馆 CIP 数据核字（2023）第 212391 号

Xiangcun Zhenxing Shiyu xia Jiyu Chanquan Yueshu de
Nongcun Tudi Liuzhuan Shichang Dingjia Yanjiu

乡村振兴视域下基于产权约束的农村土地流转市场定价研究

黄晓懿　钟　林　著

责任编辑	孟秀芝
封面设计	何东琳设计工作室

出版发行	西南交通大学出版社
	（四川省成都市金牛区二环路北一段 111 号
	西南交通大学创新大厦 21 楼）
邮政编码	610031
营销部电话	028-87600564　028-87600533
网址	http://www.xnjdcbs.com
印刷	郫县犀浦印刷厂

成品尺寸	170 mm × 230 mm
印张	21.75
字数	402 千
版次	2023 年 10 月第 1 版
印次	2023 年 10 月第 1 次
定价	98.00 元
书号	ISBN 978-7-5643-9544-5

前　言

　　中国的大问题是农民问题，农民的大问题是土地问题，加快农村土地经营权流转（以下简称"农村土地流转"）被认为是解决中国城乡二元社会经济结构和"三农"问题的途径之一。然而，中国农村土地流转市场发展缓慢，流转规模偏小，流转效率不高。问题的根源在于，受产权制度条件的约束，农村土地市场定价机制的缺失影响了流转主体的积极性，降低了流转效率。加快农村土地流转市场化步伐，建立健全高效、公平、规范的农村土地流转市场体系，科学配置土地资源，实现农业适度规模经营，已经成为政府、社会和学界的共识。但是，在现实的产权约束框架下，农村土地流转怎样市场化，流转市场定价关注的重点是什么？这是农村土地流转市场化的关键问题，也是现有研究的主要不足。

　　本书综合运用市场价格理论、现代产权理论、双边市场理论，采用理论研究和案例分析相结合，规范研究和实证分析互为补充的方法，针对产权约束下的中国农村土地流转市场定价问题进行了深入研究。本书对国内外现有研究进行了拓展和改进，综合市场和制度两个因素，围绕市场定价这个核心，重点关注产权约束和市场机制的内在联系，将农村土地保障功能作为重要因子纳入市场定价分析，尝试建立包括价格形成机制、价格发现机制、价格协调机制在内的农村土地流转市场综合定价机制的理论分析框架，揭示农村土地流转市场定价的经济学机理。研究结果表明：通过市场竞争、双向拍卖、平台协调、政府保障的多重作用，不仅可以充分发挥市场在资源配置中的决定性作用，提高农村土地流转效率，而且可以为农村土地产权提供市场化的实现途径，更好地兼顾社会公平。具体研究内容和结论如下：

首先，通过回顾中国农村土地制度变迁历史，结合土地产权的相关理论，对中国农村土地产权制度的形成和特点进行分析归纳，揭示了农村土地流转的产权属性以及中国农村土地产权的特殊性。

其次，进行农村土地流转主体行为分析，引入市场保障机制，探讨市场建设与政府的关系，以及政府在农村土地流转市场化进程中应发挥的市场保障作用。

再次，进行农村土地流转市场均衡分析，讨论农村土地价格市场形成机制。引入土地保障功能，建立基于农户和企业最优决策的需求—供给模型，求解和分析模型的均衡。均衡分析表明，垄断将导致均衡交易量和均衡交易价格下降；给定其他因素，外生因素对均衡交易量和交易价格的影响在竞争性农村土地市场和垄断市场中的方向是一致的。因此，为了提高农村土地流转交易的效率，应避免农村土地市场形成垄断，建立竞争性的农村土地流转市场，同时重点关注影响市场需求和供给意愿的基本因素，通过适当的政策从源头上引导和管理。

接着，进行农村土地商品交易定价分析，讨论农村土地价格市场发现机制。建立基于土地保障功能的双向拍卖模型，将农户看作是土地使用权的卖方，对农村土地承包经营权有需要的他人或组织看作是买方，将政府作为机制设计者。买卖双方分别向政府报价，政府按照一定规则确定成交价格，然后买卖双方在这一价格下完成交易。模型的均衡分析结果表明：双向拍卖机制将有助于实现土地利用效率的事后帕累托改进，有很高的价格发现效率；政府可以通过在交易价格规则中选择一个最优参数来最大化农村土地流转交易成功的概率，这为政府设计交易规则提供了一个参数确定的理论基础。

随后，进行农村土地流转中介定价分析，讨论农村土地价格协调机制。

应用双边市场理论，引入平台作为第三方，按照农村土地流转交易的内涵和特征，建立农村土地流转交易平台概念模型框架。进一步，建立农户土地流转交易平台的利润模型和社会福利模型，形成农村土地流转交易平台最优价格结构。研究结果表明：农村土地流转市场具有双边市场的特征，在考虑市场参与者交叉网络外部性的情况下，平台（中介）能够吸引更多的交易者；平台定价结构可以影响平台交易量，政府可以根据需要，通过对农户的倾斜定价（补贴或免费）策略来协调因外部性可能引起的流动性不足和交易量异常，间接实现农村土地的保障功能。

最后，以全国统筹城乡综合配套改革试验区——成都市为例，结合笔者对成都农村的调查数据，就政府在农地流转市场化进程中应发挥的市场保障作用进行案例分析。成都市的经验分析表明，一方面，农地流转市场建设离不开政府的参与；另一方面，应该处理好市场规律和公权介入的关系，合理界定政府在市场中的行为边界，建设服务型政府。

黄晓懿、钟林
2023 年 10 月

Introduction

The big challenge faced in China for a long time is issue concerning farmers and peasants, and the big problem for the farmers and peasants is the land issue. Quicken rural land circulation is considered as one of favorable ways to establish urban-rural dual economic structure and solving issues concerning agriculture, countryside and farmers, namely "Three Rural Issues" in China. However, in China, the market for circulating rural land is developing slowly, circulation scale is comparatively small, and circulation efficiency is not high. The root of the problem lies in the restriction of property rights system, the lack of pricing mechanism of rural land market affects the enthusiasm of transfer subjects and reduces the transfer efficiency. To accelerate the pace of market-oriented circulation of rural land, establish and improve the efficient, fair, regulated market system of rural land circulation, scientifically distribute land resources so as to operate the land in appropriate scale, which has become the common goal of the government, society and the academic. Nevertheless, within the constraints of real property right, how to realize market-oriented circulation of rural land? What is the key point to decide the price?which are the crucial issues for market-oriented circulation of rural land, but also major shortcomings in existing research.

In this dissertation, Market Price Theory, Modern Theory of Property Rights, Bilateral Market Theory are comprehensively exercised, theoretical research and case studies are well combined, normative analysis and empirical analysis are complemented so as to do in-depth study on issues about market pricing of circulation of Chinese rural land under constraints of property rights. Current researches at home and abroad are expanded and improved in this dissertation, combining factors of the market and the mechanism, closely around the market pricing, focusing on inherent relation between property rights constraints and market mechanism, and as an important element, rural land protection will be introduced to analyze market pricing, this dissertation tries to establish theoretical framework of comprehensive pricing mechanism of market-oriented circulation of rural land, including the price formation mechanism, the price discovery mechanism and the price coordination mechanism. Research results in this dissertation show that through exercising multiple roles of market competition, two-way auction, platform coordination and the Government protection, it not only can give full play to the market in resource allocation as as to enhance the efficiency of rural land circulation, but also provide property rights for rural land with ways to realize market orientation so as to better balance social equity. The specific content and conclusions are as follows:

First of all, by reviewing the historical changes in China's rural land system, combined with land-related property rights theory, the formation and features of Chinese rural land property rights system are analyzed and summarized, which reveals property attributes of rural land circulation, as well as the particularity of China's rural land property rights.

Second, by analyzing the subject behavior of the rural land circulation , market guarantee mechanism is introduced; the relationship between market construction and government is discussed; and the market guarantee role that government should play in the market-oriented process of the rural land circulation is also discussed.

Third, by doing equilibrium analysis on market-oriented circulation of rural land, market pricing mechanism of rural land is discussed; by introducing land protection function, demand-supply model for optimal decisions between farmers and businesses is established, and then equilibrium of model is solved and analyzed. The equilibrium analysis show that monopoly will lead to reduce in equilibrium trading volume and price, when some factors are certain, in a competitive market and monopoly market, the impact of exogenous factors on equilibrium trading volume and price is in the same direction. Therefore, in order to enhance the efficiency of rural land circulation, it is advisable to avoid the monopoly formed in the rural land market, build up competitive rural land circulation market, and meanwhile focus on the fundamental factors which will affect market demand and supply and will at the same time through appropriate policy guidance and management.

Fourth, by doing pricing analysis on agricultural commodities, the price discovery mechanism of rural land is discussed; two-way auction model functioned with land protection is established. In this model, farmers are considered as a seller who has land use right, and to those who are in need of land contractual management rights are regarded as a buyer, while the government is the mechanism designer. Buyers and sellers respectively quote the government, and according to certain rules, government determines the transaction price, lastly, buyers and sellers complete transactions in this price. Equilibrium analysis on this model shows that, two-way auction mechanism will help to achieve Pareto improvement after realizing the efficiency of land use; the government can choose an optimal parameter in the rules of trading price to maximize the probability of successful transaction of rural land circulation, which provides the government with theoretical basis to determine parameter when designing trading rules.

Fifth, by doing intermediary pricing analysis on rural land circulation, price coordination mechanism of rural land is discussed. Firstly, framework of conceptual model of transaction system for rural land circulation is established by applying bilateral market theory, introducing platform as a third party and in accordance with the connotation and characteristics of rural land circulation transaction. Further, profit model for trading rural land and social welfare model are built up so as to form the optimal price structure for transaction of rural land circulation. Studies in this dissertation show that, market-oriented rural land circulation is characterized by bilateral market, under the circumstances of cross-network externalities of market participants, platform (trade intermediaries) can attract more traders; platform pricing structure can affect the trading volume, as required, government can coordinate inadequate liquidity and abnormal trading volume that may arise due to externalities by tilting prices (subsidized or free) strategy so as to indirectly realize the protection function of rural land.

At last, taking national coordinating urban and rural comprehensive reform pilot area, Chengdu, as a case study to analyze the role of government for market protection in processes of market-oriented rural land circulation, combined with the survey data in rural areas of Chengdu since 2004. Successful experience in Chengdu city shows that, on one hand, market building of rural land circulation is inseparable from the government's participation; on the other hand, the relationship between market forces and intervention of public power should be properly handled, and rationally define the government's behavior in the market boundary so as to construct service-oriented government.

Huang Xiaoyi, Zhong Lin

October, 2023

目 录

第1章
乡村振兴视域下的农村土地流转

1.1 引 言

党的十九大报告首次提出实施乡村振兴战略。党的二十大报告提出："全面推进乡村振兴。坚持农业农村优先发展，坚持城乡融合发展，畅通城乡要素流动。扎实推动乡村产业、人才、文化、生态、组织振兴。"乡村振兴从根本上要解决"三农"问题，而解决"三农"问题的关键和抓手是农村土地问题。研究农村土地流转是农村土地问题的基础性制度安排。要实现乡村振兴，第一，产业要振兴，这解决的是农业问题；第二，乡风要文明，这解决的是农村问题；第三，农民要富裕，这解决的是农民问题。历史证明，农村要实现高质量的产出和高质量的发展，离不开土地制度的创新和变革。土地制度的变革使农村传统的耕作方式和家庭收入的来源结构发生了根本性的变化。乡村文明需要经济做后盾和基础，实现物质文明和精神文明的双向促进。

农村土地是农村财富和农民生计的主要来源。农村土地流转可以在一定程度上有效解决我国农村耕地细碎化及撂荒的问题，促进多种形式适度规模经营，促进农业的现代化发展，转移农村剩余劳动力，增加农民收入，稳定粮食生产，保障国家粮食安全，被喻为"中国农村第二次革命"，在乡村振兴新形势下发挥着举足轻重的作用。

1.2 乡村振兴战略背景概述

2018 年 9 月 26 日，中共中央、国务院印发了《乡村振兴战略规划（2018—2022 年）》[1]，其中涉及农村土地流转的内容有如下方面。

1.2.1 建立现代农业经营体系

坚持家庭经营在农业中的基础性地位，构建家庭经营、集体经营、合作经营、企业经营等共同发展的新型农业经营体系，发展多种形式适度规模经营，发展壮大农村集体经济，提高农业的集约化、专业化、组织化、社会化水平，有效带动小农户发展。

1. 巩固和完善农村基本经营制度

落实农村土地承包关系稳定并长久不变政策，衔接落实好第二轮土地承包到期后再延长 30 年的政策，让农民吃上长效"定心丸"。全面完成土地承包经营权确权登记颁证工作，完善农村承包地"三权分置"制度，在依法保护集体所有权和农户承包权前提下，平等保护土地经营权。建立农村产权交易平台，加强土地经营权流转和规模经营的管理服务。加强农用地用途管制。完善集体林权制度，引导规范有序流转，鼓励发展家庭林场、股份合作林场。发展壮大农垦国有农业经济，培育一批具有国际竞争力的农垦企业集团。

2. 壮大新型农业经营主体

实施新型农业经营主体培育工程，鼓励通过多种形式开展适度规模经营。培育发展家庭农场，提升农民专业合作社规范化水平，鼓励发展农民专业合作社联合社。不断壮大农林产业化龙头企业，鼓励建立现代企业制度。鼓励工商资本到农村投资适合产业化、规模化经营的农业项目，提供区域性、系统性解决方案，与当地农户形成互惠共赢的产业共同体。加快建立新型经营主体支持政策体系和信用评价体系，落实财政、税收、土地、信贷、保险等支持政策，扩大新型经营主体承担涉农项目规模。

3. 发展新型农村集体经济

深入推进农村集体产权制度改革，推动资源变资产、资金变股金、农民变股东，发展多种形式的股份合作。完善农民对集体资产股份的占有、收益、有偿退出及抵押、担保、继承等权能和管理办法。研究制定农村集体经济组织法，充实农村集体产权权能。鼓励经济实力强的农村集体组织辐射带动周边村庄共同发展。发挥村党组织对集体经济组织的领导核心作用，防止内部少数人控制和外部资本侵占集体资产。

4. 促进小农户生产和现代农业发展有机衔接

改善小农户生产设施条件，提高个体农户抵御自然风险能力。发展多样化的联合与合作，提升小农户组织化程度。鼓励新型经营主体与小农户建立契约型、股权型利益联结机制，带动小农户专业化生产，提高小农户自我发展能力。健全农业社会化服务体系，大力培育新型服务主体，加快发展"一站式"农业生产性服务业。加强工商企业租赁农户承包地的用途监管和风险防范，健全资格审查、项目审核、风险保障金制度，维护小农户权益。

1.2.2　完善紧密型利益联结机制

始终坚持把农民更多分享增值收益作为基本出发点，着力增强农民参与融合能力，创新收益分享模式，健全联农带农有效激励机制，让农民更多分享产业融合发展的增值收益。

1. 提高农民参与程度

鼓励农民以土地、林权、资金、劳动、技术、产品为纽带，开展多种形式的合作与联合，依法组建农民专业合作社联合社，强化农民作为市场主体的平等地位。引导农村集体经济组织挖掘集体土地、房屋、设施等资源和资产潜力，依法通过股份制、合作制、股份合作制、租赁等形式，积极参与产业融合发展。积极培育社会化服务组织，加强农技指导、信用评价、保险推广、市场预测、产品营销等服务，为农民参与产业融合创造良好条件。

2. 创新收益分享模式

加快推广"订单收购+分红""土地流转+优先雇用+社会保障""农民入股+保底收益+按股分红"等多种利益联结方式，让农户分享加工、销售环节收益。鼓励行业协会或龙头企业与合作社、家庭农场、普通农户等组织共同营销，开展农产品销售推介和品牌运作，让农户更多分享产业链增值收益。鼓励农业产业化龙头企业通过设立风险资金、为农户提供信贷担保、领办或参办农民合作组织等多种形式，与农民建立稳定的订单和契约关系。

完善涉农股份合作制企业利润分配机制，明确资本参与利润分配比例上限。

3. 强化政策扶持引导

更好发挥政府扶持资金作用，强化龙头企业、合作组织联农带农激励机制，探索将新型农业经营主体带动农户数量和成效作为安排财政支持资金的重要参考依据。以土地、林权为基础的各种形式合作，凡是享受财政投入或政策支持的承包经营者均应成为股东方。鼓励将符合条件的财政资金特别是扶贫资金量化到农村集体经济组织和农户后，以自愿入股方式投入新型农业经营主体，对农户土地经营权入股部分采取特殊保护，探索实行农民负盈不负亏的分配机制。

1.2.3 加强乡村振兴用地保障

完善农村土地利用管理政策体系，盘活存量，用好流量，辅以增量，激活农村土地资源资产，保障乡村振兴用地需求。

1. 健全农村土地管理制度

总结农村土地征收、集体经营性建设用地入市、宅基地制度改革试点经验，逐步扩大试点，加快土地管理法修改。探索具体用地项目公共利益认定机制，完善征地补偿标准，建立被征地农民长远生计的多元保障机制。建立健全依法公平取得、节约集约使用、自愿有偿退出的宅基地管理制度。在符合规划和用途管制前提下，赋予农村集体经营性建设用地出让、租赁、入股权能，明确入市范围和途径。建立集体经营性建设用地增值收益分配机制。

2. 完善农村新增用地保障机制

统筹农业农村各项土地利用活动，乡镇土地利用总体规划可以预留一定比例的规划建设用地指标，用于农业农村发展。根据规划确定的用地结构和布局，年度土地利用计划分配中可安排一定比例新增建设用地指标，专项支持农业农村发展。对于农业生产过程中所需各类生产设施和附属设施用地，以及由于农业规模经营必须兴建的配套设施，在不占用永久基本农田的前提下，纳入设施农用地管理，实行县级备案。鼓励农业生产与村庄建设用地复合利用，发展农村新产业新业态，拓展土地使用功能。

3. 盘活农村存量建设用地

完善农民闲置宅基地和闲置农房政策，探索宅基地所有权、资格权、使用权"三权分置"，落实宅基地集体所有权，保障宅基地农户资格权和农民房屋财产权，适度放活宅基地和农民房屋使用权，不得违规违法买卖宅基地，严格实行土地用途管制，严格禁止下乡利用农村宅基地建设别墅大院和私人会馆。在符合土地利用总体规划前提下，允许县级政府通过村土地利用规划调整优化村庄用地布局，有效利用农村零星分散的存量建设用地。对利用收储农村闲置建设用地发展农村新产业新业态的，给予新增建设用地指标奖励。

1.2.4 健全多元投入保障机制

健全投入保障制度，完善政府投资体制，充分激发社会投资的动力和活力，加快形成财政优先保障、社会积极参与的多元投入格局。

1. 继续坚持财政优先保障

建立健全实施乡村振兴战略财政投入保障制度，明确和强化各级政府"三农"投入责任，公共财政更大力度向"三农"倾斜，确保财政投入与乡村振兴目标任务相适应。规范地方政府举债融资行为，支持地方政府发行一般债券用于支持乡村振兴领域公益性项目，鼓励地方政府试点发行项目融资和收益自平衡的专项债券，支持符合条件、有一定收益的乡村公益性建设项目。加大政府投资对农业绿色生产、可持续发展、农村人居环境、基本公共服务等重点领域和薄弱环节支持力度，充分发挥投资对优化供给结构的关键性作用。充分发挥规划的引领作用，推进行业内资金整合与行业间资金统筹相互衔接配合，加快建立涉农资金统筹整合长效机制。强化支农资金监督管理，提高财政支农资金使用效益。

2. 提高土地出让收益用于农业农村比例

开拓投融资渠道，健全乡村振兴投入保障制度，为实施乡村振兴战略提供稳定可靠资金来源。坚持取之于地，主要用之于农的原则，制定调整完善土地出让收入使用范围、提高农业农村投入比例的政策性意见，所筹集资金用于支持实施乡村振兴战略。改进耕地占补平衡管理办法，建立高标准农田建设等新增耕地指标和城乡建设用地增减挂钩节余指标跨省域调剂机制，将所得收益通过支出预算全部用于巩固脱贫攻坚成果和支持实施乡村振兴战略。

3. 引导和撬动社会资本投向农村

优化乡村营商环境，加大农村基础设施和公用事业领域开放力度，吸引社会资本参与乡村振兴。规范有序盘活农业农村基础设施存量资产，回收资金主要用于补短板项目建设。继续深化"放管服"改革，鼓励工商资本投入农业农村，为乡村振兴提供综合性解决方案。鼓励利用外资开展现代农业、产业融合、生态修复、人居环境整治和农村基础设施等建设。推广一事一议、以奖代补等方式，鼓励农民对直接受益的乡村基础设施建设投工投劳，让农民更多参与建设管护。

1.3 农村土地流转在乡村振兴中的基础性作用

乡村振兴需要解决产业振兴的农业问题、乡风文明的农村问题和增收致富的农民问题。"三农"问题是乡村振兴需要从根本上解决的问题，解决农村土地问题是解决"三农"问题的关键和抓手，而农村土地流转是农村土地问题的重要内容，在有效推进产业振兴、加快催化乡风文明、逐步实现农民致富的进程中，发挥着重要的基础性作用。

1.3.1 农村土地流转有效推进产业振兴

要实现乡村振兴，首先，产业要振兴。产业振兴是乡村振兴的根本。习近平总书记在党的十九大报告中指出："构建现代农业产业体系、生产体系、经营体系。发展多种形式适度规模经营，培育新型农业经营主体，健全农业社会化服务体系，实现小农户和现代农业发展有机衔接。"[2]该论述指明了农村产业振兴的方向。党的二十大报告提出"扎实推动乡村产业振兴"。社会主义市场经济要求农民不仅要会生产，还要会经营，因为生产是基础，经营是手段，现代农业产业体系是包含生产体系和经营体系在内的农业产业化生产经营体系。农业产业化生产经营体系的构建离不开相关配套体系的完善。农村土地是农业产业发展中最重要的生产要素。习近平总书记构建了"三权分置"的农村土地制度支持体系，其中，放开、放活经营权，有助于农村土地的规模化经营和集约化经营，有助于发展多种形式适度规模经营；构建城乡融合和农村一二三产业融合发展的体制机制，能够促进生产要素在城乡之间的合理流动，延长农业产业链、提升农业价值链、完善农业利益链，能够留下农村劳动力，充分利用乡村得天独厚的自然资源，将其转化为农民致富的优势资源；构建农业支持保护制度和农业社会化服务体系，能够为农业产业化发展提供资金、技术、物资、物流、仓储等方面的保障与支持；加强农村基层基础工作，健全自治、法治、德治相结合的乡村治理体系，建设懂农业、爱农村、爱农民的工作队伍体系，能够发挥乡村治理的最大能量，最大限度地激发农村发展活力，为农业产业化发展提供思想政治保证和人才支持。[3]

农村产业是乡村振兴战略的总抓手，而农村土地又是在农村产业发展过程中最重要的生产要素，因此，解决农村土地问题是解决"三农"问题的关键和抓手，是农村产业发展的重要推动力量。2015年印发的《国务院办公厅关于推进农村一二三产业融合发展的指导意见》，提出"要引导农村产权流转交易市场健康发展"为农村土地产权流转交易市场的发展提供了政策支持。2018年发布的中央一号文件《中共中央　国务院关于实施乡村振兴战略的意见》，明确了"乡村产业兴旺、生态宜居、乡风文明、治理有效、生活富裕的总要求和构建农村一二三产业融合发展体系的目标任务"，强调了健全土地流转规范管理制度。2019年发布的中央一号文件《中共中央　国务院关于坚持农业农村优先发展做好"三农"工作的若干意见》再一次强调"健全农村一二三产业融合发展利益联结机制和土地流转规范管理制度"。2020年发布的中央一号文件《中共中央　国务院关于抓好"三农"领域重点工作确保如期实现全面小康的意见》再次重申："要抓紧出台支持农村一二三产业融合发展用地的政策意见，新编县乡级国土空间规划应安排不少于10%的建设用地指标，重点保障乡村产业发展用地。"[4]文件重申了出台支持农村一二三产业融合发展用地的政策意见的重要性和紧迫性。2021年发布的中央一号文件《中共中央　国务院关于全面推进乡村振兴加快农业农村现代化的意见》提出："构建现代乡村产业体系。依托乡村特色优势资源，打造农业全产业链，把产业链主体留在县城，让农民更多分享产业增值收益。加快健全现代农业全产业链标准体系，推动新型农业经营主体按标生产，培育农业龙头企业标准'领跑者'。立足县域布局特色农产品产地初加工和精深加工，建设现代农业产业园、农业产业强镇、优势特色产业集群。推进公益性农产品市场和农产品流通骨干网络建设。开发休闲农业和乡村旅游精品线路，完善配套设施。推进农村一二三产业融合发展示范园和科技示范园区建设。把农业现代化示范区作为推进农业现代化的重要抓手，围绕提高农业产业体系、生产体系、经营体系现代化水平，建立指标体系，加强资源整合、政策集成，以县（市、区）为单位开展创建，到2025年创建500个左右示范区，形成梯次推进农业现代化的格局。创建现代林业产业示范区。组织开展'万企兴万村'行动。"[5]2022年发布的中央一号文件《中共中央　国务院关于做好2022年全面推进乡村振兴重点工作的意见》提出："持续推进农村一二三产业融合发展。鼓励各地拓展农业多种功能、挖掘乡村多元价值，重点发展农产品加工、乡村休闲旅游、农村电商等产业。支持农业大县聚焦农产品加工业，引导企业到产地发展粮油加工、食品制造。推进现代农业产业园和农业产业强镇建设，培育优势特色产业集群，继续支持创建一批国家农村产业融合发展示范园。实施乡村休闲旅游提升计划等。加快落实保障和规范农村一二三产业融合发展用地政策。大力发展县域富民产业。支持大中城市疏解产业向县域延伸，引导产业有序梯度转移。大力发展县域范围内比较优势明显、带动农业农村能力强、就业容量大的产业，推动形成'一县一业'发展格局。加强县域基层创新，强化产业链与创新链融合。加快完善县城产业服务功能，促进产业向园区集中、龙头企业做强做大。引导具备条件的中心镇发展专业化中小微企业集聚区，推动重点村发展乡村作坊、家庭工场。"[6]

农村一二三产业融合发展是农村产业振兴的主要载体和代表。农村第一产业是依托土地进行动植物资源利用的规模化种养殖业，是农业经济的主体和基础；农村第二产业是由粗加工转向精加工、深加工与仓储的农产品加工业，是农村经济的重要支撑；农村第三产业主要包括休闲旅游农业、度假康养农业、互联网+农业、物流业、中高端仓储业等，是产业融合发展的主要方向，是农村产业融合发展的生力军，其发展对农业、农村、农民的有效带动作用最为明显。由此可见，农村一二三产业的发展用地需求主要包括农用承包地、农产品加工用地、物流发展必需的农村道路和仓储设施用地、乡村康养旅游建设用地，休闲旅游业和度假康养业所需的停车、餐饮、住宿用地，以及农耕文化展示、体验场所等用地。

在乡村振兴战略实施过程中，特别是在我国城乡二元社会经济结构下，如何保障农村一二三产业的发展用地需求，成为乡村振兴战略实施过程中必须解决的突出问题。但近年来，分散经营、农业技术落后导致农村大量土地荒置，土地利用效率提升和农民收入增长缓慢，从事农业生产的经济效益普遍偏低，再加上城乡融合快速发展，我国农村产业发展用地严重受限，制约了农村产业融合发展的空间和进程。因此，通过高效的土地流转，满足结构调整要求，是实现农业适度规模化经营，促进农村一二三产业融合发展，构建农业产业化生产经营体系，进而推动乡村振兴的必然路径。土地流转制度体系改革创新、土地流转效率优化对促进农村一二三产业融合发展，构建农业产业化生产经营体系，有力助推农村产业兴旺，解决好"三农"问题，推进乡村振兴进程发挥着重要作用。

1.3.2 农村土地流转加快催化乡风文明

在党的十九大报告中提到了乡风文明是乡村振兴战略的总要求之一。什么是乡风文明呢？乡风文明的内涵和特征是什么呢？狭义的乡风文明是指乡村的道德、文艺、教育、科技等文化成果，即乡村的精神文明，是精神性概念。广义的乡风文明则是指乡村创造的物质财富和精神财富，即乡村的物质文明和精神文明，是总和性概念。根据"五位一体"[7]总体布局，广义的乡风文明不仅包括乡村的物质文明和精神文明，还包括乡村的政治文明、社会文明和生态文明。乡风文明可以从乡村的建筑设施、生产工具、饮食服饰、组织结构、人际交往、生态环境等方面外在地展示出乡村的文明状况，也可以从物质文明、政治文明、社会文明、生态文明中，反映出村民的精神面貌和文化素养，内在地反映乡村的精神文明状况。在马克思的"人们不能自由选择自己的生产力——这是他们的全部历史的基础"[8]的论述中，生产力被作为社会发展的物质基础，被作为社会进步的最终决定力量，生产工具也被作为反映乡村的精神文明状况和村民的文化素养的标志之一。

习近平总书记在对实施乡村振兴战略作出的指示中指出了乡村产业振兴、人才振兴、文化振兴、生态振兴、组织振兴即"五个振兴"，明确了产业振兴的先决性、文化振兴的重要性、组织振兴的基础性。党的二十大报告提出，扎实推动乡村的"五个振兴"。"五个振兴"关系到乡风文明的建设进程，影响到乡村振兴战略的有效实施，离不开农村土地流转这一基础性制度安排。

首先，抓实产业振兴。中华文明的传统是农耕文明。中国的乡风文明繁荣于古代，衰落于近代，其外因在于西方文化的冲击，内因在于中国传统文化和古代乡风文明只是将生产经营活动作为事业而不作为产业。产业化组织是与资本化、科技化、商品化、市场化、理性化的企业组织，完整的产业链、价值链、利益链等紧密相连的，是保障生产效率和生产效益的重要组织形式。没有强大的产业体系作为保障和支撑，难以形成物质文明基础上的乡风文明，也难以用文化自信的心态认为现有的乡风就是文明。要重建乡风文明，就应该按照资本化、科技化、商品化、市场化、企业化等的产业化要求来改造传统农业，建立现代化农业产业体系，通过高效的土地流转，满足农村一二三产业的发展用地需求，满足结构调整的要求，实现农业适度规模化经营，提高农业劳动生产率和生产效益，进而在此基础上整体性地构建富强、民主、文明、和谐、美丽的乡风文明体系。

第二，抓细人才振兴。随着城市化进程的加快，迫于生活压力或对理想的追求，越来越多的年轻农村劳动力选择进城务工，留下儿童、妇女、老人驻守乡村。和大城市相比，乡村给人的印象是落后、萧条、冷清。越是这样，越留不住劳动力，更留不住人才，甚至会激化因农村驻守人口引发的社会问题。有人气，乡村振兴才有希望。怎样将农村劳动力和人才留在乡村，怎样吸引人才在乡村发展，是乡村振兴进程中亟待解决的问题。因此，要利用好乡村得天独厚的自然资源，将其转化为农民致富奔小康的优势资源，而农村土地，则是乡村最优势的自然资源，也是最重要的生产要素。解决农村土地问题是留住农村劳动力和人才的重要抓手，而农村土地流转是农村土地问题的基础性制度安排，改革创新农村土地流转制度体系、优化农村土地流转效率，是实现人才振兴、促进乡风文明的催化剂。

第三，抓好文化振兴。近年来，农户从业人员年龄结构普遍偏大，文化层次普遍偏低，农户接受新事物能力差，种地相对保守。一些贫困农户抱着靠、要、等的思想，没有足够的内生动力，更没有勤劳致富的思想意识，成为好吃懒做的"扶不起的阿斗"。这种现象在一定程度上是由乡村文化底子薄造成的。因此，抓好文化振兴对乡村振兴非常重要。要抓好文化振兴，需要从农户最关心、最看重的土地问题入手。农户特别是乡村老一辈人对土地非常重视，农村土地流转事关农户的切身利益，要充分尊重民意，让农民在农村土地流转中直观、方便、切实地得到好处，营造以勤劳为荣、以懒惰为耻、接受新鲜事物的文化氛围，调动农户参与土地流转的积极性，在此过程中，潜移默化地提高农户的文化素养，促进乡风文明。

第四，抓稳生态振兴。"绿水青山就是金山银山"。良好的生态环境是全人类的宝贵财富，生态振兴是全人类应该关注的问题。生态振兴为农村发展增添优势，农村第三产业的发展反过来促进生态振兴。农村第三产业主要包括休闲旅游农业、度假康养农业、互联网+农业、物流业、中高端仓储业等，是产业融合发展的主要方向，是农村产业融合发展的生力军，其发展对农业、农村、农民的有效带动作用最为明显。在农村产业融合政策指引下，部分城市工商资本关注到农村这一市场的发展潜力，开始到农村寻找商机，发展农村产业融合项目，并把视线转向农村土地，形成较为可观的农村土地市场需求。这也正好解决了进城务工农民的土地和住宅的闲置问题。规范、高效的农村土地流转能盘活闲置在农村的土地资产，成为农村第三产业的发展用地，满足农村土地市场需求，在一定程度上，美化了乡村环境，筑牢了乡风文明的生态基础。

第五，抓牢组织振兴。除了农村基层政权组织，这里的组织还包括农业产业的组织形式，即资本化、科技化、商品化、市场化、法治化的具有完整产业链、价值链的理性化企业组织，其典型形式是股份公司。乡村振兴必须充分发挥基层党组织的堡垒作用和党员的先锋模范带头作用，以党支部引领农业产业化发展，建立各具特色的组织文化，将乡村振兴最终落实到组织振兴上，充分发挥政府、村委会、农业经营主体等组织在农村土地流转中的积极作用，协调政府、村委会、农业经营主体、农户这些农村土地流转主体的关系，在抓牢组织振兴的过程中，推进乡风文明建设。

2023 年国家乡村振兴局将瞄准农村基本具备现代生活条件的目标，主要从加快村庄规划编制工作、加强农村公共基础设施建设、抓好农村人居环境整治提升三方面发力，稳步推进乡村建设[9]，使乡村宜居宜业，为乡风文明建设奠定物质基础。

1.3.3　农村土地流转逐步实现农民致富

2019 年 8 月，我国第三次修正了《中华人民共和国土地管理法》，进一步完善了土地管理制度，确立了永久基本农田保护制度，强调了对土地增值收益的公平分享和有序有效分配。2019 年 2 月，中央一号文件指出，要在转变农业发展方式上寻求新突破，在促进农民增收上取得新成效。因此，要实现农业适度规模经营，延长农业产业链，提高农业竞争力，进而增加农民收入。在此过程中，稳定和完善农村土地流转发挥着决定性作用。

国家在保持农村土地承包关系长久不变的前提下，引入市场机制推动农村土地流转，在一定程度上引发农民对农村土地、宅基地功能需求的转变，促进了农村土地的规模经营，增加了农民收入。一方面，农民通过出租（转包）、转让、互换、入股等形式将土地流转出去，意味着农户退出了原先的农业生产经营活动，由农村农业生产转向城镇非农就业，通过出租土地经营权而获得固定收益，通过土地入股而得到分红收益，规避了经营风险，增加了收入。农民对农村土地的收入与就业等生产性功能需求、对宅基地的生产辅助与住房保障功能需求，会转向对农村土地财产功能的需求。另一方面，通过农村土地流转，扩大土地经营规模，实现农业适度规模经营，开拓包括休闲娱乐、旅游观光、度假康养在内的农业第三产业项目，扩宽了经营领域，拓宽了农民的增收渠道。在扩大经营规模的基础上，通过科技提升生产绩效，增加农民收入。符合国家农业发展战略的部分项目，还会得到资金、设备、技术等方面的政策支持，享受到贴息、免息的优待。土地入市交易后，还可以作为农户贷款筹资的抵押物，缓解贷款筹资难的问题。

完善农村土地流转市场，逐步实现农民增收、致富，要坚持市场化导向，完善农村土地流转价格机制，健全农村土地流转利益联结机制。首先，市场机制的引入对农村土地流转起到重要的推动作用。在市场发挥资源配置的作用下，农村土地流转双方是权益平等的市场主体，在始终坚持依法、自愿、有偿的原则下，通过自由协商、依法签订规范的承包合同，参与农村土地流转，流转收益归承包农户所有。在农村土地流转市场中，市场监督机制和纠纷调解机制的建立，能够保障农村土地流转双方的合法权益。其次，构建科学合理的农村土地流转市场定价机制。将土地保障功能作为重要因子纳入市场定价体系，建立包括价格形成机制、价格发现机制、价格协调机制在内的农村土地流转市场综合定价机制，科学合理地确定农村土地流转的价格范围，探索建立农村土地价格第三方评估机制，强化农户流转信心，增强农户参与农村土地流转的主动性和积极性，促进农户通过农村土地流转获得持续稳定的收益。最后，健全农村土地流转利益联结机制。农村土地流转要逐步实现农民增收、致富，不仅仅要保障农民在土地流转中方便、直接地获得流转收益，更要让农民获得农村土地流转产生的规模化经营所带来的增值收益。因此，应大力发展农民合作社、农业股份制企业、农业保险在内的农村土地流转利益联结机制。鼓励农民加入合作社或成为农业企业的股东，通过资本联合和劳动联合方式，建立风险共担、利益共享的利益联结体，通过按劳分配和按股分红的方式增加农民收入。同时，大力推广农业保险，因为农民在参与利益分享、增加收入时，面临的不确定性风险也在增大，农业保险能降低不确定性风险给农户带来损失的可能性[10]。

1.4　研究的主题、框架和内容

1.4.1　问题的提出

乡村振兴在党的十九大报告中被置于国家战略的高度，并将会在一个较长时期成为我国城乡经济社会发展的中心工作，报告指出必须始终把解决好"三农"问题这一关系国计民生的根本性问题作为全党工作的重中之重。党的二十大报告提出："全面推进乡村振兴。坚持农业农村优先发展，坚持城乡融合发展，畅通城乡要素流动。"乡村振兴战略是一项集经济、文化、社会、生态文明等于一体的系统工程，根本上是要实现农村经济内生性发展，即通过农村土地政策调整，引导社会资源在农村聚集，充分挖掘和利用农村内部资源，推动农村经济社会的可持续发展。因此，必须尽快建立健全农村土地流转市场，盘活农村土地资源，增加农村土地产出效益。

在我国城乡二元社会经济结构下，多年来，中国的市场经济一直将农村土地资产排斥在市场资源体系之外，行政手段一直是配置农村土地资源的主要手段，市场机制并没有发挥应有的作用。在新的历史时期，加快农村土地流转、激活农村土地资产成为政府的政策取向和社会的广泛共识。农村土地流转在本质上属于市场经济中农村土地要素优化配置的问题[11]，价格机制这一市场机制的核心在农村土地要素的优化配置中发挥决定性作用，它既能引导农村土地流转供求双方主体行为方式，又是农村土地流转中各方主体的利益诉求、利益预期、政策、信息等各种问题的集中体现。农村土地流转市场中存在的一系列突出问题，归根结底都与价格机制密切相关。

现有文献对农村土地流转的动因、影响因素、现状、问题和对策的研究较丰富，取得不少成果，揭示出农村土地产权制度创新和市场化这两个关键问题。但是，现有文献研究也存在一些缺陷。第一，关于土地产权制度创新，虽然广泛的共识是应该赋予农民长期、稳定、有保障的土地产权，并作为农村土地流转的根本性制度前提，但是在我国现有农村土地产权法律约束下，其具体内涵和操作手段缺乏可行性；第二，关于流转市场化，虽然加快农村土地流转市场化步伐，建立健全高效、公平、规范的农村土地流转市场体系已经成为一致观点，但是对土地流转的经济学机理特别是保证农村土地顺利流转的价格机制的揭示，缺乏完整的理论分析框架，并且定性讨论多，定量研究少，思辨有余而严谨不足；第三，对产权制度创新和市场化之间的内在联系只回答了为什么要联系的问题，没有回答怎么联系的问题。

本书针对现有研究的缺陷，综合运用市场价格理论、现代产权理论、双边市场理论，采用理论研究和案例分析相结合，规范研究和实证分析互为补充的方法，抓住市场和制度两个关键，围绕市场定价这个核心，重点关注产权约束和市场机制的内在联系，就产权约束下中国农村土地流转市场定价问题展开研究。

通过研究，本书试图回答以下几个方面的问题：一是作为市场化的约束条件，中国农村土地产权有哪些特征；二是在产权约束下，将土地保障功能作为影响农户土地供给行为的重要因素，竞争性土地市场的均衡价格和效率如何；三是在产权约束下，如何通过双向拍卖机制实现市场机制的价格发现功能；四是在产权约束下，流转市场中介收费如何通过定价机制协调交易量和市场参与各方的利益；五是农村土地流转的市场效率如何优化；六是政府在农村土地流转市场的功能和职责是什么。

1.4.2 研究思路和框架

研究的总体思路：农村土地流转的本质是产权流转，并且受到中国现有土地产权法律框架的硬约束，即所有权不得流转。在中国，土地产权是个复杂的问题，通过选择符合中国国情的市场定价机制，探索制度约束下农村土地产权的市场化实现途径，一方面改善农村土地流转市场规模和运行效率，另一方面平衡市场效率与社会公平。

研究的技术路线：本书以影响农村土地交易市场效率的关键变量是土地的保障功能为基本假设。将土地保障功能作为重要因子纳入市场定价体系的定量分析，尝试建立包括价格形成机制、价格发现机制、价格协调机制在内的农村土地流转市场综合定价机制的理论分析框架，揭示产权约束条件下的农村土地流转市场定价的经济学机理。

基于以上研究思路和技术路线，建立本书的逻辑结构框架（见图 1-1）。

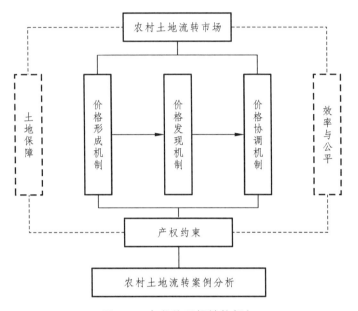

图 1-1　本书的逻辑结构框架

1.4.3　研究的主要内容

针对目前中国农村土地流转的研究现状，以农村土地流转定价为主线，紧紧围绕如何构建农村土地流转市场体系和市场机制展开研究。全文内容分为九章，其中，第 1 章为乡村振兴视域下的农村土地流转，第 9 章为研究结论与研究展望，中间章节为研究的主要内容。详细的研究内容如下：

第 1 章，乡村振兴视域下的农村土地流转。

本章介绍了乡村振兴战略背景、农村土地流转在乡村振兴中的基础性作用、研究背景、研究意义、研究思路和框架、研究的主要内容。

第 2 章，农村土地流转研究综述。

本章在主要概念辨析与界定的基础上，在现阶段乡村振兴战略背景下，对农村土地流转研究的现有文献和研究成果做了综述和评价，综述分为农村土地流转的动因、影响因素、现状、问题和对策等部分。

第 3 章，农村土地流转的产权制度背景分析。

本章在简述土地产权理论的基础上，通过对中国农村土地制度变迁过程的回顾，就中国农村土地产权制度的形成、特点进行具体的分析和归纳，以便为后续章节的农村土地定价研究奠定必要的基础。

第 4 章，农村土地流转主体行为分析。

本章在介绍农村土地主要经营模式的基础上，从制度供给、市场调控、保障配套等方面分析政府行为，从农村土地监管、中介服务、领导促进等方面分析村委会行为，再对新型农业经营主体和农户的行为进行分析。

本章的研究目的在于建立农村土地流转市场化的政府综合保障机制，一方面避免政府"越位"影响市场化，另一方面为市场失灵和价格扭曲提供救济。同时，提出优化各流转主体行为的建议。

第 5 章，农村土地流转市场均衡分析。

本章针对农村土地流转现状，为了逻辑一致地理解农村土地流转交易中影响农村土地供给和需求意愿的因素，以及市场力量对土地均衡交易量、交易价格和经济效率的作用，建立基于农户和企业最优决策的需求—供给模型，并求解和分析模型的均衡。

本章的研究目的在于引入市场竞争机制，说明建立竞争性农村土地流转市场的必要性和重要性，建立农村土地流转市场的价格形成机制，为后续章节的研究做铺垫。

第 6 章，双向拍卖与农村土地交易定价。

本章针对现实农村土地流转中价格缺失、价格随意性、效率低下等问题，首先，在传统的农村土地估价技术基础上，将农村土地的保障功能作为交易定价的重要影响因子。其次，模型化农村土地市场交易经济定价机制，建立一个双向拍卖模型，买卖双方先分别报价，作为机制设计者的政府再根据双方报价在成交价确定规则下形成成交价格，最后买卖双方在这一价格下完成交易。模型的均衡分析表明，双向拍卖机制能够实现事后帕累托效率改进。政府可以通过选择适当的对农户利益关心程度（在成交价确定规则中体现）来最大化农村土地流转交易成功的概率。

本章的研究目的在于建立农村土地流转市场的价格发现机制，为现实交易定价提供解决方案。

第7章，农村土地双边市场与平台中介定价。

本章针对现实农村土地流转中交易信息不畅通、交易规模较低、流动性不足等问题，应用双边市场理论，首先，引入平台作为第三方，按照农村土地流转交易的内涵和特征，建立农村土地流转交易系统概念模型框架。其次，建立农户土地流转交易平台的利润模型和社会福利模型，探讨农村土地流转交易平台最优价格结构，通过对平台两边不同的收费结构来改进交易的实现规模和流动性。

本章的研究目的在于建立农村土地流转市场的价格协调机制，通过价格协调促进交易市场繁荣。

第8章，农村土地流转案例分析——以成都为例。

本章在介绍成都市农村土地流转市场基本情况的基础上，分析了成都市在以农村产权制度改革为核心的统筹城乡发展工作中取得的基本做法和经验，概括为：确权是基础，流转是关键，配套是保障，创新是动力。

本章的研究目的在于通过对全国统筹城乡综合配套改革试验区成都市进行案例分析，得出农村土地流转相关的可借鉴的经验。

第9章，研究结论与研究展望。

本章总结了农村土地流转定价机制研究的主要研究结论和主要创新点，并针对现有研究条件限制，结合研究前沿，指出本书的研究不足，提出未来的研究方向。

第 2 章
农村土地流转研究综述

2.1 引　言

伴随着土地制度的变迁，农村土地经营权流转政策从无到有，是以渐进的方式演进的：1984 年的中央一号文件《中共中央关于一九八四年农村工作的通知》为农村土地流转的可能性做铺垫，并在 1988 年的《宪法修正案》中得到法律确认。随着 2002 年《中华人民共和国农村土地承包法》（现为 2018 年修正版）、2005 年《农村土地承包经营权流转管理办法》（自 2021 年 3 月 1 日施行《农村土地经营权流转管理办法》起废止）[12]相继出台，农村土地流转的管理进一步规范。2008 年，党的十七届三中全会在保持土地承包经营权流转政策连续性的基础上，重点关注农村改革发展问题，并将统筹城乡发展、激活中国庞大的农村资产作为会议的核心内容，进一步明确了政策界限和要求，为做好土地承包经营权流转管理和流转市场建设提供了政策依据。

2008 年 10 月 12 日，党的十七届三中全会通过的《中共中央关于推进农村改革发展若干重大问题的决定》（下称《决定》），作出了新的历史时期规范推进农村土地管理制度改革的战略决策，《决定》明确要求"要毫不动摇地坚持农村基本经营制度，加强土地承包经营权流转管理和服务，建立健全土地承包经营权流转市场，客观地对农村土地承包经营权的价值与价格问题进行确定，按照依法、自愿、有偿原则，允许农民以转包、出租、互换、转让、股份合作等形式流转土地承包经营权，发展多种形式的适度规模经营"，《决定》同时指出"要完善征地补偿机制，按照同地同价原则及时足额给农村集体组织和农民合理补偿"[13]。这是全国党代会上第一次将土地制度改革列为重大议题。2008 年 12 月 31 日，中共中央、国务院发布 2009 年中央一号文件[14]，针对十七届三中全会精神制定落实具体政策措施，成为改革开放以来关于"三农"问题的第十一个"中央一号文件"。这也是 21 世纪连续六年中央一号文件聚焦"三农"问题。

2013 年后，我国政府把农业农村农民问题作为乡村振兴的总抓手，坚持推动农业农村优先发展，为深化农村土地产权制度改革创造了有利的政策环境。2014 年 1 月，中共中央、国务院印发了《关于全面深化农村改革加快推进农业现代化的若干意见》，提出保持农村土地承包关系长久不变。同年 11 月，中共中央办公厅、国务院办公厅印发了《关于引导农村土地经营权有序流转发展农业适度规模经营的意见》，提出"以保障国家粮食安全、促进农业增效和农民增收为目标，坚持农村土地集体所有，实现所有权、承包权、经营权三权分置，引导土地经营权有序流转，坚持家庭经营的基础性地位，积极培育新型经营主体，发展多种形式的适度规模经营，巩固和完善农村基本经营制度"。2015 年，围绕"三权分置"为基本方向的农村土地制度改革要求，全面加快"房地一体"的农村宅基地和集体建设用地确权、登记和颁证工作。同年，国务院办公厅印发了《关于推进农村一二三产业融合发展的指导意见》，提出"要引导农村产权流转交易市场健康发展"，为农村土地产权流转交易市场的发展提供政策支持。2018 年，中共中央、国务院发布的中央一号文件，首次提出宅基地所有权、资格权、使用权"三权分置"。同年 12 月，《中华人民共和国农村土地承包法修正案（草案）》第三次审议稿在继续稳定农民土地承包权的基础上，明确了农村土地经营权流转受法律保护。2019 年，中共中央、国务院发布的中央一号文件又一次强调："健全农村一二三产业融合发展利益联结机制和土地流转规范管理制度。"同年 8 月，我国第三次修正的《中华人民共和国土地管理法》，进一步完善了土地管理制度，确立了永久基本农田保护制度。同年，经修订后实施的《中华人民共和国农村土地承包法》规定，稳定农村土地承包关系并长久不变，土地承包后承包方可自己经营，也可流转给他人经营。2020 年发布的中央一号文件再次重申出台支持农村一二三产业融合发展用地的政策意见的重要性和紧迫性。

始于 20 世纪 70 年代末的中国农村改革，无疑是勾绘中国改革开放宏大图景的重要起点，而这一重要起点又始于农村土地制度的变革。今天，迈入 21 世纪的中国虽然成绩斐然，令人瞩目，却又面临着更深层的矛盾，土地制度成为这些矛盾的一个重要缘由。因此，学界和业界普遍认为：2008 年党的十七届三中全会的意义堪比 1978 年党的十一届三中全会，前者是中国农村乃至全国改革开放的破题，后者意味着时隔 30 年后，以土地流转为核心的土地制度改革将成为推动新一轮农村乃至全国改革和发展的新起点。

中国的"三农"问题不仅仅是一个经济和社会问题，更是一个政治问题。

毛泽东曾经说过，谁赢得了农民，谁就赢得了中国，谁解决了土地问题，谁就赢得了农民[15]。中国是个农民众多的国家，全国近 14 亿人口的 70%生活在农村。中国的大问题是农民问题，农民的大问题是土地问题。人们不会忘记，1978 年年末，安徽凤阳小岗村 18 户农民冒着坐牢的危险在"大包干"协议上按下了手印，从此，揭开了中国改革开放的序幕。由于国内外都没有先例可循，当时的国家农业部担心小岗村的农民违反政策，向邓小平同志报告请示，邓小平同志明确批示："这个办法好！可以试一试！试的结果如果没有效用，还可以改嘛！"[16]此后，经过国家农业政策部门调研论证，"大包干"成为农村家庭承包责任制的雏形，被中央文件确认并在全国推广。"大包干"是中国农民的发明创造，是西方土地经济理论和中国农村具体实践相结合的产物。这种农民自发性的改革，极大地调动了农民的生产积极性，解放了农村生产力。从此，中国经济体制改革的坚冰被打破，第一艘开出的航船是农村改革，中国农民凭借自身的智慧、勤劳和胆识用世界上 7%的耕地解决了 22%人口的吃饭问题。

2008 年 10 月初，胡锦涛专程前往 30 年前农业改革的始发地——安徽小岗村，对改革开放的政策源头进行巡礼，并提出了农村改革的未来方向。在与村民对话时，胡锦涛就长期备受关注的土地使用权问题，作出了明确的政治承诺："家庭承包经营为基础、统分结合的双层经营体制是党的农村政策的基石，不仅现有土地承包关系要保持稳定并长久不变，还要赋予农民更加充分而有保障的土地承包经营权。同时，要根据农民的意愿，允许农民以多种形式流转土地承包经营权，发展适度规模经营。"[17]这一提法随即成为国内外焦点话题。在国内，厉以宁、温铁军、陈锡文等专家学者和政府官员纷纷撰文，对中国改革开放 30 年的成就、未来 30 年的发展方向和重要问题建言献策，其中城乡协调发展问题、农村土地制度改革问题成为空前的热点；在国外，前中国留美经济学会会长、美国三一学院（Trinity College）经济系终身教授、著名经济学家文贯中，多年来一直致力于中国的农村土地制度、人民公社下的公共食堂与大饥荒的关系、中国的城市化问题，以及经济全球化对中国的影响等问题研究。文贯中此间认为：中国问题的症结在土地，"三农"问题的核心是农村土地制度[18]。

其实，农村土地流转的提法由来已久，早在 1984 年中央一号文件《中共中央关于一九八四年农村工作的通知》中就有这个提法，党的十七届三中全会在保持土地承包经营制度政策连续性的基础上，进一步明确了农村土地流转政策的界限和要求。可见，农村土地流转被认为是解决中国城乡二元社会经济结构和"三农"问题的途径之一。一直以来，全国许多地方的基层农村进行了一些农村土地制度的改革探索。20 世纪 80 年代末，城市化和农业产业化加快发展，一些经济发达地区率先开始尝试规模经营，通过租赁制、两田制、股份制等形式，促进农村土地资源向种田大户和农业企业主集中。90 年代中后期，由于农业比较利益的进一步下降和农民负担的加重，农村土地撂荒问题突出，农村土地内部流转现象更加普遍，作为促进农业增效、农民增收和农村社会和谐发展的重要途径，农村土地内部流转问题开始受到理论界的密切关注。

当前，缘于当前中国农村的现实背景，加快农村土地流转市场化步伐，建立健全高效、公平、规范的农村土地流转市场体系，科学配置土地资源，实现农业适度规模经营，已经成为政府、社会和学界的共识。中国农村的现实状况是[19]：一方面，城乡居民收入差距的矛盾持续扩大。2020 年城镇居民人均可支配收入 43 833.8 元，农村居民人均可支配收入 17 131.5 元，城乡收入差距达到 2.56∶1，绝对差距达到 26 702.3 元。"一年越过温饱线，30 年没过富裕坎"是中国农民生存状态的真实写照。另一方面，城乡二元结构造成的深层次矛盾突出。随着城乡差距的扩大，农业比较利益的下降，大量农民离开土地外出务工，2020 年全国农民工总量 2.856 亿人[20]，农村土地撂荒在一些地区已经相当严重，农村土地纠纷和侵害农民土地权益的事件时有发生。以家庭承包责任制为主体的农村基本经济和经营制度似乎已经不能完全解决新时期中国农村的许多问题。2007 年，按照改革发展的需要，国务院确定成都、重庆两地设立全国统筹城乡综合配套改革试验区，土地产权改革和土地流转试点是其中的重要内容。就在十七届三中全会闭幕的第二天，2008 年 10 月 13 日，我国首家农村综合产权交易平台——成都农村产权交易所正式成立，受到海内外的广泛关注。此后几个月，成都农村产权交易所在成都市、县、乡三级设点建立了网络平台，国内其他产权交易机构也纷纷表示将根据当地实际情况设立农村产权交易或农村土地交易市场。但是，农村土地流转市场与一般商品交易市场毕竟有着很大不同，现实的需求迫切需要理论的指导，农村土地流转市场化研究刻不容缓。

改革开放 40 余年的今天，中国进入了全面建设社会主义现代化国家、向第二个百年奋斗目标进军的新征程，中国经济正处于重要的历史发展机遇期，农业农村发展正步入重要的转型期，土地、农村劳动力、农业经营主体、农业产业等要素发生了重要变化。农村土地流转是协调人地关系、盘活农村土地资源、深化农村土地制度改革、解决"三农"问题、突破城乡发展不平衡与不充分的瓶颈、服务农村改革与发展、繁荣农村经济、实现乡村振兴战略目标的重要抓手。站在变革创新的新起点，在习近平新时代中国特色社会主义思想的指导下，十分有必要继续加强对农村土地流转有关问题的研究。研究符合中国国情农情的农村土地流转制度，探索科学合理的农村土地流转定价机制，不仅可以为政府制定农村土地流转政策，建立完善规范、高效的农村土地流转市场提供理论参考，而且对新的历史时期乡村振兴和经济体制改革的全面推进与深入都具有重要的理论和现实意义。

国外对农村土地流转的研究始于 20 世纪 70 年代，国内对农村土地流转的研究始于 20 世纪 90 年代。在 21 世纪，农村土地流转相关研究得到较大发展。当前，国内外学术界对农村土地流转仍然拥有较高的关注度。国外学者最早多从发展经济学的宏观视角，研究我国的农村土地流转问题。国内学者研究关注农村土地流转概念、流转动因、流转影响因素、流转问题及对策等。本章首先给出农村土地流转涉及的主要概念，接着从农村土地流转的动因、影响因素、现状、面临的主要问题和对策，对农村土地流转的已有研究进行文献综述和评价。

2.2 主要概念辨析与界定

农户是以家庭血缘和亲缘为纽带，主要依靠家庭劳动力从事农业生产的农村基本家庭单元。从职业划分来看，农户是以从事农业为主的家庭；从居住空间来看，农户是居住在农村的家庭。在二元经济突出的欠发达国家，农户不仅是一种职业，同时代表了一种身份和社会地位[21]。

关于农村土地（Farmlands）的概念，涉及土地资源的分类标准。国内外有关学者，对于土地分类标准还持有不同的观点，在方法论方面存在着一定的分歧。在分类系统的建立上，由于应用目的不同，形成了不同的分类系统。其中有代表性的有两大类：一类是基于理论研究而建立的分类系统，其特点是理论性强；另一类是基于应用而建立起来的分类系统，称之为应用性分类系统。《中华人民共和国土地管理法》基于土地利用规划和用途的界定标准，将土地分为农用地、建设用地和未利用地。农用地是指直接用于农业生产的土地，包括耕地、林地、草地、农田水利用地、养殖水面等；建设用地是指建造建筑物、构筑物的土地，包括城乡住宅和公共设施用地、工矿用地、交通水利设施用地、旅游用地、军事设施用地等；未利用地是指农用地和建设用地以外的土地。2021 年 1 月 10 日，中华人民共和国农业农村部第 1 次常务会议审议通过了《农村土地经营权流转管理办法》，并自 2021 年 3 月 1 日起施行，该办法第三十四条中规定："农村土地是指除林地、草地以外的，农民集体所有和国家所有依法由农民集体使用的耕地和其他用于农业的土地。"本书所称农村土地，若非特别说明，特指《农村土地经营权流转管理办法》中的农村土地。为讨论方便，本书所称的农村土地主要指耕地和宅基地。

流转，依照词典的解释，其含义是商品在流通中的周转。土地作为一种特殊的商品，由于具有空间上的不可移动性，决定了土地流转的内容只能是土地产权，即土地所有权或使用权（承包权、经营权）的让渡。因此，土地流转（Land Conversion）是指在一定的时间和空间范围内，土地产权即土地所有权或土地使用权（承包权、经营权）在不同经济实体之间的流动和转让。农村土地流转的概念范围则相对狭窄一些，它仅指农村土地的所有权或使用权（承包权、经营权）在不同经济实体之间的流动和转让。关于农村土地流转（Circulation of Farmlands）的确切定义，在较早时期，法律、法规没有明确的表述，理论界也没有一个比较统一的提法，许多有关农村土地流转的文献对其内涵界定也不统一。张红宇（2002）等学者认为农村土地流转指农户保留承包地承包权而将承包地使用权流转给其他个人或组织[22]。胡吕银（2004）等学者认为农村土地经营权变动是一种土地权利本身的转移，不能称之为流转[23]。丁文（2019）认为农村土地流转即农村土地承包经营权流转，经营权是从农村土地承包经营权分离出来的部分权能，农村土地流转的定义是在坚持农村土地集体所有制不变的前提下，拥有农村土地承包经营权的农户保留其承包权，通过适当的方式依法向其他农户、工商企业等流转农村土地经营权用以进行农业生产经营而获取收益的行为[24]。

我国宪法和法律明确规定农村土地属于农民集体所有，因而农村土地所有权不允许买卖或转让。农村土地承包权是农民凭借户籍身份而拥有的很重要的权利，农民一般不会轻易转让出去，即使农民自愿退出承包权，也需经过发包方同意才行，因为《中华人民共和国土地承包法》第三十七条对此明确规定："土地承包经营权采取转包、出租、互换、转让或者其他方式流转，当事人双方应当签订书面合同。采取转让方式流转的，应当经发包方同意。"农村土地流转中的转包、出租、互换、转让等方式也只是农户对农村土地经营权的流转，而不包括政府征用农村土地等改变农村土地所有权，以及农民通过转让方式自愿退出农村土地承包经营权的行为。因此，通常意义上的农村土地流转一般仅指农村土地经营权的流转。《农村土地经营权流转管理办法》第三十四条中规定："本办法所称农村土地经营权流转，是指在承包方与发包方承包关系保持不变的前提下，承包方依法在一定期限内将土地经营权部分或者全部交由他人自主开展农业生产经营的行为。"

综合许多学者[25]的观点和 2021 年 3 月 1 日起施行的《农村土地经营权

流转管理办法》，广义的农村土地流转是指农村土地权利通过政府征用、市场交易等途径实现全部或部分转让，即土地权利（土地所有权或土地使用权）的流转，而狭义的农村土地流转，即《农村土地经营权流转管理办法》第三十四条所称的农村土地经营权流转，是指在承包方与发包方承包关系保持不变的前提下，承包方依法在一定期限内将土地经营权部分或者全部交由他人自主开展农业生产经营的行为[26]。除非特别说明，本书研究的农村土地流转，特指狭义的农村土地经营权流转。

农村土地承包方可以采取出租（转包）、入股或者其他符合有关法律和国家政策规定的方式流转土地经营权。流转形式主要包括出租（转包）、入股、互换、转让以及抵押[27]。其内涵分别是：

出租（转包），是指承包方将部分或者全部土地经营权，租赁给他人从事农业生产经营。

入股，是指承包方将部分或者全部土地经营权作价出资，成为公司、合作经济组织等的股东或者成员，并用于农业生产经营，进行风险共担和收益共享。

互换是指承包方之间为了方便耕作、土地整合与管理及满足各自需要，本着互利互便的原则，对属于同一集体经济组织的承包地块进行自愿交换，同时交换相应的土地承包经营权。

转让是指承包方有稳定的非农职业或者有稳定的收入来源，经承包方申请和发包方同意，将部分或全部土地承包经营权让渡给其他从事农业生产经营的农户，由其履行相应土地承包合同的权利和义务。转让后原土地承包关系自行终止，原承包方承包期内的土地承包经营权部分或全部灭失。简而言之，转让就是经原承包方申请和发包方同意，承包方将自己承包的土地让与第三方承包，原承包方主动退出，由第三方与村集体组织建立承包合同，即原承包方"卖断"自己的承包经营权。

抵押是指借款人将农村土地经营权作为抵押担保向金融机构申请贷款的行为。当借款人到期不履行债务时，抵押权人有权依法处置该农村土地经营权并用处置所得价款优先受偿。

此外，代耕也是农村土地流转形式之一，即由其他农户代为耕种。

承包方依法采取出租（转包）、入股或者其他方式将土地经营权部分或者全部流转的，承包方与发包方的承包关系不变，双方享有的权利和承担的义务不变。承包方自愿将土地经营权入股公司发展农业产业化经营的，可以采取优先股等方式降低承包方风险。公司解散时入股土地应当退回原承包方。

农村土地流转可分为农村土地内部流转和农村土地外部流转，前者仅限于农村和农业内部的土地流转，后者涉及土地用途由农业用途向非农用途、农村土地向城市土地的转换。因此，学界普遍将农村土地流转划分为三种类型：一是农村土地农用流转（属于农村土地内部流转），即农村土地在农村和农业内部的流转；二是农村土地非农流转（属于农村土地外部流转），即农村土地向非农建设用地的流转；三是农村土地城市流转（属于农村土地外部流转），即农村土地由农村用地向城市用地的流转。本书所研究的农村土地流转仅限于第一种，即不改变土地原农业用途的内部流转。

农村土地流转政策是指国家政权机关、政党组织和其他社会政治集团制定的用以明确农村土地流转应达到的目标、遵循的行动原则、完成的明确任务、实行的工作方式、采取的一般步骤及具体行动准则等一系列权威性措施和办法的总称（丁文，2019）[24]。《农村土地经营权流转管理办法》规定，农村土地经营权流转应当坚持农村土地农民集体所有、农户家庭承包经营的基本制度，保持农村土地承包关系稳定并长久不变，遵循依法、自愿、有偿原则，不得破坏农业综合生产能力和农业生态环境，不得改变承包土地的所有权性质及其农业用途，承包方可以采取出租（转包）或者其他符合有关法律和国家政策规定的方式流转土地经营权。出租（转包），是指承包方将部分或者全部土地经营权，租赁给他人从事农业生产经营。入股，是指承包方将部分或者全部土地经营权作价出资，成为公司、合作经济组织等的股东或者成员，并用于农业生产经营[28]。2016 年 10 月，中共中央办公厅、国务院办公厅印发《关于完善农村土地所有权承包权经营权分置办法的意见》，制定了始终坚持农村土地集体所有权的根本地位、严格保护农户承包权、加快放活土地经营权、逐步完善"三权"关系的农村土地"三权分置"办法[29]。因此，从产权角度看，农村土地流转的实质是农村土地经营权在不同主体之间的转移。

农村土地确权是对农村耕地、林地、草地、湿地、宅基地等土地的位置、界址、权属性质、权利主体及其身份等内容进行确定（滕卫双，2014）[30]。依据国家对农村土地确权的要求及工作部署，农村土地确权的主要对象是耕地（含以其他方式承包的"四荒地"，即荒山、荒滩、荒沟、荒丘）（李伟方，2016）[31]。因此，农村土地确权是指以确权颁证的形式，对农民承包农村土地面积不准确、四至不清等问题进行文本明确和合理解决，其实质是物权登记，包括土地承包经营权的确认、确定、登记和颁证的全过程（丁玲，2017）[32]。

关于农村土地流转市场定价（Pricing）的内涵界定不一，本书所指农村土地流转市场定价是一个广义的概念，不仅包括农村土地流转商品交易定价，而且包括农村土地流转交易中介收费定价。

2.3 农村土地流转研究的文献综述与评价

2.3.1 农村土地流转的动因

为了科学分析和揭示农村土地流转的定价机制，分析农村土地流转的动因是必要的。20 世纪 90 年代以来，不少中外学者从不同的角度进行了相关研究，取得一定的成果。我国从 1993 年开始允许农村土地使用权流转[33]，相关研究也陆续展开。本书将农村土地流转动因的文献成果归纳为经济动因、制度动因和综合动因三个方面。

1. 经济动因

（1）非农就业机会增加。

主要观点是：我国早期的劳动力转移在一定程度上缓解了农业的"过密化"状态，改善了土地与劳动力要素的不匹配。随着城镇化、工业化进程的加快，城镇就业体制和户籍制度改革不断深化，在城乡二元结构背景下，非农劳动力市场需求规模扩大，非农就业机会增加，农村就业结构发生了变化。劳动力流动是个体对成本和收益的理性决策结果[34]，同时也是家庭分散风险的一种经济行为[35]。在利益的驱动下，农民全部放弃或部分放弃依靠耕地谋生的手段，走向城市或城镇从事非农产业，从而增加了流转土地的供给。随着劳动力转移规模的持续扩大，农业劳动力呈现过度转移现象，土地和劳动力要素匹配出现新的失衡。农户开始通过改变家庭种植结构为趋粮化（檀竹平等，2019）[36]、改变家庭劳动力结构为男工女耕（钱龙等，2019）[37]、以机械替代劳动力等途径，寻求土地与劳动力要素的新匹配模式，改变农业生产要素的投入结构与数量。但对非农劳动力比重较高的农户家庭，上述调节作用有限，转出农村土地成为更优选择。特别是女性劳动力流出、子女随迁等家庭化流动规模的扩大，更进一步推动了农村土地转出。

农村劳动力非农转移的原因主要表现在三个方面：第一，技术进步导致部门生产效率的差异（张广胜等，2018[38]；Zhang 等，2019[39]）；第二，农业资源禀赋缺乏，城乡收入差距过大（Lu 等，2018）[40]；第三，城市化进程加快和国家政策的推动（Kuiper 等，2020）[41]。

谭术魁（2001）认为，20 世纪 80 年代初期，随着农业比较利益不断下降和农业税费负担的加重，农民兼业化现象普遍，导致大量农村土地撂荒或转出[42][43]，但是不同时期流转原因有所差异。刘友凡（2001）认为，近年来，小城镇、中心村迅速崛起，对农民产生了强大的吸引力，一大批农民从"离土不离乡"，到攀比式地在城镇建房，竞相向城镇集中。在这一过程中，农民不仅实现了由"村民"向"市民"的转变，同时也实现了从土地向实业的转移。农民对土地的依赖程度在逐步下降[44]。因此，农村城镇化进程是推动土地使用权流转的重要原因。钟涨宝（2001）等通过对湖北、浙江两省部分地区 230 户农户的问卷调查，认为农民出让土地承包经营权的主要原因是农户家庭主要劳动力已向第二三产业转移，并获得了比务农更高的效益[45]。徐旭等（2002）[46]、钱忠好（2003）[47]、何欣等（2016）[48]指出，农民的土地流转（转入和转出）动机由从事非农产业的边际收益和农业生产本身的边际收益大小决定，当前者大于后者时，理性的农户倾向于转出土地，在收取土地租金的同时，将劳动力向非农产业转移；反之，则会转入土地。

钱忠好（2008）基于家庭内部分工理论发现，农村土地流转与劳动力流动之间存在制约关系[49]。游和远等（2010）认为农村土地流转背景下的农村剩余劳动力向非农产业转移势不可挡[50]。侯明利（2013）通过农村土地流转速率和劳动力流动速率指标测算，发现农村土地流转明显滞后于劳动力流动，但二者未达到耦合协调的良性互动状态[51]。夏显力等（2015）认为区域经济条件等 4 个因素是调研样本区域农村土地流转存在差异性的主要动因[52]。黄枫等（2015）认为非农就业机会促使农户将土地流转给土地禀赋较差或农业种植能力较强的其他农户，促进农村土地流转市场的发育，但只有农户家庭中的男性和女性劳动力同时转移才能有效发挥劳动力转移对农村土地流转的促进作用[53]。钱龙等（2016）通过"非农就业劳动力占比""是否转出土地""是否转入土地"等指标测度农村土地流转与农村劳动力流动之间的互动关系[54]。纪月清等（2016）指出土地细碎化既会降低农户参与非农劳动供给的概率，又会降低劳动供给时间[55]。许庆等（2017）认为农村土地确权是劳动力流动对农村土地转出产生影响的中介因素，农户在土地权益得到保障后会积极进行劳动力流动，进而促进农村土地流转和农民增收[56]。甄小鹏等（2017）认为由于从事非农活动的农村劳动力存在异质性，导致劳动力流动对农户收入的影响在个体特征、家庭人口数、地区等方面不同[57]。张桂文等（2018）认为劳动力的非农转移使农民的非农收入得以提高，从而使农村贫困发生率显著降低[58]。杨子砚等（2020）认为劳动力转移和农村土地流转之间存在双向影响，农村土地流转推动了农村劳动力转移形式的升级，且该作用在低收入农户中更显著[59]。樊士德等（2020）利用中国家庭追踪调查数据，运用面板 Logit 模型进行实证研究，得出劳动力流动可显著降低贫困发生率，且劳动力外流比例与陷入贫困的概率呈负相关关系[60]。赵思诚等（2020）认为农村劳动力转移是农村土地流转的重要动因，劳动力转移通过促进农户农业生产资本深化进程，使资本替代劳动力投入，促进了土地转入，显著地提升了种粮大户的农村土地经营规模，但抑制了土地转出[61]。肖文韬（2020）指出，随着乡村劳动力向城市转移，农村土地经营会由于劳动力短缺而向兼业经营发展，甚至产生耕地撂荒现象，农村土地流转成为实现资源优化配置的客观要求[62]。

一些国外学者（或中外合作研究者）利用村级调查数据实证研究也发

现，非农就业机会的增加是农村土地流转市场发展的主要驱动力的证据，如 De Brauw 等（2002）[63]。然而，受非农就业机会的限制，许多具有一定农业耕种技术的农户还是将务农作为生存和寻求发展的主要途径，这从需求方面为土地流转奠定了基础。持这种观点的学者有：金松青等（2004）[64]、Songqingjin 等（2006）[65]、Brandtl 等（2002）[66]、Lohmar 等（2000）[67]。Yao（2000）[68]和 Kung（2002）[69]一致认为非农就业机会使农户将农村土地流转给农业种植能力更强或土地禀赋较差的其他农户，诱发了农村土地流转市场的发育。Shi 等（2007）研究发现农村土地流转促进了农民外出务工[70]。Yan 等（2014）认为农村土地流转虽能促进农民外出务工，但农村土地租金使农民外出务工的可能性显著降低[71]。Xie 等（2017）通过分析非农劳动力供给和中国土地细碎化对土地流转的影响，认为土地细碎化会减少土地流入，增加土地流出，加剧劳动力的非农转移[72]。Lu 等（2019）指出加纳农户由于非农就业使小型农场扩张成为大中型农场[73]。Richards（2020）认为从事非农活动的农村劳动力的异质性使劳动力流动在个体特征、家庭人口数、地区等方面对农户产生不同的增收效应[74]。

（2）农村经济的发展。

主要观点是：中国农村经济的发展带动了规模经营、产业结构、农户禀赋等因素的变化，从而催生了农村土地的流转。冷崇总（1999）认为规模经营要求通过农村土地使用权流转实现农村土地的相对集中[75]。此外，有学者认为农村产业结构的调整、农户人口的变动和劳动力的增减要求农村土地使用权流转。祝志勇（2003）认为规模效益、结构效应以及正向外部经济效应等农村土地潜在的利益使得农村土地流转成为可能[76]。罗必良（2000）比较了小农和大农在资源配置过程中的效率，从而解释了规模经营和农村土地流转的关系[77]。姚洋（2000）关于"土地自由流转可能产生边际产出拉平效应和交易收益效应"的观点则从另一个侧面解释了农村土地流转的经济动因。杨德才等（2005）也有类似观点，认为农业生产中的两大基本要素是劳动力和土地，土地流转对农村劳动力从事农业和非农业生产具有土地边际产出拉平效应，对土地边际产出的评价差距越大，越会促进农村土地流转[78]。米运生等（2015）指出农村金融市场和劳动力市场的发展使农户扩大生产经营规模后可以更便捷地获取资金和劳动力，提高了农户农村土地流转的积极性[79]。

蔡昉和王美艳（2016）认为扩大农业经营规模和构建现代化生产方式才能使中国农业获得市场竞争力[80]。

顾天竹（2017）[81]、李琴（2017）[82]提出为了有效地降低成本，地块规模扩大的联耕联种与地块合并势在必行。林万龙（2017）认为中国在较长时间内大规模经营较难实现，仍将维持户均几十亩耕地的状态[83]。王士海等（2017）认为扩大经营规模会削弱农户主动进行技术传播的行为[84]。

杨慧莲等（2019）认为在其他条件不变的情况下，土地细碎化会导致单位粮食产量总成本上升[85]，应通过土地整治实现耕地资源的合理利用[86]。

简新华等（2020）认为中国农村土地流转和农业规模经营、农村集体经济发展之间存在逻辑关系：解决"三农"问题，必须推行农业现代化、发展集体经济；农业现代化的主要内容包括农业规模经营，要实现农业规模经营必须进行农村土地流转，把农户手中的分散的小块农村土地集中起来；农村土地最好向集体流转，在实现农业规模经营的同时，发展集体经济，实现农民共同富裕[87]。

Reyes-Bueno 等（2016）认为引起土地细碎化的原因是土地在不同参与者之间的分配[88]。Du（2017）认为经济增长提高了中国土地城市化的质量，但其效应随时间的推移有所减弱[89]。

2. 制度动因

主要观点是：国家农村政策和制度的演变与调整，推动了农村土地流转。农村土地流转是一种诱致性制度变迁的结果。

季虹（2001）认为农村土地制度的形成与缺陷是土地使用权流转的原因[90]。

刘甲鹏等（2003）认为，农村土地零散分割、农户经营规模狭小是家庭联产承包责任制造成的弊端，制约了农村土地的规模效益和集约化经营，农村土地进行有序流转成为迫切的要求[91]。

吴郁玲等（2006）从制度经济学的角度分析认为，家庭联产承包责任制下农村土地"运用无效率"或"X-无效率"。实现农村土地流转，可改善耕地利用状况，实现耕地利用的 X-效率。同时认为，农村土地流转制度是一种诱致性制度变迁的结果[92]。

蒋满元等（2006）认为农村土地流转是随着改革开放农业经营制度的调整而渐趋变得顺畅与普遍起来的[93]。

康雄华等（2007）从近年来国家对农村的各项支农优惠政策落实和农村基本建设投入增加的角度，将农村土地转入的需求增加归因于农民务农积极性的回升，从而推动农村土地的流转[94]，这似乎可以解释那几年的民工"返乡潮"。

严冰（2010）认为土地确权推动了农业逐步走向规模经营，农村建设用地可直接入市，推动了我国农村土地制度整体格局的演进[95]。

石敏等（2014）通过分析农村土地流转的动因，发现地权稳定预期有助于农村土地流转[96]。黄祥芳等（2014）通过分析补贴政策对农村土地流转主体双方的影响，认为农村土地流转补贴政策能够降低大规模经营者转入土地的成本，增加农户转出土地的租金收入，有助于扩大农村土地流转规模[97]。胡晓涛（2014）、康芳（2015）认为稳定的农村土地使用权能促进农村土地承包经营权市场流转，吸引外来投资者，实现农业规模化发展[98]，进而为构建新型农业经营体系奠定基础[99]。

冒佩华等（2015）认为土地确权能强化农户的土地产权强度，降低信息的不对称，促进土地流转[100]。马贤磊等（2015）认为通过增强产权稳定性，农村土地确权有助于农户增加农业投资，提高农业收益，进而激励农户为了扩大农业经营规模参与农村土地流转[101]。

程令国等（2016）认为农村土地确权（地权稳定性提高）降低了农村土地的交易成本，增强了农村土地的产权强度，提高了土地资源的内生价值，有助于提高农户的农村土地流转率，提升农村土地的平均流转面积和租金率，促进了农村土地流转[102]。

刘玥汐等（2016）发现农村土地确权能降低交易费用，促进农户参与农村土地流转[103]。

许庆等（2017）认为土地确权增强了土地的稳定性，不仅能使农村土地资源利用效率提高，使农村土地资源市场增值潜能增加，使农村土地流转交易成本降低，也能使农户土地减值风险降低，激励劳动力的非农转移，从而促进农村土地流转[104]。

赵阳等（2017）认为通过农村土地确权提高产权的稳定性和安全性，使农村土地流转主体双方形成合理预期，从而减轻因产权界定不清对农户流转意愿和投资行为的抑制作用；农户也可以依托农村土地流转市场，依据土地承包经营权证书，通过土地入股、互换合并、联耕联种等方式参与农村土地流转和规模化经营[105]。

王士海等（2018）认为农村土地确权有利于增强农户的产权意识，提高农户农村土地转出或转入意愿[106]，进而促进农村土地流转。

3. 综合动因

主要观点是：农村土地流转是各种原因综合的结果，其中既有经济利益驱动的原因，也有政策和制度拉动的原因。

牛先锋（2001）发现，剩余资金是促使城市近郊的农村土地流转的原因之一[107]。张红宇等（2002）分析了农村土地使用制度变迁、农产品供求关系、农民的土地税费负担[108]。姚咏涵（2001）对家庭承包制下农村土地功能进行了实证考察后认为，农业外部环境变化和农业比较利益变化是推动农村土地使用权流转的主要动因[109]。陈卫平等（2006）认为，地方政府的直接推动、农村大量富余劳动力的跨地区流动，是近年来农村土地流转的规模扩大和速度加快的原因[110]。李凤琴等（2007）认为在政策驱动下，工商资本进入农业等一些新的因素在农村推进，是导致我国农村土地流转的动因之一[111]。李灿（2017）指出要在利益相关者理论与共生理论基础上，形成农村土地流转绩效的内在机理，促进实现共生绩效[112]。

学者们从多样化的视角进行深入探讨，逐步形成了农村土地流转推动主体论[113]-[114]、农业低收益论[115]-[116]、（家庭联产承包责任制）制度绩效下降论[117]、政策及市场驱动论[118]等不同观点。

本书认为，农村土地流转的动因是复杂的，既有经济因素，也有制度因素，两大因素的综合作用催生了农村土地流转。农村土地流转动因的复

杂性从侧面反映了我国农村土地制度变迁属于复合型制度变迁。（详见本书
第 3 章的论述）

2.3.2　农村土地流转的影响因素

国外土地流转问题研究历时长久，逐步形成了马克思的产权和地租理
论、科斯的产权理论、诺斯的制度变迁理论等。学者们普遍认为，影响土
地使用者长期投资的关键是土地产权的稳定性[119]。多数国家实行的是土地
私有制度，城市和农村土地市场相对统一，土地交易比较活跃，但是交易
费用[120]、农业的市场风险[121]、家庭有效劳动力和生产资料[122]等因素影响
了土地交易和土地经营规模扩大。为此，学界关注农村土地流转效率内涵、
影响因素、流转方式的效率差异和流转效率测度等，对农村土地流转效率
内涵研究形成了农村土地产权制度效率[123]、经济效率[124]、综合效率[125]等
三种观点，学者们普遍认为农村土地流转效率的影响因素主要包括土地制
度、流转方式、区域条件、市场发育程度和农户特征等方面。因此，国内
外学者主要从政策和法律因素、经济发展水平因素、政府主体因素、农户主
体因素、综合关联因素五个方面对农村土地流转的影响进行了研究和分析。

1. 政策和法律因素

我国农村改革最大的政策就是必须坚持和完善农村基本经营制度，坚
持农村土地集体所有，坚持家庭经营基础性地位，坚持稳定土地承包关系。
历史和实践证明，以家庭承包经营为基础、统分结合的双层经营体制，符
合我国基本国情，契合农业生产特点。改革开放以来，国家的"三农"政
策和相关法律法规一直在建立完善中，政策和法律是影响农村土地流转市
场发育和发展的重要因素。

在农村土地流转政策方面，随着城镇化、工业化和农业现代化进程的
加快，农村劳动力大量转移，农村社会经济发展格局发生巨大变化，农村
土地流转和利用问题逐渐进入党和国家的政策视野。

在党的三中全会会议公报方面，党的三中全会对不同时期我国的经济
改革和发展决策进行了重点阐释，其中涉及农村土地流转内容的会议主要

有三次：第一次是 2003 年党的十六届三中全会，会议提出"农民依法自愿进行农村土地流转，完善农村土地流转的相关办法，逐步推动农业规模经营"。会议规范了农村土地流转程序，加速了《农村土地承包经营权流转管理办法》[126]的出台。第二次是 2008 年党的十七届三中全会，会议提出"农村土地流转必须坚持集体所有制原则，不得改变农村土地农业用途。同时，健全农村土地流转市场和服务体系，维护农民合法权益"。会议从国家层面进一步强调了建立规范农村土地流转市场和配套服务体系，保障农民合法权益。第三次是 2013 年党的十八届三中全会，会议提出"稳定农村土地承包关系，严格耕地保护制度，赋予农民更多的土地权利，允许农村土地经营权的抵押和入股"。会议从农民权利出发，主张加快构建新型农业经营体系，同时为农业经营和农户增收提供了资金支持（丁文，2018）[127]。

在政府工作报告方面，2012 年国务院政府工作报告提出"深化农村改革，健全农村土地流转配套服务组织，推进农村土地流转和农业规模经营"。2013 年国务院政府工作报告提出"深化农村改革，以农村土地确权试点为契机全面推动农村土地确权颁证"。2014 年国务院政府工作报告提出"稳定农村土地产权关系长久不变，赋予农民更多的土地权利"。2015 年国务院政府工作报告提出"培养职业化农民，发展多种形式的农业规模经营，推动农业现代化"。2016 年国务院政府工作报告提出"鼓励农户通过股份合作形式进行农村土地流转，从政策层面扶持新型农业经营者"。2017 年国务院政府工作报告提出"完善农村土地'三权分置'办法"。2018 年国务院政府工作报告提出"农村土地承包权到期后再延长 30 年"。2019 年国务院政府工作报告提出"培育家庭农场、农民合作社等新型经营主体，加强面向小农户的社会化服务，发展多种形式规模经营。推广农村土地征收、集体经营性建设用地入市、宅基地制度改革试点成果"。2020 年国务院政府工作报告提出"扶持适度规模经营主体，加强农户社会化服务。完善乡村产业发展用地保障政策"。2021 年国务院政府工作报告提出"强化耕地保护，坚决遏制耕地'非农化'、防止'非粮化'。巩固和完善农村基本经营制度，保持土地承包关系稳定并长久不变，稳步推进多种形式适度规模经营，加快发展专业化社会化服务。稳慎推进农村宅基地制度改革试点。发展新型农村集体经济"。[128]从这十年的政府工作报告可见，与农村土地流转相关的政策依据逐渐完善，实现从配套服务、确权颁证、稳产赋权、职业经营、股份抵押到三权分置的政策演进，我国农村土地流转政策已经走向规范化，进而为推动农村土地流转与适度规模经营提供了政策保障（丁文，2018）[127]。

在法律法规方面，自 1986 年开始，国家陆续颁布了《中华人民共和国土地管理法》、《中华人民共和国农村土地承包法》、原《中华人民共和国物权法》和《中华人民共和国农村土地承包经营纠纷调解仲裁法》、原《农村土地承包经营权流转管理办法》等相关法律法规，允许和规范农村土地流转。其中，1986 年颁布的《中华人民共和国土地管理法》规定："允许农村土地承包经营权在法定承包期内由经营者进行相互适当调整。"该法以"适当调整"来描述农村土地经营权的变更行为，表明国家已经逐步承认农村土地经营权的调整行为，并且法律文本中已经初步涉及农村土地经营权调整的若干规定，为后续相关法律法规、政策制度的出台奠定了基础。2002年颁布的《中华人民共和国农村土地承包法》明确规定："农村土地承包经营权可以在集体所有制不变的条件下通过多种形式进行流转，但不得改变农村土地农业用途且本集体经济组织成员享有优先权。农村土地承包经营权的转让和互换方式改变了农村土地承包关系，其流转对象包括同集体经济组织成员或其他从事农业生产经营的农户，这种农村土地流转行为必须由当事人向县级以上地方人民政府申请登记。"该法提出了土地承包经营权流转的概念，强调了坚持农村土地集体所有为农村土地流转的前提，规范了农村土地流转的原则、要求和形式，促进了农村土地流转的有序有效开展。2005 年颁布的原《农村土地承包经营权流转管理办法》规定："允许普通农户或者法律允许的从事农业经营的组织或个人参与农村土地流转，但本村成员拥有农村土地优先受让权且不能改变农村土地农业用途。如若受让方再次流转土地，需要获得原承包方的同意。"该管理办法从流转形式、流转合同和流转管理、权利义务等方面诠释了农村土地流转政策，促进了农村土地流转规模的扩大。2007 年颁布的原《中华人民共和国物权法》（2021 年 1 月开始实施《中华人民共和国民法典》的同时已废止）规定："在法定承包期内，农村土地承包经营权可以通过抵押、入股等方式实行流转，未经法律允许不得改变其农业用途。"该法实现了农村土地经营权流转后的价值，增加了农户获得财产性收入的概率。随着农村土地流转市场的发展，农村土地流转规模得到扩大，由农村土地流转引发的矛盾纠纷日益增加，《中华人民共和国农村土地承包经营纠纷调解仲裁法》于2009年颁布并规定："农村土地流转纠纷的处理办法主要包括当事人之间的和解、村委会调解或申请仲裁，也可直接向法院起诉。"该法明确了化解矛盾的渠道，旨在维护农村土地流转市场秩序与社会稳定发展（丁文，2018）[127]。

改革开放初期，国家政策禁止农村土地转让，1988年的《中华人民共和国宪法修正案》规定："任何组织或者个人不得侵占、买卖或者以其他形式非法买卖土地。土地的使用权可以依照法律的规定转让。"延长家庭经营承包期是土地使用权转让的重要保障条件，这为农村土地流转从理论走向实践奠定了法律基础。农村土地流转逐渐进入学术界的视野，相关研究成果也开始大量出现，特别是2007年开始，相关文章数量增长迅猛，研究成果总体呈现上升趋势。

《中华人民共和国土地管理法》和《中华人民共和国农村土地承包法》都对土地调整做了严格的限定，强调了农村土地承包关系的稳定。国内大量学者就农村土地产权制度和土地承包权定位与农村土地流转之间的关系问题做了相关研究。

周先智等（2000）认为，集体土地模糊不清的产权关系难以形成有效的激励和约束，导致各利益主体行为不规范、利益分配不合理，从而直接阻碍农村土地的合理流转，不利于资源的优化配置[129]。庞丽铷（2000）认为，制度的滞后甚至缺位，使得农村土地流转负面效应日益凸显，农村土地权益纠纷不断增加，严重影响了农村经济社会的稳定和发展[130]。

马晓河等（2002）认为，产权明晰既是农村土地流动的前提和基础，又是市场经济的客观要求[131]。

钱忠好（2003）认为，现行农村土地承包经营权产权残缺或不完全性是阻碍农村土地市场流转的一个重要因子。乡村干部由于种种原因具有对农村土地承包经营权经常性的行政调整的动机，也抑制了农村土地流转市场化进程[132]。张雪玉（2003）认为，目前农村土地流转可依据的法规还很不完善，为了保证农村土地使用权流转市场健康发展，对流转市场应该建立比较完备的法规体系来加强管理和规范，这也是法治建设的重要内容[133]。

张勇等（2004）通过对农村土地流转相关政策文本的梳理和分析，强调农村土地流转政策需要遵循制度稳定性，认为为了使农村土地流转行为有法可依，应该完善农村土地流转配套政策支持体系[134]。田传浩等（2004）通过调查，实证分析了苏、浙、鲁地区的情况，其结论是：地权稳定性预期对租入农村土地行为影响显著，对地权稳定性的预期越高，其租入土地的可能性越大，同时租入土地的面积也越大[135]。

陈卫平等（2006）认为，农村集体土地产权不清与产权残缺导致难以保证农民的流转主体地位，这不仅影响了农村土地流转，而且为一些基层组织的寻租行为提供了机会[110]。黄丽萍（2006）认为，我国农村土地制度的根本问题不是所有权问题，农村土地产权制度改革的重点也不应是农村土地产权的归属问题[136]。

康雄华等（2007）通过模型分析论证了政策因素对农村土地流转的影响，认为农业税收政策是对农户农村土地流转决策起着显著影响的因素之一[94]。于振荣等（2007）认为，由于近年来国家农村土地制度改革赋予了农户相对稳定的经营权，同时地方给予政策支持，再加上我国农村经济发展、农村土地规模经营优势的显现、家庭人口和经济结构变化等相关因素，农村土地流转得以出现和蔓延[137]。王国辉（2007）认为，虽然农村土地流转是大势所趋，但政策扶持、法律规范的引导可以加快农村生产力的发展进程[138]。邵景安等（2007）认为农村土地权属、农村土地流转管理制度、社会保障政策、农村土地市场发育程度影响着农民的流转意愿，进而影响着农村土地流转的规模和速度[139]。

刘克春等（2008）认为由于不确定政府实施的农业税费减免政策和粮食补贴政策是由农村土地转出方还是转入方享受，所以这些优惠政策不一定对地租产生正向影响，而流转合约中的有关约定对租金的谈判起着关键的作用[140]。

叶剑平等（2010）通过调查中国 17 个省份的农村土地，发现农村土地承包合同和证书的发放对农户土地流转量产生正向影响[141]。徐珍源等

（2010）指出国家在政策上应建立健全农村社会保障制度，使农户放心转出土地，提高农户有序、长期流转土地的积极性，进而提高农业规模经营效率和农民收入水平[142]。

陈水生（2011）通过比较分析东部、中部和西部若干地区的农村土地流转政策差异，探究了农村土地流转政策的影响因素及绩效，提出了政策建议[143]。操世元等（2011）研究发现农村土地流转政策的实施成效显著地受到资金压力和文化冲突等因素的影响，要保障政策的有效执行必须考虑政府的财政承受力和农民的政策态度，制定符合当地经济发展水平和社会风俗习惯的农村土地流转政策[144]。

翁士洪（2012）研究发现基层官员出于利己考虑而采取的利己行动导致农村土地流转政策执行失效，影响了农村土地流转的开展[145]。

田传浩等（2013）认为农村土地流转质量可从农村土地承租对象、农村土地流转是否有偿、农户对土地的承包期限三个方面来描述。若农村土地的流转对象是非亲友，一般会签订正式的书面合同并进行有偿流转，农村土地的承包期限越长，承包人对地块的投资动力就越足，地块的质量也就越高。因此，土地频繁调整引起的土地稳定性降低会造成土地租赁合同期限缩短并降低农村土地流转双方订立合同的可能性，降低农村土地流转质量[146]。

杨飞（2014）运用计量方法分析西南民族地区的农村土地流转情况发现，农村土地流转政策的有效实施能增加农民收入、扩大就业机会、改善农村发展环境[147]。

胡建（2015）构建了农村宅基地使用权有限抵押的法律制度[148]。杨遂全等（2015）针对农村闲置房屋提出通过宅基地空间权的自由流转解决资产权益冲突[149]。杨俊等（2015）提出引入"宅基地法定租赁权"制度，采取房地分离模式，解决农村房屋买卖问题[150]。杨雪锋等（2015）分析不同类型农户对宅基地退出的利益诉求，认为应制定差异化宅基地退出方案[151]。瞿忠琼等（2015）通过对重庆地票交易的研究，构建了城乡建设用地流转中置换指标的预警体系[152]。臧公庆等（2015）认为信托公司的运作可以更好地为耕地流转主体提供经济激励[153]。林文声等（2015）[154]、胡霞等

（2015）[155]指出人地关系、嵌入社会关系的交易机制和户籍是土地流转非市场行为的主要原因。聂建亮（2015）认为以新农保为代表的农村社会养老保险对农村土地养老保障功能的替代程度越高，农民转出土地的意愿就越强[156]。

蔡昉等（2016）指出以户籍制度为代表的制度性约束使农村劳动力难以彻底转移，人地比例没有发生根本性变化，导致了农业劳动力老龄化和兼业化现象严重，影响了农村土地流转，制约了农业经营规模的扩大[157]。

叶剑平等（2018）认为土地确权工作已初见成效[158]。戴青兰（2018）指出土地确权破除了集体经济发展的障碍[159]。仇童伟等（2018）基于土地产权理论认为，国家赋权是劳动力和农村土地要素配置的主导因素，国家赋权的强度影响劳动力非农就业和农村土地流转[160]。王士海等（2018）认为土地确权有利于增强农户的产权意识，提高农户土地流出或者流入的意愿[161]。宁静等（2018）认为土地确权有助于提高贫困农户的收入，缓解信贷约束，改善经济状况[162]。应瑞瑶等（2018）指出提高地权的稳定性能鼓励农户进行持续性的农业生产投资，特别是与特定地块相连的农家肥的投资[163]。曲颂等（2018）认为土地确权有利有弊，它在明晰农村土地产权、赋予农民权能的同时，激发了农民解决土地权属争议的诉求，使农村的历史遗留问题显现出来[164]。黄鹏进（2018）认为现阶段土地的政治产权属性和经济产权属性不一致，导致了土地纠纷[165]。许恒周等（2018）认为土地确权受到农户文化程度和年龄、土地经营规模等因素的影响，取得的成效并不理想，解绑作用并不明显[166]。仇童伟等（2018）认为土地产权稳定性的改善会抑制农户种植农作物[167]。国家和集体土地所有权并存，工业用地权利可以在不同的土地租赁条款之间转移，造成工业用地利用效率低下[168]。杨宏力（2018）指出可能会导致严重的经济和社会后果[169]。陈慧妮（2018）结合城镇化阶段乡村的基本矛盾，通过分析 J 村农村土地流转带来的机遇和危机之间的矛盾、乡村整体利益和村民利益多元化之间的矛盾、乡镇行政管理权和村民自治权之间的矛盾，认为在乡村振兴战略下农村土地流转的路径选择方面，农村土地流转政策是乡村振兴战略的重要支点之一，农村土地流转对农民利益影响最为深远，并提出应尊重乡村内生秩序、提高村镇干部工作积极性、增强村庄凝聚力、焕发村庄自身特色等农村土地流转政策执行路径[170]。

还有学者研究农村土地流转中的金融支持政策。孟繁瑜等（2020）从宏观、中观和微观三个层面研究我国农村土地金融创新政策的实践和理论演化，分析我国农村土地金融创新政策构建，并提出了完善我国农村土地金融政策制度的对策建议[171]。李停（2021）认为，我国农村土地的"三权"分置改革，为农村土地金融创新提供了可行性，激发了农村土地金融需求，促进了农村土地金融供给[172]。姜松等（2021）分析了农村土地金融创新的内在逻辑与目标偏差，提出了农村土地金融创新发展的路径[173]。

国外学者在农村土地流转研究方面，Rozelle Scott 等（1999）[174]、Lohmar 等（2000）实证研究表明：粮食订购任务政策对农户参与土地流转市场有显著的负面影响。Brandtloren 等（2002）[175]的研究也有类似的结论。粮食统购曾经是中国的一项基本农业制度，2001 年 7 月国务院公布了《关于进一步深化粮食流通体制改革的意见》，基本内容为取消农民的粮食订购任务、放开粮价。新政策的推行证实了研究者的结论（因为总体上讲近年来的农村土地流转规模在扩大）。

Matthew Gorton（2001）通过对 Moldova 地区现有小规模土地经营现状的分析，认为鼓励农业生产的联合经营会减少土地交易的障碍，但如果没有界定清晰的土地所有关系和正式授权的土地证书，土地市场的功能仍然是微弱的[176]。Songqingjin 和 Klausdeininger（2006）就农村土地承包经营权证书的颁发与农户参与土地租赁市场之间的关系进行了计量实证分析，其研究结论是：对农户颁发土地承包经营权证书明显地增加了农户出租其农村土地的可能性，颁证与农村土地出租意愿有着显著的正相关关系。Hananel（2015）指出建国历史、法律环境和意识形态共同塑造了以色列的土地政策[177]。McGranahan 等（2015）探索美国艾奥瓦州 3 个城镇的农业政策演变与土地利用决策之间的关系，发现促进农业生产和保护土地利用的模式交替并存[178]。Albertus 等（2016）认为无效率的土地改革政策会产生昂贵的社会成本，严重地阻碍经济的发展[179]。Jürgenson（2016）认为必须通过土地整理项目来降低土地的细碎化程度[180]。Jakus（2017）讨论了将联邦土地由州管理的立法提议，认为土地由州管理相对于联邦管理而言在成本上不具备优势[181]。Liu 等（2017）回顾了中国改革开放以来耕地保护政策的四个发展时期[182]。Gao 等（2017）认为中国农村土地政策的变化和农村土地租赁市场的快速发展增强了农民进行土地投资的动力[183]。Gebru 等（2019）发现受气候变化、社会资本和法律限制等因素的影响，埃塞俄比亚北部农户较难通过土地流转来扩大经营规模，限制了其转化为规模经营户[184]。Stacherzak（2019）指出由于波兰对农村土地交易市场的限制，大量农村土地向着非农业用途转换[185]。Kaletnik 等（2020）指出不完善的土地资源电子地籍阻碍了土地流转，土地流转的法律体系亟待建设[186]。

2. 经济发展水平因素

非农产业的发达程度和非农就业机会往往代表着一个地区的经济发展水平。邢姝媛等（2004）认为，农村土地使用权流转不稳定，主要受制于非农产业的发达程度、非农就业机会、农业经营的稳定性、农民收入的不确定性四个因素[187]。

James（2002）针对农户调查数据进行了实证研究，结果表明农户对土地租赁的需求取决于农村劳动力的转移和农户非农就业的发展。非农就业机会的增加使农户转出土地的可能性增加，但对农户土地转入需求的影响有明显的负相关性[188]。

邹伟等（2006）研究发现，一般来讲，农村土地市场发育较好、农用地内部流转程度高的地方同时也是经济发展快、农村土地生产率高的地区[189]。

陈志刚等（2003）对江苏和江西农村土地制度演变和农村土地绩效进行了计量分析，发现经济欠发达地区的农户对土地转让权存在弱偏好，但是经济发达地区的农户则对土地转让权和使用权存在强偏好[190]。

陈和午等（2006）针对农业部、国务院发展研究中心农村部的农村土地流转调查数据进行了实证分析，结果表明经济发展水平与农村土地流转率显著相关，经济发展水平越高，农村土地流转率也越高[191]。

卞琦娟等（2011）研究发现浙江省东、中、西部不同的经济发展水平是导致农村土地流转地区差异明显的原因[192]。

张琳等（2018）认为完善的土地市场能优化产业结构和劳动力结构[193]。

徐升艳等（2018）认为市场化的土地出让会通过融资效应和资源配置效应影响经济增长[194]。

甄江等（2018）认为近年来农村土地流转市场发展迅速得益于经济发展水平和非农就业工资水平的上升以及地方政府相关政策促进乡镇土地流转平台的发展[195]。

Zou 等（2018）认为，农业人口老龄化和城镇化是导致中国农村土地闲置的重要因素，应重视农村地区的土地流转保障体系[196]。

3. 政府主体因素

裴厦等（2011）认为政府在农村土地流转中的角色不能是决策者而应是引导者，政府应加大宣传力度，增强农民的法律意识；提供土地流转信息交流平台和土地流转中介机构；招商引资，促进农业集约化与专业化经营；公平公正地解决农村土地流转中的纠纷问题，保障农户合法权益，维持农村土地流转秩序，保证农村土地流转的有效持续推进[197]。

马贤磊等（2016）指出政府在农村土地流转中是"裁判员"和"运动员"的角色，但在农村土地流转市场的完善过程中，政府应逐步退出"运动员"的角色[198]，因为政府对土地集中流转的强行干预，可能造成新的不公并使不同利益主体面临巨大的经济和社会风险（黄忠怀等，2016）[199]。钱忠好等（2016）认为，农村土地流转应在自愿原则下积极发挥政府的引导作用和管理作用[200]。陈金涛等（2016）提出要加强对农村土地经营权流转的监管，尊重农民流转意愿，保障农民合法权益[201]。陈晓芳（2016）指出要引入全国性的土地转用指标交易机制[202]，夏淑芳等（2016）提出要促进市场与政府协同，以优化流转环境[203]，进而促使农村土地流转市场与城市土地交易市场的有序衔接。

翟黎明等（2017）认为政府介入农村土地流转不但没有改善农户的生计资本，还造成一定的负效应[204]。张建等（2017）指出在农村土地流转政策执行中，基层乡镇政府和村委会的政策执行偏差使农民的多种土地权益受到了侵犯[205]。耿宁等（2017）认为政府主导农村土地流转的竞标模式会导致助推溢价和政府创租等风险[206]。王梅婷等（2017）研究发现地方政府在财政分权与晋升激励下会采取差异化的土地出让方法，增加土地出让面积并压低土地出让金[207]。赵芸逸等（2017）研究对比了湖北省五个增减挂钩项目在政府主导模式与市场主导模式下挂钩实施前后效益的隶属度[208]。于潇（2017）认为要实现通过确权来增强农村土地的稳定性，进而刺激投资，需要农户对农村土地政策的高度认知和配合。要让农户充分了解农村土地政策的相关知识，政府在农村土地确权过程中应对农村土地政策进行全方位宣传[209]。

尹亚军（2019）认为通过标准合同制度进行治理不是政府的深度干预，而是一种有助于克服农村土地流转中的合同履行、禀赋效应、公共利益缺位等难题的助推策略，也在一定程度上可以避免政府主导强制流转、村集体经济组织统一流转等违背农户意愿的现象，这种助推策略应与农村土地确权登记、完善农业社会化服务体系、改进金融政策和财政补贴扶持农业生产、提高农民非农就业能力等措施同步推进[210]。

郜亮亮等（2020）指出中国农村土地流转市场存在明显的进入门槛、交易成本和非对称性，需要政府适当的引导与干预[211]。王珊等（2020）认为政府干预农村土地流转交易对转出户的增收效应不显著，仅仅依靠合理的显化租金不能促进农户增收，实现农村劳动力向非农领域的转移对促进农户增收更为重要[212]。

国外学者对政府在土地市场中的行为进行了研究。Qiu 等（2017）研究发现国家对土地市场的干预形成了政府主导的土地开发制度[213]。Wu 等（2017）比较了永久基本农田和动态占补平衡的管理效率，认为动态占补平衡使优质耕地向工业和住宅用地的转化增加，不利于保护耕地质量[214]。Zhou（2017）指出中国政府实施土地利用总体规划使建设用地扩张得以遏制[215]。

4. 农户主体因素

早在 20 世纪 90 年代，林毅夫（1995）就检验了农民在农村要素市场上的参与率与其禀赋及技术之间的关系[216]。

田传浩等（2004）通过对几个省份的实证分析指出，农户作为农村土地经营流转的主体，其流转行为受农户家庭资源禀赋影响较大[135]。杜文星等（2005）也有类似的观点，一个地区的农村土地流转以及制度选择受到农户的意愿和行为的根本影响，进而影响到该地区农村土地市场的发展和完善[217]。

在定量分析方面，研究者构建了分析农村土地流转的内生影响模型，模型中涉及的农户变量有所差异：Yao（2000）的农户模型中的变量包括非农劳动力市场的发展情况、户主年龄、受教育成员占家庭成员的比重、不工作的人数、家庭平均年龄[218]。田传浩等（2004）的农户模型中的变量包括家庭初始分配耕地面积、家庭非农收入比重、家庭土地经营水平、农村土地使用权市场发育情况、土地调整情况[135]。史清华等（2003）的农户模型中的变量包括家庭人口规模、家庭劳动者平均学龄、家庭经营非农化程度、家庭经营土地的细碎化程度、收入水平、家庭的社会声望[219]。

初玉岗（2001）提出应培育和扶持企业家型农户以较低成本增加农村土地流转行为[220]。王克强等（2001）讨论了农户的兼业因素，认为兼业农户在农村土地流转中扮演着桥梁与传递作用，农村土地流转过程通常并不是一步到位直接由非农户流向纯农户。同时发现，有些兼业农户尽管农业收入占家庭总收入的比重很小，但是由于出租土地的收入很低而不愿租出土地[221]。这也是流转定价偏低的一个佐证。

钟涨宝和汪萍（2003）在分析了经济发展水平不同的浙江和湖北地区的农户在土地流转过程中的行为差异后指出，在既定的农村土地制度框架下，农户的土地流转行为不仅是一种经济行为，而且是一种社会行为。

钱文荣（2003）研究发现农村土地流转意愿与农户的家庭农业收入密切相关，农业收入越高，转入土地的意愿就越强；人均收入在一定程度上与土地流转方向相关，职业对土地流转意愿的影响不太明显[222]。钱文荣（2004）运用逻辑回归方法分析了农户特征变量和农村土地流转意向的相关关系，结论表明农村土地流转意向与人均收入密切相关，年龄、教育年限、人均土地也是影响农村土地流转的主要因素[223]。

金松青等（2004）利用2001年国家统计局农调队住户调查数据，对农户参与土地租赁市场的决定因素进行了计量分析,结果显示人均土地面积、教育水平、具有非农就业的经历、非农业资产比重是农户出租其土地的决定因素。

邵晓梅等(2005)分析了影响鲁西北地区农户的种植业收入的因素,发现农村土地经营规模、种植业费用、复种指数、粮食出售价格等因素对农户种植业收入影响最大[224],其中农村土地经营规模对农户收入的影响率约为种植业费用对农户收入影响率的两倍,长期来看,种植业费用的增长速度比农产品价格的增长速度更快,从而产生农户增产但不一定增收的现象(蒋文华,2001)[225]。刘克春等(2005)对江西 7 个县 205 个农户数据进行了实证分析,结果显示农户家庭农业劳动力、收入来源因素对农户的土地租入租出行为有显著影响[226]。

刘克春(2006)以计划行为理论研究了江西省农户的农村土地流转决策行为[227]。钟涨宝等(2007)以农户是有限理性人假设分析农户行为,认为农户土地流转意愿受到集体行为、农村土地流转环境和社会文化等因素影响,根据农户流转意愿强弱程度将农户行为划分为抵制型、等待型、参与型和探索型 4 种类型[228]。康雄华等(2007)通过模型分析论证了法律认知水平对农户农村土地流转决策有显著影响[94]。钱忠好等(2007)认为有农村土地占有权弱偏好、流转权强偏好的农户更容易产生土地流转行为[229]。冯玲玲等(2008)采用 Logist 回归模型分析农户土地流转意愿的影响因素[230]。罗光莲等(2009)认为农村土地市场中的土地价格即补偿费用、务工等非农收入是农户土地流转选择的决定因素,而农业收入对农户土地流转的选择没有影响[231]。陈秧分等(2010)基于农户生产决策理论指出农户要素相对丰裕程度决定劳动力非农就业和农村土地租赁行为的发生[232]。乐章(2010)认为农民的主要职业和对土地的依赖显著地影响其土地流转的意愿,其次是农民的健康状况和社区的地理条件[233]。裴厦等(2011)认为农民的土地流转意愿十分强烈,外出务工人员比例、家庭收入层次、土地质量、农户文化水平是影响农户土地流转意愿的 4 个因素,其中,外出务工人员的比例是其转出土地的首要直接影响因素;家庭总收入和结构与农户的土地流转意愿互为因果关系;农户不愿意转出园地但愿意转出耕地;受教育水平高的农户更愿意转入土地，并可能发展成为农业经营大户[197]。李庆海等（2011）认为一些农户没有意愿或能力来经营自己承包的土地，导致土地撂荒和闲置现象，严重浪费农村土地资源[234]。许恒周等（2011）提出，农民职业分化导致其产权偏好不同以及对农村土地流转的影响具有重要的现实意义[235]。许恒周等（2012）认为农民的分化程度特征对农村土地流转具有重要的影响[236]。廖洪乐（2012）认为农户兼业程度和类型也是农村土地流转的重要影响因素，以务农收入为主的一兼型农户倾向于转入土地，以非农收入为主的二兼型农户以及非农户倾向于转出土地，随着农户非农劳动力时间的增加，即兼业程度变化，其土地转出面积呈现出先下降后上升的 U 形趋势[237]。洪名勇等（2012）认为农户个人特征、农户家庭耕地面积和单块土地面积、非农就业机会、收入结构对农村土地流转有重要影响[238]。衡霞等（2014）认为大力发展农村土地托管组织，引导农户加入农村土地托管组织有助于保障农村土地流转权益[239]。夏显力等（2015）采用二元 Logit 模型研究农户土地流转的影响因素，发现农户的类型和年龄、家庭人均收入、保障制度的完善程度等 8 个因素对农户土地流转产生显著性影响[52]。沈建新（2015）发现农村土地流转中存在弱化农民土地承包经营权、土地流转收益分配不合理等侵害农民权益的现象[240]。宋文（2015）构建了农民农村土地意识的 4 个维度及农村土地流转和规模经营意愿的假设模型，并采用结构方程模型（SEM）进行了验证[241]。赵雪雁等（2015）基于农村脆弱性分析框架和可持续分析框架研究参与农村土地流转农户的生计脆弱性，发现农户暴露度、敏感度和适应性均与农户生计脆弱性成正比[242]。其中，农户在生产生活中受到外部环境冲击时将会面临的自然、社会和家庭的风险被称为暴露度；农户在生产生活中受到外部环境冲击时表现出的敏感程度被称为敏感度；农户对于当前面临风险的抵御能力被称为适应性，主要通过包括自然资本、社会资本、金融资本、物质资本、人力资本在内的生计资本来反映（朱建军等，2016）[243]。

何欣等（2016）基于 29 省的调查数据指出农户参与农村土地流转行为的决策受到风险偏好、社会环境因素及群体效应（农户的从众心理）、村集体的行政干预等诸多客观因素的显著影响[48]。张锦华等（2016）发现新农合不但在改善参合农户的健康状况方面作用显著，还提高了其土地流转的意愿[244]。伍骏骞等（2016）发现宗族网络与土地流转率之间呈显著的正相关关系，与土地流转价格之间呈显著的负相关关系[245]。陈浩和王佳（2016）发现与亲邻交往越频繁、礼金支出越高、有族谱或家谱的农户，租出土地的概率越高[246]。仇童伟等（2016）发现国家赋权更容易提高农户对土地产权的安全感知[247]。吴郁玲等（2016）指出农户在宅基地使用权确权效应方面的认知程度的高低可能会影响确权的预期效果[248]。于丽红等（2016）发现农户农村土地经营权抵押融资满意度的关键影响因素包括土地面积、农村土地评估值、供养比、缓解资金约束作用、满足资金需要程度等[249]。周敏等（2016）指出为预期征地做准备，设施农用地转出方通过低价购买方式与转入方交易地上定着物来攫取附着物补偿费[250]。张晓娟（2016）认为农民可能是农村土地的转入方，也可能是农村土地的转出方，转入方和转出方的利益是冲突的，土地流转绩效评价在农民的角度上应实现互利双赢[251]。

张桂颖等（2017）发现网络异质性、网络密度、网络规模、认知嵌入、政治嵌入、文化嵌入、关系质量、关系强度都会对农户的农村土地转出和转入行为决策产生正向影响[252]。文长存等（2017）认为农户的水平和垂直分化程度影响着农户转入土地的决策和规模[253]。胡新艳等（2017）通过人地权力关系和人地依赖关系分析农村土地流转中的禀赋效应[254]。邹秀清等（2017）发现家庭农场的多少与普通农户土地转出意愿成正比，与土地转入意愿成反比，家庭农场专项补贴对农户的土地流转意愿具有反向影响[255]。付振奇等（2017）认为家中有党员和干部的农户的土地流转意愿更强[256]。罗必良等（2017）认为引入农户风险预期的租约短期化现象是受实际流转期限、转出对象、对承租方事中行为的介意程度、土壤肥力等因素影响产生的结果[257]。

焦娜（2018）关注地权安全性[258]对农户土地流转意愿的影响。林善浪等（2018）认为家庭生命周期阶段[259]对农户的土地流转意愿产生重要影响。宋敏等（2018）认为农村土地流转规模具有很强的空间异质性[260]，强调区域差异的影响。张燕纯（2018）指出农村土地是中国部分农户家庭非常重要的生产资料，农村土地仍需继续承载这部分农户家庭的社会保障功能，农村土地流转中应设定这些农户的承包权不得转让，以确保这些农户不会失去他们最后的生产资料，保障这些农户的农村土地承包权，稳定现有的农村土地承包关系[261]。江激宇等（2018）指出社会资本能够通过增强当期土地流转经营权稳定性促进大户长期投资[262]。甘臣林等（2018）强调社会网络对农村土地流转的影响，认为亲朋邻里的土地转出行动会产生外在压力，促使农户会"跟风效仿"[263]。王素涛（2018）认为土地资源禀赋、非农就业和进城务工条件等是农户土地转出行为的直接影响因素[264]。刘琴（2018）认为粮食主产区内农户的流转意愿主要受文化程度、非农收入、农业合作社和流转市场的影响[265]。全磊等（2018）采用两步聚类法与有序 Logit 模型分析发现不同的打工型或兼业型生计策略、是否位于省会近郊的有利位置是影响土地转出户生计资本向上流动的主要因素[266]。洪炜杰等（2018）认为农户在农村土地流转过程中的契约选择是理性思考的结果，农村土地交易对象之间的关联博弈强度越高，农户越可能选择短期化的土地流转契约[267]。

朱文珏等（2019）认为土地对农户产生不可替代的心理价值是由于二者的情感关联，因此受禀赋效应的影响，农户在流转决策中对自有承包土地的总体价值评价和对土地利用效率的价值评价容易发生偏离，进而阻碍农村土地资源向更高利用效率的主体配置[268]。刘灵辉（2019）通过研究农村土地流转中外嫁女的土地权益可能存在的损害及原因提出了具体的保护机制[269]。彭长生等（2019）认为农村人口减少并不是提高农村土地流转率的必然因素，区位和地势等自然地理条件也是农村土地流转决策中的重要影响因素[270]。江永红（2019）认为农户多以家庭为决策主体，农村劳动力的老龄化制约了农村土地流转[271]。洪名勇等（2019）认为农村土地产权问题是农村土地流转中农户土地权益受到损害的根源，从而导致在农村土地流转过程中对农民权益保护不到位及实现不完全[272]。

兰勇等（2020）认为研究农户土地流转意愿由关注劳动力流动和农户情感价值转向关注宗族网络和互联网的影响[273]。李朝柱等（2020）认为宗族网络发达不仅能显著地促进农户进行土地流转，还能有效地降低流出支付和流入的租金收入[274]。张景娜等（2020）认为互联网的使用通过拓宽信息渠道、增强社会互动和提高非农就业稳定性的路径影响农村土地转出，显著地提高了转出概率[275]。黄文彬等（2020）认为非农就业不是必然地抑制农村土地转入[276]。

张海丰等（2021）认为随着我国乡村振兴战略的深入推进，农村市场化程度提高会带来农村土地产生溢价预期，农户作为土地转出方倾向于选择短期合约，通过重复谈判获得更多的土地溢价收益来最大化自己的利益[277]。

国外学者在农村土地流转中农户主体因素研究方面，Yao（2000）对浙江省 3 个县的调查数据进行了实证分析，分析结果证实家庭平均年龄比平均教育水平能更好地定义人力资本异质性指标。一个村中人力资本分布异质性程度越高，则劳动力市场和土地租赁市场越繁荣。Che（2016）通过测度非农工作对农村住房租赁行为产生的影响，发现参加非农工作或已经迁移的农村家庭的成员越多，出租农村土地的可能性就越大[278]。Yan 和 Huo（2016）发现，租赁契约的不稳定将显著地减小租赁市场交易行为发生的可能性[279]。Kousar 和 Abdulai（2016）通过研究巴基斯坦旁遮普省的农村家庭，发现非农工作比例和租赁协议参与率可以增加单位土壤的投资程度[280]。

Wineman 等（2017）研究发现家庭利用土地市场特别是销售市场来调整农场规模，以提高土地分配的公平性[281]。Zhang 等（2017）认为土地调整停滞不前的重要原因是农户参与土地调整的激励不足，农户的土地调整行为受到农户异质性和数量的影响而呈现显著差异，因此必须根据农户结构来调整激励政策[282]。Xu 等（2017）发现非农就业比例与农民参与土地流转的可能性成正比[283]。

Allahyari MS（2018）指出促使土地由细碎化向规模经营转变的重要途径是土地整理，农民的满意度和采用率是土地整理项目成功与否的重要影响因素[284]。

Deng（2019）指出经历过饥荒的农户对土地有较强的情感价值依赖，更倾向于减少租出土地、增加租入土地[285]。

5. 综合关联因素

不少学者认为农村土地流转的影响因素是综合的，因素与因素之间是关联的。

姚洋（2000）验证了更加自由的劳动力市场以及更加异质化的人群双重因素作用有利于促进农村土地租赁市场的繁荣[286]。

杜文星等（2005）通过长江三角洲抽样调查研究，得出影响农户农村土地流转因素按照贡献率排序结果是：非农就业率、家庭最高受教育程度、单位面积农业纯收益、农产品运输距离、家庭恩格尔系数、区域经济发展水平、户口所在地、受访者性别和年龄、流转的主导因素、粮食安全保障率和企业排污。

钟太洋等（2006）通过逻辑回归模型求解指出，影响农户土地租赁意愿的因素表现为农村土地产权制度内容完整性、农村土地产权稳定性和农户家庭特征三个方面[287]。

詹和平（2007）对农村土地流转问题实证研究进行了综述，归纳总结了近年来学界对农村土地流转市场发展的限制因素的实证研究成果：一是影响农村土地流转的最重要因素是经济发展水平和非农就业的限制。首先，农村劳动力的转移是农村土地流转的前提。其次，经济越发达，二三产业比重越大，农村劳动力非农化水平越高，农村土地流转规模越大，农民土地交易也更为频繁。再次，农村土地调整严重限制了农村土地流转市场的发展。农村土地调整的频率越大、范围越广，则农村土地流转市场的发展越缓慢。最后，中介服务组织缺失和发育滞后也阻碍了农村土地流转市场的发展[288]。

刘克春等（2008）认为农村土地质量对地块顺利流转与租金的提升有显著的正向影响[140]。陈美球等（2008）认为农村土地转出的主要影响因素是外出打工、耕地经营收益、农户家庭经济状况、耕地细碎化程度、区域经济发展水平和交通便捷度等；农村土地转入的主要影响因素依次是家庭经济状况、耕地细碎化程度、耕地经营收益、外出打工、区域经济发展水平和交通便捷度[289]。

少数研究者将农村社会保障水平作为农村土地流转的影响因素。

陈锡文等（2002）认为，短时期内我国现代的社会保障难以覆盖农村，土地作为大部分地区、大部分农民维持生存和获取收益的手段还将持续相当长的时间[290]。

周飞（2006）认为，我国长期的城乡二元体制结构导致了长期以来农民被排斥在社会保障网之外，而非农就业的岗位和收入存在不稳定性，对绝大多数农民来说，农村土地仍然是"活命田""保险田"。农村对土地保障的依赖性使得农民不敢轻易流转土地，这从一个角度解释了农村土地抛荒现象[291]。

许恒富（2007）认为，在国家财力允许的情况下，应该将最低生活保障制度从城市扩大到农村，对放弃土地而又因种种原因确实无法生存的农民给予最后的救济[292]。

还有学者将工商资本下乡作为农村土地流转的影响因素。

徐章星（2020）认为工商资本下乡在一定程度上促进了农村土地流转，这种影响由于工商资本下乡的形式不同而存在明显的异质性：若工商企业下乡租赁农村土地会抑制农户转入土地，对农户转出土地的决策无显著影响；若工商企业下乡对农户提供机耕服务等多元化的惠农服务，有助于增强农户的农业生产能力，促使农户转入土地，抑制其转出土地[293]。

此外 Skoufias（1994）研究表明，交易成本是影响农村土地流转的主要因素[294]。在这里，交易成本显然是个综合因素的概念。Macmillan（2000）指出农村土地以市场化交易为主，即使产权和权利边界明晰且农村土地流转市场发育充分，仍要规避市场失灵对农村土地利用动荡的影响[295]。

本书认为，针对影响农村土地流转的因素分析，虽然学者们研究的视角和研究方法不尽相同，但也有一些比较一致的看法。同时，不同的认识和结论也是存在的。不管怎样，这些研究成果对于我们更深入地揭示阻碍农村土地流转的因素，促进农村土地流转市场发展都是大有裨益的。

2.3.3　农村土地流转的现状

关于中国农村土地流转的状况，根据不同的时间阶段，多数学者利用统计、调查、访谈等方法，从农村土地流转的形式、特点、规模、效果几个方面展开研究。由于农村土地经营权流转在国家统计口径中并没有单独列示，所以我们主要采用研究者已有调研结果对中国农村土地流转的现状做出简单的评述（叶剑平等，2000，2006）[296]-[297]。

1. 农村土地流转的形式

随着城镇化和农业现代化进程的加快，农村土地流转日益活跃。由于农村土地的地理位置、农户家庭劳动力人数和素质以及劳动力掌握的技能等方面有所差异，农户对承包地的处置态度与处置方式会有很大不同，致使农村土地流转形式呈现出灵活多样的特征。

从各地实践以及文献检索来看，根据易可君（1995）[298]、冷崇总（1999）、马晓河等（2002）的研究，早期的（2003年之前）农村土地经营权流转的具体方式主要有以下几种：转包、转让、互换、返租倒包、土地股份合作。钱良信（2002）提出土地使用权流转有六种模式：转包、返租倒包、股份合作制、租赁、土地信托、土地置换[299]。肖文韬（2005）[300]、傅晨等（2007）[301]、胡同泽等（2007）[302]、李雪等（2008）[303]将出租代替返租倒包作为农村土地流转的具体形式，这可能与国家的政策取向的影响有关[304]。其中的不少学者将转包作为当前农村土地流转的主要形式讨论。而学者戴中亮（2004）[305]、陈和午等（2006）[306]则提出租赁土地是农民获得土地使用权的主要方式，农户在很大程度上依靠土地租赁市场来实现资源的有效配置。无论以哪种形式进行流转，邹伟等（2006）[307]认为其路径都可归于两类：一类是农用地使用权由拥有者直接流转给受让者的"直流式"流转；另一类是农用地使用权由拥有者通过"中间人"流转给受让者的"间流式"流转。

《中华人民共和国农村土地承包法》明确规定，承包方可以自主决定依法出租（转包）、入股或者其他方式向他人流转土地经营权，并向发包方备案。《关于引导农村土地经营权有序流转发展农业适度规模经营的意见》明确提出，鼓励创新土地流转形式；有条件的地方根据农民意愿，可以引导农民以承包地入股组建土地股份合作组织，通过自营或委托经营等方式发展农业规模经营。2016年，中央办公厅、国务院办公厅印发《关于完善农村土地所有权承包权经营权分置办法的意见》，提出要探索更多放活土地经营权的有效途径。2018年，中华人民共和国农业农村部会同相关部门印发《关于开展土地经营权入股发展农业产业化经营试点的指导意见》。宪法和法律都明确规定了农村土地归集体所有，因此农村土地所有权不允许买卖或转让。农村土地承包权属于农民所有，虽然可以流转，但它是农民拥有的一项相当重要的权利，农民一般不会轻易地转让出去。在现实中承包权的流转并不多见，通常所讲的农村土地流转一般是指农村土地经营权的流转。

在大部分地域，农村土地流转以出租（转包）、入股、互换、转让这些传统流转方式作为主要流转方式。《2019 年中国农村政策与改革统计年报》数据显示，截至 2019 年 12 月底，全国家庭承包耕地流转总面积为 55 498.04 万亩，其中以出租（转包）方式流转的耕地面积为 44 601.18 万亩，占比为 80.37%；以入股方式流转的耕地面积为 3307.76 万亩，占比为 5.96%；以其他方式流转的耕地面积为 3104.17 万亩，占比为 5.59%；以互换方式流转的耕地面积为 2797.96 万亩，占比为 5.04%；以转让方式流转的耕地面积为 1686.97 万亩，占比为 3.04%。可见，我国农村土地流转主要采用农村土地出租（转包）方式，占比高达 80.37%；其次是农村土地入股方式，占比为 5.96%，农村土地入股方式流转的耕地面积比上一年年末增长了 12.15%，农村土地入股方式的占比较 2018 年年末上升了 0.49%（苗绘等，2021）[308]。截至 2020 年底，全国农村土地经营权入股面积 2926.6 万亩，其中入股合作社面积 1703.9 万亩[309]。

2. 农村土地流转的特点

综合张红宇（2002）[22]、张照新（2002）[310]、姚洋（2004）[311]、傅晨等（2007）、陈和午等（2006）、郭金丰（2018）等学者的研究，目前土地流转的基本特点有：

一是流转形式灵活化。农村土地的地理位置、农户家庭劳动力人数和素质以及劳动力掌握的技能等方面的差异，使农户对承包地的处置态度与处置方式有很大不同，致使农村土地流转形式呈现出灵活多样的特征。现阶段的农村土地流转包括出租（转包）、入股、互换、转让等多种形式，其中，以出租（转包）方式为主。

二是参与主体多样性。参与主体包括乡村组织、农村经济合作组织、农民个人及工商企业、新型农业经营主体（专业大户、家庭农场、农民合作社、农业企业）等多种自然人或法人实体。农村土地流转的转出方通常是拥有农村土地承包经营权的农户，转入方通常是本村的其他承包户、工商企业、新型农业经营主体等，但是，将土地转出给本村其他承包户仍然是现阶段农村土地转出方的首选。

三是决策主体不单一。农村土地流转既有农户完全遵循市场经济规则作出决策，也有土地发包方集体作出决策，起决定性作用的是集体、社区乃至个别领导人的意愿。

四是流转期限不等。农村土地流转既有期限长达 10 年甚至 30 年的长期租赁，也有 1 年到 2 年的短期租赁。由于农户对农村土地流转政策认识不够、对自己脱离土地以后的生计保障缺乏信心、对农村土地市场价格走势难以把握等，转出土地的农户对土地的长期流转心存顾虑，大多选择短期的流转协议。

五是流转价格高位运行。农村土地流转价格会随着宏观经济环境、行业环境和农业生产周期等的变化产生较大波动。从国内外经济环境看，近年来农村土地流转的价格处于高位运行，上涨空间有限。全国大部分地区水田价格达到 700～900 元/亩·年，旱地价格达到 400～600 元/亩·年，水浇地价格达到 600～800 元/亩·年，其他耕地价格达到 300～500 元/亩·年。经济发展水平较高的省份价格更高，以水田为例，经济好一些的地区的交易价格达到 1000 元/亩·年，北京、上海等发达地区的交易价格已超过 2000 元/亩·年，部分地区甚至突破了 3000 元/亩·年[312]。

六是农村土地经营权流转市场的地区差异明显。在经济发达地区或城郊地区，农村土地由于交通便利、土地集中、易于开展规模经营，得到较多规模经营主体的青睐，农村土地流转概率大大增加。在偏远山区，农村土地由于交通不便、土地细碎等原因，农村土地流转比率很低。总体上看，东北地区和东部沿海地区的农村土地流转市场相对成熟一些，而中西部地区则比较落后，区域间不平衡性较为明显。

七是流转支付形式多样。随着农村土地流转政策的逐步落地，农村土地流转市场逐渐发展，地租不断提高，农村土地流转由农户和亲友之间的自发流转逐步发展为以租金为纽带的流转，地租以粮食（或产品）、现金为支付形式，支付形式呈现多样化，且地区之间存在一定的差异。

八是涉及的行业广泛。农村土地流转涉及的行业既有农业，也有工商业。

3. 农村土地流转的规模

从 20 世纪 80 年代至今，我国农村土地流转总体上呈现出规模逐渐增加、范围不断扩大的发展趋势，但整体规模偏小。温铁军（2001）[313]、陈锡文（2002）、张红宇（2002）[22]、James（2002）根据全国农村固定观察点的调查资料和农业部的抽样调查，对 2000 年之前的农村土地流转规模进行了统计分析并认为，20 世纪 90 年代中期以前，土地使用权流转率基本保持在 1% ~ 3%，比例偏低，沿海经济发达地区和城郊地区的流转率稍高一些。正如 Turner 等（1998）指出的那样，虽然农村土地经营权流转可以提高资源配置效率和农业生产效率，但是其在广大农村地区并未得到普及[314]。陈卫平（2006）、戴中亮（2005）、林玉妹（2005）[315]、周飞（2006）[291]、汪建红等（2006）[316]对 2000 年以后流转规模的研究显示，总体看来，我国农村土地流转的数量和规模仍然有限，并且区域差异化明显。至 2001 年，农村土地流转率在我国东、中、西部存在地区差异，分别为 5.78%、6.77%、2.73%。到 2003 年底，占全国耕地总面积 7.0% ~ 10.0%的耕地实现了流转和集中，是 1992 年农村土地流转率的 2 ~ 3 倍，但总体规模仍然偏小。2005年，全国以各种形式流转承包经营权的耕地约占承包耕地总面积的 5% ~ 6%。2006 年，全国只有 4.57%的耕地实现了流转。2008 年以来，国家出台土地政策鼓励农村土地有序流转和发展农业适度规模经营，加之国家对农村产业结构的调整和农业技术的推广，农村土地流转面积呈现出逐年扩大的发展趋势。2012 年底，全国家庭承包耕地流转面积达到 2.78 亿亩，占家庭承包耕地总面积的 21.21%。2013 年底，全国家庭承包耕地流转面积达到 3.41 亿亩，占家庭承包耕地总面积的 25.70%。2014 年底，全国家庭承包耕地流转面积达到 4.03 亿亩，占家庭承包耕地总面积的 30.43%。2015 年底，全国家庭承包耕地流转面积达到 4.47 亿亩，占家庭承包耕地总面积的 33.30%。2016 年底，全国家庭承包耕地流转面积达到 4.71 亿亩，占家庭承包耕地总面积的 34.46%。2017 年底，全国家庭承包耕地流转面积达到 5.12

亿亩，占家庭承包耕地总面积的 36.97%。2018 年底，全国家庭承包耕地流转面积达到 5.39 亿亩，占家庭承包耕地总面积的 33.83%。2019 年底，全国家庭承包耕地流转面积达到 5.55 亿亩，占家庭承包耕地总面积的 35.90%。可见，本次确权后，虽然家庭承包耕地面积大幅上升，但全国家庭承包耕地土地经营权流转面积占全国家庭承包耕地总面积的比例却比 2017 年下降了 1.07%。按照地区分布来看，家庭承包耕地流转面积占家庭承包耕地总面积比例超过 50% 的地区有 5 个，分别为：上海市（87.34%）、北京市（69.69%）、浙江省（60.68%）、江苏省（59.07%）和黑龙江省（56.34%）（苗绘等，2021）[308]。截至 2021 年 4 月，我国家庭承包耕地流转面积超过了 5.55 亿亩[317]。

在全国农村土地流转面积总体上快速增长的同时，农村土地流转面积的环比增速稳中趋降。2008 年的农村土地流转面积比 2007 年增加了 70.3%，2009 年的农村土地流转面积比 2008 年增加了 37.6%，环比增速急剧下降，此后几年的环比增速徘徊在 20%~25% 之间。2014 年的农村土地流转环比增速下降到 18.2%。2015—2016 年的农村土地流转环比增速已由 10.9% 下跌至 5.4%，环比增速下降至一位数（高建设，2019）[318]。

4. 农村土地流转的效果

农村土地流转会产生积极效果也会产生消极效果。通过理论研究和实证研究，多数研究者得出的结论是：总体上，农村土地流转有明显的积极效果。

（1）国内学者关于农村土地流转的积极效果研究。

在促进农业社会经济发展方面，浙江大学农业现代化与农村发展研究中心（2001）认为，农村土地使用权流转促进了农民观念的更新和科技素质的提高[319]。韩东娥（2003）认为农村土地流转加快了农业产业结构调整步伐，促进了农业规模经营和科技进步，提高了土地产出效益[320]。刘启明（2002）对辽宁省农村土地使用权流转情况调查分析后认为，农村土地使用权流转的效果是多方面的，有利于优化土地资源配置，有利于促进农村土地资源在土地经营者之间合理流动，有利于加快农业产业化进程，有利于加快农村土地经营规模化和集约化的进程[321]。俞海等（2003）实证分析了地权稳定性、农户间非正式土地流转等社会经济及政策因素是如何影响土地土壤的可持续生产能力的。研究发现：稳定的农村土地使用权将有助于改善土地土壤的长期肥力；农户土地流转的非正式安排会导致农村土地长期肥力的衰退，但对短期肥力无明显影响[322]。丁新正（2008）认为平衡和协调好农村土地流转各主体的利益关系能有效规避风险和实施农村土地流转创新模式[323]。刘良军（2010）认为农业经济较为发达的国家的实践证明，没有农村土地流转和适度集体经营，就无法实现农业规模化经营，而没有农业规模化经营，就没有农业产业化发展，集体经济也无法发展壮大[324]。乔博（2014）认为农村土地流转有助于提高农村土地利用效率和实现农业规模化经营[325]。李光跃等（2014）认为加强农村土地流转管理、改革创新农村土地经营体制和机制可以更好地促进农村土地流转，发展现代农业适度规模经营[326]。国家统计局陕西调查总队课题组（2015）通过实证研究发现，土地流转提高了粮食单产和农业劳动投入产出比[327]。单杨（2015）认为农村土地流转和劳动力转移能增加农村土地整理力度和质量，扩大农户的土地经营规模，实现农业适度规模经营[328]。周燕等（2015）认为农村土地流转能促进农村土地资源和劳动力资源的合理配置[329]。陈园园等（2015）发现土地转入能显著地提高劳动生产率，但土地转出的影响不显著[330]。郑长青（2016）指出农村土地流转有助于实现土地相对集中，有助于形成土地适度规模经营，为农村集体经济的发展提供更多信用来源[331]。何沙等（2016）认为随着我国农村改革的深化，农村土地流转已经成为促进我国生产要素合理流动、农村土地资源合理配置、满足农业适度规模经营要求和促进乡村振兴战略实施的有效途径[332]。罗必良（2017）认为农村土地流转可以改变土地小规模、分散化的农户经营格局，实现土地集中，即"农村土地规模经营论"[333]。黄东学等（2017）指出为了解决中国农村承包地摞荒闲置、细碎化、经营效率低下等问题，实现农村土地规模化、集约化经营，农村土地流转是中国土地制度改革之路的必然选择[334]。任常青（2018）指出农村土地有序流转有助于提升农村土地产出的附加值、调整农村土地利用空间与结构、发挥我国农村统分结合双层经营体制中的"统"的价值；

农业经营方式向产业化、集约化和标准化转变，有助于通过农业的规模化经营提高土地资源配置效率与农业生产经营效率[335]。易爱军等（2018）认为合理的农村土地流转有利于促进农村产业融合发展，对解决好"三农"问题、实现乡村振兴具有重要作用[336]。钱龙等（2018）认为农村土地流转影响粮食种植结构，农村土地转入能有效提升粮食种植比例[337]。曾雅婷等（2018）认为农村土地流转提升了粮食生产的技术效率[338]。苟兴朝等（2019）认为农村土地流转有助于培育新型职业农民，有助于提升农业组织化水平，实现人才、组织、产业等多维度乡村振兴目标[339]。郜亮亮（2020）认为农村土地流转是实现规模经营的重要方式之一，跨村镇经营逐渐成为趋势[340]。史常亮等（2020）认为农村土地流转在总体上使农业生产效率得到提高[341]。苏毅清等（2020）认为适度规模的农村土地流转使农村集体行动能力得到提升[342]。

在促进农民增收方面，多数学者对农民收入增加持乐观态度。冯应斌等（2008）将农户分为土地少而劳动力多、土地多而劳动力少两种类型，建构了农户收入"成本—收益"评价模型，从利益相关者角度量化研究我国农村土地流转的驱动力，发现农村土地流转能提升农户的收入水平[343]。薛凤蕊等（2011）认为农村土地流转中的转出户可获得地租等财产性收入和非农工资性收入，且土地租金收入和务工收入具有一定的稳定性[344]。韩菡等（2011）认为农村土地流转促使劳动力的非农就业，为农户家庭增收提供可能性，促使农民可持续增收[345]。冒佩华等（2015）认为土地流转能提高农户的租金和分红等土地财产性收入，能使任意样本农户家庭和已流转土地的农户家庭的平均收入分别提高 19% 和 33%[100]。冷智花等（2015）[346]、胡霞等（2016）[347]、赵宁等（2017）[348]、刘卫柏等（2017）研究了农村土地流转的微观福利效应，发现农村土地流转可以显著提高农户的劳动生产率，提升农户的收入水平，降低贫困发生率，但低收入农户家庭对土地的依赖程度较高，农村土地流转在一定程度上体现出"富农"行动特征。夏玉莲等（2017）指出农村土地流转在一定程度上推动了农村的劳动力转移，还有利于农民增收[349]。高欣等（2017）指出土地流转促使土地向经营规模更集中、生产技术更高的转入户家庭转移，影响农户收入[350]。杨子等

（2017）[351]、张兰（2017）[352]发现农村土地流转提高了转入户的收入，对转出户的收入没有明显的影响。夏玉莲等（2017）发现农村土地流转在收入和就业维度具有明显的增收作用，在教育维度无明显作用但增收效应逐渐显现[353]。袁航等（2018）认为虽然农村土地流转对农业产出增加缺乏效率，但对农户收入增加具有效率[354]。匡远配等（2018）发现农村土地流转有效地降低了湖南省贫困地区的贫困发生率[355]。王钰等（2018）采用倾向得分匹配法验证农村土地流转行为、收入类别和地区等方面对农村土地流转农户的增收效应具有正向显著的差异性影响[356]。郭君平等（2018）采用分位数回归分析法研究农村土地转入和转出的收入与分配效应，指出农村土地流转的增收效应存在显著的地区差异，而且只有农村土地转入具有显著的增收效应，农村土地转出无此效应[357]。彭继权等（2019）认为随着转出土地面积的增加，农户的贫困脆弱性会降低，且不同类型土地在缓解贫困脆弱性上的效果不同[358]。袁东波等（2019）认为转出土地的农户的主观福祉普遍较高[359]。高翔（2019）认为农村土地流转可实现收入层面的增收，表现在：农户可在农村土地转出后获得地租等财产性收入，也可将家中剩余劳动力转移至非农产业获得工资性收入[360]。徐建牛等（2019）认为农村土地入市有利于小微企业走出发展的土地和资金困境，实现乡村振兴[361]。刘魏等（2019）研究发现农村土地流转可从收入、卫生和教育条件等维度对农户贫困产生缓解作用[362]。史常亮（2019）认为农村土地流转在总体上有助于农户增收，但对不同收入阶层农户的增收效应不一致[363]。衡量个体贫困程度的关键在于个体的可行能力（阿玛蒂亚·森，2004）[364]，刘魏等（2020）认为农村土地流转过程中的知识溢出有助于提升贫困人口的能力[365]，从而提高其适应社会的能力和竞争力，对农民的能力贫困产生缓解作用。周京奎等（2020）认为通过促进农村贫困家庭成员的职业分层，农村土地转出显著地促进了家庭人均纯收入的提高和家庭贫困率的降低[366]。黎翠梅等（2020）[367]、王成利等（2020）[368]认为，在农村劳动力流动过程中，农村土地流转在通过收入与能力效应的双重作用促进农户增收等方面发挥着重要的作用。梁远等（2021）认为增加劳动力的流动时间有利于增加低收入农户家庭的可支配收入，参与农村土地流转有利于提升农户家庭的可支配收入且转出户比转入户收入提升的幅度更大[369]。

（2）国内学者关于农村土地流转的消极效果研究。

在促进农业社会经济发展方面，赵耀辉（1997）认为农户家庭耕地面积的增加会削弱劳动力的转移[370]。钱昱如等（2009）采用 GIS 技术测算出总的流转耕地用途变化率达到 69.13%，因而认为农村土地流转有很大可能会引起耕地用途发生变化，威胁粮食生产安全[371]。李长健等（2009）运用博弈论系统分析农村土地流转利益主体之间的博弈关系，透视现实制度中其他利益主体对农户利益的侵害[372]。罗必良（2014）认为强化的土地人格化财产特征使农户普遍存在的禀赋效应抑制了土地流转的有效性[373]。倪国华等（2015）通过实证研究指出，农村土地经营规模和亩均粮食产量之间存在"反向关系"[374]。丁敬磊等（2016）认为农村土地流转和劳动力转移进程缓慢成为城乡统筹发展的主要制约因素[375]。李长健等（2016）指出农村土地流转存在"非农化"和"非粮化"风险[376]。冀县卿等（2019）研究发现土地经营规模过小或是过大都不利于提高水稻的生产技术效率[377]。

在促进农民增收方面，有学者认为农村土地流转会加剧收入配置的不平等。朱建军等（2015）依据反事实分析发现，土地流转在一定程度上加剧了收入的不平等[378]。李承桧等（2015）指出农户在转出土地后，可能面临失地或非农就业、土地保障功能流失等风险[379]。张会萍等（2016）认为农户老龄化家庭土地流转的比例较高，土地流转后减少了其生计资本[380]，可能增加其可持续生计的风险。韩喜平等（2016）指出农村土地流转过程中存在农村土地流转资本化、资本下乡与民争利的现象[381]。滕鹏等（2017）认为农民的城市谋生能力不足，重新返乡谋生，若没有土地容纳返乡农民，就会严重影响社会的稳定[382]。张守莉等（2017）认为土地流转后以资本为媒介的村民雇佣关系将会进一步促进农村社会结构分化，也会影响粮食的安全生产[383]。吕军书等（2017）认为在农村土地流转过程中，农村土地流转主体可能面临失约导致的流转收益受损的风险和冲突[384]。聂英等（2018）认为在农村土地流转过程中存在农村土地产权激励不充分、集体所有权被架空的现象，农村土地流转是转出方、转入方和地方政府三方利益博弈的结果，转出方在利益均衡时会选择土地流转，转入方会由于利益的驱使和信息不对称改变土地用途，损害转出方利益，农户很难获得农村土地流转带来的增值收益，削弱了农户对土地流转的积极性和主动性[385]。张晓恒等（2019）认为一些小规模农户受到技术掌握和农田基础设施等的影响，在扩大经营规模时的成本效率和配置效率相对较低[386]。

此外，还有一些国内学者对农村土地流转的效果持中性态度。翟黎明等（2017）从农户生计资本角度，运用双重差分倾向得分匹配法（PSM-DID）评价了各种情形下农村土地流转的实施效果[204]。贾蕊等（2018）指出土地流转面积和期限会影响农户水土保持措施的实施行为[387]。叶兴庆等（2018）认为若农村土地流转后规模扩大但依然是条块分割，农业机械化优势不明显且农业生产效率和效益提升有限[388]，那么对贫困的缓解作用就十分有限。梁栋（2018）对广西周村的大规模农村土地流转进行调查研究发现，大规模农村土地流转使农民阶层分化从无区隔向区隔化重构变动[389]。彭继权等（2019）指出农村土地流入对农业机械化水平产生上升效应，农村土地转出对农业机械化水平产生下降效应，且产生的上升效应大于下降效应[390]。马贤磊等（2019）发现耕地流转并未显著地提高农业环境效率，耕地利用规模对农业环境效率的影响呈倒 U 形[391]。

（3）国内学者关于农村土地流转的绩效研究。

还有国内学者关注农村土地流转的绩效问题，并进行了农村土地流转绩效研究。

目前学者关于农村土地流转绩效的研究大多采用客观绩效评估法，即多指标综合评价。例如，刘莉君（2011）按照农村土地流转的参与主体，将农村土地流转分为直接式、政府参与的间接式和中介参与的间接式三种类型，并选取经济和社会两个维度的指标构建了农村土地流转综合绩效评价指标体系，对三种农村土地流转类型的绩效差异进行了对比分析[392]。程飞等（2015）选取经济、社会和环境三个维度的指标构建了农村土地流转综合绩效评价指标体系，对比分析得出股份合作制的综合绩效最大，集体参与模式的综合绩效次之，农户自发模式的综合绩效最小的结论[393]。

也有个别学者关于农村土地流转绩效的研究采用主观绩效评估法，从农村土地流转参与主体满意度角度对农村土地流转实施效果进行绩效评价。例如，郝丽丽等（2015）基于产权理论，从农村土地流转的各个参与主体（农户、企业、政府）满意度的视角，对熊口镇现存的四种农村土地流转模式及其效益进行了对比分析，得出农户对农村土地流转满意度产生的影响远远大于企业和政府的结论[394]。甘臣林等（2018）从微观农户满意度的视角，构建了农村土地流转农户满意度指数模型，并以武汉和鄂州两地的典型调查样本为例，评估了农村土地的转出绩效，发现两地的农村土地转出绩效整体较好且逐渐由良好转向优秀[395]。

还有学者从农村土地流转的实施对象——农户的生计满意度视角，对农村土地流转绩效进行了研究。例如，陈曼等（2019）从政策、自然、心理、人力、物质、金融、和社会七个维度构建了满意度指标体系，并运用熵权 TOPSIS 法和障碍度模型对武汉城市圈农村土地流转的主要模式展开绩效评价与障碍因子诊断，发现该地区的流转绩效水平一般；政策、自然和心理资本是农村土地流转绩效最重要的影响因素；农村土地流转绩效的主要障碍因子依次是：对尊重个人流转意愿的满意度、对流转后农村土地质量变化的满意度和对政府农村土地流转政策监管服务工作的满意度[396]。

（4）国外学者关于农村土地流转的影响和效果研究。

国外学者从以下几个方面研究农村土地流转的影响和效果。

在农村土地流转对农村经济的影响方面，Besley 等（1995）认为土地交易性的提高能够增加土地拥有者在需要土地时找到土地需求者的概率，也能增加土地投资实现其价值的概率，从而提高农民进行土地投资的积极性[397]。John 等（1999）对印度两个村庄调查分析限制土地交易对土地投资、耕种抉择及农业贷款的影响[398]。Jean Olson Lsnjouw（1999）利用一般土地租借均衡模型来说明农村土地市场和信息是否有效[399]。Douglas（2000）从经济学的角度分析土地市场，认为土地可以在公开市场进行自由交易，但是在交易过程中会发生市场失效，造成土地利用的动荡[400]。Zhang 等（2014）认为参与农村土地配额交易在总体上会使当地经济更快增长，交易对配额转入方经济增长的影响强于对转出方的影响[401]。Zou 等（2018）认为粮食补贴使农村土地保留在农业的可能性增加[402]。

在农村土地流转生产力的研究方面，Carter 等（2002）认为农村土地流转市场的功能在于均等化不同土地—劳动禀赋的农户的土地边际生产率，从而促进土地配置效率和农业生产率的提高[403]。Shucksmith 等（2011）认为通过农村土地流转形成的家庭小农场能持续存在，并能以新自由主义时期很少承认的方式推动农村的可持续发展[404]。Bert 等（2015）的"土地租赁市场模型"[405]和 Baumgartner 等（2015）的"规划模型"[406]分别运用情景模拟结合微观调查的分析方法对土地规模经营的效率进行分析。Zeng 等（2018）认为土地整理直接促进了农村土地使用权流转，间接鼓励了非农就业，提高了生产者的农业技术效率[407]。Malek 等（2018）提出为满足未来的粮食需求，农村土地转让受限地区需同时提高农田生产力和灌溉效率[408]。Huy 等（2019）指出随着越南农村土地流转市场的逐步完善，农村土地从低效率生产者向高效率生产者转移，使农业生产技术效率得以提高[409]。

在农村土地流转对农民增收的影响方面，Deininger 等（2005）认为，农村土地流转市场一方面可以使具有农业生产优势的农户扩大生产规模、从事专业化生产进而增加农业收入，另一方面又可使有非农就业渠道的农户通过农村土地流转获得土地租金，增加总收入[410]。Fengshuyi（2006）通过对江西省的调研认为，因为土地投资可以通过更高的地租来收回，所以农户对通过土地流转市场实现土地流转具有积极性[411]。Segers 等（2010）从农村土地使用权的正式分配和其他非正式农村土地转让的实践分析了非正式农田租赁形式的增收作用[412]。Gersbach 等（2010）认为成功的农村土地流转会使社会从农业基础上的贫困状态过渡到人力资本基础上的发达经济[413]。Willmore 等（2012）研究表明，农村土地流转和农户家庭成员外出务工显著正相关，农村土地流转有利于农户家庭剩余劳动力外出务工，因而使农户收入状况和生活水平得到改变[414]。van Leeuwen（2017）认为，土地管理权力下放可以确保农户资产得到更好地保护，确保与土地有关冲突的减少[415]。

在保障农村土地用途的研究方面，Lichtenberg 等（2008）认为现有的体制和政策结构导致过度的农村土地转换激励和耕地保留不足，造成农村土地使用效率非常低[416]。Wang 等（2010）认为严格的耕地保护政策和农村土地流转管理可有效地控制农村土地用途的变化[417]。Tan 等（2010）认为农村土地用途管制对农村土地资源极为紧张的中国而言，有利于满足社会经济健康平稳发展的要求[418]。Yin 等（2017）提出在优化农村土地利用模式中，应对优质耕地重点利用，对低质量耕地减少或禁止利用[419]。Long 等（2018）认为现有的中国农村土地管理法律制度在一定程度上使相关权利主体农村土地收益分配失衡，农村土地社会功能弱化，助长了农村土地流转后用途的异化现象[420]。Choi 等（2019）指出欧盟剩余农业区的面积呈现缩小趋势，其潜在面积低于历史估算值[421]。

在农村土地流转可持续性的研究方面，Lu 等（2018）认为农村土地流转是中国集约化生产和耕地管理的重要途径，会产生社会、经济和生态效益，获得更有效和可持续的利用资源[422]。

在农村土地流转对资源环境的影响方面，Wu 等（2018）认为从进出口省份生产效率方面来看，同当地贸易商品生产相比，增加农村土地资源使用总量会减少水资源的使用总量[423]。Grubbstrom 等（2018）认为退休家庭的农民由于没有可继承的土地而只能通过租赁或购买的方式解决问题，影响了未来几代人的乡村和社区景观[424]。

本书认为，农村土地流转的现状可以归纳为：一是流转形式多样性，这说明农村土地流转权利义务各不相同，需要具体问题具体分析；二是流转特点包括几个差异性，即参与主体和决策主体差异性、流转期限差异性、支付方式差异性、流转行业差异性、流转地区差异性等，这反映了农村土地流转缺乏应有的规范；三是流转总体规模偏小，流转效率不高，这反映了农村土地流转市场的不健全；四是流转效果总体是利大于弊，这反映了当前的政策方向不可逆转。

2.3.4 农村土地流转面临的主要问题和对策

关于当前农村土地流转面临的主要问题的讨论，主要集中在农村土地流转市场的发育、农村土地流转机制、农村土地流转制度创新三个方面。针对主要问题，学者们相应提出了一些对策。

1. 主要问题

（1）农村土地流转市场发育程度不高。

学者们就农村土地市场发育问题主要围绕市场体系、土地价格和市场中介三个方面展开讨论。

关于农村土地市场体系，毛飞等（2012）指出当前农村土地确权不到位、流转信息平台不健全、政府对基层政府和村集体的激励不当都增加了农村土地的交易成本，不利于农村土地流转的开展[425]。罗必良等（2013）认为中国农村土地流转率持续走低的原因在于农村土地市场发育程度不高，如价格形成机制不健全、交易成本高、中介服务组织与交易平台缺乏等[426]。洪明勇（2013）认为，通过无限次农村土地流转博弈，农村内部农户之间能够建立起一种信任机制使口头契约也能得到实施，因而从信任博弈的视角来看，农村土地租赁市场主要是行政村的内部市场[427]。由于市场交易中存在诸多不确定性因素，信任被用来克服他人行为中的不确定性因素，因而同其他商品市场一样，农村土地流转市场离不开市场参与主体之间的相互信任（卢曼，2005）[428]。周飞舟等（2015）认为，在城镇化过程中，中央与地方围绕土地展开博弈，中央政府重视保护耕地，迫使城镇化土地的来源由耕地转向宅基地，致使"农民上楼"。中央与地方关系的变化导致国家与农民关系的变化，房地产企业的参与使在"农民上楼"的过程中国家和农民的关系更为复杂[429]。王雅龄等（2015）指出，"农民上楼"与"资本下乡"紧密相随，政府与企业的关系表现为商业资本成为投资主体与地方政府一同成为级差地租的剩余索取者[430]。可见，中央与地方的关系，国家与农民的关系，政府与企业的关系形成土地市场博弈的基本框架。徐勇等（2015）认为当前农村土地流转存在行政色彩强、市场因素弱等问题，阻碍了农村土地的有效流转，在农村土地确权后应设立农村土地流转服务中心，促进农村土地科学、规范、有序地流转[431]。

唐莹等（2016）从土地财政制度演进角度认为农村建设用地有入市的必要性[432]。汪晓春等（2016）认为城镇化与农村土地退出应同步进行，建立退出土地的市场化补偿机制将提高农民退地的积极性[433]。退出土地的市场化补偿标准应依据土地经营收益权质押取得的市场收益（肖鹏等，2016）[434]、区位、超标准面积区间来确定（杨雅婷，2016）[435]，区位的界定可采用空间杜宾回归模型和"一价定律"来综合判别（张超等，2016）[436]。

张明辉等（2017）认为农村土地流转市场的发育程度与农村土地经营贡献呈显著相关关系[437]。钱忠好等（2017）认为中国农村土地的非农化市场化改革受到地方政府对土地财政依赖的阻碍[438]。黄贤金（2017）认为中国城乡土地市场仍然存在割裂的状况，应推进城乡土地市场的一体化改革[439]。

王雪琪等（2018）认为地方政府干预目标与农户经营目标的不一致导致农户经营能力与经营面积失衡，出现"政府失灵"的现象[440]。匡远配等（2018）认为政府干预农村土地流转的负面效应日益凸显，强调农村土地流转已经步入"内卷化"陷阱[441]。王敬尧等（2018）提出建立统一开放的农村土地流转市场体系，需要通过建立信息平台、举办社区活动、吸纳新型农业经营主体等途径来强化社区认同[442]。

黄善林等（2019）认为中国农村土地流转市场的发育还不完善，不健全的农村土地退出机制阻碍了农村转移人口的市民化[443]。仇童伟等（2019）采用农村土地租金来衡量农村土地流转的市场化程度，发现熟人间的农村土地流转呈现出明显的市场化特征[444]。魏立乾等（2019）指出通过提升农户信用等级、提高贷款可得性和延长贷款期限能够优化农村土地经营权抵押贷款政策的效果，推动市场化发展[445]。

封玫等（2020）指出随着农村土地交易规模和范围的扩大及交易对象的不确定性，农村土地交易市场的复杂性和风险将上升，虽然关系媒介有助于促进农村土地市场交易，但基于关系媒介建立的关系网络支撑不了更大规模的农村土地流转，因为其固有的"人格化"特征无法给市场交易双方提供利益保障，也不利于构建一个公平开放的农村土地流转市场体系[446]。

荆会云（2021）认为农村土地流转市场运作不成熟且交易投资不活跃，表现为县域辖区内农村土地流转尚未形成严谨稳定的流转关系，依旧停留在自发、随意、零散的小规模初始状态；虽然农村土地流转管理系统已具雏形，县、乡、村农村土地流转服务平台建设稳步推进，但农村土地流转市场的调节功用未能得到充分发挥，相关制度和机制亟待规范与加强[447]。王爱国（2021）认为现行市场体系不利于农村土地流转的可持续发展，主要表现为农村土地流转市场服务体系不完善、农用地转为农村建设用地渠道不畅、抵押融资困难影响土地市场需求、农村土地流转市场主体参与积极性不高[448]。首先，农村土地流转市场服务体系不完善。交易平台、交易体制机制未完全整合，市场推广动力偏弱。2015 年国务院办公厅印发的《关于引导农村产权流转交易市场健康发展的意见》指出，农村产权流转交易市场是政府主导、服务"三农"的非营利性机构，其市场活跃度偏低，后续发展缺乏动力。再加上农民对产权交易认知水平有限、信息市场化推广渠道较窄、交易服务链条不完善、缺乏第三方中介服务机构，导致农村土地流转市场服务体系不完善。其次，农用地转为农村建设用地渠道不畅。现行《土地管理法》《农村土地承包法》《基本农田保护条例》等法律法规，都禁止农村土地用于非农产业的开发经营。2008 年国务院办公厅印发的《关于严格执行有关农村集体建设用地法律和政策的通知》指出，要严格执行土地用途管制制度，严格控制农民集体所有建设用地使用权流转范围，农民集体所有的土地使用权不得出让、转让或者出租用于非农业建设。2014 年国土资源部、农业部下发的《关于进一步支持设施农业健康发展的通知》严禁随意扩大设施农用地范围："经营性粮食存储、加工和农机农资存放、维修场所；以农业为依托的休闲观光度假场所；各类庄园、酒庄、农家乐等；以及各类农业园区中涉及建设永久性餐饮、住宿、会议、大型停车场、工厂化农产品加工、展销等用地"。但是，农村产业振兴需要农村一二三产业融合发展，融合发展意味着农村一二三产业的利益联系日益紧密，边界日益模糊，农业生产对建设用地的需求也会迅速增加。例如，农产品加工需要的厂房和仓库，乡村康养旅游建设用地、休闲旅游业和度假康养业需要的大量停车、餐饮、住宿用地，以及农耕文化展示、体验场所等用地。农村一二三产业融合后的新业态亟须土地空间支撑。再次，抵押融资困难影响土地市场需求。农业相较于其他产业，生产周期较长、抗风险能力较差、变现能力较弱、现金流动缓慢、经济效益偏低，大多社会资本不愿流入。农业融资主体双方是农业经营者和金融机构，农业经营者缺乏易于变现的抵押资产，金融机构提供农业贷款资金的风险较大而收益较小，导致农业经营主体想要从金融机构贷款，须以较高的利率取得贷款，融资成本高使得农业经营主体被迫放弃该筹资渠道，进而无法获得项目进行规模化经营，影响土地的市场需求。最后，农村土地流转市场主体参与积极性不高。农民消息相对闭塞，文化水平较低，不易于接受农村土地产权流转这样的新鲜事物，交易意识淡薄，加之对农村土地产权流转市场的功能、价值的宣传和推广不到位，农村土地产权流转不顺畅造成时间成本高，阻碍了农民进场交易。

国外学者关注土地市场不完善的原因和影响。Chen 等（2015）认为中国农村土地流转制度体系是一个双层市场体系，由一级和二级农村土地市场组成，中国应有效遏制非法农村土地利用，促进农村土地市场改革[449]。Chen（2017）认为土地市场的不完善会扭曲农户的职业选择，无主土地的比例越高，农业生产率就越低[450]。Zhang 等（2018）认为结合土地转让和土地整理项目，能够完善土地租赁市场[451]。Zeng 等（2018）以埃塞俄比亚为例，证实了土地租赁市场的改善能够提高土地受限农户的收入和农业生产力[452]。Nguyen 等（2018）指出河内土地市场的发展情况受城市规划控制的影响[453]。Muraoka 等（2018）认为土地租赁市场的不完善会导致土地的重新分配无法按照国家粮食安全和增收目标进行，但租用土地仍然有利于肯尼亚农村家庭的粮食安全[454]。

关于农村土地流转价格，有效的农村土地流转价格机制是农村土地流转市场成熟的重要标志，是农村土地流转市场机制运行的核心和重点（帅晓林，2012）[455]。陈卫平等（2006）认为发育不完善的农村土地市场使得土地价格被扭曲，无法实现土地价值[110]。钱文荣（2000）认为目前广大农村土地尚未开展定级估价工作，缺乏科学合理的农村土地价格体系，难以为交易者提供完善的价格信息[456]。王克强等（2001）认为偏低的市场交易价格降低了出让农村土地的收益，挫伤了农户的土地供给积极性[221]。孙瑞玲（2008）指出农村土地流转价格低且较为混乱，地价相差甚远[457]。

邓大才（2007）、柳萍等（2011）、尚旭东等（2016）、郝宇彪等（2018）等学者从运行环境、适用条件及优缺点等方面对比不同的定价方式，研究农村土地流转价格的形成机制，认为以市场、收益为主导的价格形成机制更能真实地反映价格[458]。

邓大才（2009）[459]、郭晓鸣等（2017）[460]从经济学视角分析农村土地流转价格偏低的原因，指出产权不完整、农村土地承包经营权的商品性和价值性不明晰、交易成本高、信息不对称、主体虚无是导致农村土地流转价格偏低的原因。

王春平等（2011）认为农村土地流转是在效用最大化目标下流转主体双方的自主交易行为，卖方的交易条件是获得能体现农村土地要素利润的地租，买方的交易条件是在支付地租后能获得体现平均利润的投资利润，双方价格均衡是流转顺利进行的构成条件。这要求买方的生产力水平使其能获得一个包含土地要素投资利润和农业投资利润的超额利润。地租在供求关系及经济发展的共同作用下有逐步上涨的趋势，且其存在背离价格均衡的问题[461]。

伍振军等（2011）研究认为农村土地的经营内容、流转的约定年限、农户的文化程度、农民的组织化程度对农村土地流转价格影响显著；入股土地股份合作社有利于降低农村土地流转的交易费用和不确定性，切实保障农户的土地承包经营权权益[462]。

申云等（2012）认为农村土地使用权转出价格与农户的耕种意愿、土地的地理位置、土地的平整度、当地的经济发展水平和物价水平显著正相关，与劳动力务农的机会成本、农户年龄、社保参与状况显著负相关；农村土地使用权转入价格与农村土地流转时间长短、土地平整度、当地经济发展水平显著正相关，与家庭务农收入所占比重、劳动力务农的机会成本、农户年龄、流转后是否改种其他作物显著负相关；未来农村土地政策是否变动、家庭务农劳动力数量、文化程度、土壤肥力、土地面积大小、农田基础设施状况对农村土地使用权流转价格的影响不显著；在区域之间农村土地使用权流转价格存在传导性[463]。

张振华（2013）指出农村土地承包经营权本质上是无形资产，使用收益现值法（将未来预期收益在一定的折现率下折现为现值的一种资产评估方法）评估农村土地流转价格是合理和可行的[464]。江淑斌等（2013）认为当前农村土地流转价格存在偏高或偏低并存的偏离现象[465]，小农户之间进行农村土地自发流转的地区通常农村土地流转价格偏低，新型农业经营主体发展较好的地区通常农村土地流转价格偏高。翟研宁（2013）将实地调研得到的农村土地流转实际交易价格与采用收益还原法测算得到的农村土地流转应然价格进行对比，分析导致农村土地流转实际价格偏低的原因[466]。田先红等（2013）认为农村土地流转价格（地租）不仅是农村土地流转各个相关利益主体共同达成的一种"经济性合约"，还是一种"社会性合约"。农村土地流转价格（地租）的形成不仅受土地的自然条件、产权结构、供求关系、资本投入等因素的影响，还受社会结构及规范、行政干预和风险分担等多重因素的交互作用，已经嵌入农村土地流转各个相关利益主体之间的关系中[467]。

朱启臻等（2014）[468]、孙根华等（2014）[469]关注农村土地流转价格快速上涨及由此引发的风险，认为农村土地流转价格快速上涨不利于农业现代化的推进和粮食安全，因为上涨的地租将迫使农业经营者放弃粮食生产而种植高附加值作物，导致耕地"非粮化"，进而影响国家粮食安全目标，使政府不得不为了维持规模生产进行高补贴，这可能容易诱发纠纷，不利于农村社会的稳定和发展。

尚旭东等（2016）认为政府为了推动农村土地的持续性规模流转，必须给出让多数承包户都满意的价格，这一价格普遍接近甚至超过农村土地流转市场价格的天花板[470]。杨卫忠（2016）设计了土地经营权拍卖报价模型并发现，随着保留价范围的扩大，农户的机会成本与拍卖报价呈现显著的相关性，与风险溢价差值之间的相关系数先增加后减少[471]。宋戈等（2016）构建了土地承包经营权规模化流转的定价模型[472]。赵钺等（2016）指出现有对农村土地承包经营权流转价格的评估，针对不同的评估对象和内容，主要采用收益法进行估价[473]。

侯凯等（2017）认为农村土地转出实际价格与农户预期价格呈显著正相关关系[474]。黄文彬等（2017）认为农户土地流转意愿的价格差异受种粮目的的影响[475]。陈奕山等（2017）认为土地流转中的零租金现象是城镇化发展不完全情况下人情租对货币租的替代[476]。

全世文等（2018）从农村土地利用方式转变的角度指出农村土地过度资本化的内生动力来源于农村土地的"非农化""非粮化"和投资性需求，

外生动力来源于农业补贴[477]。朱文珏等（2018）基于农村土地流转双方对农村土地价格预估和议价能力的差异，认为农村土地潜在转出方对土地的多重依赖与多维价值评价引发土地价格幻觉，造成农村土地流转主体双方对土地资源价值评价不一致，使许多生产效率较低的农户不把土地流转给生产效率较高的农业经营主体以获取租金，进而导致农村土地流转价格近年来虽然快速上涨但并未使农村土地流转市场规模显著扩大，农村土地流转价格机制在一定程度上失灵[478]。王倩等（2018）认为流转过程中转出户更强的议价能力使得最终成交价格高于基准价格[479]。匡远配等（2018）分析农村土地流转价格快速上涨的原因和由此引致的风险问题，认为农村土地流转价格快速上涨制约了农村土地流转与适度规模经营[480]。

刘成良（2019）认为在复杂的农村土地利益分配格局中，相当一部分政府为帮助新型农业经营主体降低生产经营成本和增加农业经营利润而对其提供补贴，从而转化成农村土地流转价格[481]。张清勇等（2019）认为农村土地流转市场存在高租金、低流转的“有价无市”的现象，农村土地产生过度资本化的倾向，农村实际地租水平高于农业生产所能承担的水平[482]。周海文等（2019）指出在相同信任水平下，受人情收益效应和风险规避效应的影响，土地转入的对象为个人时租金更低[483]。

吴学兵等（2020）提出虽然农村土地流转价格由市场决定，但是政府应结合市场因素，根据地类、质量、区位、作物种类对农村土地流转价格进行评估，确定科学合理的农村土地流转基准价格，为流转双方提供价格指导；政府应根据农产品价格的变化，建立农村土地流转价格调整机制；政府应协调农村土地流转主体双方在面临严重自然灾害时适当调减当年的农村土地流转价格，帮助新型农业经营主体渡过难关；政府应建立农村土地流转备案制度，高出基准价格较大幅度的流转不享受流转补贴和农业补贴；政府应规范农村土地流转中介行为，打击哄抬农村土地流转价格的行为[484]。

肖惠朝（2021）认为受区位优势、交通状况、地理位置、流转年限等因素的影响，农村土地流转价格差异很大，土地收益价值、生命保障价值和养老价值被低估了，遏制了农民对土地流转的积极性，阻碍了土地流转的进程[485]。

国外学者在农村土地流转价格研究方面，Plantinga 等（2002）认为土地价格应等于通过竞争市场流转向最佳资源配置方式所能获得的预期净收益（或效用）的折现值的和，若达不到这种最佳状态，就存在效率损失[486]。Wen 等（2017）用价格梯度模型估算重庆市农村居民用地拍卖价格与补偿价格之间的差距，发现不同地区之间的土地价格差距依然较大，地价差距与可转化农用地的稀缺程度在供给区域呈负相关关系，在需求区域呈 U 形关系[487]。Telles 等（2018）认为由于土地长期投资对地价产生影响，免耕能提高巴西农村土地地价[488]。Hanson 等（2018）认为在农村土地价格上升过程中，与城市影响相关的价格溢价呈下降趋势，与农业生产率相关的价格溢价普遍上升[489]。由于城市化水平的差异，共同农业政策对农村土地价格的影响差异较大，即在城市化水平较低的地区，共同农业政策对农村土地价格的上升影响很大，阻碍了农村土地流转；在城市化水平较高的地区，共同农业政策对农村土地价格的影响相对较低，农民流转意愿较强[490]。Ricker-Gilbert 等（2018）从农户个人特征差异角度分析坦桑尼亚的农村土地租金和交易成本发现，年轻农户租金和交易成本高于年老农户[491]。Cummings 等（2006）认为农村土地价格的上涨取决于包括农业生产力增长及导致农村土地供应量减少的各类非农业经济因素在内的多种因素[492]。Nechaev 等（2019）研究发现决定农村土地价格的主要因素有地块大小和农村土地到区域中心的距离[493]。Plogmann 等（2019）指出农村土地租金—价格比区域差异较大且相对较低，如德国西部地区土地投资的平均回报率偏低，尽管外来投资可能会提高欧盟成员国国内的土地价格，但外来投资者"涌入"的可能性较低[494]。Grau 等（2019）指出欧盟土地市场的监管政策无须限制外来买家进入来保护本地农民[495]。

关于农村土地流转中介，季虹（2001）认为中介服务组织在农村土地流转市场中发育严重滞后，农村土地评估机构、土地融资服务机构、土地保险服务机构等严重缺乏[90]。杨国玉（2003）认为缺乏规范的组织协调机构是当前农村土地流转低效率、秩序混乱的直接原因[496]。张文秀等（2005）通过对成都平原的农户调查，分析了影响农户土地流转行为的相关因素，并从中介机构角度分析了农村土地流转的驱动力，指出许多地方政府成立了农村土地流转协会等性质的农村土地流转专业中介机构，在农村土地流转的政策宣传、市场管理、信息发布、利益分配等方面做了大量工作[497]。许恒富（2007）指出目前农村土地流转在大部分地区尚处于自发阶段，必须建立健全市场化机制，培育市场化的中介组织，实现农村土地资源的优化配置[498]。周飞（2006）等认为农村土地流转中介组织匮乏导致信息不对称，信息不对称使得目前农村土地流转基本上是在一种双边垄断市场中运行，土地的转让方和受让方相互搜索的成本高昂[291]。黄祖辉等（2008）研究发现，农村土地流转平台日益健全，农村土地流转程序日益规范，但农村土地流转的中介组织和配套服务政策体系不完善等问题严重影响了农村土地流转的效率[499]。匡远配等（2018）指出农村土地市场中介发育滞后，限制了农村土地市场中介在农村土地流转合同签订见证、信息咨询、纠纷等方面服务功能的发挥[441]。

（2）农村土地流转机制还不健全。

农村土地流转的市场化和农村土地的高效利用需要在清晰界定农村土地产权的基础上，进一步优化价格机制、供求机制、竞争机制和收益分配机制等农村土地流转机制（韩春虹等，2018）[500]。但现阶段，我国的农村土地流转机制还不健全。

邓大才（1989）从农村的工作方式角度分析了土地权利仍是乡村社区控制农民的主要手段。部分乡村干部存在土地流转会导致私有化的疑虑，不准农户转让土地；一部分乡村社区违背土地承包政策，任意缩短承包期，频繁调整承包地，使农民对土地承包权没有一种稳定感，不将其视为个人财产导致农户无法转让土地；一部分农村组织违背农民意愿搞规模经营，违背农民的意愿进行土地集中，强迫农户转让土地[501]。

邓大才（2000）将农村土地流转内生机制的缺陷概括为三个方面：土地本身表现出土地流动的财产制度不完善；土地承包权的价值性、商品性不明确；土地仍未完全成为市场微观主体的生产要素[502]。此外，蒋兴国等（1998）认为制约耕地使用权在农业内部流转的有四大因素[503]。蔡宜增（2000）总结了制约农村土地使用权市场化流转的八大因素[504]。季虹（2001）

认为现有的土地使用权交易服务工作主要由村集体包办，因而失去了中介机构应有的效率和公正[90]。秦毅（2002）认为应立足实际，探索建立土地流转机制[505]。钱忠好（2003）对乡村干部行为不当在农村土地市场化流转的障碍性作用进行了详细的分析[132]。傅晨等（2007）认为当前农村土地流转不规范，在流转手续和程序方面也存在不少问题，留下许多隐患，主要表现为合同管理不规范[506]。贺雪峰（2010）认为农村土地流转后"利益优先"选择是人情淡化、对农村社区记忆弱化的结果，在一定程度上将危及农村社会稳定[507]。蒋永甫等（2016）认为农民在土地流转中行使民主管理权利缺乏有效的保障机制，农民在以土地承包经营权入股后，没有实质上作为股东成员的经营管理权，却要承担入股后的义务和风险，导致农民主体"弱化"[508]。牛星等（2018）指出在农村土地流转中土地流出方主要面临契约风险、"失地"风险、政策信息不对称风险、收益分配不合理风险；土地流入方主要面临政策风险、市场风险、自然风险、流转期限风险、技术设备风险，其面临的风险相对最大；村委会主要面临管理风险和履约风险[509]。牛星等（2017）认为当前的农村土地流转虽然在不同程度和区域层面对土地流入方有政策扶持，但政策支持不具可持续性，再加上规范化的农村土地流转价格机制和指导机制缺乏，很容易导致农业的经营失败[510]。彭林园（2019）指出购置住房是农村人口向城镇转移过程中的一大支出，城镇较高的房价和生活成本是阻滞农村人口转移的资金障碍，这时农村转移人口可以选择转出土地来筹措城镇生活所需资金，但农村土地流转市场的价格形成机制缺位，制约了农村土地流转市场的健康发展[511]。

（3）农村土地配套政策和产权制度体系不健全。

阮骋等（2014）认为农村土地流转政策不健全、政策执行不到位导致农村土地流转过程中出现产权不明晰、程序不规范和利益分配不均等问题，因此应尽快明晰农村土地的产权属性，建立科学的利益分配机制，加强农村土地流转过程监督[512]。温世扬（2014）认为在制度上存在农村土地权利构造上的缺陷，在观念上受到农村社会稳定论、耕地保护与粮食安全论、农村土地保障论的影响，以及农村土地流转形式不完备、流转规则不合理，是导致农村土地流转率持续走低的根源[513]。

缪德刚（2019）认为"三权分置"改革思路反映了市场经济对农村土地产权的多样化需求，农村土地产权流转体系缺位，农村土地流转缺乏与市场挂钩的长效保障机制[514]。

王爱国（2021）认为现有的农村土地产权制度体系不适应政策机遇新要求，主要表现在农村土地的"三权分置"改革不彻底、确权赋权未落实到位、农村的"三块地"试点改革未有效推广。首先，农村土地的"三权分置"改革不彻底。2016 年 10 月 30 日，中共中央办公厅、国务院办公厅联合印发《关于完善农村土地所有权承包权经营权分置办法的意见》，2018年中央一号文件提出宅基地"三权分置"改革，希望地方探索"三权分置"改革的具体落地措施，并没有针对如何落实"三权分置"提出具体的办法。"三权分置"改革不彻底，导致现有的农村土地产权制度体系不健全，影响农村土地流转市场的有效运转和农村土地流转效率。其次，农村土地的确权赋权未落实到位。根据产权理论，产权界定模糊必然降低经济效率。虽然全国各地都在积极完成确权颁证工作，但仍然有相当多的地方确权颁证工作还未全部落实到位。产权边界不明晰、面积计量不准确等，导致很多农民拿不到证书，即使拿到证书，即"确权"后，后期征地补偿存在潜在的巨大纠纷风险等，导致"赋权"进程异常缓慢。最后，农村的"三块地"试点改革未有效推广。2015 年底，全国人大授权国务院在 33 个试点县（市、区）暂停实施《土地管理法》和《城市房地产管理法》部分条款，开展农村土地征收、集体经营性建设用地入市、宅基地管理制度等改革试点。2019年 8 月 26 日，全国人大常委会审议通过新的土地管理法、城市房地产管理法，将"三块地"改革部分成果予以确认，但是，"三块地"改革仅在试点区域内试行，而且未出台实施细则，试点改革未能有效推广。

2. 主要对策

为了有效解决农村土地流转的市场发育问题和流转机制问题，研究者们提出了加快农村土地流转的对策建议，为进一步深入研究农村土地流转提供了一些思路。

黎元生（1998）认为应该明晰三个基本思路：一是积极培育农村土地

所有权主体，强化农村土地所有权的职能；二是合理界定农村土地使用权主体和权利范围；三是规范农村土地产权流转行为[515]。张笑寒（2001）认为在流转前应明确产权设置并加强思想引导，在流转过程中应注意建立规范程序和加强流转管理，在流转后应加强监督管理和配套措施的建立[516]。陈锡文等（2002）指出在农业剩余劳动力还没有实现大规模转移之前，农村土地流转应该规避一些风险，这些风险包括大资本排挤小农户、大规模兼并、大批农户丧失经营主体地位而沦为雇农[517]。隋广军等（2002）认为应该建立约束政府行为过度干预的机制，从而保障农民土地流转的自主权[518]。韩东娥（2003）提出应加强土地法规和政策宣传力度，增强农民的法律意识[519]。蔡勇志（2002）认为应促进包括劳动力市场和资本市场的生产要素市场的建立与完善[520]。曹鸣凤（2001）[521]、杨雄芽等（2002）则从加大农村金融对土地流转的支持的角度认为，应该对农民房屋产权证、土地使用权证等制度进行试点，并且尽早推开[522]。车裕斌（2004）在详细分析我国农村土地流转市场机制的基础上，提出完善我国农村土地流转市场机制的途径及创新方向[523]。钱忠好（2008）通过调查分析发现农户的土地流转意愿与其受教育程度呈正相关关系，提高农村教育水平有利于增强农户的土地流转意愿[49]。

郎佩娟（2010）指出为了推进农村土地流转的顺利进行，政府应搭建农村土地流转中介组织，建立健全农村土地流转风险保障机制、农村社会保障机制、农民就业培训机制，通过正确引导，合理发挥政府在农村土地流转中的权力[524]。

者贵昌等（2011）提出应构建金融支持制度，优化融资途径，健全风险监管防范机制，推动农村土地流转政策的有效实施[525]。王春平等（2011）认为应加强监管、落实农民土地承包经营权、健全承包经营权流转市场、完善社会保障体系，引导、促进、规范农村土地流转[461]。

侯明利（2012）认为推进农村土地流转需要加大农村社会保障力度，健全农村土地流转市场[526]。

黄祥芳等（2014）认为农村土地流转补贴政策虽然有助于扩大农村土地流转规模，但会增加小规模经营者农村土地转入成本，从而产生大规模经营者对小规模经营者的"挤出效应"，并降低大规模经营者的边际生产率。因此，地方政府应在国家政策的指导和规范下，因地制宜地制定农村土地流转补贴政策，着重资助短期内经济效益不太明显但社会效益较高的项目，财政补贴也应由向工商资本倾斜朝着向鼓励普通农户、培育市场力量和发展中介组织倾斜转变[97]。

罗必良等（2015）提出可以通过细分产权，拓展交易空间，构建新的交易装置，实现农村土地流转和规模化经营[527]。洪名勇等（2015）指出为了促进农村土地的有序流转，应加强农村的信用制度建设，有效发挥信任机制对农村土地流转的促进作用[528]。

徐建国等（2016）认为应深化土地和户籍制度改革，促进农业与非农部门的联动发展[529]。

袁泉（2018）认为应以集体产权制度为理论切入点，完善法律法规，加强市场监管[530]，强化社会保障。牛星等（2018）认为农村土地流入方作为最主要的利益获得者和最大的风险承受者，其生产经营活动受市场波动、国家和地方补贴政策等诸多因素影响，农村土地流入方应从培育农村土地流转市场的角度加强自身能力建设、增强自身风险防范能力，同时政府应制定科学合理的农村土地经营补贴政策并确保政策的可持续性；对于作为农村土地流出方的农户，应增强其法律和政策观念，构建城乡统筹的社会保障体系；对于作为农村自治组织的村委会，应从制度建设的角度防范风险，只有构建完善的农村土地流入和流出机制，健全流入方准入机制和退出机制，规范农村土地流转合同，才能有效推进农村土地流转工作[531]。廖彩荣等（2018）提出应深化农村土地制度改革，平衡各方利益主体诉求，选择或创新最佳确权实践路径[532]。李灿等（2018）主张为了实现乡村振兴战略目标，应在积极构建农村一二三产业融合发展体系和坚持农民主体地位的基础上，建立健全农业产业与农民的利益联结机制[533]，促进农村土地流转绩效的提高。何云庵等（2018）认为，为预防农村土地"非农化""非粮化"倾向，确保农户能分享到农业发展的政策红利和治理资源，各级政权组织应完善农村土地流转的相关配套政策，例如逐渐建立健全严格的资本准入制度、"农""资"融合的利益衔接机制、下乡资本务农监管体系、农村土地用途管制机制和农村土地流转的社会化服务体系[534]。郭金丰（2018）认为应重点完善市场化交易平台，培育中介组织，构建市、县、乡镇、村联动的多层级网络化地权交易平台，进而通过专业人才与组织为农村土地流转提供政策咨询、法律顾问、资质鉴别、合同签订、价格评估与纠纷调解等全过程服务，从而规范、完善农村土地流转市场[535]。蒲实等（2018）认为在乡村振兴进程中，应改变农户在农村土地流转中的被动决策地位，确立农户的主体地位；应加强政府对农村土地流转的服务保障，有限度地引导农户参与和利用市场化机制推进农村土地流转，而不应用行政命令或政治任务形式片面地追求流转的规模与速度[536]。

翟新花（2019）认为乡村振兴战略下的土地流转要坚持以农民发展为核心的价值衡量标准[537]。缪德刚（2019）认为应明晰土地产权和流转规范；因地制宜地完善农村土地开发规划，释放土地产权的经济活力；健全农村土地产权流转的配套交易体系，建立对接市场化的保障机制[514]。沈萌等（2019）提出为引导农村土地承包经营权有序流转，应从切实保护农民权益出发，建立因地制宜的租金制度和农村土地信息交易平台，优化务工环境，完善社会保障制度[538]。邱国良等（2019）指出政府有效介入，健全以新农保为主要内容的农村社会保障制度、建立农村土地流转储备金制度、规范农村经济合作组织、打造社区共同体是降低农村土地流转市场中由传统与现代、工业与农业、城市与乡村的结构性矛盾产生的不确定性的重要路径[539]。田洁（2019）指出国家应完善农村土地流转相关的法律法规及农村土地流转管理体系；简化、规范农村土地流转程序，以提高农村土地流转整体效率；加强对农村土地流转市场的监管，保障流转各方合法权益等，实现以农村土地流转的制度改革助推乡村振兴的战略实施[540]。

杨子砚等（2020）认为要坚持农业土地改革，发挥市场在土地资源配置中的重要作用，落实有利于农村土地流转的政策，鼓励、引导、支持农户依法、自愿、有序地开展农村土地流转经营，尽快完成承包地确权登记，保障农户对承包地的使用权，做好农户农村土地流转后的社会保障工作；培育家庭农场、农民合作社、农业龙头企业和农业产业化联合体等新型农业经营主体，开展多种形式的农业适度规模经营；尝试推进农村承包地经营权的抵押担保，充分体现农村土地的资产性价值[541]。徐章星等（2020）认为应完善农村土地交易流转市场，加强对农村土地流转的监督和管理，防止工商资本下乡发生资本"跑路"和涉农项目"烂尾"现象，警惕大量"圈地"导致的土地"非粮化"和"非农化"现象，加快建立工商资本与农户之间的利益联结机制，探索保障农户土地权利基础上的工商资本发展模式和配套制度，明确各主体的权利和义务，保障流转双方特别是处于相对弱势地位的农户的权益，促进土地承包关系长期稳定[293]。李慧等（2020）提出完善流转交易管理体制、加大惠农政策支持力度、健全农村社会保障体系、提升农业经营管理技术水平、加强非农就业技术培训等保障西部绿洲区流转农户生计安全、推动区域经济社会稳定发展的对策建议[542]。侯明利（2020）提出政府应采取积极的引导措施，实现农户土地与劳动力资源的有效配置；持续推进农村土地确权改革，出台激励农村土地流转的相应政策和相关配套保障制度，完善农村土地流转市场，加快培育新型农业经营主体；大力推进农业现代化进程，提高农村土地流转租金，稳定农户土地持有预期，保证农村土地流转的有效推进[543]。杨晶等（2020）指出在中央政府调结构、稳增长、促和谐的政策指引下，政府应从农村经济社会发展大局出发，持续优化强农、惠农和富农的政策组合，不断优化农村土地流转政策，并与乡村振兴和社会保障政策有效衔接、形成保障合力，加强农户的社会资本建设，减轻农户家庭的经济负担[544]。

郑雄飞等（2021）指出应推进法律法规体系建设，建立网络化农村土地流转市场，规范与完善农村土地流转市场；合理界定并明晰农村土地流转相关权利主体及其行为边界，激发土地的多层次权能；充分监管农村土地用途，促进现代农业与小农户的有机衔接；健全社会保障体系，减少农村土地流转的后顾之忧，以推动农村土地流转体制机制创新[545]。王爱国（2021）认为应加快修改完善农村土地产权相关法律，实行农村土地产权管理与交易分离，构建管理机构与交易机构共享的流转平台，规范包括流转管理办法、新品种交易服务指南、中介组织服务规则、中介组织发展规则在内的农村土地流转管理制度。王璇等（2021）提出应贯彻落实农村土地"三权分置"政策，坚持农民自愿原则，规范农村土地流转程序和方式；引导、促进农村劳动力的合理流动；坚持分类施策，培养农村土地转出户的非农就业和融入城市的技能，培养农村土地转入户为适应农业现代化的职业农民[546]。肖惠朝（2021）提出应健全完善农村社会保障制度；充分发挥政府作用，推进土地流转手续规范化；建立土地流转扶持基金，实现"强农、兴农、富农"目标，促进农村全面振兴目标的实现[485]。黄善林等（2021）指出应完善农村土地流转市场体系，增强农户产权安全信心，增强流转关系稳定性，为农户提供优质的农村土地流转服务；构建城乡统一的包括住房、养老、教育、医疗在内的社会保障体系，提高农村社会保障水平；完善相关配套制度设计[547]，推动农村土地的顺利流转。

在农村土地补贴政策建议方面，张劲涛（2007）认为农村土地流转补贴应采取多种政策相互配合[548]。冯锋（2009）指出我国的农业补贴政策与农村土地流转发展不配套，农村土地流转过程中的农业补贴享受者与农业生产者不一致，因此，应建立与农村土地流转市场相配套的农业补贴政策，如粮食直补与农资综合补贴等，并对规模经营者土地转入部分给予二次财政补贴，以提高土地转入经营者的生产积极性[549]。肖大伟（2010）认为农村土地流转补贴政策必须纠正过度地鼓励扩大经营规模的错误倾向[550]。吴霞（2010）认为农村土地流转补贴的支持对象和形式都比较单一，应从农村土地流转的实际情况和农户的实际需要出发，因地制宜地制定农村土地流转补贴政策[551]。赵德起等（2011）认为政府在调整其参与农村土地流转行为的基础上，应充分考虑农村土地使用权的市场差异，合理运用补贴与限价手段[552]。马志远等（2011）认为现行的农村土地流转补贴政策并未明显地改变农业适度规模经营组织的农村土地使用成本，也未鼓励农民投入更多的技术和资本，长期来看农业生产率不能从根本上得到提高，应加大对农业基础设施投入的补贴[553]。

本书认为，现有文献基本揭示了农村土地流转的两个关键问题，即市场化问题和制度创新问题。关于这些问题的解决对策，还需要在培育农村土地流转市场中介组织、均衡发展多种土地流转形式、健全市场化交易平台以建立长期稳定的流转关系、开展重点扶持以促进流转市场均衡发展、建立适应农业现代化生产的土地流转价格机制、健全农村土地配套政策和产权制度体系等方面进一步探索，以促进我国农村土地流转。

2.4 本章小结

本章首先给出涉及农村土地流转的主要概念，接着从农村土地流转的动因、影响因素、现状、面临的主要问题和对策，就农村土地流转的已有研究进行文献综述和评价。

在农村土地流转的动因研究方面，本书将农村土地流转动因的文献成果归纳为经济动因、制度动因和综合动因三个方面。经济动因从非农就业机会增加和农村经济发展两个方面展开讨论。一是非农就业机会增加，主要观点是：随着中国的城市化进程加快，农村就业结构发生了变化，在利益的驱动下，农民全部放弃或部分放弃依靠耕地谋生的手段，走向城市或城镇从事非农产业，从而增加了流转土地的供给。二是农村经济的发展，主要观点是：中国农村经济的发展带动了规模经营、产业结构、农户禀赋等因素的变化，从而催生了农村土地的流转。制度动因的主要观点是：国家农村政策和制度的演变和调整，推动了农村土地流转，农村土地流转是一种诱致性制度变迁的结果。综合动因的主要观点是：农村土地流转是各种原因综合的结果，其中既有经济利益驱动的原因，也有政策和制度拉动的原因。本书认为，农村土地流转的动因是复杂的，既有经济因素，也有制度因素，两大因素的综合作用催生了农村土地流转。农村土地流转动因的复杂性从一个侧面反映了我国农村土地制度变迁属于复合型制度变迁。

在农村土地流转的影响因素研究方面，国内学者主要从政策和法律、经济发展水平、政府主体因素、农户主体因素、综合关联因素四个方面对影响农村土地流转的因素进行了研究和分析。本书认为，虽然学者们研究的视角和研究方法不尽相同，但也有一些比较一致的看法。同时，不同的认识和结论也是存在的。不管怎样，这些研究成果对于帮助我们更深入地揭示阻碍农村土地流转的因素，促进农村土地流转市场发展都是大有裨益的。

在农村土地流转的现状研究方面，根据不同的时间阶段，多数学者利用统计、调查、访谈等方法，从土地流转的形式、特点、规模、效果几个方面展开研究。本书认为，农村土地流转的现状可以归纳为：一是流转形式多样性，这说明农村土地流转权利义务各不相同，需要具体问题具体分析；二是流转特点包括了几个差异性，即参与主体和决策主体差异性、流转期限差异性、支付方式差异性、流转行业差异性、流转地区差异性等，这反映了农村土地流转缺乏应有的规范；三是流转总体规模偏小，流转效率不高，这反映了农村土地流转市场的不健全；四是流转效果总体是利大于弊，这决定了当前的政策方向不可逆转。

在农村土地流转面临的主要问题和对策方面，研究主要集中在农村土地流转市场的发育、农村土地流转机制、农村土地流转制度创新三个方面。针对主要问题，学者们相应提出了一些对策。本书认为，现有文献基本揭示了农村土地流转的两个关键问题，即市场化问题和制度创新问题。但是针对问题的解决对策还存在一些缺陷。

此外，对比分析国内外学者的研究，其在农村土地市场、土地制度改革、农村土地规模经营和农村土地流转研究方面具有不同的侧重点。在农村土地市场方面，国内学者关注农村土地流转市场改革、农村土地流转价格的形成机制、农村土地经营规模、政府和企业的策略互动、政府行为对农村土地市场化的影响（张清勇等，2020）[554]；国外学者关注农村土地流转价格差距的形成原因、发展中国家农村土地市场化进程、农村土地对国家粮食安全和农村土地市场效率的影响（张清勇等，2021）[555]。在土地制度改革方面，国内学者关注土地制度变迁过程、三权分置、土地确权、土地调整、盘活土地资源的制度改革（张清勇等，2018）[556]、产权制度改革的经济效应、产权稳定性对农业投资的影响、土地制度与政府行为；国外学者关注土地管理制度和使用政策、产权稳定性和生产效率的关系、土地改革对社会的作用、土地改革的阻碍因素。在农村土地规模经营和流转方面，国内学者关注农户土地流转意愿的影响因素、农村土地流转的影响、政府干预效果（张清勇等，2019）[557]、农村土地流转与劳动力转移的关系；国外学者关注土地细碎化的不同影响、发展中国家农户经营规模扩大的制约因素。

在关于农村土地流转的未来研究中，应在现有研究成果的基础上，在乡村振兴战略、"三权分置"产权制度新背景下，从多学科融合的视角，顺应城乡统筹发展新趋势，把握农村土地流转与农村土地产权制度演变的内在联系，创新研究方法。首先，在研究视角上，应突破经济学理论框架的局限，将经济学的理论与方法与管理学、社会学、心理学、地理学等多学科融合。在研究内容上，应加强农村土地流转与乡村振兴、农业供给侧结构性改革、土地产权制度、产业融合之间的关系研究，注重在现有政策环境下对土地流转制度、社会保障制度、农村土地市场体制机制的研究，着力提出解决农村土地流转中的热点和痛点问题的切实有效的可行办法。从研究方法来说，应在实证研究中加强计量经济与空间计量模型的应用（王天琪，2021）[558]，在理论研究中运用新的理论方法进行分析，探索理论与实践相结合、定量与定性相结合的新的研究方法。

第 3 章
农村土地流转的产权制度背景分析

3.1 引 言

在当前"三权分置"制度背景下，我国农村土地产权是以所有权为核心的包括所有权、承包权、经营权等一系列权利在内的权利束。农村土地流转实际上是农村土地经营权流转。与相当国家的土地私有制度不同，中国农村土地产权制度有着深刻的历史背景，其产权属性具有中国特殊性。为了深刻理解和揭示农村土地流转定价的实质和需要关注的主要因素，有必要对中国农村土地产权制度的形成、特点进行具体的分析，以便为后续章节的农村土地定价奠定必要的基础。

本章就农村土地产权的相关理论做了简述，对中国农村土地制度变迁过程进行了回顾，揭示了中国农村土地流转的产权制度背景。

3.2 土地产权理论简述

国家政策始终是研究土地流转制度的重要指南，同时，国内外经济学家和学者对农村土地流转的相关理论做了大量的分析和研究，归纳起来，主要包括土地产权、制度变迁、地租地价三个理论分析框架，分别对关系农村土地流转的产权基础、制度动因、估价原则进行理论解释。

3.2.1 现代产权理论

农村土地流转是一项农村土地制度变革，土地制度变革的核心问题是土地产权问题。农村土地流转的实质是农村土地经营权（使用权）的流转。

产权理论是推进农村土地流转的理论基础和实践指南。产权（Property Rights）即财产权，是财产权利的简称，是现代商品经济社会的制度基础。产权概念在学界并没有统一的表述，往往由于研究的对象、目的、方法的不同而有所差异和侧重。《牛津法律大辞典》的表述为："产权亦称财产所有权，是指存在于任何客体之上或之中的完全权利，它包括占有权、使用权、出借权、转让权、用尽权、消费权和其他与财产有关的权利。"[559]德姆塞茨（1994）指出："所谓产权，意指使自己或他人受益或受损的权利。"[560]阿尔钦对产权下过一个经典的定义："产权是一个社会所强制实施的选择一种经济品的使用的权利。"（盛洪，2003）[561]虽然目前缺乏对产权的统一定义，但是还是形成了一些基本共识。首先，产权是一种权利，并且是一种排他性的权利。其次，产权是规定人们相互行为关系的一种规则，并且是社会基础性的一种规则。最后，产权是一种"权利束"，它可以分解为多种权利并统一呈现一种结构状态。完整的农村土地产权是有关农村土地的一切权利的总和，是一组权利而不是一种权利，农村土地产权的内容包括农村土地的所有权、使用权、收益权、处置权，以及这些权能的细分和组合（李明义，2008）[562]。

我国 20 世纪 70 年代末开始的农村经济体制改革给农村的土地所有权制度带来了巨大的变化。农村的土地由人民公社时期的集体所有、集体共同使用的体制转变为集体所有、农户承包经营的统分结合的体制。相关法律规定，为中国农村土地产权制度改革奠定了基础。关于农村土地所有权，1982 年《宪法》规定：农村和城市郊区的土地，除由法律规定属于国家所有的以外，属于集体所有；宅基地和自留地、自留山，也属于集体所有。关于农村土地的他项权利，1999 年《土地管理法》规定，农民集体所有的土地由本集体经济组织的成员承包经营；2002 年《农村土地承包法》规定，国家实行农村土地承包经营制度。国家保护承包方依法、自愿、有偿地进行土地承包经营权流转，该法以法律形式规定了土地承包经营权流转的原则、程序、期限及流转双方的权利义务和法律责任。而后的中央一号文件和相关法律法规都不断重申农村土地承包经营权流转受国家法律保护。

林毅夫（1994）[563]、周其仁（2004）[564]、党国印（1998）[565]、陈剑波（1994）[566]等学者对人民公社体制下的农村集体所有制进行了深入研究，认为土地家庭承包制具有中国特色，突出表现在所有权和使用权分离。正是在农村集体土地所有制的基础上，家庭承包责任制才得以生长和发育。

因为土地是集体的，为了体现初始公平和动态公平，所以往往对土地承包经营进行"均分"和"定期调整"。土地的频繁调整成为中国农村土地产权的一个基本特征和现实问题。张五常（1994）认为我国农村改革的关键在于稳定农村土地所有权，搞活农村土地承包权。当农民所拥有的转让权、使用权和收益权等权益受到充分保障时所建立的产权结构，同私有产权的效率别无二致[567]。

姚洋（2000）研究表明，在中等发达地区，我国当前农村土地制度的主要类型是农户家庭承包经营加"大稳定、小调整"，体现了集体所有制下农民对公平的诉求[568]。Kung（1994）[569]、Dong（1996）[570]研究表明，中国农村人口众多、人均土地资源禀赋极其稀缺、社会经济发展水平较低、大部分农民仍处于温饱线上且面临极大的生存压力，土地的均分就构成农民克服生存压力的一个集体回应，农村土地政策未能有效解决我国农村土地产权制度的问题。毛科军（1993）[571]、王卫国（1997）[572]、叶剑平（2000）[573]认为，农村土地产权的主体模糊不清是目前我国农村土地产权制度的主要问题。具体包括两种观点：一是"多元主体论"者，认为农村土地集体所有制是多元的；二是"缺失论"论者，认为农村土地所有权主体是缺失的或者说是虚置的。农民在获得承包土地后，土地使用权是不完整的（方恭温，1999）[574]。

钱忠好（2002）通过政策和理论研究认为，要加速我国农村土地市场化进程，必须从产权安排上克服我国农村土地市场发育的产权制度瓶颈，不完全的产权安排减弱了农户的农村土地需求和供给，降低了农户的农村土地经营收益和交易价格，提升了农村土地的交易成本，降低了农村土地市场交易的净收益[575]。何一鸣等（2012）构建了"农村土地流转—交易费用—产权管制"的理论范式，区分了约束农村土地流转的内生性与外生性交易费用，进而阐释了放松产权管制节约内生性交易费用的制度逻辑[576]。王庆明（2015）梳理了近代以来的地权逻辑演变，认为产权的不完全转移是地权流转始终遵循的机制[577]。申惠文（2015）指出土地承包经营权不能分离为土地承包权和土地经营权[578]。李伟伟等（2015）从法理上将土地经营权的性质界定为债权而非物权[579]。杜荃深等（2015）认为可以沿着提高管制效率和准物权的方向引入发展权[580]。陈华彬（2015）探究了空间建设用地使用权[581]。简新华等（2015）认为农村土地制度改革的方向是集体经济、适度规模经营，而不是私有化[582]。王长春（2015）认为应区分农民群体的利益诉求，完善集体所有的土地制度[583]。土地产权制度中，所有权归"集体"、使用权归"个人"的产权结构是中国当前福利产出效率最高的结构安排。程雪阳（2015）指出我国现行的法规制度对"集体所有"的界定、集体成员的资格、集体所有权与农村自治组织之间的关系等问题都尚未厘清[584]。陈雪原（2015）指出集体产权结构应由"共同共有"向"按份共有"转变，分配方式由福利分配向按股分红转变[585]。顾汉龙等（2015）[586]等指出在具有区位优势的农村可以实现城乡建设用地的同权同价，而在不具备区位优势的地区应采取建设用地增减挂钩。藏波等（2015）认为在集体经营性建设用地入市与不动产确权等制度改革的加深进程中，所有权归"集体"、使用权归"个人"的产权结构，是中国现阶段福利产出效率相对最高的制度安排。宅基地资产效应逐步凸显，宅基地流转机制设计再次成为研究重点，但宅基地流转定价机制、居民个人与集体收益分配机制的深入研究仍然缺乏[587]。

周炎等（2016）发现与建立在私有制和纯粹公有制基础上的经济制度形式相比，以集体所有承包制为基础的经济制度形式在长期福利和增长效应方面更具优越性[588]。李停（2016）发现中国劳动力迁移决策受农村土地产权安全性的影响，劳动力迁移模式、迁移农户在城镇安家置业的能力受农村土地资产的变现能力差的影响[589]。韩松（2016）提出管理权能应在立法中明确规定为集体土地所有权的权能[590]。付江涛等（2016）认为完善的农村土地产权不仅能降低合约的产权风险、扩大承租对象的范围，还能促进正式交易的达成[591]。姚万军等（2016）比较了所有权流转和经营权流转的有效性[592]。狄亚娜等（2016）提出通过统一城乡土地市场、健全宅基地使用权取得制度、构建宅基地使用权自愿退出与强制退出机制来确保宅基地使用权的"权利"属性[593]。张清勇等（2017）认为土地产权制度的研究引入了安全感知、认知程度、满意度等主观因素[594]。

桂华（2017）认为我国可调整的农村土地产权制度为农业经营效率提

升提供了条件[595]。俞振宁等（2017）指出明晰产权能提高土地的利用效率[596]。李宁等（2017）认为应加强对农村土地产权的保护，强化农户产权的排他性，推动农村土地处分权的改革[597]。张晓滨等（2017）指出应建立明确权利主体，明确农户内部的权利关系的权利本体制度，实现承包经营权彻底物权化[598]。

严小龙（2019）结合中国部分省份农村的调研结果，指出当今的农村土地流转是适应复杂且不断演进的农村土地使用体系的一个诱致性产权变动体系[599]。

臧知非等（2020）认为土地所有制性质决定了传统社会的结构及变迁[600]。丰雷等（2020）认为有保障且稳定的土地产权是发展中国家保障土地产权人权益、提高土地生产力的重要手段，通过确权，农民获得了更多的权益保障和更高的分配收益[601]。吴晓燕（2020）认为完善土地产权制度和市场化配置将给农村社会发展提供第三次"动能转换"，有利于促进乡村振兴[602]。李帆等（2020）认为产权制度的具体安排改变了土地价值，产生了土地红利，推动了经济增长[603]。杨磊等（2020）认为农村土地产权变革通过社会、经济、政治的复杂过程和乡村治理秩序重构之间存在一个动力传导过程，农村土地产权变革重塑了乡村社会的内部秩序[604]。

国外学者，尤其是产权学派的学者关于土地产权制度关注的是发展中国家土地产权的边界明晰程度、稳定性和对社会福利的影响，学者们一致认为土地产权边界明晰、产权稳定性的增加将有助于提升社会福利效率。Suyanto 等（2001）认为完整、稳定的产权有助于降低市场的外部性，不完整、不稳定的产权则会引起资源退化[605]。Aragón（2015）通过对加拿大土著民族现代法案的研究证实，完善土地等资源的产权对收入的增加、当地经济的发展具有正面的溢出效应[606]。Abolina 等（2015）发现拉脱维亚土地抛荒的主要原因是土地所有权的缺位[607]。Reydon 等（2015）[608]、Ondetti（2015）[609]指出巴西土地产权不完整、边界不明晰、产权不稳定，加上对未占用土地缺少地籍管理，导致严重的土地集中和大地主土地投机问题，进而发生大规模暴力冲突、森林资源被破坏和非法开垦的问题。Goswami（2015）分析了固定地租和分成地租对土地利用率的影响，认为佃农的租金过高、地租固定的租户租期过短是导致土地利用率低的原因[610]。

Lawry 等（2016）发现通过可感知的权属安全或投资认可土地使用权，促进了收入增长和生产力的持续发展[611]。Yoo（2016）发现日本的明晰产权制度促进了经济增长[612]。Nizalov 等（2016）研究了产权制度的不确定性对土地利用方式和作物混合种植模式、投资产生的影响[613]。Swinnen 等（2016）通过对苏联和东欧土地制度史的考察，发现在一个大部分农民都没有所有权的土地制度上可以建立现代农业体系，在社会不稳定的环境下，农民偏好所有权式和租赁式相结合的混合产权形式[614]。Cai（2016）认为中国农村土地产权制度和社会福利制度的城乡差距巨大[615]。

Ploeger 等（2017）研究了荷兰地租和土地租赁形式的合理性，评估了政策变动[616]。Mwesigye 等（2017）指出移民为主的社区私人的土地所有权会提高农业生产力[617]。

国外学者还关注土地产权的效率问题。Wang 等（2018）指出产权的不完整和不稳定造成的高交易成本阻碍了农村土地租赁市场的发展，降低了资源配置效率[618]。Emily 等（2018）认为 16 世纪墨西哥人口减少促进了土地集中和几个主导墨西哥政治经济的土地所有者的崛起[619]。Stefano（2018）认为任何有关土地使用政策和规划的讨论都离不开土地所有权问题[620]。Adenew 等（2018）指出由于农民缺乏土地所有权，一定程度上阻碍了埃塞俄比亚农村土地政策的有效实施[621]。Chusak 等（2018）指出对土地所有权的界定有利于保护土地所有者权益和提供较多的土地资源，因此界定公共土地所有权成为东南亚土地治理的工具之一[622]。

Stacherzak（2019）指出农村土地流转决策受到土地权属安全性的影响，当安全性较弱时，土地使用权安全性认识会对其租赁决策与规模产生显著影响[623]。Sparovek 等（2019）认为改善产权状况有利于改善巴西的土地经济[624]。Gottlieb 等（2019）指出发展国家公共土地所有制下，农户具有土地的使用权而不具有土地的流转权，提高公共土地使用权能提高非农就业率，促进 GDP 增长[625]。Daniel 等（2019）认为农民对土地所有权的缺失导致农民被排除在国家对农业的支持措施之外，削弱了农民的生计缓冲能力[626]。

Muchov 等（2020）指出斯洛伐克分割的土地产权导致土地所有者与承租人的紧张关系，影响了农村发展[627]。Pochanasomboon 等（2020）认为完整的土地所有权对提高中小型农场的水稻产量和减少其非正式债务有利[628]。Lee 等（2020）认为拥有土地所有权使非洲裔美国人在不稳定的农业经济中确保其种族和经济自治，改善了生活[629]。

3.2.2　制度变迁理论

中华人民共和国成立以来农村经济发展的实践证明，中国农村土地制度变迁是中国社会变迁的一个缩影。农村土地制度改革属于产权制度改革，土地制度改革的实质是土地产权改革（黄少安，2004）[630]。农村土地制度改革是打破农业集体化、实现农业非集体化（Brent 等，2018）[631]、缓解大型资本企业和小农场之间的对抗（Olivier 等，2018）[632]的重要途径；是增收和经济增长的重要刺激因素（Talan，2018）[633]和重要工具（Dylan，2018）[634]；是推动乡村振兴的重要支撑，有利于实现农业转型，促进农业产值增加（Andries，2018）[635]，加快现代化建设进程。从土地制度和土地供给模式对经济增长的影响机理来看，中国特色土地制度对中国经济增长具有重要的影响（刘凯，2018）[636]。中国的经济结构转变阶段和土地制度改革高度相关（刘守英，2018）[637]。制度变迁反映了中国农村土地制度变革的历史过程。制度安排对经济绩效的影响是显而易见和不容置疑的。我国农村土地产权制度变迁过程是一个农村土地产权制度与制度环境不断耦合的过程，当农村土地产权制度与制度环境契合时，农业生产效率就较高；反之，当农村土地产权制度与制度环境不匹配时，农业生产效率就较低，农业生产会陷入低效困境。在此过程中政府和农民进行良性互动，农民获得的权利越来越充分（冀县卿等，2019）[638]。

制度变迁很大程度上影响了不同国家在不同时期的经济绩效。马克思主义政治经济学和新制度经济学均关注制度的产生和演进，以及制度与经济活动的关系。马克思主义政治经济学的研究对象是生产关系及其发展规律，其核心是财产权利制度分析，其实质是以产权制度为核心的经济制度及其演变规律（黄少安，2010）[639]。制度经济学作为体现市场经济运行规

律的理论，对于中国现阶段以发展社会主义市场经济为前提、以土地制度
创新和土地市场完善为基本内容的土地制度改革，具有一定借鉴意义。以
科斯（Ronald H. Coase）、诺斯（Douglass C. North）等人为代表的新制度
经济学派，运用新古典经济学的逻辑和方法进行制度及制度变迁分析，并
将自身看作是对新古典经济学的补充和发展。

科斯的贡献在于发现了交易费用，创建了科斯三大定理（虽然科斯本
人并没有这样表述），并由此获得诺贝尔经济学奖。其中，科斯第一定理：
如果市场交易费用为零，不管权利初始安排如何，当事人之间的谈判都会
使资源配置实现帕累托最优。科斯第二定理：在交易费用大于零的世界里，
不同的产权界定，会带来不同的资源配置[640]。科斯第三定理：在交易成本
大于零的情况下，产权的清晰界定将有助于降低人们在交易过程中的成本，
改进经济效率[641]。科斯三大定理论述了制度安排的重要性，正如科斯
（1990）指出的："我运用交易费用概念来证实法律体系可以影响经济体系
运行方式，除此之外，别无他求。"[642]科斯定理表明，不同产权制度下经
济人从事交易活动的成本不同，从而会产生不同的资源配置效率，初始产
权界定明确后，在交易成本为零的条件下，参与谈判的双方利用市场机制，
通过订立合约，找到使各自利益损失最小的合约安排；若存在一定的交易
费用，在产权明确的前提下，只要制度安排带来的收益增加大于其交易费
用，谈判双方就会通过合约找到较优的制度安排。科斯将产权分为所有权、使
用权、处分权和收益权等，并认为最好的产权制度能够使交易成本最低[643]。
降低交易成本、提高制度效益是促使制度变迁的重要原因。科斯通过案例
证实了权利的界定和安排在经济交易中的重要性[644]-[645]，并进一步阐述了
社会成本问题[646]。威廉姆森进一步指出，降低交易费用是产权设计的主要
目的之一[647]。

科斯定理认为，在交易费用不为零的情况下，产权的初始界定对生产
和资源配置至关重要。合理的产权安排有助于减少经济当事人行为的不确
定性，增强预期，形成行动的激励，从而降低经济活动的交易费用，提高
效率。在私有产权与集体产权（如股份制企业）下，许多外部性能够最大
程度地内在化，从而产生最有效地利用资源的激励。而在共有产权下，产

权的使用不具有排他性，共同体内的每一个成员都有权分享共同体的产权，"搭便车"行为在所难免，因此，共有性质的产权一般会导致较大的外部性，其经济效率也就较低。

将产权理论与制度变迁相结合是诺斯的一大理论贡献。Davis 和 North（1971）将制度分为制度环境和必须与特定制度环境相适应的制度安排。制度环境指"一系列用来规范生产、交换与分配基础的基本的政治、社会和法律基础规则"，制度安排则指"支配人们行为的具体规则"。诺斯把数学和统计学的方法引入经济史的研究，开创了计量史学。诺斯认为西方国家能获得领先地位的关键在于有效率组织的出现，有效率组织出现的前提是产权的确立和明晰[648]。在诺斯（1990）看来，制度是一个社会的游戏规则，更正式地说，制度是人设计的，决定人际互动结构的约束。制度的重要性体现在三个方面：一是制度使产权和经济权利得以确立；二是制度承担执行游戏规则的作用；三是制度与意识形态和社会成分组成是紧密相关的。诺斯对制度变迁的解释是"制度创立、变更及随时间变化而被打破的方式"[649]。由于技术进步和人口的增长，一个经济中某些原来有效的制度安排变成不是最有效的，新的制度安排就可能被创造出来以取代旧的制度安排，于是产生制度变迁。按照主体的不同，制度变迁可分为诱致性制度变迁和强制性制度变迁。如果制度变迁的成本小于潜在的收益，在获利机会的诱导下，形成诱致性制度变迁。此外，也存在政府通过法律和命令推动的强制性制度变迁。制度变迁的需求理论和供给理论重点区分了制度变迁中市场主体和国家组织的不同的地位与作用，制度变迁的需求理论强调市场的力量，认为制度创新来自市场对制度变迁的需求引致，即诱致性制度变迁；制度变迁的供给理论则强调的是国家力量，认为诱致性制度变迁本身面临集体行动"搭便车"问题从而导致制度供给不足，可以通过发挥国家的作用加以弥补，因此政府在制度变迁供给和决定制度变迁方向中扮演着其他任何组织无可比拟的关键角色，即强制性制度变迁。按照诺斯（1991）的表述，产权作为人与人之间围绕财产而建立的经济权利关系，具有排他性、有限性、可分割性、可交易性和收益性等基本属性[650]。产权的本质是一种排他性的权利。产权界定越清晰，排他性就越强。任何产权都是有限度的，产权主体行使产权必须遵循一定的行为规则，需要相应的条件。各项产权可以分属于不同的经济主体，形成各种形式的财产经营使用制度。产权具有可交易性，通过产权在不同经济主体之间的转手和让渡，实现资源由低效向高效的转变。戴维斯和诺斯（1994）认为只有当事人认识到外部利润同时参与制度变迁获取的外部利润大于成本时，才有可能发动或参与制度变迁[651]。

关于产权如何安排才能最具效率，波斯纳（1997）给出了权利安排应遵循准则，即权利应赋予那些最珍视它们的人[652]。巴泽尔（1989）的产权契约理论认为，一项资产可以有许多属性，产权契约就是用来在各个不同的当事人之间配置这些属性，契约的效率取决于能否将各类不同的属性配置给具有比较优势的当事人[653]。威廉姆森（1985）进一步认为，资产专用性是契约权利安排的决定性因素，专用性越强的资产所有者，契约对他们的价值越大，一种有效率的契约安排应当把企业所有权赋予资产专用性较强的一方[654]。

关于土地制度的演化，Luo 等（2009）提出中国过去和现在的农村土地制度不是市场演变的结果，而是政府强制性制度安排的结果[655]。Tan 等（2011）提出当前的中国农村土地制度是政府控制与市场转移相结合的一种混合制度，这种混合治理结构会重新分配农村土地流转的保障作用并歧视农村土地的所有者[656]。Jepsen 等（2015）认为土地制度的演变会受到突发事件等各种因素的影响，是路径依赖的过程而并非预定义的单向发展轨迹[657]。Anaafo（2015）采用民族志方法发现，面向全球土地资源消费和跨国土地交易的土地改革制度造成了加纳土地权利的变更，认为土地改革必须首先保护人民生计，符合人民对土地的价值需求[658]。

关于发展中国家农村土地制度演进中的参与主体行为，Deininger（2011）对埃塞俄比亚的农村土地租赁市场研究发现，农村土地确权对地块的流转规模产生显著正向影响效应，特别是能够促进以女性为户主的农户家庭的土地转出参与率[659]。Blesh 等（2015）通过调查巴西马托格罗索州的农村居民家庭发现，和前两次土地改革不同，通过联邦政府采购促进居民家庭土地所有权交易的第三次土地改革，既稳定了居民收入，又提高了土地利用的生态多样性[660]。Marais 等（2015）认为居民个人的交易行为不完全受政府的正式规则约束，尤其是在正式规则执行成本太高、土地私有化不完全的地区，微观主体的交易行为仍然被非正式规则特别是暴力所主导[661]。Jiao 等（2015）认为农村土地被大量占用也会对地权的不稳定性造成扰动，最终导致居民收入下降，失业农民增加[662]，但若被占用的土地被重新分切并界定给农民用来种植"现金作物"，居民的收入和就业率都会上升（Kleemann 等，2015）[663]。Cao 等（2019）认为农村宅基地退出作为中国土地改革的重要组成部分，需要有配套的退出补偿和就业支持等制度措施[664]。Lipscomb 等（2020）指出巴西亚马逊地区的土地改革不仅增强了农民参与土地投资和扩大农场的积极性，还有利于减缓森林砍伐速度，促进农村地区的发展[665]。

土地改革也可能具有负面效应。Albertus 等（2020）发现秘鲁高强度的土地改革阻碍了农村人口流动，对人力资本的发展与教育供求关系产生直接影响，加剧了农民的贫困程度[666]。Bassett 等（2020）指出，为制止土地腐败，解决土地不公等问题，肯尼亚新宪法将相关权力下放到县级，但改革进展缓慢。如果没有外界舆论压力，人们根深蒂固的行为模式不足以被法律上的改革所改变，土地改革可能难以为继[667]。

国内学者在农村土地产权制度研究方面，姚洋（1998）认为农村土地制度大致包含土地使用权、土地交易权和地权稳定性三部分[668]。吴郁玲等（2006）应用新制度经济学理论关于土地制度变迁理论对农村土地流转制度的产生及效率进行了分析，随着我国市场经济的发展，农业必须实行规模化和集约化的经营模式，而增强农产品的市场竞争力的客观要求却同我国现行的土地制度——家庭联产承包责任制下的土地户均制产生了矛盾：农户土地分散、零碎，小规模的家庭农业难以利用先进的农业生产技术；土地被限制在以家庭为单位的狭小范围，不能通过合理流动来实现土地资源的合理配置和有效利用；在农村二三产业和城镇化迅速发展的形势下，那些无心经营农业的农民出于经济和安全上的考虑不敢放弃土地，导致土地弃耕现象日趋严重，等等。所有这些客观要求使得农村土地使用权流转制度应运而生。并且，认为我国农村土地流转制度的形成是一种诱致性制度变迁，其形成是一个需求引致型向供给主导型转变的过程[669]。庞宏（2006）认为处理好制度变迁过程中农村土地使用权稳定、调整和流转之间的关系需要不断进行制度创新[670]。刘俊（2007）认为现行法律的制约是农村土地制度创新的难点，农村土地流转制度创新的关键在于创造更多的土地权利类型[671]。姚永龙（2010）主张农村土地制度朝着淡化所有权、重视使用权的方向变迁，受让主体由专业农户朝着多元主体转变[672]。丰雷等（2013）[673]、冀县卿等（2014）[674]指出国家土地制度安排总体上仍然是沿着稳定土地承包关系、减少土地调整的方向演进的。罗必良（2014）认为以土地"集体所有、家庭承包、多元经营、管住用途"为主线的制度核心将成为中国新农业管理体制的基本结构，农村土地流转及其大规模经营须约束产权主体和对象的交易[373]。何虹等（2015）认为明确农村土地使用权的主体关系直接影响农村土地流转成效[675]。李汉卿（2020）指出农村改革陷入基本制度改革内卷化、分利秩序导致的农村治理内卷化、资源下乡过程中基层政权合法性下降的困境[676]。

不少学者运用科斯的分析思路对农村土地流转方式之一的农村土地股份合作制进行了制度解析。钱忠好等（2006）认为农村土地股份合作制制度规则的不完善导致了农村土地股份合作制的效率损失，农村土地股份合作制生成、发展或衰败源于外部利润和效率损失之间的对比。要推动农村土地股份合作制的生成和发展，就必须努力提升其外部利润、减少效率损失[677]。国内学者站在制度分析层面研究农村土地股份合作制的其他观点还有：王琢（1994）指出农村土地股份合作制突破了现行农村土地制度的束缚，初步形成农民土地产权和股份合作法人产权的双层土地产权结构[678]。刘承礼（2003）认为农村土地股份合作制的共有所有权与封闭治理导致较高的内生交易费用，其发展趋势是股份制[679]。傅晨（2001）认为农村土地股份合作制具有广泛的适应性和兼容性，它既不是股份制，也不是合作制，而是股份制和合作制的融合[680]。

土地制度改革应运用市场进行资源配置，以法律等正式规则形成行为约束机制。钱忠好等（2013）运用制度变迁理论分析中国土地市场化改革特征，认为中国土地市场化改革是在一定制度环境约束下当事人围绕外部利润进行博弈的结果，外部利润的产生与制度环境变化有关，市场机制在土地资源配置过程中发挥着重要作用，中国土地市场化改革呈现出显著的路径依赖特性；每一次中国土地市场化改革都是相关制度调整并沿着土地市场化水平不断提升的方向演进；中国市场经济体制改革不断深入，深化土地市场化改革是历史的必然选择[681]。王振坡等（2015）[682]、陈雪原（2015）[683]认为土地制度改革应是产权改革和市场竞争交互进行。陆剑（2015）认为构建集体经营性建设用地入市的法律规则体系是集体建设用地制度改革的关键所在[684]。雷庆勇等（2015）认为推行农村土地租赁制度、挂牌出让农村土地使用权、实行农村土地入股是农村土地入市的可行路径[685]。陈浩等（2015）指出在新型城镇化进程中，应调节土地红利的分配结构和增进红利总量来探索红利的转型路径[686]。高名姿等（2015）认为村规民约等非正式制度在村庄等熟人社会中具有更强的行为约束力和矛盾协调力，更有助于对农村土地确权进程中的问题的解决，农村土地确权应将正式制度和非正式制度相结合，重视发挥非正式制度的作用[687]。王敬尧等（2016）运用正式制度和非正式制度的互动机理构建分析框架，分析"作用于农村土地制度的关键因素""农村土地所有权的稳定性与弹性化""低效制度的生成与持续"三者之间的内在关联[688]。盖庆恩（2017）认为只有完善土地制度，合理配置土地，才能提高劳动生产率[689]。

农村土地确权是完善农村土地产权制度、推进农村土地制度改革的基础性环节（丁琳琳等，2015）[690]，有助于解决当前农村存在的产权制度问题，促进农村土地流转。国内学者在土地确权颁证制度研究方面，主要集中在农村土地确权与农村土地流转的关系上。大部分学者认为我国农村土地产权改革始终坚持贯彻"确权是基础，流转是核心"，肯定了农村土地确权的积极作用。郑泰安等（2011）指出，农村土地流转确权、领证是农村土地流转的前提[691]。钱忠好（2003）认为农村土地确权会引致农业的生产性效应，使农业生产的可能边界得以扩张，使农业生产收益曲线向外移动，加速刺激农村土地的投资需求[47]。严冰（2010）认为确权工作是农村土地改革的基础[95]。罗必良等（2010）认为农村土地确权带来的产权安全性和完整性可以减少农村土地流转的交易成本，并通过转入方的流转成本和转出方的流转收益影响农村土地流转双方的流转选择[692]。黄季焜等（2012）认为农村土地使用权确权使农户看好未来收益并加大土地长期投资，促进农业长期增长[693]。曾福生（2012）认为农村土地确权颁证是以证书为载体界定农户所有的农村土地权利边界，这在很大程度上能够消除农户对土地权利认知不清和不充分的问题[694]。

王连合（2015）认为农村土地确权不是赋予集体和农户个体新权利，而仅仅是对农村土地权利进行确认[695]。刘长全等（2015）认为土地产权明晰是承包权处置权能和经营权抵押权能改革的前提[696]。钱龙等（2015）认为农村土地确权即"稳定所有权，做实承包权"，政策实践应朝着强化农户土地承包权和塑造农户土地使用权的主体地位的方向演进[697]。张玮等（2015）认为土地确权有助于农村社会稳定[698]。朱北仲（2015）提出土地确权有利于推进政府简政放权[699]。彭魏倬加等（2016）认为确权有助于农民获得有效的金融抵押品，降低贷款利率[700]。冯广京等（2016）将产权问题结合供给侧结构性改革来探索提升农村土地资源配置效率的途径[701]。杨宏力（2017）提出了"放活经营权"的内涵要求[702]。王玉莹等（2017）认为土地整治应与供给侧结构性改革有机结合来分析农村土地市场在供给侧存在的问题[703]。陆剑等（2017）[704]、马蕾（2018）[705]评估了当前确权登记颁证工作的进展，提出从政策支持、法律规范和监督动员三大机制入手，在国家管控下完善多项改革及制度保障措施，开展下一阶段的确权工作。陈奕山等（2018）提出农村土地确权应在已有经验基础上，考虑不同地区的地域差异性，坚持正式制度和非正式制度相结合，重视非正式制度的作用，推进农村土地确权的进程[706]。王慧君（2018）认为确权保护了农民的合法权益，能从根本上解决农民歧视问题[707]。陈奕玮等（2019）认为农村土地确权政策实施以后，农户拥有的地块规模与农村土地交易质量都有所提高，对农村土地租金的提高产生了显著的正向影响，证明农村土地确权政策是提高农村土地规模经济、减少土地细碎化的有效方法[708]。韩家彬等（2019）认为农村土地确权不仅可以明晰农村土地产权，还能促进农业劳动力向非农就业的转移[709]。韩长赋（2019）认为目前我国已基本完成农村承包地的确权登记颁证工作，通过"确实权、颁铁证"的农村承包地确权登记颁证工作，实现了农户承包地的财产权利属性，也稳定了农户承包土地的期限和权利[710]。胡依洁等（2019）指出农村土地确权近年来呈现出从个体化向多样化转变的趋势，多样化确权弥合了传统习俗与正式规则、地方与国家之间的差距，更符合现实要求[711]。汪险生等（2019）认为农村土地确权颁证通过法律层面产权安全性的提升来影响农户的产权认知[712]。黄宇虹等（2020）认为农村土地确权赋予了农民稳定的土地产权，降低了低效率农业劳动力与土地的捆绑，促进了非农就业[713]。许恒周等（2020）认为随着我国农村改革的推进，农村土地确权工作由早期的赋予农民集体对土地的使用权、收益权和流转权等，转变为现在的赋予农民个体对承包地的占有、使用、收益、流转及经营权抵押、担保权能，赋予农民个体的承包经营权中增加了占有和抵押两项权能[714]。

由于农村土地产权关系的复杂性、农村土地功能的多样性、政策目标的复合性等特点，也有学者提出相反观点并进行了论证。主要观点认为，现阶段开展的农村土地承包经营权确权工作就是产权的界定，地权稳定性对农户生产投资和贷款获取并无直接影响（钟甫宁等，2009）[715]，农村土地流转与农村土地确权没有必然联系（折晓叶等，2014）[716]，赋予农户更多的土地权利不一定就能促进农村土地流转（胡新艳等，2013）[717]，甚至在一定程度上有负向作用（罗必良，2014）[373]。例如，农村土地确权强化农户的产权意识，可能增强农户对土地的情感价值（胡新艳等，2016）[718]，也不断增强土地的人格化财产特征，受禀赋效应（个人拥有某项物品时对该物品价值的评价要比没有拥有这项物品之前显著地提高）的影响，农户在土地交易过程中倾向于给予土地更高的价值评价，普遍倾向于"持有"土地或流转的意愿价格较高，产权意识强的农户流转意愿反而更低，确权会提高农户对土地的估值进而增强禀赋效应（钟文晶等，2013）[719]，从而强化了农户农村土地承包经营权在空间上的"地理垄断"和产权制度上的"身份垄断"（罗必良，2016）[720]，增强的农村土地禀赋效应，在一定程度上会抑制农户的土地流转行为（蔡洁等，2017）[721]，确权后的农户必定促进农村土地租赁价格的提升，使农村土地流转交易难度增加（林文声等，2017）[722]，特别是在资源禀赋优越的农村进行土地确权颁证工作，农户交易的意愿价格较高，可能造成农村土地交易双方难以达成价格上的一致（李静，2018）[723]，从而阻碍交易，抑制农村土地流转。行为经济学实证研究表明，农村土地确权事实上对农村土地流转的影响不明显（陈小知等，2018）[724]。中国农村土地改革的核心在于是否能通过土地的合理配置激活农村要素，提高劳动生产率，增加农民收益，而不在于是否应该确权（李宁等，2017[725]；盖庆恩等，2017[726]）。

"三权分置"是中国农业经营体制的重要创新。随着工业化和城镇化进程的加快，加强土地产权的保障性、增强土地产权的稳定性（土地确权）是"三权分置"改革的关键。建立农村土地"三权分置"制度依赖于政策文件的颁布和相应的制度和举措，特别是明晰的土地权属和边界（陈明等，2014）[727]，因此需要农村土地确权来明晰"三权"间的产权边界，推进"三权分置"的制度安排。

在"三权分置"制度研究方面，高飞（2016）指出"三权分置"是集体土地所有权、成员权、农村土地使用权三权并立[728]。张毅等（2016）辨析了学者们在"三权分置"中承包权和经营权法律属性上的共识与分歧[729]。孙宪忠（2016）指出应创新设置物权性质的土地经营权，并对"三权分置"提供制度保障[730]。陈朝兵（2016）指出可以从主体、要素、制度、价值层面释放"三权分置"的改革红利[731]。蔡立东等（2017）认为农村土地"三权分置"政策应坚持在农村土地集体所有权的前提下，以农村土地权利财产化为导向，稳定农村土地既有法权关系为基础，朝着可运作的法律实现机制转化[732]。房建恩（2017）认为国家应适时调整激励方向、激励策略、激励手段、激励力度，逐步实现"三权分置"改革目标[733]。刘禹涵（2017）认为应将土地经营权作为土地使用权性质进行不动产首次登记，以实现"三权分置"改革目标[734]。刘守英等（2019）认为"三权分置"制度作为中国农村土地权利结构的顶层设计，将推动中国农业的进一步发展[735]。丁关良（2019）认为农村土地承包权和经营权"两权并行"是农村土地"三权分置"改革中的最大亮点，"两权并行"改革唯有上升到法律层面，才能更好地付诸实践[736]。高圣平（2019）认为不同时期的中国宅基地制度在宅基地的财产属性和保障功能之间的权重各有差异。随着经济结构的转型，应下放宅基地的审批权限，缩短宅基地的审批周期[737]。朱冬亮（2020）认为改革开放以来，中国农村土地制度从"两权分离"变革到"三权分置"，"三权分置"制度实践呈现出土地集体所有权实体化、承包权股份化和资产化、经营权市场化的新发展特征，呈现出土地所有权和经营权主体的实践地位逐渐强化，而农户承包权主体的实践地位逐渐弱化的新演变态势[738]。胡大伟（2020）认为目前宅基地"三权分置"的实践需求和政策供给不匹配，市场机制及法治保障不足，宅基地所有权难以显化，应深化农村宅基地改革，以释放制度红利[739]。王蔷等（2020）认为应强化农村集体经济组织对农村宅基地的监管能力，构建农村宅基地的自愿有偿退出机制、有偿使用制度和退地多元利用路径[740]。田传浩（2020）认为当前对宅基地的市场交易进行严格限制的制度束缚了农民住房和宅基地财产权益的实现，导致了宅基地的低效利用，加剧了城乡的收入和财富差距[741]。

在农村土地流转相关制度研究方面，学者们认为由于深刻的历史成因和改革渐进性，中国的农村土地制度在一定程度上阻滞了要素供给，加剧了农业供需两端的结构性矛盾（王敬尧等，2020）[742]。土地制度改革应始终围绕"公平"与"效率"的主线展开（罗玉辉，2020）[743]，必须在城乡土地同权化、资源配置市场化两个方面同步推进（李江涛等，2020）[744]，通过持续的农村土地制度创新，有效地推动生产要素在农村内部、城乡之间自由流动，激发乡村振兴的内在动力（钱忠好等，2020）[745]。钱忠好（2008）认为农业生产经营兼业化在社会保障制度缺失、户籍制度和就业制度对农民歧视的情况下，对农户是一种有效的制度安排[49]。陈莉（2013）通过研究村民关联度与农村土地制度变迁的关系发现，村民关联度能助推农村土地制度变迁，相反，农村土地制度变迁也会影响村民关联度[746]。刘同山（2017）认为农户的退出意愿会对粮食产量造成不利影响，政府应为农户自愿有偿地退出土地提供制度安排[747]。曾大鹏（2017）指出土地承包经营权抵押应在宏观机制理念和微观规则设计上进行改变[748]。郜亮亮（2018）认为从各地流转的实践来看，农村土地流转制度不完善导致农户"想转的转不出去""不想转的又被转"的土地流转不合理现象，使农村土地流转供求双方的交易很难顺畅实现，因此在鼓励和推动农村土地流转时，应规范流转，加快农村土地产权制度及相关各项制度的改革与创新，营造有利于农村土地流转并提高流转农村土地使用效率的政策环境[749]。王海娟等（2019）指出为了实现"保护土地承包权以求公平，用活土地经营权以求效率"的我国农村土地制度改革双重目标，中央近年来出台的农村土地流转相关政策明确提出应尊重农户主体地位、保证农户自愿、规范、顺畅地流转农村土地[750]。

3.2.3 地租和地价理论

农村土地流转必然涉及农村土地流转价格，农村土地流转价格（即地租）事关农村土地流转效率、农民权益保护、农业农村发展、乡村振兴等重大问题，因此，地租和地价理论是农村土地流转定价的重要理论支撑。

经济学界对地租的研究开始于古典经济学，发展于新古典经济学，在新制度经济学兴起后被推向高峰。尽管每一阶段对地租问题的研究思路和研究方法不尽相同，但普遍肯定"地租是一种剩余"这一基本的经济学命题，并从土地的自然条件、产权结构、供需状况、投入产出等角度讨论地租的形成机制。

地租问题从古典经济学诞生以来就一直受到西方经济学领域的重点关注，是西方经济学领域的重要研究主题。经济学领域地租被视为一种"剩余"，是土地所有者凭借其拥有的土地所有权所获得的超额利润。在古典政治经济学中，作为英国古典政治经济学的创始人，威廉·配第（Willian Ptty）最早研究了地租问题。早在 17 世纪后期，他就对地租理论作出了开拓性的贡献，认为"土地的价值取决于该土地所生产的产品量对为生产这些产品而投下的简单劳动的比例的大小"（威廉·配第，1972）[751]，"自然的真正的地租"是使用耕地生产的农产品扣除生产投入和维持劳动者生活必需品后的余额，或者净报酬。这是他第一次提出"地租是土地耕种者的收获除去成本之后的剩余"的观点（威廉·配第，1981）[752]。他还初步提出不同土地位置、不同土壤肥力能产生级差地租的思想，这是级差地租最初的理论基础。

亚当·斯密（Adam Smith）对地租进行了系统的研究。在 1776 年的《国富论》中，他将地租对应于地主阶级的收入，认为地租是农民因使用土地而支付给地主阶级的代价，地租来源于个人的无偿劳动，地租形成的前提是土地所有者对土地所有权的垄断，地租是"一种垄断价格"。土地的地理位置、供求关系、土地肥力、土地用途对地租水平产生影响（亚当·斯密，1972）[753]。同时，亚当·斯密认为地租应当作为独立源泉的土地和资本产出（即绝对地租），与劳动无关。这些观点成为马克思级差地租理论的思想源泉，但马克思认为亚当·斯密关于地租的观点是混乱和前后矛盾的。

英国经济学家李嘉图（David Ricardo）沿袭了古典经济学家对地租问题的基本思想，认为地租是"为了使用土地原有和不可摧毁的能力而付给地主的报酬"，其源自土地的自然力。他在地租理论上的主要贡献在于运用劳动价值论研究地租，创立了级差地租学说，认为土地质量、供求关系及资本积累数量影响地租的形成及水平的高低，级差地租量取决于不同等级土地的劳动生产率的差异，否定绝对地租的存在（李嘉图，1962）[754]。

德国农业经济学家杜能（Thunnen）是农业区位理论（区位差别被认为是产生级差地租的重要原因之一）的创始人，也是继李嘉图后西方古典地租理论的重要代表人物。杜能和李嘉图都是级差地租论者，二人的区别在于考察级差地租的角度不同。李嘉图强调土地的肥沃程度是产生级差地租的重要原因；杜能则强调土地的地理位置与地租的关系，认为农产品中心市场与产地市场的价格差异就是级差地租，即著名的"杜能圈"学说。

马克思批判地继承和吸收了古典经济学家的观点，继承和改造了西方经济体系早期的地租理论，根据劳动价值论和剩余价值理论创造了马克思主义地租理论。首先，马克思明确强调，不管地租以什么类型出现，其共同点是"地租的占有是土地所有权借以实现的经济形式"（马克思，1975）[755]，即地租形成的前提是土地所有权的存在。"真正的地租是为了使用土地本身而支付的，不管这种土地是处于自然状态，还是已被开垦"（马克思，2004）[756]。其次，马克思认为地租的本质是"资本产生的剩余价值的一部分"（马克思，2004），其最终来源于农业工人的劳动，因为剩余价值由农业工人劳动创造。因此，地租体现了资本家与土地所有者对农业工人的共同剥削关系。这一观点有别于且超越了古典经济学家将地租的形成仅仅归于土地地理位置、土地肥力、土地用途等土地自然力和对地租形成的探讨仅仅局限于地租技术特性，他将地租放置于资本主义生产关系（经济关系）中去考量，真正贴近了地租的本质，从而使地租理论更贴近于社会现实。这是马克思对地租理论的最大贡献。最后，马克思按地租形成条件和原因的不同，把地租分为级差地租、绝对地租和垄断地租三种类型，并进行了系统分析。级差地租是指经营较优土地而获得的归土地所有者占有的那一部分超额利润，级差地租存在级差地租Ⅰ和级差地租Ⅱ两种形态。级差地租Ⅰ是指投到相等面积、不同地块的等量资本，由于土地肥沃程度和位置不同，所产生的超额利润转化而成的地租；级差地租Ⅱ是由于在同一块土地上连续投资劳动生产率的差异而产生的超额利润转化的地租。级差地租Ⅰ和级差地租Ⅱ都是由个别生产价格与社会生产价格的差额所产生的超额利润转化而成，级差地租Ⅱ以级差地租Ⅰ为前提和基础。由于土地所有权的垄断，不管租种任何等级的土地都必须缴纳的地租就是绝对地租。垄断地租是由产品的垄断价格带来的超额利润转化而成的地租（马克思，1972）[757]。

马歇尔作为新古典经济学的代表，运用边际理论分析地租问题。他指出，"用在耕作边际上的这一剂所产生的报酬，既然是仅可抵偿耕作者的费用，那么，他使用各剂的总数所产生的各种边际报酬的总和，也仅可抵偿他的全部资本和劳动"。马歇尔等新古典经济学家将边际理论引入分析地租问题的同时，没有否认还曾在多处论证了"地租是一种剩余"这一基本的经济学命题。他指出，"他（耕种者）所得的报酬如果超过这个数额（资本投入总额），这超过的部分就是土地的剩余生产物。……这剩余生产物在一定条件下可以变为地租"；"他的生产者的剩余或地租，是改良土地的总收入超过他每年所投资本与劳动所需要数额的余额"（马歇尔，2010）[758]。由此可见，地租的边际理论和剩余理论具有内在的一致性。

地租问题的研究在新制度经济学兴起后被推向高潮。一些学者运用产权结构、交易成本和风险规避等原理对地租的形成机制进行分析。例如，张五常（2000）在地租是一种剩余、市场是完全自由市场的基本假设前提下认为，在私人产权条件下，无论是地主自己耕种、雇佣农民耕种，还是按一个固定的地租把土地出租给他人耕种，或地主与佃农分享实际的产出，这些方式所暗含的资源配置都是相同的。人们选择不同的合约安排，是为了在交易成本的约束条件下获得较优的风险分布[759]。

毕宝德（2001）讨论了地租理论在中国的应用。他认为，社会主义地租反映了社会主义经济条件下国家、集体、个人三者之间土地经济关系。合理分配级差地租，可以促进经济的均衡发展并有利于调动一切积极因素。其中，级差地租Ⅰ主要应归土地所有者——农民集体，级差地租Ⅱ主要应由农户所得。由于国家在土地开发和配套建设方面具有原始投资，对提升土地质量、改善交通条件、优化土地环境等方面作出了贡献，因此，级差地租Ⅰ和级差地租Ⅱ一部分应归于国家。而绝对地租的存在反映了土地所有者和经营者之间的关系，即土地要有偿使用[760]。

可见，在任何社会，只要存在土地所有者和不占有土地的直接生产者，后者在土地利用中有剩余生产物被前者占有，就有产生地租的经济基础。地租的普遍存在性体现了产权的实现和利益的分割关系，级差地租的划分为土地估价需要重点关注的地价影响因素（区位和土地肥力）提供了理论基础。

土地是一种特殊商品，土地价格（即地价）的内涵和特征与一般商品也有所区别。关于地价的内涵，马克思指出，"资本化的地租表现为土地价格"（马克思，1975）[755]。马克思的观点可以概括为：一方面，土地是自然资源，自然状态的土地不是劳动产品，只是土地物质，因此没有价值，但是土地具有特殊的使用价值，因此存在"虚幻的价格"即真正的地租；另一方面，已经开发利用的土地凝结了物化劳动即土地资本，土地资本带来利息和折旧，土地资本价值决定了土地资本价格。因此，土地价格的完整内涵应该是土地资源地租和土地资本价值之和的资本化。西方经济学土地价格理论是在市场价格理论的基础上发展起来的。具有代表性的是土地收益理论。土地收益理论认为，土地价格是土地收益即经济地租的资本化。经济地租是土地总收益扣除总成本的余额。正如伊利等（1982）所述："把预期的土地年收益系列资本化而成为一笔价值基金，这在经济学上称为土地资本价值，在流行词汇中则称为土地的售价。"[761]这成为土地现实估价的理论基础。常用的估价方法如地租资本化法、纯收益资本化法、预期价值法、土地批租法等，尽管具体适用条件有所差异，但从基本性质而言，均可归类为地租资本化范式的各种变化形式。对土地价格作出科学精确的计量，即土地估价，有利于在经济上实现土地流转、调节土地供求，也是土地税收的依据。毕宝德（2001）对土地价格的特征进行了总结：土地价格是土地的权益价格；土地一般不依生产成本定价；土地价格主要由需求决定；土地价格呈整体上升趋势；土地价格具有强烈的地域性，等等[760]。

地租地价理论为农村土地估价实践奠定了理论基础。李嘉图从土地的肥沃程度差异解释差额地租，进而演变形成农村土地估价实践中的土地肥力理论，这成为农村土地质量评价和农用地定级估价的主要理论依据。杜能致力于阐明土地的地理位置和地租的关系，进而演变形成农村土地估价实践中的区位理论，这成为建立农用地价格体系的理论基础。马克思关于土地价格是地租资本化的论述，使得现实土地估价有了定量的基本范式。这些理论虽然年代久远，也有一定历史局限性，但是对于研究和指导当前中国的土地制度改革，建立健全土地流转市场，合理调节各方利益，具有很大的借鉴和启发意义。

在中国，20 世纪 90 年代以来，随着实际工作需要的推动，许多地方开展了农用地分等定级与估价的试点工作，学术界也开展了相关研究，发表了大量的论文，取得了一定的成绩。例如，王万茂等（1997）提出了中国大陆农用地价格区划及农用地估价的思路[762]。黄贤金（1996）在《农用土地价格论》中深入研究了农用地估价理论[763]。单胜道（1999，2002）对农用地的外部经济性进行了系统阐述[764]-[765]。陈浮等（1998）[766]、关文荣（2000）[767]等一批学者分别从不同角度对农用地估价理论和方法做了许多颇有成效的工作。原国家土地管理局进行了农用地分等定级试点，在此基础上，2003 年以来，国家《农用地分等规程》《农用地定级规程》《农用地估价规程》《耕地后备资源调查与评价技术规程》相继出台并实施。这四个规程既是行业标准，也是科研成果，有利于我国的资源核算研究和实践，有利于我国农村土地分等定级估价工作的全面推开，同时，也为农村土地流转的定价研究与应用提供了技术规范。

在经济学地租理论下，经济学界大都从劳动力机会成本、农村土地产权、农村土地自然条件、农村土地流转市场化程度、农村土地供求关系、经济发展水平等视角研究农村土地流转价格的形成机制。许多研究发现，在现实社会中，地租的形成不仅仅受到经济规律的左右，还受到社会因素的影响，出现偏离市场规律和农村土地真实价值的现象。例如，在中国农村，行政推动下进行的大规模农村土地流转与民间自发形成的小规模农村土地流转的地租水平差异很大，前者远远高于后者。民间自发形成的农村土地流转还有可能出现零地租，即农村土地转出方免费将土地赠送给同一村庄的亲友邻居耕种。又如，同一村庄内土地位置、肥力、用途和所种植的农作物等因素都相同，地租水平却不同。

在地租的形成机制中，经济学中的"完全竞争市场"和"理性经济人"假设不一定绝对成立，因为从实践来看，很难找到严格意义上的"完全竞争市场"和"理性经济人"。一方面，在大规模农村土地流转中，地租的形成受到政府、村集体组织、农户、新型农业经营主体等多种力量的共同影响，是农村土地流转相关利益主体共同作用、相互妥协下达到的一种非市场机制形成的局部均衡状态。地租水平并非遵循"完全竞争市场"的规则来确定，其反映的也不是土地资源市场化配置下的理想状态。另一方面，在小规模农村土地流转中，对于作为土地转出方的农户，他们的行为更多地带有社会性而非"理性经济人"。例如，在中国农村，特别是经济发展比较落后、相对闭塞的村庄，由于历史、传统、文化等原因，农村土地流转是一种关系型流转，主要发生在村庄里的熟人之间。在熟人社会中，血缘和地缘关系是人和人之间的主要联结纽带，人际交往通常遵循人情和面子，并非仅仅是利益关系，而是一种互惠关系，这种互惠关系使农户以低价将土地流转给亲友邻居后不仅能得到乡邻的关照，还能确保在外出务工返乡时能收回土地且土地不遭到破坏性使用。因此，农户流转给同村亲友邻居的土地流转价格（地租）通常很低，甚至是"零地租"，而不会像进行商品交换那样在市场上为土地寻求更高的地租。

综上所述，农村土地不仅是一种经济要素，还是一束社会关系（周雪光，2005）[768]，承载着不同市场主体之间的相对均衡关系，还承载着不同社会群体之间的利益博弈关系，农村土地流转价格（地租）就是这一系列关系的体现。从地租形成的实践来看，无论是行政推动下进行的农村土地的大规模流转，还是农村民间自发形成的小规模流转过程中，地租的形成不仅受到经济学地租理论下的劳动力机会成本、农村土地产权、农村土地自然条件、农村土地流转市场化程度、农村土地供求关系、经济发展水平等的影响，还受到各种复杂的社会因素和社会力量的约束，需要将社会因素纳入地租的分析框架。缔结地租合约的农村土地转出方往往不是"理性经济人"，而是"社会人"，他们在乎人情和面子，受社会结构和社会规范特别是乡土伦理规范的制约，并不仅仅以利益最大化为目标，因而他们的行为呈现出社会人情特征。地租并不是完全遵循市场经济规律，不仅仅是农村土地供求关系或生产力变化的结果，而是同村之间不同农户、村集体组织、基层政府等多种社会力量博弈的结果。地租是充满着弹性和可变的。这种弹性表现在随着各种社会力量的强弱变化而变化。因此，需要将地租放在经济学和社会学的框架下讨论。

3.3 中国农村土地制度变迁

解决"三农"问题的关键和抓手是农村土地问题，而农村土地产权制度是农村土地问题的基础性制度安排。农村土地产权制度改革关系到农民与土地关系的变革，关系到国民经济各部门关系、城市与农村关系的调整，是有效推进农业产业振兴、加快催化乡风文明、逐步实现农民致富、解决好"三农"问题，进而实现乡村振兴的内在需求。

2017 年党的十九大以来，党中央基于发展实际、结合发展阶段，提出了要"坚持农业农村优先发展"。2017 年 10 月，习近平总书记在党的十九大报告中开创性地提出了"实施乡村振兴战略"，强调"三农"问题是关系国计民生的根本性问题，必须始终把解决好"三农"问题作为全党工作的重中之重，并首次提出"要坚持农业农村优先发展"，按照"产业兴旺、生态宜居、乡风文明、治理有效、生活富裕"的总要求，建立健全城乡融合发展体制机制和政策体系，加快推进农业农村现代化。2017 年 12 月，习近平总书记在中央农村工作会议上指出"坚持重中之重战略地位，切实把农业农村优先发展落到实处"。2018 年 1 月，中央一号文件对实施乡村振兴战略提出指导意见，在实施乡村振兴战略的总体要求中指出"坚持把解决好'三农'问题作为全党工作重中之重，坚持农业农村优先发展"，进一步将"坚持农业农村优先发展"列为推进乡村振兴战略的基本原则之一，且更深入、更具体地提出"把实现乡村振兴作为全党的共同意志、共同行动，做到认识统一、步调一致，在干部配备上优先考虑，在要素配置上优先满足，在资金投入上优先保障，在公共服务上优先安排，加快补齐农业农村短板"，即"四个优先"。党的十九大报告中指出，深化农村土地制度变革是新形势下深化农村改革的主线，也是盘活农村资源实现乡村振兴的需求。2018 年 9月，中共中央、国务院印发《乡村振兴战略规划（2018—2022 年)》，再次强调要"坚持把解决好'三农'问题作为全党工作重中之重"，把"坚持农业农村优先发展"作为基本原则，再次强调"四个优先"。规划中指出，农村土地制度、农村集体产权制度改革的稳步推进是乡村振兴的基础。2018年 12 月，中央经济工作会议把"扎实推进乡村振兴战略"列为 2019 年的重点工作任务之一，并要求"要坚持农业农村优先发展"。2018 年 12 月，在中央农村工作会议上，习近平总书记强调"加强党对'三农'工作的领导，坚持把解决'三农'问题作为全党工作的重中之重，坚持农业农村优先发展，深入实施乡村振兴战略，对标全面建成小康社会必须完成的硬任务"。会议明确要求"必须充分认识做好当前'三农'工作的特殊重要性，牢固树立农业农村优先发展的政策导向，切实稳住'三农'这个基本盘"。2019 年中央一号文件要求，完善落实集体所有权、稳定农户承包权、放活土地经营权的法律法规和政策体系，以土地制度改革为牵引，推进新一轮农村改革，增强乡村振兴的内生动力。2019 年 8 月修订的《中华人民共和国土地管理法》在破除集体经营性建设用地进入市场的法律障碍、改革土地征收制度、完善农村宅基地制度、为"多规合一"改革预留法律空间、将基本农田提升为永久基本农田、合理划分中央和地方土地审批权限、土地督察制度正式入法等方面实现了突破。党的二十大报告指出："全面推进乡村振兴。坚持农业农村优先发展，坚持城乡融合发展，畅通城乡要素流动。"以上相关规定的出台，为进一步深化农村土地产权制度改革、解决好"三农"问题、加快实现乡村振兴提供了有力的政策支持。

中华人民共和国成立后，特别是改革开放以来，农业发展取得的成就无不折射出中国土地产权制度的变迁历程。历史是现实的起点。产权经济学家诺斯（Douglass C. North）曾指出改革路径的选择是历史在起作用，经济的发展也是如此。为了深刻理解和分析中国农村土地流转的经济制度背景和内涵，有必要对我国农村土地产权制度的演进（制度变迁）作梳理。

关于中国农村土地产权制度变迁，曾经长期担任中央农业政策部门主要领导的杜润生（2005）[769]，学者王景新（2008）[770]、李明义（2008）[562]、缪德刚（2019）[514]等对此有过比较全面的回顾和论述，归纳起来，中华人民共和国成立以后，农村土地产权制度变革经历了四次土改，即经历了农民土地所有制、农业合作化和集体经营、家庭联产承包经营、农村承包地"三权分置"四个大的阶段。以下结合这四个阶段对产权制度背景进行梳理和评析。

3.3.1 农民土地所有制阶段（1949—1953 年）

这一阶段我国实行土地个体所有制，土地所有权和经营权合一。

中华人民共和国成立前的中国属于落后的农耕国，农村土地主要被地主所有，实行以地主土地所有制为主的农村土地所有制，大多数农民没有土地或者只有很少的土地。占有大量土地的地主通常把土地出租给无地的小农户分散耕种并收取地租，拥有很少土地的农户也主要依靠人力、畜力开展农业经营，因此，当时的农业经营方式是个体小规模分散经营，无法实现规模化集中经营，农业生产力低下，经济发展极端落后，农民作为被剥削阶级极度贫困。

1949 年中华人民共和国成立初期，普遍开展了旨在改变农业农村落后、农民贫穷状况的土地改革。进一步完成土地改革和实现农业的社会主义改造是在土地产权制度改革方面的两个任务。土地改革是在《中国土地法大纲》《中国人民政治协商会议共同纲领》《中华人民共和国土地改革法》等政策法规的引领下完成的。农业的社会主义改造是结合马克思主义政治经济学、苏联社会主义建设经验和对中国基本国情的判断的理论与实践要素进行的（缪德刚，2019）[514]。

1949 年 9 月通过了《中国人民政治协商会议共同纲领》，1950 年 6 月，《中华人民共和国土地改革法》正式颁布。《中国人民政治协商会议共同纲领》规定，发展生产力、国家工业化必须进行土地改革。凡已进行土地改革的地区，必须保护农民群众已得的土地所有权；凡未进行土地改革的地区，必须发动农民群众，建立农民团体，通过清除土匪恶霸、减租减息和分配土地实现耕者有其田。《中华人民共和国土地改革法》明确了废除地主土地所有制、实行农民土地所有制的土地改革目的。这两部涉及土地改革的法规都体现了中国共产党对中国土地改革的早期主张，废除封建剥削的地主阶级土地所有制，打破地主垄断土地的格局，把地主、富农的土地无偿地分配给无地或少地的农民，按人平分，土地归农，实行农民土地所有制。人民政府对农民颁发土地所有证，并承认一切土地所有者拥有自由买卖、出租和经营其土地的权利。在这一时期，确立了土地由农民所有的单一产权，农民第一次获得了完整的土地产权，而且产权具有排他性和可转让性的特征。

1952 年底，土地改革基本完成，土地归农民所有，这是在中国历史上第一次真正地实现了"耕者有其田"，消灭了地主、富农对农民的剥削。"耕者有其田"的农民土地个体所有产权制度初步建立。

3.3.2 农业合作化和集体经营阶段（1953—1978 年）

这一阶段从初级合作社到高级合作社再到人民公社，农民集体土地所有权确立，最终形成以人民公社既是行政组织又是经济组织为特征的政社合一。农村土地所有权和经营权经历了从分离（农村土地个体所有）到合一（农村土地集体所有制）、农业个体小规模经营转变为农业集体大规模经营的过程，是我国农村发生革命性大变革、农村集体经济初步确立并有所发展的时期。

1. 初级合作社（1953—1956 年）

"耕者有其田"的农民土地个体所有产权制度建立后，由于农业自然风险大、农业生产技术落后、农民抗自然灾害能力差，再加上农村人多地少、缺乏劳动力、游手好闲等多重原因，农村开始出现农民卖掉自己在土地改革中已分得土地的现象，一些农民又陷入无地和贫穷的困境。为了应对自然风险和家庭风险，发展农业生产，避免农村再次出现贫富分化，使农民走上致富的道路，农民开始组织起来成立农业互助组，进而发展成为初级合作社。

1954 年，过渡时期总路线被公布并载入"五四宪法"。"五四宪法"规定，国家依照法律保护农民的土地所有权和其他生产资料所有权。国家为了公共利益需要，可以依照法律规定的条件，对城乡土地和其他生产资料实行征购、征用或收归国有（缪德刚，2019）[514]。经过 1955 年下半年到 1956 年底的合作化，农民个体所有的土地被改造为由农民组成的合作社集体所有。农民作为社员将土地入股，由合作社统一经营，社员按照入社土地的数量和质量享有不同的报酬收益，农民拥有比较完整的土地产权，实现了农民土地所有权和经营权的分离。农业生产经营方式也由个体小规模分散经营向农户合作经营过渡。

2. 高级合作社（1956—1958 年）

1956 年，初级合作社演进成为高级合作社，土地附属物等其他产权随着土地所有权的转移一起发生了改变。农民将土地和土地附属物一起转为合作社集体所有，完成土地农民个体所有制向集体公有制的过渡。农业生产经营方式由个体小规模分散经营向农户合作经营发展。

3. 人民公社（1958—1978 年）

经过 1957 年人民公社化运动的不断调整，1958 年建立了"三级所有，队为基础"集中统一管理的人民公社制度，生产队成为农村土地基本所有单位。1962 年后，绝大多数农村土地转为人民公社、生产大队和生产队三级所有。20 世纪 70 年代，全国人民代表大会相继通过了"七五宪法"和"七八宪法"。集体所有制实行人民公社、生产大队和生产队三级所有，以生产队为基础，被纳入两部宪法。土地由农民所有的单一产权调整为"三级所有，队为基础"的单一产权。农业生产经营方式基本实现从小规模分散经营向农户合作经营再向集体大规模经营的转变。农村土地制度由农民土地个体所有制转变为农民集体所有制，农村个体经济转变为农村集体经济。

农村土地制度和农业生产经营方式的巨大变革，改变了中国农村无组织的历史，使农业和社队企业经营的非农产业在内的农村集体经济得以发展，增加了农民收入，削减了农村贫富两极分化的现象。但是，随着农村经济的进一步发展，农村改革的逐渐深化，人民公社制度这种实行集中统一管理的土地制度的缺陷也日益显露。第一，"七五宪法"和"七八宪法"规定国家只有通过征购、征用或收归国有的程序，才能将非国有土地转变为国有土地，但转变的条件及程序并未明确，也没有认定此前将农民所有的土地转变为农村集体所有的土地是否符合非国有土地转变为国有土地的法律程序，导致产权残缺。第二，这种土地集体所有制既不是一种共有合作的个体所有产权，也不是一种纯粹的国家所有制，它是由国家控制但由集体来承受其控制结果的一种"政社合一"的中国农村特有的制度安排。土地产权名义上归集体所有，但集体并不完全拥有土地经营决策权（李明义，2008）[562]。人民公社制度"政社合一""政经不分"，集中统一管理使国家对公社、公社对农民束缚严重，农民共同进行农业生产，缺乏生产经营自主权，不能自行决定生产什么、怎样生产和生产多少，束缚了大多数依赖土地进行农业生产活动的农民。收入分配存在平均主义倾向，难以调动农民农业生产经营的主动性、积极性和创造性，没能解决农产品严重短缺的问题，更没有改变农村贫穷落后的面貌。第三，中国当时的工业化、城镇化、农业机械化水平都非常低，绝大部分农村仍处于以人力、畜力为基础的小农经济发展阶段。小农经济更适合采用以家庭为单位的个体分散农业生产经营方式，而非实行人民公社这种大规模集中统一管理的集体经营管理方式，因为采用人民公社这种经营管理方式的经营管理成本太高、难度很大。总而言之，产权残缺造成了剩余要求权、剩余控制权激励不足，成为导致人民公社土地制度失败的根源之一（杜润生，2016）[771]。"政社合一""政经不分"，集中统一管理无法调动农民的生产积极性，束缚了农业生产力。与农业农村经济发展不适应导致经营管理成本高、难度大，人民公社土地制度注定会被取代。

3.3.3　家庭联产承包经营阶段（1978—2012 年）

这一阶段是在坚持农村土地集体所有制前提下实行农村改革，废除人民公社，确立、稳定和发展家庭承包经营制，由"三级所有、队为基础"的集体经营方式转变为以农户家庭个体经营为主的经营方式，农村经济大发展的时期。

农村土地集体所有制在本质上是适应农村生产力发展的社会主义的基本经济制度，是社会主义公有制的重要组成部分，是保证农民根本利益、防止农民贫富分化、最终走向共同富裕的经济基础（简新华等，2017）[772]，不能被根本改变，应继续坚持。为克服人民公社制度产权残缺的弊端，满足农民对农村土地经营使用权的要求，赋予农民比较充分的经营自主权，形成农村土地经营好坏与农户家庭收入高低挂钩的激励机制，更好地调动农民生产经营的主动性、积极性和创造性，适应市场经济发展的客观要求，推动农业农村经济发展，在不改变土地集体所有制前提下，进行以"废除人民公社，实行家庭联产承包为主的责任制"为主要内容的中国农村土地改革。

家庭联产承包责任制区别于农民土地个体所有制和人民公社土地制度的单一产权，其制度形式为二级产权，即土地的所有权归集体，土地的承包经营权归农民。在实践中，家庭联产承包责任制被称为"包产到户"或"包干到户"，早在 20 世纪五六十年代就被提出，但在 1982 年才被最终确定为一项农村的基本经济制度。

1. 家庭联产承包责任制的初步确立（1978—1986 年）

解决中国农业农村发展面临的诸多矛盾和问题，从根本上依靠的是深化改革。改革开放是推进农业农村高质量发展最根本的动力。

1979 年 3 月，来自广东、安徽、四川等七省三县的农村工作负责人召开农村工作座谈会专门讨论责任制问题，形成了《关于农村工作问题座谈会纪要》。同年 4 月，中央批转了《关于农村工作问题座谈会纪要》，指出在一些特殊地区应当允许"包产到户"。至同年底，由于增产效果明显，包产到户数量逐渐增加。1980 年 5 月，邓小平在关于农村政策的讲话中对包

产到户的建议与做法予以初步肯定。同年 9 月，各省、自治区、直辖市召
开了党委第一书记座谈会，在包产到户问题上，由于意见不一，导致会议
无法继续进行，会后发布了《关于进一步加强和完善农业生产责任制的几
个问题》，提出在贫困落后地区和边远山区，可以按照群众要求，自愿选择
包产到户、包干到户。这一时期关于农业生产责任制的主要做法是贫困地
区包产到户，先进地区采取专业承包、联产计酬的方式，其他地区可以自
由选择（陈剑波，1994）[773]。

经过思想的逐步解放和实践探索，安徽省凤阳县小岗村凭借极大的勇
气打破人民公社体制，创立了集体土地"大包干"制度，掀开了中国农村
改革的序幕。从 1982 年到 1986 年，在对新生事物"疏而不堵"的改革精
神指引下，中央经过广泛调研与反复论证后认为，包产到户发挥了农民的
积极性，又保留了土地的公有制，有利于农业发展。因此，在这五年时间
里，党中央连续发布了我国农村改革史上关于"三农"问题的第一轮五个
中央一号文件。

1982 年 1 月，第一个中央一号文件《全国农村工作会议纪要》正式颁
布，文件指出，农村实行的包括小段包工定额计酬，专业承包联产计酬，
联产到劳，包产到户、到组，包干到户、到组等各种责任制，都是社会主
义集体经济的生产责任制（杜润生，2006）[774]。《全国农村工作会议纪要》
总结了当时迅速推进的农村改革，大体肯定了大包干的社会主义性质，从
而结束了包产到户 30 年的争论，也使"包产到户"成为中央的决策。但文
件也明确规定："社员承包的土地，不准买卖，不准出租，不准转让，不准
荒废。"同年 12 月，《中华人民共和国宪法》对土地所有权进行了明确界定：
"城市的土地属于国家所有。农村和城市郊区的土地，除由法律规定属于国
家所有的以外，属于集体所有。"同时规定："任何组织或者个人不得侵占、
买卖、出租或者以其他形式非法转让土地。"此时，农村土地还不能合法流
转。与此同时，20 多年的人民公社制度开始瓦解，原来的乡、镇、村体制得
以恢复。

1983 年 1 月，第二个中央一号文件《当前农村经济政策的若干问题》
出台，明确家庭联产承包责任制"是在党的领导下中国农民的伟大创造，

是马克思主义农业合作化理论在我国实践中的新发展",同时提出了"两个转化"的奋斗目标:促进农业从自给半自给经济向较大规模的商品生产转化,从传统农业向现代农业转化。

1984年1月,第三个中央一号文件《中共中央关于一九八四年农村工作的通知》提出了发育农村市场机制的宏观问题,要求在继续稳定和完善家庭联产承包责任制的同时,延长土地承包期,可将土地交给集体统一安排,也可经集体同意协商转包,鼓励土地逐步向种田能手集中,社员可经集体同意后自找对象协商转包。但文件规定:"自留地、承包地均不准买卖,不准出租,不准转作宅基地和其他非农业用地。"这是第一次在中央一号文件里出现"土地流转"的提法,之前农民在获得农村土地承包经营权时并不拥有农村土地交易权,这一文件为农村土地的农用流转打开了一个小小的缺口。此间允许有偿转让土地使用权;允许农村社会资金自由流动,鼓励加入股份制合作、入股分红;允许农民自理口粮进城镇做工、经商、办企业;发展社队企业,鼓励专业户生产致富,政社分设。

1985年1月,第四个中央一号文件《关于进一步活跃农村经济的十项政策》规定,农副产品统购派购制度被取消,对粮、棉等少数重要产品实行国家计划合同收购制度。

1986年1月,第五个中央一号文件《关于一九八六年农村工作的部署》强调了当时农村改革政策的正确性。

2. 家庭联产承包责任制的稳定和发展(1986—2000年)

1985年以后,随着农村人口的非农化,农业生产的连年波动和徘徊,土地承包经营权在实质上分离为承包权与经营权,许多农民依旧拥有农村土地承包权,但农村土地经营权直接或间接地转让给其他农业经营者(刘守英等,2017)[775]理论界出现了对家庭联产承包责任制潜在问题的关注和探讨。国家在不断稳定家庭责任制的同时也一直在进行完善家庭承包责任制的探索。这一时期,各地在集体产权范围内进行了制度创新,影响比较大、颇具代表性的农村土地产权制度安排主要有贵州湄潭"增人不增地、减人不减地"的均田稳定生产模式、山东平度"两田制"[776]、广东南海农

村土地股份合作制、陕西延安"四荒"地使用权拍卖、安徽阜阳土地制度
与农村税费制度改革试验等（王景新，2008）[770]。

1988 年 4 月通过的《中华人民共和国宪法修正案》第二条规定，宪法
第十条第四款"任何组织或者个人不得侵占、买卖、出租或者以其他形式
非法转让土地。"修改为："任何组织或者个人不得侵占、买卖或者以其他
形式非法转让土地。土地的使用权可以依照法律的规定转让。"土地使用权
转让的重要保障条件是延长家庭经营承包期。《中华人民共和国宪法修正
案》在法律层面上确认了土地交易的合法地位，为城市土地使用权转让（从
而开启了中国城市房地产业市场化的大门）和农村土地流转从理论走向实
践奠定了法律基础。

1992 年，邓小平南方谈话和党的十四大确立了社会主义市场经济体制，
农村土地政策基本围绕稳定和深化家庭承包经营制度这一主题。

1993 年，中共中央、国务院发布的《关于当前农业和农村经济发展的
若干政策措施》明确提出"在原定耕地承包期 15 年到期之后，再延长 30
年不变"，第二轮土地承包开始试点。

1995 年 3 月，《国务院批转农业部关于稳定和完善土地承包关系意见的
通知》中要求："在坚持土地集体所有和不改变土地农业用途的前提下，经
发包方同意，允许承包方在承包期内，对承包标的依法转包、转让、互换、
入股，其合法权益受法律保护"，但也明确要求"严禁擅自将耕地转为非耕
地"。同时，1995 年国家土地管理局发布的《确定土地所有权和使用权的若
干规定》指出："农民集体经依法批准以土地使用权作为联营条件与其他单
位或个人举办联营企业的，或者农民集体经依法批准以集体所有的土地的
使用权作价入股，举办外商投资企业和内联乡镇企业的，集体土地所有权
不变。"说明国家禁止集体土地使用权进行市场流转的相关规定有了松动。

1998 年，党的十五届三中全会提出，抓紧制定确保农村土地承包关系
长期稳定的法律法规，赋予农民长期而有保障的土地使用权。农民将"责
任田"使用权有偿转让的现象得到此后中国政府及农业管理部门相继出台
的政策文件的肯定。1999 年《中华人民共和国土地管理法》明确"土地承包
经营期限为 30 年"。

3. 农村土地制度的规范和创新（2000—2012 年）

2000 年，《中共中央关于制定国民经济和社会发展第十个五年计划的建议》作出了加快农村土地制度法制化建设，长期稳定以家庭承包经营为基础、统分结合的双层经营体制的部署。随后，2004 年的《中华人民共和国宪法修正案》明确了国家对土地可以采用征用和征收两种方式，土地征用制度改革有了法律依据。

2001 年，《关于做好农户承包地使用权流转工作的通知》对土地流转的规范性提出了要求，成为完整提出土地流转的规范性文件。

2002 年 8 月，第九届全国人民代表大会通过并颁布了《中华人民共和国农村土地承包法》，该法明确规定"耕地的承包期为三十年"，"国家保护承包方依法、自愿、有偿地进行土地承包经营权流转"，"通过家庭承包取得的土地承包经营权可以依法采取转包、出租、互换、转让或者其他方式流转"，"以其他方式承包农村土地，在同等条件下，本集体经济组织成员享有优先承包权"，"承包地不得买卖"，"未经依法批准不得将承包地用于非农建设"，"不得改变土地所有权的形式和土地的农业用途"等。该法以法律形式规定了土地承包经营权流转的原则、程序、期限以及土地的承包方与发包方的权利义务和法律责任。2002 年 11 月，党的十六大首次提出统筹城乡经济社会发展。2003 年以取消农业税为突破口拉开调整城乡二元结构改革的序幕。2006 年全国农村实现取消农业税目标。

2004—2012 年，党中央连续发布了我国农村改革史上关于"三农"问题的第二轮九个中央一号文件，标志着中国"三农"问题进入新一轮制度创新。

2004 年 2 月，第六个中央一号文件《中共中央　国务院关于促进农民增加收入若干政策的意见》要求，"各级政府要切实落实最严格的耕地保护制度，积极探索集体非农建设用地进入市场的途径和办法"。不久，颁布《农村土地承包经营权证管理办法》并修改《中华人民共和国农业法》，2005 年开始实施《农村土地承包经营权流转管理办法》（2021 年 3 月开始施行《农村土地经营权流转管理办法》的同时，该办法已废止），该办法规定了农村土地流转的原则、主体、方式、合同，明确了土地流转主管部门职责。

2005 年 2 月，第七个中央一号文件《中共中央　国务院关于进一步加强农村工作提高农业综合生产能力若干政策的意见》颁布，提出要坚持"多予、少取、放活"的方针，稳定、完善和强化各项支农政策，加快推进农村土地征收、征用制度改革，同时提出要妥善处理土地承包纠纷，尊重和保障农户拥有承包地和从事农业生产的权利，尊重和保障外出务工农民的土地承包权和经营自主权。

2006 年 2 月，第八个中央一号文件《中共中央　国务院关于推进社会主义新农村建设的若干意见》提出了建设社会主义新农村的重大历史任务，要求进一步探索征地制度改革经验，健全在依法、自愿、有偿基础上的土地承包经营权流转机制，有条件的地方可发展多种形式的适度规模经营。

2007 年 2 月，第九个中央一号文件《中共中央　国务院关于积极发展现代农业扎实推进社会主义新农村建设的若干意见》提出，发展现代农业是社会主义新农村建设的首要任务，要通过培养新型农民发展农业，提高农业素质、效益和竞争力。文件进一步提出，加快推进农村集体林权制度改革。

2008 年 2 月，第十个中央一号文件《中共中央　国务院关于切实加强农业基础建设进一步促进农业发展农民增收的若干意见》要求，深入贯彻落实科学发展观，形成城乡经济社会发展一体化新格局。文件进一步提出：推进农村土地的确权、登记和颁证工作，完善土地的承包经营权，保障农民对承包土地的占有、使用和收益等权利；对农民宅基地整理，农村"小产权房"，城镇建设用地等问题进行依法规范；各级政府加快培育土地承包经营权的流转市场，允许农民采用转包、出租、互换、转让及股份合作等方式流转土地的承包经营权；农村土地流转必须坚持依法、自愿的原则，预防和纠正地方政府或村委会强迫农户流转土地，或通过其他形式侵蚀农户利益的行为；建设农村土地流转服务体系，发展农村土地流转服务组织，完善合同管理制度，营造良好的农业适度规模经营环境。同年，《中共中央关于推进农村改革发展若干重大问题的决定》指出，"赋予农民更加充分而有保障的土地承包经营权，现有土地承包关系要保持稳定并长久不变"，"完善土地承包经营权权能，依法保障农民对承包土地的占有、使用、收益等权利"，"加强土地承包经营权流转管理和服务，建立健全土地承包经营权流转市场，按照依法自愿有偿原则，允许农民以转包、出租、互换、转让、股份合作等形式流转土地承包经营权，发展多种形式的适度规模经营"[13]。该决定从政策和法律层面进一步赋予农民较为自由的农村土地农用交易权。

2009 年 2 月，第十一个中央一号文件《中共中央 国务院关于 2009 年促进农业稳定发展农民持续增收的若干意见》提出了落实十七届三中全会精神的各项涉农政策具体措施。文件提出"稳步开展土地承包经营权登记试点，把承包地块的面积、空间位置和权属证书落实到农户"，选取 8 个试点省份，开始了新一轮的土地确权登记颁证工作。文件特别强调，要严格执行十七届三中全会提出的土地流转必须做到三个"不得"：不得改变土地的所有权，不得改变农村土地农业的用途，不得损害承包方的利益。同时，鼓励各地建设农村土地流转配套服务组织，优化农村土地流转信息发布渠道与政策咨询效果，加强对农村土地流转的管理，让农村土地承包经营权的流转市场健康发展。文件进一步重申实行最严格的耕地保护制度和节约用地制度。

2010 年 1 月，第十二个中央一号文件《中共中央 国务院关于加大统筹城乡发展力度进一步夯实农业农村发展基础的若干意见》提出，有序推进农村土地管理制度改革，稳定农村土地承包关系长久不变，健全农村土地流转市场，发展多种形式的农业适度规模经营，加快构建农村土地流转纠纷调解仲裁体系。

2011 年 1 月，第十三个中央一号文件《中共中央 国务院关于加快水利改革发展的决定》以水利改革发展为主题，提出加强农田水利建设，解决农村饮水安全问题。同年，经中央农村工作领导小组批准，农业部及相关部门联合批复了 24 个农村改革试验区，通过改革来促进农业农村经济的发展。

2012 年 2 月，第十四个中央一号文件《中共中央 国务院关于加快推进农业科技创新持续增强农产品供给保障能力的若干意见》从稳定和完善农村基本经营制度、实行最严格的耕地保护制度、切实维护农民权益出发，出台了一系列指向明确、要求具体的政策举措。在稳定和完善农村基本经营制度方面，文件提出要加快修改完善相关法律，落实现有土地承包关系保持稳定并长久不变的政策。在明晰农村土地产权方面，2012年基本完成覆盖农村集体各类土地的所有权确权登记颁证。在农村土地管理方面，要加快修改土地管理法，健全严格规范的农村土地管理制度。

改革开放初期我国建立的"土地的所有权归集体，土地的承包经营权归农民"的家庭联产承包责任制满足了农民对土地经营使用权的要求，赋予了农民比较充分的经营自主权，形成了农村土地经营好坏与农户家庭收入高低挂钩的激励机制，曾极大地调动了农民农业生产经营的主动性、积极性和创造性，适应了当时农业生产的发展规律和市场经济发展的客观要求，推动了农业农村经济的快速发展，为我国农业增长作出了巨大贡献（Lin，1992）[777]。此时，城乡农产品供应基本得到保证而且出现相对过剩，大多数农民的温饱问题得以解决并走上小康之路。不仅如此，农村土地集体所有制以较低的成本使国家工业化和城镇化对土地和劳动力的基本需求得到满足，对国家工业化、城镇化和国民经济的发展提供了有力支持，进而拓宽了农民进城务工的重要渠道，在一定程度上缓解了农村人多地少的矛盾，也避免了农民的贫富分化，促进了农村社会的基本稳定。

家庭联产承包责任制的制度形式为二级产权，并未改变土地产权制度的社会主义性质，在中国改革开放30年中，它经历了基层呼吁、顶层广泛调研和反复论证后转为政策制度的过程，它的确立是马克思主义政治经济学所有权理论结合中国现实国情取得的中国土地产权制度改革的重要成果，以家庭联产承包责任制为标志的土地产权制度改革是农村经济体制改革迈出的重要一步，于2008年11月获得首届"中国经济理论创新奖"的"农村家庭联产承包责任制理论"也被认为是该阶段对现实影响最大的原创经济理论。但是，随着城市化进程的加快、农村市场化程度的提高、农村人口增长和农户家庭分化，家庭联产承包责任制土地所有权归集体，承包经营权归农民的"二权合一"制度形式使农村土地生产力的进一步释放受到束缚，其边际收益越来越低，这种农村土地制度安排的缺陷日益凸显出来（马瑞等，2011）[778]。例如，这种小农经济是个体经营、单打独斗，规模较小、经营分散、效率低，应对农业自然风险、市场经营风险、家庭生活风险的能力不足，不能从根本上解决农村人多地少的矛盾、小规模分散经营与适度规模经营的矛盾、农户家庭小生产与大市场的矛盾。特别是分散经营已经逐渐无法适应以规模化、市场化和信息化为主要特征的农业现代化发展的要求，必须通过农村土地流转来提高农业生产效率（黄祖辉等，2008）[499]。但农村土地细碎化及其流转市场发育迟缓等问题影响着农村土地流转。显然，我国农村土地流转市场仍然处于初级阶段，需要政府在制度安排上作出新的调整，并对农村土地流转市场的培育和建设发挥积极的作用（叶剑平等，2006）[779]。

3.3.4 农村承包地"三权分置"阶段（2012—2022 年）

这一阶段是在中国特色社会主义新征程中，坚持农村土地集体所有制前提下，实行农村土地流转和适度规模经营、实施乡村振兴战略、打赢脱贫攻坚战、实现巩固拓展脱贫攻坚成果同乡村振兴有效衔接、加快推进农业现代化的我国农村改革和发展的新时期。

中国改革开放以来的实践和经验证明，小规模分散经营不能从根本上解决中国的"三农"问题，新时期必须全面深化农村改革、逐步完善农村土地制度，转变农业经营方式、持续发展集体经济。

农村土地三权分置制度是在实施家庭联产承包责任制的基础上，将原来的土地承包经营权分为农户承包权与土地经营权两种独立的权利形态，进而将农村土地的所有权、承包权和经营使用权三权分别设置，维持农村土地归集体所有，农户享有农村土地承包权，并可从集体承包土地中享有土地的经营使用权，且农村土地的经营使用权可在承包权不受影响的情况下流转给其他经营主体（孙宪忠，2016）[780]。此阶段的农村土地产权制度改革是在维持农村土地集体所有的前提下，为了释放多类别产权的经济潜力，以满足中国市场化程度加深条件下对农村土地产权多层次、差异化的需求而进行的，以认定土地产权的经济职能、持续细化土地产权市场化运作规则为主要特征，在一定程度上推进了农村土地要素的市场化配置，有利于维护集体土地所有者权益和承包农户的土地权益，有利于放活土地经营权和解决农村土地资源高效利用的问题，成为农户保留土地承包权及引导农户有序流转农村土地的重要基础（肖卫东等，2016）[781]。

2013—2022 年，党中央又连续发布了我国农村改革史上关于"三农"问题的第三轮十个中央一号文件。中国"三农"问题进入适应中国特色社会主义道路的新一轮制度创新。

2013 年 1 月，第十五个中央一号文件《中共中央 国务院关于加快发展现代农业进一步增强农村发展活力的若干意见》提出："创新农业生产经营体制，稳步提高农民组织化程度；构建农业社会化服务新机制，大力培育发展多元服务主体；改革农村集体产权制度，有效保障农民财产权利。"还提出："用 5 年时间基本完成农村土地承包经营权确权登记颁证工作。"同年，《中共中央关于全面深化改革若干重大问题的决定》指出，农村土地确权是指农户拥有的农村土地产权权能约束范围得到拓宽。

2013 年后，我国政府把"三农"问题作为乡村振兴的总抓手，坚持推动农业农村优先发展，为深化农村土地产权制度改革创造了有利的政策环境。

2014 年 1 月，第十六个中央一号文件《中共中央 国务院关于全面深化农村改革加快推进农业现代化的若干意见》，提出保持农村土地承包关系长久不变，打破了土地承包期有限的约束。此外，农村集体经营性建设用地、宅基地相继被纳入土地制度改革的范畴。坚持土地公有制性质不改变、耕地红线不突破以及农民利益不受损成为我国政府在推进农村土地经营权有序流转过程中划出的三道底线。同年 11 月，中共中央办公厅、国务院办公厅印发的《关于引导农村土地经营权有序流转发展农业适度规模经营的意见》提出："按照加快构建以农户家庭经营为基础、合作与联合为纽带、社会化服务为支撑的立体式复合型现代农业经营体系和走生产技术先进、经营规模适度、市场竞争力强、生态环境可持续的中国特色新型农业现代化道路的要求，以保障国家粮食安全、促进农业增效和农民增收为目标，坚持农村土地集体所有，实现所有权、承包权、经营权三权分置，引导土地经营权有序流转，坚持家庭经营的基础性地位，积极培育新型经营主体，发展多种形式的适度规模经营，巩固和完善农村基本经营制度。"自此，我国建立起了农村土地"三权分置"的制度架构，允许土地经营权的自由流转。

2015 年 2 月，第十七个中央一号文件《中共中央 国务院关于加大改革创新力度加快农业现代化建设的若干意见》提出引导农村土地规范有序流转，鼓励农民采用农村土地入股的方式参与农村土地流转，加快制定工商企业租用农村土地的准入规则和监管标准，确保土地的农业用途不变。同年，围绕"三权分置"为基本方向的农村土地制度改革要求，我国政府高度重视土地确权登记，全面加快"房地一体"的农村宅基地和集体建设用地确权、登记和颁证工作。土地产权入市交易的前提是产权清晰，确权是否到位是"三权分置"改革效果的重要影响因素。此外，我国先后进行了农村承包土地经营权和农民住房财产权抵押贷款试点工作。同年，国务院办公厅印发了《关于推进农村一二三产业融合发展的指导意见》，提出"要引导农村产权流转交易市场健康发展"。

2016 年 1 月，第十八个中央一号文件《中共中央　国务院关于落实发展新理念加快农业现代化实现全面小康目标的若干意见》强调要用发展新理念破解"三农"新难题。文件提出：要推进农业供给侧结构性改革；深入推进农村改革，增强农村发展内生动力；完善农村基本经营制度，加快推进农村土地确权颁证试点工作；依法引导农村土地有序流转，加强对工商资本租用农村土地的监管和风险防范；明确"三权分置"的具体实现形式。

2017 年 2 月，第十九个中央一号文件《中共中央　国务院关于深入推进农业供给侧结构性改革加快培育农业农村发展新动能的若干意见》提出：加快推进农村承包地确权登记颁证，扩大整省试点范围。统筹协调推进农村土地征收、集体经营性建设用地入市、宅基地制度改革试点。全面加快"房地一体"的农村宅基地和集体建设用地确权登记颁证工作。认真总结农村宅基地制度改革试点经验，在充分保障农户宅基地用益物权、防止外部资本侵占控制的前提下，落实宅基地集体所有权，维护农户依法取得的宅基地占有和使用权，探索农村集体组织以出租、合作等方式盘活利用空闲农房及宅基地，增加农民财产性收入。加快农村产权交易市场建设。

2018 年 2 月，第二十个中央一号文件《中共中央　国务院关于实施乡村振兴战略的意见》明确了"乡村产业兴旺、生态宜居、乡风文明、治理有效、生活富裕的总要求和构建农村一二三产业融合发展体系的目标任务"，首次提出宅基地所有权、资格权、使用权"三权分置"，鼓励农村土地经营权担保和入股。同年 12 月，《中华人民共和国农村土地承包法修正案（草案）》第三次审议稿规定，作为承包方的农户既可以自己经营土地，也可以在保留承包权的前提下流转土地经营权。这在继续稳定农民土地承包权的基础上，明确了农村土地经营权流转受法律保护。至此，农村土地"三权分置"从政策上升为法律，成为继家庭联产承包责任制后我国农村改革的又一重大制度创新，从基本制度上保障了农村土地"三权分置"的运转体系，使中国农村土地流转市场全面盘活。

2019 年 2 月，第二十一个中央一号文件《中共中央　国务院关于坚持农业农村优先发展做好"三农"工作的若干意见》又一次强调："健全农村一二三产业融合发展利益联结机制和土地流转规范管理制度。"文件指出，要在转变农业发展方式上寻求新突破，在促进农民增收上取得新成效。同年 8 月，我国第三次修正了《中华人民共和国土地管理法》，进一步完善了土地管理制度，确立了永久基本农田保护制度，强调了对土地增值收益的公平分享和有序有效分配。同年，经修订后实施的《中华人民共和国农村土地承包法》规定，稳定农村土地承包关系并长久不变，土地承包后承包方可自己经营，也可流转给他人经营，承包农户进城落户的可不必交回承包地，但未经批准不得将承包地用于非农建设等。该法在完善我国现有农村基本经营制度的基础上继续贯彻"三权分置"理念，明确区分了不同权利下的农村土地流转方式，重构了农村土地承包经营权流转体系（祝之舟，2020）[782]。

2020 年 2 月，第二十二个中央一号文件《中共中央　国务院关于抓好"三农"领域重点工作确保如期实现全面小康的意见》提出：重点培育家庭农场、农民合作社等新型农业经营主体，培育农业产业化联合体；坚守耕地和永久基本农田保护红线，完善乡村产业发展用地政策体系，农业设施用地可以使用耕地，强化农业设施用地监管，严禁以农业设施用地为名从事非农建设。新编县乡级国土空间规划应安排不少于 10% 的建设用地指标，重点保障乡村产业发展用地。农村集体建设用地可以通过入股、租用等方式直接用于发展乡村产业；抓紧出台支持农村一二三产业融合发展用地的政策意见；完善农村基本经营制度，开展第二轮土地承包到期后再延长 30

年试点；鼓励发展多种形式适度规模经营，健全面向小农户的农业社会化服务体系；制定农村集体经营性建设用地入市配套制度；严格农村宅基地管理，加强对乡镇审批宅基地监管，防止土地占用失控；扎实推进宅基地使用权确权登记颁证；以探索宅基地所有权、资格权、使用权"三权分置"为重点，进一步深化农村宅基地制度改革试点；全面推开农村集体产权制度改革试点，有序开展集体成员身份确认、集体资产折股量化、股份合作制改革、集体经济组织登记赋码等工作[783]。同年，全国两会通过了《中华人民共和国民法典》，其中明确指出"土地承包经营权人可以自主决定依法采取出租、入股或者其他方式向他人流转土地经营权"，"土地经营权人有权在合同约定的期限内占有农村土地，自主开展农业生产经营并取得相关收益"。

2021 年 2 月，第二十三个中央一号文件《中共中央　国务院关于全面推进乡村振兴加快农业农村现代化的意见》指出："突出抓好家庭农场和农民合作社两类经营主体，鼓励发展多种形式适度规模经营；坚持农村土地农民集体所有制不动摇，坚持家庭承包经营基础性地位不动摇，有序开展第二轮土地承包到期后再延长 30 年试点，保持农村土地承包关系稳定并长久不变，健全土地经营权流转服务体系；积极探索实施农村集体经营性建设用地入市制度。完善盘活农村存量建设用地政策，实行负面清单管理，优先保障乡村产业发展、乡村建设用地；加强宅基地管理，稳慎推进农村宅基地制度改革试点，探索宅基地所有权、资格权、使用权分置有效实现形式，规范开展房地一体宅基地日常登记颁证工作；保障进城落户农民土地承包权、宅基地使用权、集体收益分配权，研究制定依法自愿有偿转让的具体办法；加强农村产权流转交易和管理信息网络平台建设，提供综合性交易服务。"[5]目前，我国 2 亿多农户拿到了土地承包经营权证书，15 亿亩承包地确权到户。2022 年要用好确权登记颁证成果，稳步开展第二轮土地承包到期后再延长 30 年试点，保持土地承包关系稳定并长久不变[784]，让作为土地承包方的农户吃了一颗"定心丸"，农户在流转农村土地经营权的过程中对自己享有土地承包权没有了后顾之忧，可以有效地激励农户流转农村土地经营权的主动性和积极性（张应良，2017）[785]。

2022 年 2 月，第二十四个中央一号文件《中共中央 国务院关于做好 2022 年全面推进乡村振兴重点工作的意见》指出："抓好农村改革重点任务落实。开展第二轮土地承包到期后再延长 30 年整县试点。巩固提升农村集体产权制度改革成果，探索建立农村集体资产监督管理服务体系，探索新型农村集体经济发展路径。稳慎推进农村宅基地制度改革试点，规范开展房地一体宅基地确权登记。稳妥有序推进农村集体经营性建设用地入市。推动开展集体经营性建设用地使用权抵押融资。依法依规有序开展全域土地综合整治试点。深化集体林权制度改革。健全农垦国有农用地使用权管理制度。开展农村产权流转交易市场规范化建设试点。制定新阶段深化农村改革实施方案。"[6]

截至 2022 年，党中央已经发布了以农业、农村、农民为主题的中央一号文件二十四个，在农村改革、产业振兴、乡风文明、农民致富等方面作出了具体部署，农村改革和发展取得了一系列成果。

历史和实践证明，以家庭承包经营为基础、统分结合的双层经营体制符合我国的基本国情、契合农业的生产特点。当前，作为农村土地制度改革的核心制度（向超等，2019）[786]，"三权分置"是农村土地产权制度改革的重点，"三权分置"政策是农村生产力发展的结果，实现土地经营权和承包经营权相分离是农村土地产权结构调整的方向（申始占，2018）[787]。将土地制度改革因素引入内生增长的农业经济转型模型发现，"三权分置"将促使农业规模化经营和现代化经营（孔祥利等，2018）[788]。随着"三权分置"改革的深化，从产权配置和产权公共域视角来看，"三权分置"制度下农村土地产权配置结构中仍然存在产权公共域，产权的实际配置状况与产权公共域的存在造成不同群体的利益难以兼顾，形成潜在风险（吴一恒等，2018）[789]。完善"三权分置"改革的相关配套制度是防范农业补贴政策失效、土地财政难以为继的必然要求（韩振华，2018）[790]。

3.4 本章小结

中华人民共和国成立后中国农村土地产权制度改革取得了举世瞩目的成果，但建立适应新形势下经济发展的农村土地产权制度仍然是深化农村经济体制改革的首要问题。通过本章的讨论，借鉴现代产权理论、制度变迁理论、地租地价理论分析中国农村土地流转的产权制度背景，可以得出的主要结论有：

（1）中国农村土地产权制度改革是顺应农村经济发展内生需求的理论与实践相结合的改革。

中华人民共和国成立以前，中国农村经济极端落后，土地是农民最基本的财产和生产要素，土地制度改革的呼吁由此产生。中华人民共和国成立后，结合马克思主义政治经济学、苏联社会主义建设经验和中国基本国情的理论与实践要素，进行了农业的社会主义改造，以更好地发展农村经济。随着计划经济和人民公社制度的执行，农业生产束缚了劳动力，农村面临解放农业生产力的迫切需求，亟须土地产权制度改革这一重要的突破口。根据农村经济发展实践，家庭联产承包责任制使农村由单一产权分割为土地所有权归集体，承包经营权归农民的二级产权，改革初期曾极大地释放了农业的生产活力，调动了农户的积极性和创造性，实现了农业增产和农民增收。然而，随着中国市场经济体制改革的深化及工商资本下乡对农业农村的渗透，农村市场化程度提高，以家庭为单位的农户的农业生产难以适应市场经济的变化和发展，其困境日益暴露，出现农户增产不增收或收入增长缓慢的现象。随着农业现代化发展，农业生产使用了机械化的播种、收割工具和大量化肥农药式生产方式，农业生产技术没有得到根本性提高，在有限的耕地面积上单靠劳动力增加只能使单位劳动生产效率降低。同时，农村大量剩余劳动力转移到城镇，农村地区的农村土地流转日益活跃。越来越多拥有土地承包经营权的农民将土地转让出去"代为经营"，这种承包权和经营权"二权合一"的制度形式使农村土地生产力的进一步释放受到束缚。中央政府为了对农村地区的土地流转加以规范，党的十八大后开启了以农村土地"三权分置"为主要内容的新一轮土地改革，农村土地所有权、承包权、经营权"三权分置"制度成为家庭联产承包责任制的递进形式。农村土地"三权分置"制度的核心要义是明确赋予经营权应有的法律地位和权能，重点是放活经营权。农村土地"三权分置"改革可以在很大程度上盘活农村有限的土地资源，也能在一定程度上解决农民融资难的问题。

中国农村土地产权制度改革不仅借鉴了此前的理论和实践经验，还积累了相关的理论和实践经验，是中国社会主义制度的重要组成部分。如果说"改革开放是对世界社会主义和马克思主义理论的贡献"（魏昂德等，2018）[791]，那么中国农村土地产权制度改革所积累的理论和实践经验则是贡献的一部分。

（2）中国农村土地产权制度改革是农民利益诱致性变迁和政府权力强制性变迁的混合型制度变迁的结果，是协调农村土地产权制度与整体经济体制改革关系的渐进式改革。

农业是国民经济的基础，土地是农业最基本的生产资料，农村土地产权制度是维系农村土地的所有权、使用权、收益权等权利和相关关系的原则，直接影响到国民经济的发展，关系到社会经济结构的转型。中国农村土地产权制度是经济体制的一部分，不仅需要随着经济体制的改革而适时调整，也是经济体制改革的重要推动力，更是近年来乡村振兴战略、农村综合配套改革的重要组成部分。

农村土地产权制度改革从土地由农民所有的单一产权，调整为"三级所有，队为基础"的人民公社土地制度的单一产权，到土地所有权归集体、土地承包经营权归农民的家庭联产承包责任制的二级产权，再到农村土地所有权、承包权、经营权"三权分置"的三级产权。"三权分置"土地产权制度以放活土地经营权为重点，以改革为动力，以明晰赋予经营权应有的法律地位和权能为核心，通过产权细分增强土地的交易性，其改革思路被认为是试图兼顾稳定与变革、效率与公平、公平与发展、城市与农村而出现的持续渐进式转型（高帆，2018）[792]。由此可见，协调农村土地产权制度与整体经济体制改革关系的农村土地产权制度改革创新呈现出渐进式改革特征，并不可避免地迈向多极化。

改革开放以来，中国农村土地制度变迁始终朝着市场取向、明晰产权和稳定地权的方向演进（丰雷，2018）[793]。农村土地产权主体的重心不断下移，承包经营权身份属性逐步弱化，财产属性逐步增强（赵金龙等，2018）[794]。中国农村土地制度变迁是公有制与个体所有制的循环过程，是多方利益主体博弈的均衡过程（李先东等，2018）[795]，农村土地流转本质上也是在特定场景的各方利益主体利益再分配的博弈过程（刘建等，2018）[796]，权衡好国家与各方利益主体的博弈是土地制度改革成功和农村土地流转效率优化的关键。

（3）中国农村土地产权受到法律制度的刚性约束。这种产权约束体现在产权完整性、产权清晰度、产权稳定性三个方面：

在产权完整性方面，农村土地产权有待法理完善。家庭联产承包责任制和"三权分置"的共同前置条件是农村土地集体所有。"集体所有制"或"集体产权"的概念来源于苏联，并没有得到严格地界定（韩俊，1999）[797]。2019 年修订实施的《中华人民共和国农村土地承包法》等我国现行的法律法规制度没有清晰界定"集体所有"、集体成员资格、集体所有权与农村自治组织间的关系、"三权分置"三种权利的法律含义等，也缺乏"三权分置"中最具活力的土地经营权进行交易的具体规则及保障措施。对依附于"集体"的农民来讲，这样的土地产权是不完整的。

在产权清晰度方面，农村土地确权有待实质到位。农村土地确权从 2013 年初便开始。2018 年农业部印发《2018 年农村经营管理工作要点》，由乡或县级以上人民政府确定某一范围内土地的所有权、使用权的隶属关系及其他权利。《乡村振兴战略规划（2018—2022 年）》再一次强调全面完成土地承包经营权确权登记颁证工作，显示了中央对农村土地确权的重视，理论上完成了农村承包地确权工作。但由于不少土地确权机构在开展农村土地确权工作前准备工作不足，缺少与村委会及农户的必要沟通，缺乏实践层面的调研与论证，没有因地制宜地制定相关措施，急于在程序上完成确权任务，导致农村集体土地确权登记后争议不断，基层政府及土地管理部门不得不经常性地进行土地矛盾纠纷的调解工作。

在产权稳定性方面，农村土地产权流转体系有待健全。由于农村土地产权流转信息发布平台的缺失，咨询、评估、公证、仲裁等中介组织的缺位，农村土地流转缺乏与市场挂钩的长效保障机制。当前农村土地流转的常见形式是在地方政府及村集体的引导、协调和监督下，通过口头约定等非正规渠道进行的亲朋乡邻间的互换、托管、出租等农户之间自发形成的流转，流转规模小、形式单一。由于缺乏流转手续与合同，也没有兼顾农民权益和土地受让方利益的服务机构，在产生土地纠纷时，处于弱势方的农民的权益得不到保障。而且农民出于土地转让之后生计问题的忧虑，不愿将土地进行长期流转。此外，由于流转链条长，增加的交易费用转换为农村土地的经营成本，为了获得与之相称的收入，土地会出现"非粮化""非农化"倾向（刘庆乐等，2018）[798]。

党的十七届三中全会提出了加快和规范农村土地市场化流转的政策目标，同时提出农村土地流转的三个"不得"的政策要求：不得改变土地集体所有性质；不得改变土地用途；不得损害农民土地承包权益。《乡村振兴战略规划（2018—2022年）》提出了全面完成土地承包经营权确权登记颁证工作，完善农村承包地"三权分置"制度，这诠释了在产权约束背景下实现农村土地流转市场化的政策内涵。其实，产权约束正是影响农村土地市场化流转的重要制度因素，因此，本书将产权约束作为后续流转定价分析的逻辑起点，并在定价策略中努力体现这个逻辑。

第4章
农村土地流转主体行为分析

4.1 引 言

2014年11月，中共中央办公厅、国务院办公厅印发的《关于引导农村土地经营权有序流转发展农业适度规模经营的意见》提出，集体经济组织要积极为承包农户提供多种形式的生产服务，通过统一服务降低成本、提高效率，发挥农村集体经济组织在土地流转中的积极作用，增加集体经济收入。

增加集体经济收入需要大力发展农村集体经济，发展农村集体经济需要创新农村集体组织对农村土地的有效经营模式。在集体统一经营农村土地模式、集体辅助经营农村土地模式和集体联合经营农村土地模式这三种农村集体组织对农村土地的有效经营模式中，农村土地流转主体扮演的角色、发挥的作用各有不同。

农村土地流转过程要充分考虑土地属性，明确流转各方主体的利益诉求和价值取向，分析流转利益主体的行为。农村土地流转利益主体是与农村土地流转利害攸关，且能够在农村土地流转顺利运行过程中获得经济、社会或生态利益的社会实体（Freeman，1984）[799]，包括直接参与流转环节的农村土地转入方和农村土地转出方、农村土地流转中介方和农村土地流转监督方。目前，国际上通常采用多维细分法与米切尔平分法划分农村土地流转的利益主体。本书借鉴 Freeman（1984）、Mitchell（1997）[800]以及 Wheeler（1998）[801]等专家学者的研究成果，综合考虑农村土地流转活动的供求关系、利益关系，将农村土地流转主体分为四类：第一类是在农村土地流转过程中进行制度供给、市场调控、保障配套的中央政府、地方政府、乡镇基层政府，通常作为农村土地流转的监督方；第二类是在农村土地流转过程中进行农村土地监管、中介服务、领导促进的村委会，通常作为农村土地流转的中介方；第三类是"三权分置"政策实施以来主要体现为专业大户、家庭农场、农民合作社、农业企业四类的新型农业经营主体，通常作为农村土地流转的转入方；第四类是拥有农村土地承包经营权的农户、村集体组织，通常作为农村土地流转的转出方。

农村土地流转从本质上来看是农村土地要素在市场经济中进行优化配置的问题。虽然"价格机制"这一引导农村土地流转供求双方主体行为方式的导向灯，在农村土地要素的优化配置中发挥着决定性作用，集中体现了农村土地流转各方主体的利益诉求和预期、政策与制度等，但也需要进一步剖析价格机制背后的政府、村委会、农村土地流转供求双方行为来解释农村土地流转市场存在的违约问题、租金问题、预期不稳定问题、政策法律滞后和政府介入不当等一系列突出问题。以下在分析农村集体组织对农村土地的有效经营模式的基础上，针对农村土地流转的四类主体进行行为分析和利益关系分析，以更好地理解农村土地流转的市场均衡与定价。

4.2 农村土地经营模式

乡村振兴需要农业产业振兴，农业产业振兴需要发展农村集体经济，发展农村集体经济需要创新农村集体经济组织对农村土地的有效经营模式。近年来，农村集体组织对农村土地的有效经营模式主要包括集体统一经营农村土地模式、集体辅助经营农村土地模式和集体联合经营农村土地模式三种。

4.2.1 集体统一经营农村土地模式

集体统一经营农村土地模式是通过成立村办的集体合作社或村办企业等村集体经济组织，村集体组织作为农村土地流转主体的转入方转入土地统一经营，完成集体经济的原始积累，为发展集体经济奠定基础。该模式分为两种情况：一种是农民以土地入股集体经济组织获得分红，与集体共同承担经营风险；另一种是农民把土地转租给集体经济组织获得租金，不承担经营风险。

该模式的特点表现在：在农村土地流转经营主体上，该模式的经营形式一般表现为村社合一、村企合一，农村土地流转主体主要是作为转入方的村集体组织和作为转出方的农户，经营主体主要是村办合作社和村办企业等集体经济组织。在村集体介入农村土地流转的程度上，村集体组织介入农村土地流转、农村土地经营与分配的程度很高，农村土地流转、农村土地经营和分配都由集体经济组织统一安排。在产权结构上，该模式的农村土地所有权、经营权、承包权都属于村集体，村民获得分红和租金，农村集体经济组织从经营农村土地及相关农产品加工业中获取收益。在适用范围上，该模式比较适用于村办合作社和村办企业等集体经济组织健全且发展较好的村庄。

该模式的优势表现在：村集体组织转入农村土地统一经营可以降低农村土地流转交易成本，比单个农户更能有效地应对自然风险、市场风险和经营风险；获取成片规模化土地的经营权，有利于土地经营成本的降低和农业生产力的提高，获得规模经济效益，推进农业适度规模经营，促进集体经济向规模化和产业化转变，推动非农产业的发展；村集体统一经营可以完成发展集体经济的原始积累，提高农村集体经济融资信用基础，为发展集体经济积累更多的信用来源；村集体作为土地的所有权主体，统一经营农村土地有利于提高农业基础设施所需资金的使用效率，使土地价值得以充分体现。

该模式的约束表现在：村集体组织统一经营面临的自然、市场、技术等风险较单个农户更大；对村庄的治理水平要求较高，不提高村集体组织的治理水平很容易在面临复杂的治理环境时，出现违背农户自愿流转土地意愿的强迫流转、侵占农民合法权益或暗箱操作等问题；对村集体经济组织结构要求较高，要求村集体经济组织比较健全，但现实中村集体经济组织在中国大多数农村都发展得比较缓慢，村委会等行政组织也不善于市场化条件下的农村土地经营，可能无法保证农民转出土地后获得稳定的租金收入，造成集体统一经营无法持续。

4.2.2　集体辅助经营农村土地模式

集体辅助经营农村土地模式是在农村土地流转中，农村土地流转主体主要是作为转入方的专业大户、家庭农场、农民合作社、农业企业等其他经济组织和作为转出方的农户，村集体并不统一经营土地，也不直接参与经营土地，只是作为农村土地流转的中介组织辅助经营土地并间接获得利益。这些利益包括：帮助其他经济组织流转土地获得相应的中介费等服务性收入；通过土地整治和农业综合开发改善农田基础设施、水电路沟渠配套，收取基础设施维护费，为农户提高土地流转的租金收入；通过农村土地流转基础上的招商引资、建设农业产业园区等途径来获得农村集体经济发展所需的资金和技术，壮大农村集体经济，获取分红收入和衍生农村土地流转收益；通过创办服务性组织来发展农业生产性服务业，为专业大户、家庭农场、农民合作社、农业企业等新型农业经营主体提供生产性服务来获得服务性收入；部分农户通过农村土地流转从传统农业中解放出来向非农产业经营转移，为集体经济发展提供新增长点和新动力。

该模式的特点表现在：在农村土地流转经营主体上，农村土地流转主体主要是作为转入方的专业大户、家庭农场、农民合作社、农业企业等其他经济组织和作为转出方的农户，由转入农村土地的其他经济组织经营转入的土地。在村集体介入农村土地流转的程度上，该模式的介入程度较低，村集体只是作为农村土地流转的中介组织或提供一些社会化服务，发挥辅助经营的作用。在产权结构上，该模式实行土地所有权归村集体、承包权归村民、经营权归其他经济组织的"三权分置"产权结构，村民获得租金，担任农村土地流转中介组织的村集体主要获得中介服务费或为流转主体提供社会化服务获得收入。在适用范围上，一般大部分中国农村村庄的农村土地流转都采用此种经营模式。

该模式的优势表现在：经过农村土地流转后土地相对集中，有利于农村土地的适度规模经营和招商引资，促进农村集体经济发展；作为农村土地转入方的其他经济组织在转入土地过程中参与过市场竞争，其对农村土地的经营管理更符合市场发展规律，整体经营效率比村集体更有优势；村集体组织只是辅助其他经济组织来经营土地，大部分的经营风险都由作为农村土地转入方的其他经济组织承担，村集体组织所承担的风险较小。

该模式的约束表现在：由于农村土地经营的大部分收益被作为转入方

的其他经济组织获取，村集体只是辅助经营农村土地而获得小部分收益，导致村集体经济的积累受到限制；农村土地流转交易成本较高，农村土地流转过程中转出土地的农户可能有多个，需要与多个农户谈判和交易，导致交易环节增加，交易费用较高；农户的利益可能会遭受损害，其他经济组织通常受到政策吸引而转入农村土地进行生产经营，而政策支持不具有持续性，再加上农业自然、市场、经营风险较大，其他经济组织可能会受利益驱使压低土地租金、拖延支付或无法支付租金，对农民获取土地租金产生不利影响，制约农村土地流转的顺利持续进行。

4.2.3　集体联合经营农村土地模式

集体联合经营农村土地模式是村集体以集体土地入股其他经济组织，通过股份合作联合经营农村土地，实现土地规模化经营的一种风险共担、利益共享的模式。该模分为两种情况：一种是村集体用土地整治和人口变化增加的土地等未分配土地入股其他经济组织来联合经营土地；另一种是村集体未分配土地和农户的承包地一起入股其他经济组织来联合经营土地，分享经营收益。

该模式的特点表现在：在农村土地流转经营主体上，农村土地流转主体主要是作为转入方的专业大户、家庭农场、农民合作社、农业企业等其他经济组织和作为转出方的村集体、农户，由村集体和转入农村土地的其他经济组织联合经营土地。在村集体介入农村土地流转的程度上，村集体参与农村土地的流转、经营及分配，介入程度适中。在产权结构上，一般实行所有权归集体，未分配的农村土地承包权归集体，已分配的农村土地承包权归村民，农村土地经营权归转入土地的其他经济组织，村民获得租金和分红，村集体获得联合经营土地及相关产业的分红。在适用范围上，该模式适用于村集体未分配土地较多的村庄。

该模式的优势表现在：该模式有利于村集体对农村土地进行整治，农村土地整治为发展集体经济积累了农村土地，使集体未分配土地增加，可以在此基础上进行招商引资，利用外来资金发展集体经济；以村集体入股联合经营农村土地，形成了集体、其他经济组织、农民之间更加紧密的利益联结机制，集体和其他经济组织联合经营农村土地，更能有效地发挥各方的优势，使农村土地的整体经营效率得以提高；村集体和其他经济组织联合经营农村土地，降低了转入方的土地流转成本，促进集体吸引企业投资并利用外资推进非农产业发展；联合经营风险共担的特点使整体和各方的经营风险都得以降低，经营稳定性得以增强。

该模式的约束表现在：联合经营一般不仅要求村集体拥有一部分未分配且成规模的农村土地作为联合经营的基础，还需要健全、有效的乡村治理体系，否则可能很容易产生内部人控制的"搭便车"和机会主义行为（唐超，2018）[802]，导致该模式无法顺利进行。

4.3　政府行为分析

推进农村产权制度改革的核心，在于建立符合市场经济规律、归属清晰、权责明确、保护严格、流转顺畅的农村产权制度，构建农村市场经济的微观基础，建立和完善农村市场经济体制机制，提高农业农村的市场化程度。那么，在农村土地流转市场化进程中，政府的职能是什么，或者说政府和市场的关系是什么，这是理论和实践都需要解决的问题。许多学者在分析农村土地流转的影响因素的同时，往往忽略了一些重要影响因素，如中央政府和地方政府在农村土地流转中应承担的职能和作用，或者虽然意识到农村土地产权制度改革和农村土地流转离不开政府，但是对政府的角色定位认识不清。在土地国家所有和国家供应的制度下，地方政府倾向于增加土地收入、加大基础设施投资，促进了城市扩张（Mo，2018）[803]。土地出让是地方政府竞争的关键点，如何缓解政府间的竞争具有现实意义（李永乐等，2018）[804]。

其实，农村土地制度改革是一个系统工程。一方面，改革开放以来，我国经历了从计划经济到市场经济的转型，逐步建立起社会主义市场经济体制，市场在资源配置中越来越起到决定性作用。与此相适应，需要建立起用市场方式配置农村土地资源的制度机制。但市场不是万能的，缺少政府监管的市场最终会酿成"悲剧"。另一方面，国内外经济发展的历史表明，一国经济健康发展，既需要充分发挥市场经济在资源配置和经济发展中的决定性作用，又需要充分发挥政府在规则制定、宏观调控和市场监管方面的重要作用，从而正确处理好政府和市场的关系。

在大多数市场经济国家，市场在经济活动中发挥着重要的作用，通常只有在市场不足时政府才介入以维护市场经济的有序发展。在市场经济的大背景下，政府作为公共服务的提供者，其职能和行为边界的界定一直是一个充满争议的命题。合理界定政府在市场中的行为边界，是基于体现社会公平和应对市场失灵两个方面的考虑。在建设用地配置过程中，应构建综合性的政府失灵改良框架（王博等，2018）[805]。在农村土地流转市场中，应该处理好市场规律和公权介入的关系，协调好二者的关系是农村土地市场发育和健康发展的关键。

4.3.1 制度供给行为

从农村土地流转前提和基础来看，政府要通过制度供给明晰农村土地产权界定，并通过产权证书固化，不要随意和强制调整农村土地产权属性。

中共中央、国务院印发的《乡村振兴战略规划（2018—2022 年）》中指出："全面完成土地承包经营权确权登记颁证工作，完善农村承包地'三权分置'制度，在依法保护集体所有权和农户承包权前提下，平等保护土地经营权。"

理论研究和实践经验证明，对市场体制和市场机制的形成，政府制度供给起着至关重要的作用。在农村土地制度改革方面，明晰产权（确权）是农村土地流转顺利开展的前提和基础。

科斯定理告诉我们，任何市场交易都是权利的交易，明晰的产权界定不仅是交易的基础，而且是降低交易费用的有效手段。

关于产权在经济中的重要性，在改革开放的 40 余年里，在中国经济制度（包括土地制度）的变迁历史中，有四个节点可以证明，权利的明晰界定能够带来多么重大的变化和产生多么长远的影响。第一个节点，20 世纪80 年代初期，中国农村家庭联产承包责任制，农民得到了自己种地的地权，农村的温饱问题就基本解决了；第二个节点，20 世纪 80 年代中后期到 90年代，国家取消对农产品的统销统购，农民获得了农产品的销售权，可以到市场上卖粮，结束了我国农副产品多少年供不应求的历史，城市居民排队买粮的年代一去不复返；第三个节点，20世纪90年代中后期，单位福利分房体制终结，城市土地使用权市场化，公民获得（附着于房屋的）城市土地使用权，催生了中国城市房地产业，不仅使我国城镇居民的住房条件得到了史无前例的改善，而且拉动了相关产业的蓬勃发展；第四个节点，"三权分置"制度的实施，保护了集体所有权和农户承包权，平等保护土地经营权，激发了农村土地市场的活力。

产权制度供给，可以分为两个层次。第一层次，中央顶层制度设计。多年来，国家法律对于集体土地的所有权和农村承包土地的使用权的权利总体上是逐步清晰和完善的，但农民拥有的财产边界和实现途径在法律上一直缺少合法表达，这是最大的一个缺陷。这个缺陷也许与改革的进程和利益关系的复杂性等综合因素有关，然而，这个问题必须由国家在适当的时候解决。第二层次，地方政府制度落实和配套，主要是地方政府对国家法律的执行力和地方政府配套法规的供给。地方政府将确权作为先导，对农民家庭联产承包土地经营权、集体建设用地使用权、房屋所有权和林权，进行登记确认，让农民与城镇居民享有同等物权。出台相关政策法规进行大面积推进，在推进的过程中集合行政权力和村民自治的综合力量[806]。同时，在产权界定和资源重组的改革中，合理确定土地级差收入，更好地兼顾城乡人民的利益。

制度供给应是一项公共服务行为，与行政强制形成鲜明对比。中国的农村土地产权制度的变迁说明，不充分考虑公民权利的任何强制行政行为都是注定要失败的，不仅在经济方面会阻碍经济增长和降低生活质量，在政治方面也只能带来利益群体的矛盾激化和社会动荡，这是不利于国家发展和社会进步的。

农村土地流转是市场主体的经济行为，是农村土地流转各方利益主体的自由配置行为。法律和中央文件规定地方政府在推进农村土地流转中"不得搞强迫命令，确保不损害农民权益、不改变土地用途、不破坏农业综合生产能力"。政府统一流转农村土地会带来以下问题：一是违背农户自愿流转的原则，剥夺部分农户特别是以务农为生的贫困农户或中老年农户的务农与务工选择的自主性。二是容易抬高地租，造成价格失真，阻碍农村土地流转。政府统一流转农村土地使地租被抬高，进而周边农户对地租上涨的预期提高，农户倾向于以高价将土地转给工商大户，小规模种植者和普通农户难以租到土地，规模化租地者也只能通过获取高额补贴维持正常经营，不利于市场机制和价格机制发挥土地要素配置的决定性作用，也不利于实现农业供给侧改革中平衡供求的目标。三是容易导致政策扶持上的不公平，形成政府与资本合谋。由于政策性流转通常与地方招商引资政策密切相关，政策扶持可能偏向于大企业，使中等规模种粮大户得不到相应的扶持，不利于农业供给侧改革中对新型农业经营主体的培养，也容易产生寻租的风险，不利于形成健康有序的农村土地流转市场。四是容易引发纠纷，增加毁约风险，提高农村土地流转市场整体的交易成本，导致农业供给侧改革中降低成本目标难以实现。

由于农村土地权利的不充分和不明确，在流转实践中常常暴露出来的农村土地纠纷是正常的，而乡村干部或农村土地发包方不顾农地或农房户的意愿随意调整承包周期和农村土地数量的现象也时有发生。产权不落实，农村土地流转中农民的主体地位就是一句空话。产权清晰了，就从制度上杜绝了权属纠纷，即使有纠纷，也能通过法律途径及时地解决。

4.3.2 市场调控行为

从农村土地市场化配置的关键来看，政府要充分尊重市场规律，发挥市场在农村土地资源配置中的决定性作用，不要让市场放任自流。

2014 年，中共中央办公厅、国务院办公厅印发的《关于引导农村土地经营权有序流转发展农业适度规模经营的意见》提出，依托农村经营管理机构，健全土地流转服务平台，完善县乡村三级服务和管理网络，加强土地经营权流转管理，为流转双方提供信息发布、政策咨询等服务。建立土地流转监测制度，加强土地流转用途管制和对工商企业租赁农户承包地的监管与风险防范。2015 年，农业农村部会同有关部门印发了《关于加强对工商资本租赁农地监管和风险防范的意见》，要求各地建立工商资本租赁农村土地上限控制、分级备案、审查审核、风险保障金和事中事后监管等。

2018 年，新修订的《中华人民共和国农村土地承包法》对农村土地经营权流转作出专章规定，要求县级以上地方人民政府建立工商企业等社会资本通过流转取得土地经营权的资格审查、项目审核和风险防范制度[309]。2018 年 9 月，中共中央、国务院印发的《乡村振兴战略规划（2018—2022 年）》指出："建立农村产权交易平台，加强土地经营权流转和规模经营的管理服务，加强农用地用途管制，完善集体林权制度，引导规范有序流转。"规划强调了政府在农村土地流转市场调控中的监管、引导作用。2021 年，自然资源部印发《耕地卫片监督方案（试行）》，要求运用卫星遥感等现代信息技术，对耕地进行动态监测监管，强化用地审查，落实最严格的耕地保护制度。2021 年，农业农村部制定出台了《农村土地经营权流转管理办法》，鼓励各地建立土地经营权流转市场或农村产权交易市场，规范开展土地经营权流转政策咨询、信息发布、合同签订、交易鉴证、权益评估、融资担保、档案管理等服务。全国已有 1474 个县（市、区）、2.2 万个乡镇建立了农村土地经营权流转市场或服务中心[309]，使得农村土地交易有了平台和场所。同时，《农村土地经营权流转管理办法》也对工商企业等社会资本通过流转取得土地经营权的审查审核作出了相关规定。

土地经营权流转市场或农村产权交易市场是一个市场机制发挥主导的场所，农村资产在这里以市场为手段，价格为杠杆，实现资源的优化配置。在农村土地流转市场的运行发展中，始终离不开政府的参与。政府在市场平台的职能主要涉及以下几个方面。

（1）搭建市场整体框架，做好交易平台的服务者。

党的十八大以来，以习近平同志为核心的党中央把脱贫攻坚摆在治国理政的突出位置，组织开展了史无前例的脱贫攻坚人民战争并取得了全面胜利。在巩固脱贫攻坚成果，并和乡村振兴战略有效衔接的现阶段，我国各地进行了统筹城乡发展、推进城乡一体化、全面实现乡村振兴的实践。乡村振兴需要引入外部资金，农村土地流转市场也需要逐步由熟人社会向陌生人社会扩大，并形成统一开放、公平竞争的市场环境。这要求政府适时搭建市场整体框架，构建现实或虚拟交易平台，及时公布有关流转政策、土地供求、市场价格等信息，为市场主体作出最优交易决策提供参考。在实践中，农民和社会资本都已经从土地流转中有所收获，并有了土地流转的需求，农村产权交易所、农村产权交易中心、农村产权交易信息服务平台、农村土地承包流转服务中心等土地经营权流转市场或农村产权交易市场为双方需求提供了交易平台。这些农村产权流转市场是集土地承包经营权、林权、农村集体建设用地使用权、农村房屋产权等于一体的市场，有利于吸引社会资本，促进资源优化配置，引导农村土地经营权的健康有序流转。

土地经营权流转市场或农村产权交易市场应配套相关的服务机构。例如农村土地经营权流转服务中心，主要为农民提供农村土地流转指导与服务，包括资质审查和项目审查、档案管理、交易纠纷等，还承担土地承包和土地流转的监督管理职能，如建立对大额交易的申报备案制，对农村土地交易过程进行全过程规范和记录，不仅提高了交易效率，还无形中降低了交易风险。同时，政府还应指导各地加强农村土地承包经营纠纷调解仲裁体系建设，健全纠纷调处机制，妥善化解土地流转纠纷。截至2020年底，全国涉农县（市、区）已基本建立仲裁委员会，受理的土地承包经营纠纷案件连续4年下降[309]。

地方政府应落实国家乡村振兴战略，加强对金融机构的监管，维护金融秩序，为农村土地流转与规模经营提供良好的金融环境；要引导银行、保险等金融机构在农村设立网点，为农村土地流转与规模经营提供金融服务；要引导社会闲散资金进入农村和农业领域，为乡村振兴建立资金储备。

（2）制订市场运作流程，做好市场交易的组织者。

为了规范农村土地承包经营权交易行为，促进农村土地承包经营权交易市场的健康发展，保障流转各方的合法权益，应根据各级政府相关政策法规，制定农村产权交易流程。

农村产权交易出让方，一般按照"提出交易申请——材料审核——发布交易信息——登记受让意向——组织网上交易——签订交易合同——出具交易鉴证"的交易流程进行。具体流程为：第一步，出让方向农村产权交易机构提交产权交易申请并报送交易材料。材料包括：农村产权交易申请书；主体资格证明材料；产权权属的证明材料；交易标的基本情况材料；涉及相关权利人优先权的，需提供书面材料；依法需进行评估的，应提供中介机构出具交易资产资源评估报告。第二步，受理农村产权交易机构根据产权类型，审核申请材料信息的齐全性、合规性和真实性，必要时，提请相关职能部门协助查档，确认权属。第三步，受理农村产权交易机构审核材料通过后，发布交易信息，并推送到省农村产权交易平台进行交易信息发布，广泛征集意向受让方。第四步，意向受让方在信息公告期限内，按照公告要求网上报名、缴纳保证金，并提交相关材料。向受理农村产权交易机构提交的资料包括：《农村产权交易受让申请书》；主体资格证明材料；同意受让的会议（决议）或批复证明等；委托代理的，需提交授权委托书及受托人身份证。第五步，公告期满后，受理农村产权交易机构按照公告中公布的交易方式组织交易。公开竞价方式包括动态报价、网络竞价、招投标、竞争性谈判及其他竞价方式。第六步，受理农村产权交易机构组织交易双方签订农村产权交易合同，公示交易结果，并进行资金结算。第七步，受理农村产权交易机构出具由省农村产权交易中心统一制定的《农村产权交易鉴证书》。规范的交易流程，将有助于交易过程和结果的公平、合理。

（3）制订市场交易规则，做好市场交易的裁判者。

由于市场主体的趋利行为，市场在缺乏监管时必然会混乱，需要政府发挥市场监管的作用，制定市场交易规则，维护市场经济的正常秩序。政府按照市场化原则确定体现"依法、有偿、自愿"原则的市场交易规则，核心是交易定价规则。而且，农村土地流转市场一旦发生纠纷，主要依赖村委会等乡村组织进行个别调解，未能形成制度化的交易裁判程序。相对于其他商品市场，农村土地流转市场缺乏有效的裁判者，这时，需要政府有效介入，做好市场交易的裁判者。

值得强调的是，政府应该在交易规则的制订中按照公平正义的原则体现政策意图，这是本书的核心观点之一。

在以上三项职能中，政府都有介入，但是介入的深度应有所不同，对市场整体框架的搭建涉及市场发展全局，应该政府主导，市场交易机构配合；对交易流程的制订则应由交易机构自主确定；对交易规则的制订应该由政府和交易机构共同完成，但工作侧重点有所不同，交易机构负责交易技术层面的规则，政府则侧重政策层面的规则。

政府在履行市场平台职能时，在农村土地流转方面的政策和服务供给尚有不足，使其市场调控作用不能得到充分发挥。这表现在：一是农村土地流转交易平台及相关配套服务跟不上市场发展进程。中央农村土地政策对农村土地经营权合理流转作出了原则性规定，在农村土地流转资格界定、资质审查、流转程序、合同规范、档案管理、农村土地用途监管、纠纷调解、违规处罚等方面的具体实施细则并不完备，导致农村土地流转双方纠纷不断、农村土地违规使用、骗取政策补贴资金等现象时有发生。二是农村土地流转信息平台及信息不健全。全国许多地区都成立了农村土地流转服务中心，例如，成都市早在 2006 年就挂牌设立了成都市农村土地承包流转服务中心，具体负责全市农村土地承包经营权流转的指导和服务工作。但乡镇农村土地流转服务中心的大部分信息是通过行政村和村小组获取的。行政村和村小组没有或缺少专门经费、设备、人员和激励机制来及时、准确地获取与更新诸如农村土地的区位条件、地块情况、气候条件、经营情况、政策支持、相关配套、土地评估、项目开发、法律咨询等农村土地流转相关信息，导致乡镇农村土地流转服务中心缺乏信息或信息更新迟缓。信息平台并没有很好地起到农村土地供求双方的桥梁作用。三是金融制度及服务供给不足，难以满足农村土地规模化经营的资金需求。随着农村土地流转市场的发展，新型农业经营主体和新型职业农民队伍不断壮大，产生对土地成本、农机设备、正常经营等方面资金的强烈需求，虽然部分地区探索以农村土地经营权抵押贷款方式来帮助新型农业经营主体走出融资困境，但由于农村土地经营权抵押贷款这种融资方式没有建立风险补偿机制，金融机构面临较大风险，所以各类农业经营主体特别是地处偏远地区的农业经营主体的贷款需求常常由于成本高、回报低、风险大而不被金融机构支持。或者为了资金安全，金融机构将融资期限限定在一年左右，不利于农业规模经营主体长远投资的资金需求。四是农村基础设施落后，影响农村土地流转价格。包括水利设施及饮水基础设施、能源基础设施、通信设施、交通设施、电力基础设施等在内的农村土地流转基础设施的完善和区位条件是影响农村土地流转的重要因素。但现阶段部分农村的基础设施建设严重滞后于农村土地流转的市场需求和农村生产发展，不仅影响农村土地流转价格，还阻碍了农村土地流转市场的可持续发展。

因此，政府应加大农村土地流转方面的政策和服务供给，要市场调控，不放任自流，为农村土地流转营造良好的市场环境。

4.3.3　保障配套行为

政府要提供以生活保障和就业保障为核心的配套保障措施，让农民流转土地没有后顾之忧，不要排斥农民的利益在社会保障体系之外。

由于中国长期的城乡二元结构体制约束，农村和农民保障一直与城市分割，农民基本被排斥在社会保障体系之外。农户对土地流转后生活和就业保障缺乏信心。因此，要加快农村土地流转市场建设步伐，保障和配套不可或缺。

其实，当今城镇社保体系的建立是凝聚着广大农民的社会贡献的，在城乡统筹的思路下，给予广大农民和城镇同样的社会保障，是以工促农，以城带乡，还利于农民的具体体现。所以，政府应从就业制度改革、社会保障制度改革、公共服务体制改革方面入手，为农村土地流转提供保障配套制度。一是大力推进城乡户籍、就业制度改革。政府应对户籍制度进行改革和调整，逐步建立起城乡一元化户籍制度。狠抓就业制度改革，建立城乡一体的劳动力市场和就业培训、就业援助、就业优惠政策、就业工作责任制等体系，促进城乡充分就业。二是大力推进城乡社会保障制度改革。政府应在完善城镇居民社会保险制度的同时，建立征地农转非人员社会保险制度、非城镇户籍从业人员综合保险制度、农民养老保险制度、新型农村合作医疗制度、少儿住院互助金制度、农村居民最低生活保障制度和城乡一体的社会救助体系，实现城乡社会保险制度的全覆盖。三是大力推进城乡教育、卫生等公共服务体制改革。政府应在加大农村教育、卫生等社会事业投入的同时，积极推进农村学校、医院用人和分配制度改革，推动城乡教师、医务人员合理流动，促进城乡教育、医疗卫生等社会事业的均衡发展。

可喜的是，2009 年 8 月国务院常务会议决定，2009 年在全国 10%的县

（市、区、旗）开展新型农村社会养老保险试点工作。这意味着全国农民将
开始和城里人一样享受社会养老保险，是继建立新型农村合作医疗制度之
后，政府为农民办的又一件大事。会议强调，在国家财政困难的情况下，
宁可少上点项目、压缩其他方面的开支，也要挤出钱来把这件大事办好。

周其仁教授总结成都经验强调"还权"和"赋能"，由于全文并没有发
表，在文章的发布中并没有解释"赋能"的含义，笔者认为，通过综合配
套，赋予农村土地流转农民的自我生存能力和自我就业能力，应该是题中
应有之义。

4.3.4 政府行为优化建议

农村土地产权制度改革确权是基础，流转是关键，配套是保障，创新
是动力。在农村土地流转市场中，应该处理好市场规律和公权介入的关系，
合理界定政府行为在农村土地市场的边界，正确的做法应当是因势利导，
充分发挥市场机制的作用，顺应农业和农村经济发展的要求，引导而不干
预，服务而不包办，放活而不放任，在坚持市场规律的前提下促进社会公平。

在农村土地流转市场中，政府是公共服务的提供者，也是市场的监管
者，还是农民利益的保护者，在一定程度上能够平衡各方利益，确保农村
土地流转的顺利进行。政府职能边界为"还权、赋能、服务"。政府行为边
界应界定为"三要三不要"。第一，政府要通过制度供给明晰农村土地产权
界定，并通过产权证书固化，不要随意和强制调整农村土地产权属性，这
为农村土地流转提供前提和基础。第二，政府要充分尊重市场规律，发挥
市场在农村土地资源配置中的决定性作用，不要让市场放任自流，这是农
村土地市场化配置的关键。市场交易规则的制订应体现保护农民利益，将
土地保障功能作为交易定价和平台定价的关键因子，形成既科学合理又兼
顾公平的价格形成和价格发现机制，避免农村土地市场外部性可能导致的
市场失灵。第三，政府要提供以生活保障和就业保障为核心的配套保障措
施，让农民流转土地没有后顾之忧，不要排斥农民的利益在社会保障体系
之外。

具体来讲，为了促使农村土地流转中农户转出行为的发生，政府应因

地制宜地建立适应农情的农村土地流转价格机制、完善就业社会保障制度、健全农村土地流转信息交易平台，合理引导、规范农户土地转出行为，保障农户合法权益。首先，因地制宜建立适应农情的农村土地流转价格机制。应建立公开透明的市场准入制度，避免公权对农村土地经营权价格的过度干预，健全农村土地资产评估体系和租金指导价制度。虽然现阶段许多区域根据各自的实际情况，在原有基础上将农村土地租金价格进行了一定幅度的调整，但调整后的租金价格仍然不能满足农民的基本生活需求，导致农户转出意愿不足。各级政府应从广泛征求村集体组织和村民意见建议、调研论证各地区农业生产实际情况、农民生产生活情况入手，健全农村土地资产评估体系，引导和鼓励农村土地经营权价值评估机构、法律咨询机构、农村土地保险机构等服务组织的参与，合理评估农村土地价值，解决信息不对称的矛盾，寻求各地区农村土地转出价格和农村土地转入价格之间的平衡点，因地制宜地建立租金指导价制度，并根据农户的实际情况在合理范围内进行调整，确保农村土地流转价格既遵循市场价值规律，促进农村土地在农业现代化生产中的合理利用，又保护土地流出和流入方的平等合法权益，调动农户参与农村土地流转的积极性，推动农村土地流转的可持续发展。其次，完善就业社会保障制度。由于规避风险的行为特征，不稳定的工作和收入使农户缺乏安全感，就业保障程度低是农户土地转出行为的最大阻力，而非农就业机会和稳定的收入来源能够促进农户的农村土地转出行为。因此，应优化务工环境，利用当地农村的优势资源发展特色产业，为农村劳动力提供非农就业机会，完善就业保障制度。还应统筹城乡发展，完善医疗、养老等社会保障制度，让农村无劳动力或劳动力弱的农户解除土地流转后失去基本生活保障的后顾之忧。最后，健全农村土地流转信息交易平台。农村土地流转信息交易平台是农村土地转出方和转入方的媒介，起到双方主体交流沟通的桥梁作用。不健全的农村土地流转信息交易平台会导致双方信息渠道不通畅，制约了农村土地流转的市场化发展。因此，应健全农村土地流转信息交易平台，使农户及时获取流转信息、自主选择交易对象，而且可以减少信息不对称对农户的不利影响，使农村土地流转行为变得透明、规范、合理，促使农户土地转出行为的发生，促进农村土地流转规范、有序的市场化发展。此外，应坚持党对一切工作的领导，改善和提升党的领导力，借助自上而下的党的组织体系优势，加强对省市级政府、县乡政府的监控。构建党领导下的农村社会"自治、法治与德治"相结合的社会治理格局，吸纳农村社会力量共同打造"共建、共治、共享"的社会发展格局，形成农村改革合力。

4.4 村委会行为分析

村民自治制度是以选举为核心，旨在调动农民当家作主积极性的一整套制度设计，是我国农村的一项基本制度。村民委员会简称村委会，是村民选举产生的，由村民自我管理、自我教育、自我服务的基层群众性自治组织。我国现行农村土地制度规定，农村土地所有权归村集体所有。作为农村集体组织的代表，村委会的主要职能是宣传、执行、落实上级政府和村代表会议的决议，处理村里的公共事务，有权管理、调整和发包村集体所有的土地，是基层政府职能的延伸。无论以何种模式和方式开展农村土地流转，农村土地流转工作基本上都是由村委会开展的，其参与农村土地流转的行为主要表现在农村土地监管、中介服务和领导促进三个方面。

4.4.1 农村土地监管行为

在农村土地流转过程中，上级政府农村土地管理机关和村委会有对农村土地流转行为进行合理规范、保障农户合法权益、维护公共安全、提升耕地利用率的职责。

乡镇农村土地管理部门通过管理流转协议签署、做好备案工作对农村土地流转行使监管职能，其监管的重心在流转前和流转过程中，流转后的监管效率通常比较低。此时，需要赋予村委会一定的监管职能，因为作为基层群众性自治组织的村委会，对农村土地的应用情况非常了解，能够有效地监管流转后的农村土地的使用情况，及时纠正违规行为，确保流转主体双方的平等地位，维护农村土地流转的良好运行。

村委会在农村土地流转中的首要职责是农村土地流转的跟踪与监管，是农村土地流转监管工作的重要"把关人"。村委会对农村土地流转的监管职能主要表现在：在流转前期，一方面，村委会要考察农村土地流入方的经济实力和经营能力，明晰农村土地流入方是否具有承担大规模经营的资格；另一方面，规范农村土地流转合同，确保农民的农村土地权利。受到农村传统习俗和农民文化水平的限制，农村土地流转口头协议多、书面材料缺乏、流转合同不规范，导致发生纠纷后没有处理依据、流转行为不受法律保护、流转合同不统一、操作性不强等问题，阻碍农村土地有效流转。村委会应监督农村土地流转主体双方签署土地保护责任书和规范的合同协议，明确农村土地的流转方式、位置、面积、价格、期限、流转主体双方的权责关系等。在流转过程中，农村土地流转行为应当向村集体经济组织备案，村委会记录农村土地流转行为，及时掌握了解流转情况，进行归档，建立农村土地流转台账，实时监督流入方的经营，有效监管农村土地的使用情况，动态监测粮食生产，对随意改变农村土地用途、乱用化肥农药损害地力的农村土地流入方进行警告和处罚，及时纠正违规行为。例如，对于实施农村土地"非粮化"的行为取消各项农村土地流转补贴和粮食补贴，将农村土地"非农化"行为上报农业管理部门和自然资源管理部门，由土地执法机构责令其改回粮食生产并进行严厉的惩罚。根据有关规定，必须确保"农地农用"，即确保流转双方不得以任何名义改变农用地的使用性质。确保流转主体双方的平等地位，维护农村土地流转的良好运行。2014年11月，中共中央办公厅、国务院办公厅印发的《关于引导农村土地经营权有序流转发展农业适度规模经营的意见》提出，土地流转给非本村（组）集体成员或村（组）集体受农户委托统一组织流转并利用集体资金改良土壤、提高地力的，可向本集体经济组织以外的流入方收取基础设施使用费和土地流转管理服务费，用于农田基本建设或其他公益性支出。文件还强调，没有农户的书面委托，农村基层组织无权以任何方式决定流转农户的承包地，更不能以少数服从多数的名义将整村整组农户的承包地集中对外招商经营[309]。在流转后期，如果农村土地流入方由于经营不善导致破产而无法支付对流出方的流转费用，村委会需要负担这部分费用。

4.4.2　中介服务行为

农村社会结构的基本单位是村庄，在村庄这个典型的熟人社会结构中，几乎每个人都以血缘、亲缘、地缘等关系为纽带形成以自身为中心的关系网络，并呈现封闭性和排他性特征，在村庄社会内部难以形成常态化、开放性的市场机制。随着农村土地流转市场逐渐由熟人社会向半熟人社会拓展，交易双方信息不对称，加上缺乏交易平台，使正常的农村土地流转交易受到阻碍，农村土地流转交易成本也无形增加了。因此，在农村内部有限范围的关系网络中，需要中间媒介在一定程度上发挥桥梁作用，促成农村土地流转市场交易。

村委会在农村土地流转过程中发挥着中介组织的作用，主要表现为村委会在减少农村土地流转过程中的各种交易成本方面发挥着重要的作用。首先，指导流转程序，降低信息成本。农民普遍文化素质不高，对新事物接受程度低，自然对农村土地流转的流转效益、方式方法、具体程序不太清楚，而且，农民相对分散，农村土地流转交易受限，村委会就可以在此过程中发挥宣传教育的作用，在农民进行农村土地流转时，对农村土地的流转效益、流转方式、流转程序作出指导，收集农村土地流转信息并及时发布，减少农民自行了解相关流转信息的搜索成本，提高流转信息的准确性和可信度，保障农民的合法权益不受损害，引导和监督流转双方合法合规地参与土地流转。《农村土地经营权流转管理办法》规定，农村集体经济组织为工商企业等社会资本流转土地经营权提供服务的，在农村集体经济组织、承包方和工商企业等社会资本三方协商确定收费金额和方式后，可以收取适量的管理费用。其次，提升谈判效率，减少签约成本。承包给农户的土地是细碎化的，农业企业若想要流转整块土地，一般会推选村委会作为中介，出面与流转企业洽谈。因为村委会作为农村集体组织的代表，也是村民的代表，是连接市场交易的重要枢纽，在进行农村土地流转谈判的过程中，使分散的谈判得以集中，提升谈判效率，进而减少谈判所需要的签约成本。第三，协调流转纠纷，避免争议成本。在土地流转中，流转主体双方因利益而发生纠纷在所难免，村委会所作出的积极干预和协调，在解决纠纷矛盾时可以节省时间，及时避免矛盾的进一步激化，降低争议成本，维护村民的合法权益。

村委会在减少农村土地流转的各种交易成本的同时，改变了农村土地流转各利益相关主体的决策策略，促进了农村土地流转效率的提高。村委会作为中介组织是农村土地流转市场的纽带，政府应减少行政干预，让其保持适度的公益性和运行的独立性，并通过第三方评估机制规范与约束村委会的行为。

4.4.3 领导促进行为

村委会在农村土地流转中除了发挥农村土地监管和中介服务的职能以外，在推进农村土地流转进程、提升农村土地流转效率方面，还发挥着领导促进的职能，而领导促进职能的效果直接受到村委会领导干部的影响。提升村委会领导干部队伍业务能力和职业素养，发挥村委会在农村土地流转中的领导促进作用，要从建立科学的用人机制、合理的容错机制、村级考核机制入手，提升村委会农村土地流转的领导促进能力。

第一，建立科学的用人机制。选贤任能，用人民满意、干实事、德才兼备的村委会领导干部，全面提升领导班子的领导能力。在实施乡村振兴战略和推进农村土地流转过程中，村委会领导班子发挥着示范引领、带头模范的作用，应突破地位、出生地等的规定，从机关干部、大学生"村官"、经济能人、科技专家、返乡创业者、退伍军人等群体中选拔思维敏捷、规划明确、能闯能干的村委会领导干部，特别是优秀的青年领导干部，以合理的年龄结构和知识结构，优化村委会领导班子结构。还应对全村党员、干部，特别是青年干部进行思想政治教育、政策法律、技术技能等方面的培训，促进村委会领导干部队伍职业化、制度化、年轻化、梯队化发展。第二，建立合理的容错机制。依托市县级党校、职业院校等培训基地，定期组织开展村委会领导干部专项培训，消除干部不作为、不敢闯，不敢干、怕担责的心理顾忌，增强村委会领导干部的主动作为、敢干、敢闯、敢担责的责任意识。第三，建立村级考核机制。贯彻落实"三权分置"精神，贯穿执行上级主管部门关于土地流转的决议，引导人才回归、项目回乡、资金回流，推进资源整合，成立土地流转服务中心，有效组织农村闲散劳动力，调动农民参与土地流转的积极性，进一步发展壮大集体经济，支持和奖励积极发展集体经济的组织和个人，全面做好推进土地流转的各项工作。把规范、高效地推进土地流转作为村委会领导干部年度目标考核的主要指标，并与年度考核挂钩，建立完善多维度考核指标体系，运用多样化考核手段，建立村级考核机制。第四，培养土地流转管理人才。土地流转旨在解决"三农"问题，推进乡村振兴。应从实际出发，建立土地流转管理人才数据库和信息交流平台，加强人才的思想政治教育和业务素质培养，学习、借鉴国内外先进的经验来推进土地流转的实施。第五，提升农民群众的经济意识和技能。在推进土地流转的进程中，村委会必须处理好和农民群众之间的关系。通过大力宣传教育、指导培训，切实提高农民群众的经济意识和经济技能，让农民群众从土地流转中真正受益，在村委会领导下，自愿、主动、积极地参与到共同推进土地流转的进程中。

4.4.4　村委会行为优化建议

村委会应有效发挥在农村土地流转中的作用，在农村土地监管、中介服务和领导促进行为中发挥好桥梁和媒介作用。

村委会在农村土地流转中的角色非常复杂，既是管理者又是"中介"。村委会作为村集体组织，具有管理农村集体土地和稳定农村社会组织的职权，在农村土地流转过程中发生农村土地监管、中介服务和领导促进的行为。农村土地监管行为主要体现在：农村土地流转中监督农村土地流转主体双方签署土地保护责任书和规范的合同协议，协助上级政府农村土地管理部门审核转入方资格，保障农户合法权益；农村土地流转后有效地监管流转后的农村土地的使用情况，合理规范农村土地流转行为，及时纠正违规行为，确保流转主体双方的平等地位，维护农村土地流转的良好运行，维护公共安全，提升耕地利用率。中介服务行为主要体现在：为信息相对封闭的村集体组织和农户提供开放、透明、公平的交易环境，指导流转程序，降低信息成本；提升谈判效率，减少签约成本；协调流转纠纷，避免争议成本。领导促进行为主要体现在：通过建立科学的用人机制、合理的容错机制、村级考核机制，提升村委会农村土地流转的领导促进能力。

因此，应健全农村土地流转资格审查机制和行为监督机制，健全农村土地流转管理服务、宣传推广机构，进行农村土地监管、中介服务和领导促进。首先，健全农村土地流转资格审查机制。资格审查的重点对象为农村土地转入方，包括审查农村土地转入方的资格、信用状况、主营业务、经营能力、资产负债情况等。还要调查农村土地转入方转入农村土地拟开展的经营项目与乡镇产业布局、现代农业发展规划、乡村振兴战略、农业可持续发展的契合度。应结合本村自然资源条件、基础设施状况、经济发展水平、劳动力转移情况、城镇化进程、农业现代化水平，确定本村农村土地适度规模经营的具体量化标准。其次，健全农村土地流转行为监督机制。农村土地流转过程中，村委会监督农村土地流转主体双方签署土地保护责任书和规范的合同协议，合同协议须采用书面形式并使用省（区）级统一的合同。协助上级政府农村土地管理部门审核转入方资格，保障农户合法权益。农村土地流转后，村委会建立农村土地流转台账，有效地监管农村土地的使用情况，制定严禁占用基本农田挖塘、建房或其他破坏性种植行为，禁止非法将农业用地非农化，禁止借用农村土地流转名义违法从事非农业建设等管制条款，依法对农村土地用途进行管制，合理规范农村土地流转行为，及时纠正违规行为，违规行为的惩处措施应具体、明确，确保流转主体双方的平等地位，维护农村土地流转的良好运行，提升耕地利用率。最后，健全农村土地流转管理服务、宣传推广机构。村委会应领导建立农村土地流转管理服务机构，提供流转申请受理、资信搜集审查、项目核查、合同鉴证、纠纷调解、法律援助等免费服务，促进农村土地流转规范、有序的市场化发展。还应领导成立宣传推广机构，组织通过报刊、户外、广播、电视、新媒体，对基层干部和农户开展农村土地流转的相关政策制度、法律常识、增收致富典型的引导、宣传和推广，规范农村土地流转行为，发挥增收致富典型的示范带动作用。

村民自治制度是我国农村的一项基本制度。但是，村民自治制度从诞生起就存在着村党支部委员会与村委会自治权的行使之间的矛盾，即"村两委"之间的矛盾（景跃进，2004）[807]。村民自治制度从制度设计上看旨在加强基层民主，而实践中将党的领导和村民当家作主有机统一并非一件容易的事。基层政府多数情况下会借助"坚持党的领导"这种"排他性权力"与"村民的自治性"产生对抗，其结果是基层政府加强了对农村的控制，陷入内卷化处境（贺东航，2007）[808]，而作为基层群众性自治组织的村委会逐渐行政化，再加上民主化文化土壤的缺乏，使村委会选举过程中产生贿选、涉黑等问题，在很大程度上会消解村民对该制度的信任。因此，应构建党领导下的农村社会"自治、法治与德治"相结合的社会治理格局，吸纳农村社会力量共同打造"共建、共治、共享"的社会发展格局，妥善处理政府权力与村委会自治之间的关系，既要坚定不移地坚持中国共产党的领导，又要发挥村委会作为基层自治组织的自治权。

4.5　新型农业经营主体行为分析

土地是其他生产要素投入的载体，决定了其他生产要素投入的规模与组合（郭庆海，2013）[809]。改革开放40余年以来，随着农村改革的深入、农村经济的发展、农业农村现代化进程的加快，我国农业从传统农业向着现代农业转型升级。区别于传统农业，现代农业是在坚持和完善家庭联产承包责任制的基础上（王定祥等，2015）[810]，构建新型农业经营体系（陈锡文，2013）[811]。建立新型农业经营体系需要加强培育新型农业经营主体，而培育新型农业经营主体依赖于农村土地流转基础上的土地适度规模经营。土地适度规模经营是有效发挥现代农业资本、技术和人才密集优势的重要前提（张东生等，2019）[812]，应与提升土地效率并重，通过复合经营来提升土地的整体效益（周应恒等，2015）[813]，这需要农户参与、农村土地流转、农业投资和生产效率提高的共同作用。

国家出台了相关政策，紧扣粮食生产，大力培育新型农业经营主体。2014年11月，中共中央办公厅、国务院办公厅印发的《关于引导农村土地经营权有序流转发展农业适度规模经营的意见》明确提出，要加快培育新型农业经营主体，加大对新型农业经营主体的扶持力度，鼓励地方扩大对家庭农场、专业大户、农民合作社、龙头企业、农业社会化服务组织的扶持资金规模。2017年中共中央办公厅、国务院办公厅印发了《关于加快构建政策体系培育新型农业经营主体的意见》，要求综合运用多种政策工具，与农业产业政策相结合、与脱贫攻坚政策相结合，形成比较完备的政策扶持体系，引导新型农业经营主体提升规模经营水平、完善利益分享机制，更好地发挥带动农民进入市场、增加收入、建设现代农业的引领作用。2020年国务院办公厅印发了《关于防止耕地"非粮化"稳定粮食生产的意见》，要求完善粮食生产支持政策，加强对种粮主体的政策激励，支持家庭农场、农民合作社发展粮食适度规模经营，提高种粮规模效益。2021年中央一号文件提出："推进现代农业经营体系建设。突出抓好家庭农场和农民合作社两类经营主体，鼓励发展多种形式适度规模经营。实施家庭农场培育计划，把农业规模经营户培育成有活力的家庭农场。推进农民合作社质量提升，加大对运行规范的农民合作社扶持力度。发展壮大农业专业化社会化服务组织，将先进适用的品种、投入品、技术、装备导入小农户。支持市场主体建设区域性农业全产业链综合服务中心。支持农业产业化龙头企业创新发展、做大做强。深化供销合作社综合改革，开展生产、供销、信用'三位一体'综合合作试点，健全服务农民生产生活综合平台。培育高素质农民，组织参加技能评价、学历教育，设立专门面向农民的技能大赛。吸引城市各方面人才到农村创业创新，参与乡村振兴和现代农业建设。"截至2020年年底，全国依法登记的农民合作社达到225.1万家，县级以上农业产业化龙头企业超过9万家，其中国家重点龙头企业1547家，全国家庭农场名录系统填报数量超过300万家[309]。截至2022年年底，全国家庭农场391.4万家，农民合作社222.2万家，为进一步发展壮大新型经营主体积累了有益经验，创造了有利条件[814]。

我国的新型农业经营主体主要分为专业大户、家庭农场、农民合作社、农业企业四类。专业大户和家庭农场是农产品生产的生力军，在农业生产经营活动中处于基础性地位，发挥基础性作用，其通过土地流转、互换并地等途径，以资金投入和集约管理形成规模化种养。农民合作社是集普通农户、新型主体、生产主体、服务主体于一体的产物，在农户经营基础上，以承包土地经营权入股，提供产供销各环节的统一服务，聚集土地等资源要素、开展组织化规模经营。农业企业是建立在"产权清晰、权责明确、政企分开、管理科学"的现代企业制度基础上的市场主体，通过自建农业生产基地、与农户签订订单等方式进行标准化生产和产业化运作，带动规模经营。此外，农业社会化服务组织利用其技术装备优势，为农业生产经营主体提供土地托管、代耕代种、联耕联种、牲畜托养等服务，以连片作业的形式实现规模经营。近年来涌现的新型农业经营主体的一种新类型——新农人秉持生态农业理念，运用"互联网+农业"的思维和方式发展农产品直供直销。

随着国家对农村土地流转的一系列相关政策法规的出台，以及农村土地"三权分置"改革的推进，农村土地流转方式呈现出巨大的变化。传统的农村土地流转仅仅在农户之间自发和分散地进行，有了新型农业经营主体的加入，现在的农村土地流转逐渐体现为适应农业适度规模经营的多元化流转，流转的规模逐渐扩大。新型农业经营主体在农村土地流转过程中的行为主要体现在经济助推行为和理性经济人行为两个方面。

4.5.1 经济助推行为

随着越来越多的农村人口外出务工，农民纯收入中来自农业的比重持续下降，农业逐步成为农民收入增长中的"副业"。而且，农业经营中"家庭"这一最普遍和有效的主体面临规模小、成本高、风险高的突出问题。在此背景下，构建新型农业经营体系是立足中国农业发展现实、适应现代农业发展基本规律的必然选择。

党的十八大报告首次提出，要培育新型经营主体，发展多种形式规模经营，构建集约化、专业化、组织化、社会化相结合的新型农业经营体系。2013 年《中共中央、国务院关于加快发展现代农业进一步增强农村发展活力的若干意见》、中共十八届三中全会通过的改革决议、2014 年中央农村工作会议、2014 年《中共中央、国务院关于全面深化农村改革加快推进农业现代化的若干意见》，均提出构建新型农业经营体系对进一步解放和发展农村社会生产力的重要意义。习近平总书记也多次强调构建新型农业经营体系对中国农业现代化的重要性。构建新型农业经营体系要在加大体制机制创新力度的基础上，培育规模化经营主体和服务主体，加快形成高素质农业生产经营队伍，促进新型农业主体之间的联合与合作，加快发展多种形式的适度规模经营，从而提高农业经营集约化、专业化、组织化、社会化和产业化水平。在此背景下，伴随着农村土地集体所有、家庭承包制度的建立和完善而形成和发展的规模化、多元化的新型农业经营主体应运而生（罗必良，2013）[815]。

在巩固拓展脱贫攻坚成果同乡村振兴有效衔接的现阶段，我国农村地区的经济发展仍然较为落后，不依靠资本带动，引入资金和项目，较难实现农业的规模经营。新型农业经营主体的加入使农村土地流转逐渐体现为适应农业适度规模经营的多元化流转，流转的规模逐渐扩大，可以解决农业外部性和耕地细碎化等问题，产生示范效应，带动落后农村地区的农业适度规模经营，助推农村产业振兴，激发农村经济发展活力，实现农民收入增加。

4.5.2　理性经济人行为

新型农业经营主体从事农业生产经营活动是一种市场行为，其目的是获取收益。伴随着农业农村现代化发展进程的加快，作为农村土地流入、多种形式适度规模经营、建设现代农业的关键主体和重要力量，新型农业经营主体是否继续保持、流入农村土地在很大程度上取决于其是否通过适度规模经营提高了资源效率和规模效益。作为理性经济人，新型农业经营主体在进行农村土地流转交易之前，会综合考虑各种主观和客观因素，在对市场交易的安全性形成确定性预期时，可能才愿意付出信任，进而影响交易方式的选择和促进交易的达成。在理性经济人假设下，新型农业经营主体的农村土地流入行为受到风险、收益和成本、区域土地资源基本特征等多方面因素的影响，呈现出不同的行为特征。

从风险因素来看，由于新型农业经营主体的生产经营呈现出规模化、集约化和专业化特点，其流转行为比普通农户面临更大的市场风险、自然风险、经营风险和财务风险，其中市场风险最为严重。市场风险主要来自农业生产经营过程中，市场供求失衡、农产品价格波动、资本市场和经济贸易条件变化等方面的影响使新型农业经营主体遭受损失的可能性；自然风险是农业生产经营面临的最大风险，如水灾、旱灾、雹灾、虫灾以及各种瘟疫等自然力的不规则变化使农业生产经营活动面临损失的可能性；经营风险主要是由新型农业经营主体信息不对称、市场前景预测失误、经营管理不善等导致的实际收益和预期收益发生偏离的可能性；财务风险是由于新型农业经营主体贷款筹资后无法还本付息的风险。规模经营在平抑农产品市场价格的非理性波动上效果并不理想，还有可能加剧农产品的市场价格波动，给作为农村土地流入方的新型农业经营主体带来巨大的市场风险。自然、经营等因素可能会导致农产品市场频繁剧烈波动，假如新型农业经营主体缺少必要的设备和仓储用地，容易使农产品由于不能及时销售而积压造成亏损。新型农业经营主体中有不少受教育程度不高的农民，其在引进技术、购置设备、购买农业保险等经营管理和风险防范方面缺乏技术和经验，在经营过程中极易受到风险侵袭。新型农业经营主体还比较关注农村土地产权风险，而且对产业基础、政策扶持、市场的依赖性较强。但政府对作为农村土地流入方的新型农业经营主体的补贴政策的持续性也未可知，对一些规模较小的新型农业经营主体的政策支持力度不够，导致新型农业经营主体的风险很高。此外，转出方对转出农村土地的顾虑及采取的短期的农村土地流转行为反过来也会增加新型农业经营主体转入农村土地的顾虑，影响其行为抉择，使其不得不警惕农村土地转出方的违约或政策方的政策调整等各种变化带来的风险。新型农业经营主体还担心转出方的农村土地流转要价不断提高，导致农业生产经营成本不断攀升，农业利润空间受到挤压，产生不盈利或亏损的风险。新型农业经营主体如果想要从转入的农村土地上获取利润，发挥出规模效应优势，就要改善农业基础设施或购置先进农机设备，这需要长期大规模投资，但由于担心市场前景不明朗或农户违约的风险而不敢进行长期大规模投资，会陷入两难的境地。新型农业经营主体是否能持续经营，很大程度上影响着农村土地流转是否能正常运转，也影响着农村社会的稳定性。

从农村土地流转的收益和成本来看，作为理性经济人，新型农业经营主体从农村土地中获取收益的高低主要取决于农村土地的产出水平和农村土地流转价格（租金）水平。农村土地的流转价格（租金）水平的高低直接影响农业生产经营成本的多少。种植粮食的新型农业经营主体可能会采取不同措施来应对农村土地流转价格的上涨，其中，有值得鼓励和推崇的，如追求农村土地产出效益提升、发展循环经济等行为，也有可能会受到惩处，需要整改和摈弃的，如农村土地"非粮化"甚至"非农化"、毁约弃耕行为。第一种应对农村土地流转价格上涨带来的成本上升的行为是降低农业生产经营成本、提高农村土地产出效益。当前中国农业生产要素价格上涨是导致农业生产成本增加的主要原因，农业生产要素中农业劳动力价格是上涨最为明显的要素之一（钟甫宁，2016）[816]，为了降低农业生产经营成本，新型农业经营主体倾向于减少农业劳动力的使用而用机械替代。在降低农业生产经营成本的同时，新型农业经营主体提高农村土地产出效益需要提高农村土地单产或农产品单价。提高农村土地单产需要追加投入化肥、农药等生产资料，短期可能使农村土地单产出现较大幅度提升，但长期来看可能受到规模报酬递减的约束。提高农产品单价需要提高农产品质量，在市场竞争如此激烈的当今社会，作为生活必需品，质优价优的农产品不一定就能竞争过质量一般但价格较低的农产品，可能会导致在市场上难以获得优质优价的困境，而且高质量又会涉及相应成本的增加。但是，这种通过降低农业生产经营成本、提高农村土地产出效益的行为有利于提高粮食产量和粮食质量，促进粮食安全，值得鼓励和推崇。第二种应对农村土地流转价格上涨带来的成本上升的行为是发展循环经济、提升农业综合收益。许多新型农业经营主体在政策支持下，看到或体会到了循环经济在降本增效、提升农业综合收益方面的好处，在当地政府的支持和推动下，以发展循环农业来应对农村土地流转价格上涨带来的成本上升，这种行为既能突破粮食生产增收的瓶颈，又能保障粮食安全，也值得鼓励和推崇。第三种应对农村土地流转价格上涨带来的成本上升的行为是农村土地"非粮化"甚至"非农化"。新型农业经营主体面对农村土地流转价格不断上涨的成本压力无法应对而导致亏损时，可能被迫选择农村土地的"非粮化"甚至"非农化"经营，例如改种经济作物、进行特色水产养殖、发展乡村旅游。大规模产业化生产的经济作物和特色水产养殖的利润自然比粮食种植的利润高，但根据新土地管理法的规定，"国家禁止占用永久基本农田发展林果业和挖塘养鱼"，这使新型农业经营主体陷入两难的境地。在乡村振兴战略背景下，地方政府为促进农民致富和建设美丽乡村，会在乡村开发观光、采摘等乡村生态旅游项目，发展乡村旅游，这在一定程度上会占用耕地，导致农村土地"非粮化"甚至"非农化"。这虽然增加了农民的收入，但农村土地"非粮化"特别是"非农化"后很难再变回耕地，即使整治为耕地，其质量也明显下降，不利于保证粮食安全，此种行为应整改和摒弃。第四种应对农村土地流转价格上涨带来的成本上升的行为是面临风险时毁约弃耕甚至跑路。新型农业经营主体将许多农户转出的分散、细碎的小规模土地转入进行规模经营，在集中经营农村土地的同时，自然风险、市场风险、经营风险等也加倍积聚起来。虽然粮食种植有政府的各项补贴政策，粮食的收购价格也有政府兜底，但随着农村土地流转价格的上涨，加上其他农业生产资料价格的上涨，新型农业经营主体的成本压力越来越大，利润空间也越来越小。一些经营管理实力不够、抗风险能力较差或规模较小的新型农业经营主体可能严重亏损无法生存而毁约弃耕。由于一些新型农业经营主体是在农村土地流转价格较低的早些年，看到其他许多新型农业经营主体获得了较为可观的经济效益而被吸引过来的外地种植大户，当无法应对风险严重亏损时可能会跑路，下乡的工商资本也一样，此时，农户的土地流转款难以兑现，退回的农村土地机井管道也可能被严重损坏、地界匿迹，严重影响农村土地的正常功能和使用，此种行为应整改和摒弃。此外，新型农业经营主体的土地流入行为与交易成本、流入土地的细碎化和污染整治等土地整治成本呈负相关关系，由此引发的土地产权纠纷、投资收益等问题也会抑制新型农业经营主体的土地流入行为。新型农业经营主体这一市场交易中的理性经济人，为了降低成本、提高收益，将会委托村集体或村委会干部与农民谈判并签署农村土地流转协议，以降低流转价格和签约成本。此外，在农村土地流转过程中，由于流转信息不对称等原因，新型农业经营主体为保障自身的利益最大化，容易产生不公平的农村土地流转交易行为。

从区域土地资源基本特征来看，区域人均耕地面积越大、土地细碎化程度越低、与村庄距离越近，新型农业经营主体流入土地可能性越高。从产业发展内部驱动因素来看，新型农业经营主体的土地流入行为受到产业结构调整、组织化程度、规模经营情况的正向影响，需要防范农村土地"非粮化"和"非农化"的风险。从产业发展外部驱动因素来看，农村土地流转市场的发育条件、产业基础条件和政策扶持条件对新型农业主体的土地流入行为产生正向影响。新型农业经营主体的土地流入行为对市场、产业基础和政策扶持具有明显的依赖性。国家政策对一些规模较小的新型农业经营主体支持不足，将会限制其流入土地的动机和能力。

4.5.3　新型农业经营主体行为优化建议

作为发展现代农业的重要力量，新型农业经营主体应在农业现代化发展中释放活力。专业大户和家庭农场应以资金投入和集约管理，通过土地流转、互换并地等途径形成规模化种养，发挥在农业生产经营活动中的基础性作用。农民合作社应在农户经营的基础上以承包土地经营权入股，聚集资源要素并开展组织化规模经营。农业企业以自建农业生产基地、与农户签订订单等方式进行标准化生产和产业化运作，带动规模经营。农业社会化服务组织也应利用其技术装备优势，为农业生产经营主体提供土地托管、代耕代种等服务。新型农业经营主体也应运用先进的理念、技术、设备武装自己，运用"互联网+农业"的经营模式，开展产供销活动。

新型农业经营主体在经济助推和理性经济人行为中应拓展融资渠道、加强风险防控、促进农业劳动力转移，政府也应提供农村土地流转扶持政策支持，加快农村土地市场化流转机制和流转平台建设，建立健全农村土地流转补贴制度。第一，拓展融资渠道。新型农业经营主体转入农村土地，扩大经营规模离不开资金的支持。较大的自然风险和财务风险，加上缺少抵押品，使其向银行贷款比较困难，通过向农村信用社获得联合担保贷款和小额贷款，贷款渠道单一且不能满足规模扩大的资金需求。因此，新型农业经营主体应拓展融资渠道，吸引多元化的投资主体以吸收直接投资、入股等多种筹资方式，通过多种渠道筹集资金，逐步建立农村土地信用体系，为农村土地经营权流转提供及时、合理的资金保障。第二，加强新型农业经营主体风险防控、理性投资的意识和能力。新型农业经营主体转入农村土地，扩大经营规模，在增加获得收益的可能性的同时，风险也加大了。最主要的风险是市场风险、自然风险、经营风险和财务风险。因此，新型农业经营主体在农村土地流入过程中，应加强风险防控、理性投资的意识和能力，充分了解相关政策法规和法律制度，谨慎、全面考察农村土地流转项目、合同和程序，并进行流转项目的财务可行性评估，避免盲目投机，尽可能地规避、减小或适应风险，提高农村土地转入项目的安全性。政府也应健全农村金融保险服务体系，明确土地权益分配，实现土地产权稳定，为新型农业经营主体抵御风险提供保障和支持。第三，促进农村劳动力转移。通过宣传和推广新型农业经营主体中的创业、经营的成功案例，发挥增收致富典型的示范带动作用，激励更多农户发展成为新型农业经营主体。同时，在新型农业经营主体中，开展多元化的农业职业技术技能培训，提高农户的职业技能，拓宽就业渠道，为农村土地经营规模扩大创造积极的氛围和条件，促使农村劳动力转移。通过农村劳动力转移，缓解农村土地"不规模"等问题，为新型农业经营主体转入农村土地打好资源基础。第四，提供农村土地流转扶持政策支持。政府应根据新型农业经营主体不同阶段的农村土地流转需求，结合其产业结构调整、组织化程度和规模经营效益，颁布针对性的农村土地流转优惠政策，完善农村土地整治项目支持和补贴扶持办法，创造优质投资环境，吸引更多资本和经济组织下乡。利用内生式发展模式，培育专业大户、家庭农场、农民合作社和农业企业，为新型农业经营主体提供更多的扶持，让更多经营主体参与到适度规模经营和农业现代化生产中，从而使农村土地流转工作得以贯彻落实。第五，加快农村土地市场化流转机制和流转平台建设，建立健全农村土地流转补贴制度，降低新型农业经营主体的农村土地交易成本。改进农村土地管理制度，允许新型农业经营主体合理配置土地资源，既适应产业发展，又防范农村土地"非粮化"和"非农化"风险（姜启超等，2017）[817]。

4.6 农户行为分析

随着从牛耕肩挑的传统劳作，到新时代机械化、智能化的现代农业，从"面朝黄土背朝天"的生存努力，到种地有证书、技术有职称的职业发展，农户生活发生了翻天覆地的变化。

农村土地既是农村产业发展中最重要的生产要素，也是当代中国大多数农户最重要的财产权益和最主要的生产资料，更是农村人口生存、就业和养老的重要依托，兼具经济功能和保障功能。在农村土地流转中，农户的农村土地权益源自家庭承包所取得的具有物权性质的农村土地承包经营权及其衍生的相关农村土地权利之和（宋志红，2018）[818]。"三权分置"制度下，农户的农村土地权益包括农村土地承包权、农村土地经营权流转处置权和农村土地经营权流转收益权（张勇等，2020）[819]。

1. 农村土地承包权

"三权分置"下农村土地承包权的主体被严格限定于农村集体经济组织的成员，也就是说，拥有农村集体经济组织成员的身份是获得农村土地承包权的前提条件，这和"两权分离"下农村土地承包经营权的主体的资格要求是一致的。农户是农村集体经济组织成员，拥有这种身份，与作为发包方的农村集体经济组织签订书面农村土地承包合同，成为农村土地的承包方，从农村土地承包合同生效起即取得农村土地承包权（陶钟太朗等，2017）[820]，（陈小君，2018）[821]，依法对承包的农村土地享有使用、收益的权利，还享有流转承包地并获得收益及征收补偿的权利。可见，农户因其固有的农村集体经济组织成员的身份而享有承包农村土地的资格权。作为农户专属的农村土地承包权，属于农村集体经济组织成员权范畴，是农村集体经济组织成员权的重要内容，是一种典型的身份性权利，是与其农村集体经济组织成员身份紧密联系、不可分割的权利。农村土地承包权体现了农户承包农村土地的权利资格和农村土地所承载的社会保障功能（朱广新，2015）[822]。它也是在推进乡村振兴战略实施过程中完善农村土地承包经营制度、保持农村土地承包关系稳定的重要基础。

为保护农户的农村土地承包权，2002 年颁布的《中华人民共和国农村土地承包法》明确规定：农村土地承包经营权可以在集体所有制不变的条件下通过多种形式进行流转，但不得改变农村土地农业用途且本集体经济组织成员享有优先权。2018 年 12 月，《中华人民共和国农村土地承包法修正案（草案）》第三次审议稿在继续稳定农民土地承包权的基础上，明确了农村土地经营权流转受法律保护。2019 年，经修订后实施的《中华人民共和国农村土地承包法》规定，稳定农村土地承包关系并长久不变，土地承包后承包方可自己经营，也可流转给他人经营。同年 11 月，党中央印发的《关于保持土地承包关系稳定并长久不变的意见》也明确指出"要长久保障和实现农户依法承包集体土地的基本权利"。以上法律和意见规定农村集体经济组织的农户作为农村土地承包方依法享有承包农村土地的权利，任何组织和个人不得非法限制和剥夺农户家庭成员的农村土地承包权。因此，在现行法律、制度和政策框架下，农户的农村土地承包权是保障其身份权益的用益物权，是作为承包方拥有农村土地经营权流转处置权和农村土地经营权流转收益权的基础。只要农村土地承包关系稳定且长久保持不变，农户的农村土地承包权就能够得到长久保护，从而实现对农户农村土地承包权的物权保护（郑志峰，2014）[823]。

2. 农村土地经营权流转处置权

在乡村振兴战略背景下，为培育新型经营主体、促进农业适度规模经营、推动农村土地经营权规范有序流转，2016 年 10 月，中共中央办公厅、国务院办公厅印发了《关于完善农村土地所有权承包权经营权分置办法的意见》，制定了始终坚持农村土地集体所有权的根本地位、严格保护农户承包权、加快放活土地经营权、逐步完善"三权"关系的农村土地"三权分置"办法[29]，明确了作为农村土地承包方的农户有权通过互换、出租（转包）、转让、入股或其他方式流转农村土地经营权并获得收益，鼓励采用多种经营方式探索放活农村土地经营权的实现途径。因此，从产权角度看，农村土地流转的实质是农村土地经营权在不同主体之间的转移。现行的《中华人民共和国农村土地承包法》规定，作为承包方的农户可以自己决定采取何种方式流转农村土地经营权，任何组织和个人不得强迫或阻碍农村土地的经营权流转。作为承包方的农户基于其拥有的农村土地承包经营权，在农村土地流转中针对如何进行农村土地流转处置拥有一定的自主权（杜云晗等，2018）[824]，即农户依据自身经营农村土地的成本效益和农村土地流转的收益风险，有权自主决定是否进行农村土地经营权流转、选择何种方式进行农村土地经营权流转、将农村土地经营权流转给何种经营主体、如何确定农村土地经营权流转价格等，这就是农户依法拥有的一种自主的农村土地经营权流转处置权。任何组织和个人都不得干涉、限制或阻碍这种农村土地经营权流转处置权，更不得违背农户意愿强行流转农村土地。因此，承包农户基于其享有的具有物权性质的农村土地承包权而拥有对承包农村土地的合法处置权，农村土地经营权流转的决策和处置都应完全由农户自主决定，切实维护农户的合法权益，促进"三权分置"制度下的农村土地经营权规范有序流转，更好地实现农村土地要素的流动和优化配置（李宁等，2017）[825]。

3. 农村土地经营权流转收益权

2016年10月中共中央办公厅、国务院办公厅印发的《关于完善农村土地所有权承包权经营权分置办法的意见》明确了作为农村土地承包方的农户有权自行决定采用互换、出租（转包）、转让、入股或其他方式向其他经营主体流转其承包农村土地的经营权，且获得合理的流转收益。我国《物权法》规定了农户依法对其承包地享有占有、使用和收益的权利。《中华人民共和国农村土地承包法》规定了农村土地经营权的流转收益归作为承包方的农户所有，且任何组织和个人不得擅自截留和扣缴。现有的农村土地流转相关制度政策也强调，在促进农户农村土地经营权流转过程中要切实维护和保障农户流转农村土地经营权的合法收益。作为承包方的农户的农村土地经营权流转收益权是农户在农村土地流转过程中通过流转其承包农村土地的经营权所享有的获取一定收益的权利。农户流转农村土地经营权追求的目标之一是实现自身收益最大化，因此，农户是否进行农村土地经营权流转、选择何种方式进行农村土地经营权流转、将农村土地经营权流转给何种经营主体、如何确定农村土地经营权流转价格等，在根本上取决于农户对流转农村土地经营权后可能取得的经济收益的预期与均衡（郑万军，2014）[826]。能否取得预期的农村土地经营权流转收益取决于农村土地流转市场的发育程度，农村土地流转市场发育程度越高，越容易形成公平、公正、公开的农村土地流转价格形成机制、农村土地流转价格发现机制和农村土地流转价格动态协调机制，这也是本书研究的重点。较健全的农村土地流转价格机制促使市场化的农村土地流转价格的形成，这是判断农村土地流转是否遵循市场价值规律的主要标准，更是农户获得农村土地经营权流转收益的关键。《中华人民共和国农村土地承包法》还规定，农村土地经营权流转价格应由流转主体双方协商确定。在实践中，应充分考虑通货膨胀和土地增值收益等因素，建立农村土地流转价格动态协调机制，使农村土地经营权流转价格不仅体现当前农村土地的价值，还应体现未来农村土地价值的升值空间。农户的农村土地经营权流转收益包含当前和未来预期收益两部分。

中国农村土地制度改革是国家意志的体现，虽然国家行政力量推动对农村土地大规模流转发挥了巨大作用，但是农户作为农村土地流转的决策主体，也是农村土地流转直接、关键的参与主体，其认知水平的高低和对国家制度政策的响应程度在很大程度上决定了国家的农村土地制度和政策能否有效实施。也就是说，农村土地流转能否顺利进行、政府农村土地流转政策办法的制定、政府在农村土地流转中的角色和行为都要建立在农户流转意愿的基础上，必须把考察农户流转意愿放在首位。农户流转意愿又与农户对农村土地的认知、利益诉求是否得到重视、合法权益能否得到保障，农户能否紧跟现代农业发展步伐，农户能否分享到现代农业产业链的增值收益紧密联系。

农户对农村土地的认知显著地正向影响农户的土地流转行为，且对土地转入行为的影响效应大于对土地转出行为的影响效应（黎毅等，2021）[827]。农户对农村土地的认知反映了农户对农村土地政策法规、农村土地权利、农村土地收益的理解和掌握程度以及运用相关知识有效配置农村土地资源来实现农户家庭效益最大化的能力。农户对农村土地政策法规、农村土地权利和农村土地收益的认知都会影响其参与农村土地流转的意愿，进而影响其农村土地流转行为。

农户对农村土地政策法规的认知程度越高，农户的尊重感越得到重视，越能提高其农村土地流转行为的发生概率（张雷等，2017）[828]。农户的素质和认知水平随着我国社会经济的发展、城镇化进程的加快、生活水平的提高而逐步提高，政府决策应把农户对农村土地政策的认知对于其农村土地流转行为的影响纳入充分的考虑范畴（常伟等，2015）[829]。然而，大多数农户较少地关注我国农村土地的"三权"政策，政府和农户双方的信息不对称在加大政府确权行政成本的同时，在很大程度上会抑制农户的农村土地流转意愿（叶剑平等，2010）[141]。农户对农村土地政策法规理解得越透彻，其感知到的制度压力就越强，他们在农村土地流转意愿与行为产生的过程中就会更加遵守政策法规，这是农户对农村土地政策法规的认知对于其意愿和行为产生的直接效应。农户对农村土地政策法规理解得越透彻，他们对农村土地政策法规产生的稳定地权、保障农户权益等积极作用认识得越清楚，农户的安全感越高，农户对农村土地流转行为和意愿的预期就越高（吕晓等，2017）[830]，这是农户对农村土地政策法规的认知对于其意愿和行为产生的间接效应。当然，不同类型农户的农村土地流转行为也会产生差异化特征（刘承芳等，2017）[831]。

农户对农村土地权利的认知体现的是农村土地的产权安全性对农村土地流转的影响。农户对权利的认知主要是对农村土地所有权、承包经营权的认知，相关研究集中在农村土地所有权、承包经营权的认知影响因素上[832]。"三权分置"制度下，农户对权利的认知主要是对农村土地承包权、农村土地经营权流转处置权和农村土地经营权流转收益权的认知。法律和认知维度的产权安全性会显著地促进农村土地流转，认知维度在一定程度上能有效地消除事实维度农村土地产权不安全对农村土地流转产生的消极影响（胡新艳等，2019）[833]。农户通常会选择对自己最有利的制度安排。当由于农户对权利认知不足而造成政府的权威政策与自身的权利认知不符时，心理预期与实际制度、政策就会产生差异，便会抑制农户的土地流转积极性（高佳等，2015）[834]。因此，安全的产权环境和农户对农村土地权利的认知能有效提高农户参与农村土地流转的积极性。要促进农村土地流转，应加大政策法规的宣传力度，提高农户对农村土地产权的认知水平。但是，农户对产权认知较为薄弱，相较于经营权，农户对土地所有权和收益权的认知偏差较大，特别是农村土地所有权国家化、农村土地额外增值收益属于个人所有等认知偏差现象突出（钟涨宝等，2018）[835]。

农户对农村土地收益的认知影响其参与农村土地流转的意愿和流转的规模。土地是当代中国大多数农户最重要的财产权益和最主要的生产资料，承载着经济功能和保障功能。农户的农村土地流转行为是社会行为和经济行为的结合。农户的土地流转行为是在农村土地的成本收益、经济收益、安全保障收益等多重福利权衡后所进行的选择性交易，而不仅仅在要素市场上进行简单的产权交易。农村土地流转主体双方的交易费用决定交易成本，进而影响农村土地流转行为的发生。交易费用过高会导致农村土地流转主体双方的交易成本增加而终止流转。农户对土地成本收益的认知能促使合理的交易费用的产生，有利于改善自身的农村土地流转行为（罗必良等，2012）[836]。农村土地流转后，其经济收益会在不同类型农户之间存在差异，并会在很大程度上影响农村土地流转的有效性。主要从事农业生产经营或农业生产经营具有比较优势的农户往往倾向于转入土地进行规模化生产，以提高农业生产效益。非农业为主的农户则倾向于转出土地以获取租金，同时进行收益更高的非农生产（蔡洁等，2018）[837]。注重土地的安全保障收益的农户参与农村土地流转的意愿通常较低，因为土地是他们最主要的社会保障。即使他们参与农村土地流转，由于其对可获得的经济收益预期较小，也会选择一般农户和亲友邻居作为流转对象（石玲玲，2018）[838]。因此，农户对土地收益的认知会显著地促进其参与农村土地流转的意愿和流转的规模。

中国农村土地制度改革通常体现为政府或村集体的认知水平，农户的认知水平并没有得到国家的高度重视（汤谨铭等，2013）[839]。制度改革是否有效主要看制度改革的方向和速度，方向由政府权威决策和个体认知共同决定，速度则取决于二者的一致性程度（丰雷等，2020）[840]。因此，由政府主导进行的农村土地制度改革更应关注农户对农村土地的认知水平，因为农户对农村土地的认知水平会影响农户的农村土地流转意愿，进而会作用于其农村土地流转行为。了解农户土地流转意愿，分析农户土地流转行为，对于促进农村土地流转的顺利进行，发展农村集体经济、促进乡村振兴战略的顺利实施有着重要的意义和作用。

农村土地流转行为包括农村土地的转入行为和转出行为。对转入户而言，农村土地流转会增加其从事农业生产的生产成本和转入土地的投资风险，虽然经过经验和资本的长期累积必然会增加农业收入，但经营模式的变化和自身经营能力的欠缺会导致短期农业收入的不稳定；对转出户而言，不仅可以获得从事非农生产活动的收入，还享有转出农村土地经营权的租金，但会严重影响那些将全部或大部分土地转出的农户的工作方式、生活习惯、消费方式等（陆继霞，2018）[841]。在农村土地流转中，农户通常是农村土地的转出方，是农村土地资源能否实现流转、流转是否有效的关键环节，其行为对一个区域的农村土地流转具有根本性影响。

中国农户的农村土地流转决策不仅受到利益的驱动，还受到农村土地流转风险、自身的农业生产能力（Carter，2002）[842]、农业及非农业收入、就业保障、农户主观认知、人情关系、道德伦理、风俗习惯、自主决策和处理纠纷的能力、农村土地流转信息交易平台、农村土地流转政策宣传、流转信息通畅度等多种因素的影响，呈现出经济和社会双重属性。受规避风险、追求利益和从众心理的驱使，农户在农村土地流转过程中产生规避风险、追求收益和羊群效应行为。

4.6.1 规避风险行为

行为信念指农户感知到的农村土地转出行为可能带来的结果（钟夏娇，2017）[843]，会对农户的土地转出行为产生决定性影响。农户在土地转出行为发生前，需要考虑的关键问题是转出前后其眼前和未来生活状态可能发生的变化，需要考虑的核心问题是短期和长远的风险与收益的平衡。当农户感知到土地转出可能为自身带来的风险大于收益时，就会阻碍农户产生土地转出意愿的行为信念，农户会选择不转出土地，反之，则会促使土地流转行为的发生。

农户生计资本是农户在应对社会、经济与制度等环境变化时作出决策的反映，其禀赋程度对农户生计风险的强弱产生影响（苏芳，2017）[844]，且对农户生产经营决策行为产生重要作用。通常情况下，生计资本越多的农户更容易灵活应对土地流转后可能面临的各种风险（赵雪雁，2011）[845]，这部分农户对农村土地流转的接受程度更高。农户可持续生计资本包括自然、人力、物质、金融和社会五个资本维度（朱兰兰等，2016）[846]。农户参与土地流转的主动性、积极性与满意度，除了和传统的五个维度的生计资本密切相关以外，还与农村土地流转过程中农户产生的心理感受及历程变化、农村土地流转政策等因素有关（Deininger 等，2008[847]；李广东等，2012[848]）。

虽然国家政策多次强调确保农村土地的稳定性，但在农村传统平均主义意识等因素的影响下，现实中农村土地政策被多次调整，这种不稳定性让农户普遍存在规避风险的心理。由于各地的农村土地政策和宣传力度不同，规避风险的心理使农户的农村土地流转行为存在差异性。无论选择是否转出土地，都是农户规避风险的行为。农户规避风险的行为体现在以下两个方面：

（1）如果农户选择不转出土地而是自行从事农业生产活动，是为了规避生计风险、失地风险、契约风险、政策信息不对称风险。

首先，农户选择不转出土地是为了规避生计风险。由于土地是农户最重要的财产权益、最主要的生产资料和生活保障。若农户将自己承包的土地长期流转或直接抵押，在户籍、医疗、教育和养老保险制度城乡差别明显的现行环境下，农户无法获取与非农人口相同的各项待遇，农民对土地仍然存在特殊的依赖性且并未消减，在转出土地经营权时仍旧顾虑重重。一旦流转合约无法履行，失去了生产资料和资金来源，生活没有保障，也没有退路，将面临困境。

其次，农户选择不转出土地是为了规避失地风险。把土地长期委托给村委会，统一流转给专业大户或龙头企业等经济组织以后，土地被重新规划与整理，破坏了原有的地界标志，租期满了以后土地很难恢复原状，地界难以辨认与恢复，导致土地不能收回。为了减少未来潜在的风险与纠纷，在租金不高的情况下，农户会选择不转出土地。

再次，农户选择不转出土地是为了规避契约风险。那些冲着政策补贴而不是农业利润而来的部分资本或企业有实力拿地，没心思种地，没有做好新型农业经营主体的打算，也没有做好农业长期投资的规划，拿到地以后，人才、技术、管理等配套都跟不上，一旦由于条件不符无法获取国家的政策补贴，就可能陷入惨淡经营或亏损倒闭，从而出现拖欠农户土地租金或弃约的现象。经历过或听闻过此类案例的农户会选择不转出土地，规避租金不能兑现而政府又束手无策时的契约风险。

最后，农户选择不转出土地是为了规避政策信息不对称风险。农户对农村土地流转的相关法律政策了解少、实际话语权较小，信息不对称，在农村土地流转过程中属于弱势群体，农户也没有途径了解土地流入方的经营情况，只能被动地接受流转合同中的流转费标准，而且他们对农产品市场不敏感，有些农户将土地委托给村委会流转以后不关心土地流转给了谁、土地流转以后的用途。强势群体容易利用农户的上述弱点，随意或变相改变土地用途，压低流转价格，强迫或限制流转，剥夺农户权利，给农户的流转行为带来政策信息不对称风险。

农户面临较高风险，其风险防范能力较低，农户参与农村土地流转的行为意愿目标是以较低的风险获得最大化收益，因此，在实际的农村土地流转中，农户的决策行为通常需要再三权衡利弊，从而出现风险规避的行为。

（2）如果农户选择转出土地而不是自行从事农业生产活动，是由于农户进行传统的农业耕作获得较低的经济收益使弃农的机会成本相应较低，而且可以规避农业生产活动的自然风险及农业外部性风险。

土地是农户最基本的生产资料，是农户维持生计的重要来源和保障，发挥着社会保障和失业保险的作用（黄祖辉等，2009）[849]。转出土地意味着农户需要另谋生路，这时就需要就业保障来清除农户的后顾之忧，缺乏就业保障是农户土地转出行为的最大障碍。由于城乡保障体系尚未完全融合，农民离地后，农户的文化水平普遍偏低，在城镇谋生可能会面临就业难、收入不稳定的困境，可能难以保障基本生活，面临一定的生存风险（Chan 等，2008[850]；Dreger 等，2015[851]），仅靠平均 500 元/亩 ~ 800 元/亩的农村土地租金，难以应对其在城市中的生存压力（杨子砚，2020）[852]。因此，农户不会在没有确定生存计划和未来工作的前提下，轻易地将土地租给他人（Cai 等，2008）[853]。农户会首先做出向非农产业转移的决策，在农业与非农产业之间采取兼业模式，均投入一定的劳动时间（纪月清等，

2016）[854]。因此，只有当农户预期其非农劳动收入可以持续性地不低于农业生产收入，并能保障其城市生活时，农户才会参与农村土地流转（Yao，2000[855]；Deininger 等，2014[856]），将其所有承包农村土地的经营使用权流转给其他经营主体，将自身的劳动力完全投入非农产业。因此，积极参与非农就业的农户拥有更高的土地转出倾向和较低的土地转入倾向（Kung，2002[857]；Jin 等，2009[858]；杜鑫，2013[859]）。

4.6.2 追求收益行为

土地是农户赖以生存和发展的物质基础与保障。农户从事农业生产经营的首要目的是获取收益，经济收益也是农户转出土地的最大动力。农户从土地上获取的经济收益包括从事农业生产活动获得的收益和通过流转农村土地获得的比流转前更高的农村土地租金。

农户出于理性考虑，其土地流转行为追求的是获取最大化收益（伍振军 等，2011）[860]。农户土地流转决策是对"成本—收益"比较后作出的（罗必良，2017）[861]。农户的土地流转行为分为土地转出和土地转入两种情况：

（1）在农户转出土地的情况下，作为土地转出方的农户，可能拥有少量农村土地。如果农户认为农业生产率低于非农生产率，可能会转出全部土地并从事非农行业，获得农村土地流转的财产性收入和非农收入，也可能会转出部分土地，采取兼业形式，获得农业收入、土地流转的财产性收入（农村土地租金）和非农收入（杨晶 等，2020）[862]。

在农户转出土地的过程中，虽然风险会阻碍土地转出行为的发生，但农户更在意的是土地转出带来的资金利益和土地转出后自身福利水平的变化。农户土地转出数量随着其农业生产能力的下降而增加（Deininger 等，2008）[863]，不具有农业生产能力比较优势的农户转出土地的可能性更大。而且，只有当农户具有外出务工较稳定的工资收入预期，拥有能满足基本生活所需的稳定且丰厚的收益，且自身的福利水平提高时，农户才会转移自己的主业，将农村土地经营权转移给其他经营主体（钟晓兰 等，2013）[864]，获得外出务工的工资性收入和农村土地流转租金。当务农的边际劳动收益低于较稳定的外出务工的边际劳动收益时，劳动力配置会从务农向务工不断转移直至务农和务工的边际收益一致。现阶段，随着城镇化进程的加快，城乡融合发展为青壮年农民提供了更多的务工机会和高于务农的收入，他们会愿意转出土地，这有利于农村土地集中流转和农业规模化经营。

农户转出土地时对收益的考虑，必然离不开对农村土地流转交易成本的考虑，其决策是在对比收益和成本后作出的。农村土地流转交易成本越低，农户越容易接受，土地越容易被流转出去（刘晓宇等，2008）[865]。农村土地流转交易成本指农户在农村土地流转市场上为达成交易需付出的信息搜索成本、合同签约成本和监督履约成本（李星光等，2020）[866]。信息搜索成本与农户掌握的农村土地转入户信息的全面性和准确性、搜索时间、搜索便捷度等有关，农户掌握的转入户信息越完整，搜索时间越短、越便捷，耗费精力越少，农户转出土地的信心就越足。合同签约成本与流转双方预期一致度、合同签订的期限和流程有关，流转租金价格符合流转双方预期、合同签订期限越短、流程越简单，交易越容易达成，农户越容易顺利转出土地。流转合约达成后，农户对产权安全性的感知、对农村土地转入户的信任、预期在非农就业不稳定时可以顺利拿回农村土地经营权，是其愿意继续将土地转出的关键因素（邹宝玲，2020）[867]，监督履约成本越低，农户越倾向于转出土地。

（2）在农户转入土地的情况下，作为土地转入方的农户，可能拥有一定数量的农村土地或拥有农业生产经营能力比较优势。一部分农户通过转入土地解决人多地少的矛盾，增加农业生产经营收入；另一部分农户通过转入土地减少土地细碎化，扩大农业生产，实现规模经营，成为新型职业农民（钱忠好，2016[868]；Allanson，2019[869]）。现阶段，在乡村振兴战略背景下，由于政策支持和资本下乡，更多资金、技术和人才等资源流入农村，农业生产效率得到提高，部分拥有一定数量农村土地或拥有农业生产经营能力比较优势的农户更愿意转入土地，发展成为专业大户、家庭农场、农民合作社、农业企业等新型农业经营主体，获得规模经营效益。

随着经济的发展，农户获取的"非农工资"这一农户从事农业生产的机会成本逐步提高，农业劳动投入的要素价格也不断攀升，高昂的经营成本使农户基本没有盈利空间（罗必良，2017）[870]。而且，经过 40 余年的制度变迁和政策努力，土地分散化的经营格局并未发生根本改变，依然是细碎化、小规模的经营格局。每个农户的家庭农村土地承包面积不大且农业生产效率和经济效益不高。农户弃农外出务工的机会成本相应较低，即使完全放弃农业生产，农户务农的边际劳动收益仍然低于外出务工的边际劳动收益，农户会选择流转出全部或部分的农村土地经营使用权，因此农户通常是农村土地的转出方。

由于户籍制度、农村土地制度等制度约束，加上城乡收入差异大，大量农村劳动力的非农转移导致劳动力流失是农户为了实现收入最大化不得不采取的一种家庭分工决策。我国国情决定了在以后相当长的时期，普通农户仍是农业生产的基本面，因此，势必要鼓励和支持小农户通过多种方式和途径加入规模经营之列，分享规模经营收益和农业现代化成果。

总之，合法流转农村土地不仅可以从土地中解放农民，提高农户的总收入水平，也可以实现农村土地适度规模经营，提高农村土地利用率。

4.6.3 人情交换行为

由于历史、传统、文化等原因，中国在一定程度上被认为是人情社会，很多农村地区特别是经济发展比较落后、相对闭塞的村庄，农户愿意将土地流转给自己较近的主体，即农村土地流转主要发生在村庄里的熟人之间，是一种"熟人化"交易，是一种关系型流转，表现为一种情义取向的人际信任。有调查显示，亲友邻居之间、同村普通农户之间发生的农村土地流转合约占比达到 88.48%，而在缺乏新型农业经营主体的农村地区，亲友邻居之间发生的农村土地流转占比几乎达到了 100%（罗必良，2017）[871]。在充满人情的熟人社会中，人际交往遵循人情、面子等乡土伦理规范，血缘和地缘关系成为人和人之间的主要联结纽带，人际交往关系往往是一种互惠关系，而不仅仅是利益关系（田先红等，2013）[467]。农户倾向于以低租金或零租金廉价将土地转给对方，表现为农村土地流转过程中的"人情交换"或"礼物交换"，这种互惠关系使农户以低价将土地流转给亲友邻居后能得到他们对留守老人和小孩的关照（陈奕山等，2017）[476]。因此，农户流转给亲友邻居的土地流转价格往往比流转给新型农业经营主体的流转价格更低（胡新艳等，2016）[872]。而且，土地是当代中国大多数农户最重要的财产权益和最主要的生产资料，更是农村人口生存、就业和养老的重要依托，兼具经济和保障功能，很多农民视其为命根子。为了确保能在外出务工返乡时收回土地且其不遭到破坏性使用，农户宁肯低价甚至无偿将土地流转给自己信任的亲友邻居。这种"人情租"自然就广泛地存在于同村内农户之间自发进行的小规模流转中了。而且，人情干预在农村土地流转中发挥着重要作用，基层政府和乡村的"威望人士"间达成默契，可以诱导农户参与农村土地流转（李毅，2015）[873]。此外，农户的非农转移会降低农户土地的禀赋效应与农户对农村土地流转的"价格幻觉"，进而使农户家庭在农村土地流转时选择口头合约而非书面合约，表征为私人关系的合意性表达（张苇锟等，2021）[874]。

农民收获人情关系从而产生"人情租"是农户的一种无奈选择，因为当地缺少新型农业经营主体及其对农村土地的需求。有数据显示，2015 年，中国耕地经营规模在 10 亩以下的农户占比为 85.74%（朱文珏等，2019）[268]。当前大部分农户并不富裕，他们对农村土地流转产生经济收益的期盼明显要高于在乡情方面的期盼（高建设，2019）[318]。一旦有新型农业经营主体给出一个有吸引力的农村土地流转价格，大多数农户可能会选择高价而放弃人情，将土地流转给新型农业经营主体。

4.6.4 羊群效应行为

农户土地转出行为呈现"羊群效应"的特征。出于降低交易成本、促进整块农村土地流转、提高流转效率的目的，一般会推选村委会作为中介的身份，代表整村和村民与流转企业洽谈流转事宜，带领促进全村开展农村土地流转活动。当地方政府或村委会支持农户的土地转出行为时，会对农户的土地转出行为产生促进作用。在开展集体活动时，也易于产生"羊群效应"行为。

当人们对某事物的结果捉摸不定时，会依赖周围的社会群体来进行决策。同样，当农民对于土地转出行为发生后的结果不熟悉时，在接收到社会群体的建议后，可以感知周围的家人、亲戚、朋友、村民等社会群体对自己参与农村土地转出的态度，进而整合社会群体的建议并形成自己的看法，影响农村土地流转行为的发生。而且，当代中国大多数农户特别是偏远地区农户的生产生活环境非常狭窄，除了本村居民外，少与外界接触和交流。出于从众心理因素，农户看到身边的他人转出土地而获得稳定的土地租金收益时，会诱发产生想要转出土地的行为。这两种情况都会导致农户的农村土地流转行为呈现"羊群效应"特征。

4.6.5　农户行为优化建议

农户农村土地转出行为应体现平等自愿、因地制宜和保护耕地的原则。

兼具经济功能和保障功能的农村土地是当代中国大多数农户最重要的财产权益和最主要的生产资料。农村土地问题涉及人口众多，牵涉利益面广，是社会普遍关注的问题。农户的文化水平普遍偏低，对法律政策知识了解少，在农村土地流转过程中属于弱势群体，会产生规避风险、追求收益和羊群效应行为。如果农户选择不转出土地是为了避免失去土地的风险，如果农户选择转出土地是为了避免农业生产活动的自然风险及农业外部性风险。虽然风险会阻碍农户的土地转出行为，但农户更在意的是土地转出带来的资金利益和土地转出后自身福利水平的变化。出于从众心理因素，农户看到身边的他人转出土地而获得稳定的土地租金收益时，会诱发产生想要转出土地的行为。

因此，在农村土地转出过程中，应保障农户的合法权益，始终坚持平等自愿的原则；农村土地区域差异大，应坚持因地制宜的原则；农户也应承担保护耕地的义务。首先，坚持平等自愿原则。在农村土地流转的过程中，应该体现平等自愿的原则，充分尊重农民意愿和需要，积极引导和服务，避免强迫执行。其次，坚持因地制宜原则。由于不同地区自然、经济、社会、文化等条件的不同，农村土地流转具有明显的区域差异性，农村土地流转行为要注重与环境的兼容性，满足相应的主、客观条件，坚持因地制宜的原则。再次，坚持保护耕地原则。作为农村土地转出方，农户应结合国家耕地保护的政策要求，有权利更有义务重视农村土地转出后的耕种方式及用途，保护耕地，实现社会、经济、资源和环境的协调、持续发展。

4.7　本章小结

农村集体经济组织对农村土地的有效经营模式包括：第一种，农户把承包地直接流转给村办的集体合作社或村集体组织（一次流转），由村集体自行经营不再流转，即采取集体统一经营农村土地模式。第二种，农户把承包地直接流转给村办的集体合作社或村集体组织（一次流转），村办集体合作社或村集体组织再将转入的农村土地进行规划整治后连片地转包给专业大户、家庭农场、农业企业等其他经济组织经营（二次流转），即采取集体辅助经营农村土地模式。第三种，农村集体将未分配农村土地或将未分配农村土地和农户的承包地一起入股其他经济组织联合经营，即采取集体联合经营农村土地模式。

以上三种农村集体经济组织对农村土地的有效经营模式总的优势表现在有利于农村土地流转持续推进、有利于农村规划集约用地、有利于实现农业现代化、有利于发展农村集体经济四个方面，最终实现农业农村现代化和可持续发展。

（1）有利于农村土地流转持续推进。由于农户对村党支部委员会和村委会（"村两委"）的信任程度较高，认为无论流转后经营是成是败，村集体更有能力保护农户的利益，流转收入较为可靠，所以更愿意把自己的承包地流转给村办集体合作社或村集体组织，这样使农村土地流转的稳定性和可持续性更强。

（2）有利于农村规划集约用地。农户的承包地流转给村办集体合作社或村集体组织，无论村集体组织将农村土地流转给其他经济组织还是自行经营，村庄都可以先从总体上制定落实农村土地合理保护和高效利用的长远规划。而农户将承包地直接流转给专业大户、家庭农场、农业企业等新型农业经营主体经营，村庄较难制定实施总体长远的农村土地合理保护和高效利用的长远规划。而且，部分农户以宅基地置换中心村或城镇的房产或以自身的土地承包经营权置换养老权（社会保障权），实现了集中居住，使农村土地实现规划集约用地。农村土地也更能根据长远发展规划来进行集中规划整治和用途管控。对集中规划整治后的土地，可以扩大其可利用面积，增加村集体的未分配农村土地，使农村发展空间得以拓展，进而为工业化、城镇化和农业农村现代化发展提供有利的资源条件。

（3）有利于实现农业现代化。农户的承包地流转给村办集体合作社或村集体组织，一般会先进行土地整治和用途管控，然后成片地转包给专业大户、家庭农场、农业企业等新型农业经营主体或集体自主经营。这样既能避免农村土地抛荒，盘活有限的农村土地资源，增加农村土地转出户的收益，又有利于农村土地转入户转变生产经营方式，提高农业生产经营管理效率，还能有效管控农村土地用途，进一步保护、改良耕地等土地资源，保障粮食安全。

（4）有利于发展农村集体经济。农户的承包地流转给村办集体合作社或村集体组织，使集体经济发展获得了更多土地资源。集体内部可根据农村土地特点等不同自然条件，进行专业化分工协作，不仅能极大地调动农户的生产主动性、积极性和创造性，提高农业劳动生产率，还能更好地利用农村土地等自然资源的特色和优势，推动农村一二三产业融合发展、延长农业产业链，实行产业多样化经营，发展绿色、特色农业，发展农村集体经济、提高农村经济效益，最终实现农业农村可持续发展。

中国农村土地制度改革变迁的路径既不是单纯的诱致性制度变迁，也不是单纯的强制性制度变迁，而是兼而有之的综合性制度变迁。在农村土地流转的市场化改革中，在坚持农民的改革主体地位的同时，扶持新型农业经营主体的发展，释放新型农业经营主体的活力，村委会特别是政府应该发挥应有的作用。结合现有文献研究成果和笔者 2004 年以来对农村的调查数据，在解析农村土地产权制度改革经验的同时，本书论证了土地承包经营权流转中政府与市场的关系，界定并分析了农村土地流转的四大主体——政府、村委会、农业经营主体和农户的行为。主要结论是：

（1）政府应合理界定自身行为在农村土地市场的边界，在制度供给、市场调控、保障配套行为中既不"缺位"，也不"越位"，协调好二者的关系是农村土地市场正常发育和健康发展的关键。具体来讲，为了促使农村土地流转中农户转出行为的发生，政府应因地制宜建立适应农情的农村土地流转价格机制、完善就业社会保障制度、健全农村土地流转信息交易平台，合理引导、规范农户农村土地转出行为，保障农户合法权益，促进农村土地流转规范、有序的市场化发展。

（2）村委会作为农村土地流转市场的管理者和"中介"，应健全农村土地流转资格审查机制和行为监督机制，健全农村土地流转管理服务、宣传推广机构，在农村土地监管、中介服务和领导促进行为中发挥好桥梁和媒介作用。还应妥善处理政府权力与村委会自治之间的关系，既要坚定不移地坚持中国共产党的领导，又要发挥村委会作为基层自治组织的自治权。

（3）新型农业经营主体应在农业现代化发展中释放活力，在经济助推和理性经济人行为中拓展融资渠道、加强风险防控、促进农业劳动力转移，政府也应提供农村土地流转扶持政策支持，加快农村土地市场化流转机制和流转平台建设，建立健全农村土地流转补贴制度。

（4）农户作为农村土地流转过程中的弱势群体，在农村土地流转过程中会产生规避风险、追求收益和羊群效应行为。在农村土地转出过程中，应保障农户的合法权益，始终坚持平等自愿原则；农村土地区域差异大，应坚持因地制宜的原则；农户也应承担保护耕地的义务，实现社会、经济、资源和环境的协调、持续发展。

第5章
农村土地流转市场均衡分析

5.1 引 言

为了逻辑一致地理解农村土地流转交易中影响农村土地供给和需求意愿的因素，以及市场力量对农村土地均衡交易量、交易价格和经济效率的作用，本章针对政府（集体）行政主导的农村土地流转现状，建立基于农户和企业最优决策的需求—供给模型，并求解和分析模型的均衡。

本章的研究目的在于引入市场竞争机制，建立农村土地流转市场的价格形成机制，说明建立竞争性的农村土地流转市场的必要性和重要性，为后续章节的研究做铺垫。

农村土地流转是指拥有农村土地承包经营权的农户保留承包权，将农村土地经营权（使用权）转让给他人（本书称之为企业），并从中获取收益的经济行为。一方面，随着现代化农业技术的大规模应用和农业生产效率的提高，一些具有技术和资金优势的个人（组织）有了对农村土地规模化经营的需求意愿；另一方面，随着农村富余劳动力的流动，农产品价格走低，使土地对农民生产、生活的重要性有所下降，从而使得拥有农村土地承包经营权的农户有了土地的供给意愿。这意味着，从市场交易角度看，农村土地经营权（使用权）的流转具有基本的交易基础。实际上，国家政策（如党的十七届三中全会通过的《中共中央关于推进农村改革发展若干重大问题的决定》）允许并鼓励农民将土地使用权以转包、转让、互换、入股、出租等方式实现流转，并要求客观地确定农村土地承包经营权的价值与价格问题。

然而，即使国家政策允许农村土地流转交易并且农村土地流转交易市场中交易主体具有交易意愿，但我国农村土地流转的数量和规模仍然非常有限，并且区域差异化明显（史清华等，2002）[875]。至 2001 年，农村土地流转率在我国东、中、西部存在地区差异，分别为 5.78%、6.77%、2.73%。
到 2003 年底，占全国耕地总面积 7.0%～10.0%的耕地实现了流转和集中，
是 1992 年农村土地流转率的 2～3 倍，但总体规模仍然偏小。2005 年，全
国以各种形式流转承包经营权的耕地约占承包耕地总面积的 5%～6%（贺
振华，2006）[876]。2006 年，全国只有 4.57%的耕地实现了流转。2016 年底，
全国家庭承包耕地流转面积达到 4.71 亿亩，占家庭承包经营耕地总面积的
35.1%。截至 2021 年 9 月，我国家庭承包耕地土地经营权流转面积超过了
5.32 亿亩[309]。在全国农村土地流转面积总体上快速增长的同时，农村土地
流转面积的环比增速稳中趋降。2008 年的农村土地流转面积比 2007 年增加
了 70.3%，2009 年的农村土地流转面积比 2008 年增加了 37.6%，环比增速
急剧下降，此后几年的环比增速徘徊在 20%～25%之间。2014 年的环比增
速下降到 18.2%。2015—2016 年，农村土地流转环比增速由 10.9%下跌至
5.4%[318]。这种现状使得研究者集中研究农村土地流转交易规模的影响因
素。现有国内文献的研究结果大致归纳为如下三个方面：

（1）农村土地的生活保障功能、非农要素禀赋和其他就业渠道、转让
农村土地的成本等是影响农户农村土地供给意愿的主要原因。

（2）农业大户（农业企业家）数量和地权稳定性是影响企业需求意愿
的重要因素。

（3）中国农村土地制度缺陷（如产权残缺、农村土地流转的制度不配
套、利益主体的虚化、市场中介机构和政府角色错位等）阻碍了农村土地
使用权市场发育，从而对我国农村土地市场流转带来不利影响。

国外的文献研究主要集中讨论如下两个问题：

（1）农村土地流转绩效。例如，Carter 等（1998）对中国农村土地流转
的研究表明，农村土地流转具有边际拉平效应和交易收益效应[877]；Feder
等（1988）指出，与农村土地买卖比较，农村土地租赁可以取得更好的
绩效[878]。

（2）农村土地流转影响因素。研究表明，产权的不完整性（Bromley，
2000[879]；Dong，1996[880]）和交易成本高（Bogaerts，2002）[881]是影响农
村土地流转的两个主要因素。

归纳起来，这些文献结果的实质是：一方面讨论影响供需意愿的主要因素和制度因素如何影响农村土地流转交易的规模；另一方面关注这些因素（特别是制度因素）对农村土地流转交易的经济效率的影响。但是，这些以实证（经验）研究为基础的结果难以逻辑一致地解释各种因素如何影响交易结果（交易的成交量、成交价格和交易的经济效率）。

本章要研究的主要内容是：

（1）在给定影响供给和需求意愿的因素的条件下，市场力量如何影响农村土地流转市场的均衡交易量、均衡交易价格和经济效率。

（2）在给定市场力量的条件下，几个影响供给意愿的主要因素（农户耕作土地的效率、其他就业渠道的工资和土地对农户的保障功能）和影响需求意愿的因素（农产品市场的价格、企业的技术或者集约化生产优势）如何影响农村土地流转市场的均衡交易量和均衡交易价格。

具体研究步骤如下：首先，分析农村土地市场的基本特征。然后，建立农户在农村土地流转中的供给行为（简称农村土地供给）模型。接着，用垄断和完全竞争描述企业的市场力量的差异，分别建立相应的企业在农村土地流转中的需求行为（简称农村土地需求）模型，从而获得相应的均衡交易量和均衡交易价格。最后，对市场交易均衡进行分析，以揭示：① 在给定影响供给和需求意愿的因素的条件下，市场力量如何影响农村土地流转市场的均衡交易量、均衡交易价格和经济效率；② 在给定市场力量的条件下，影响供给和需求意愿的因素如何影响农村土地流转市场的均衡交易量和均衡交易价格。

5.2 农村土地市场概述

5.2.1 农村土地商品特殊属性

农村土地的流转在某种意义上意味着土地某种程度的商品化。但是，土地是特殊的商品，与一般商品相比，作为交易对象，进入交易（流转）的农村土地有着与一般商品不一样的特殊属性。分析农村土地的特殊属性有助于我们理解农村土地市场交易（流转）行为。

1. 产权有限性

土地作为特殊商品，其特殊性首先表现在土地产权的有限性。一般来讲，普通商品的产权属性是简单的、完全的，对产权主体的依附性也是明确的。而完整的土地产权是一个权利束，是一组权利。农村土地产权的内容包括农村土地所有权、农村土地使用权、农村土地收益权、农村土地处置权，以及这些权能的细分和组合。我国《宪法》第十条规定："农村和城市郊区的土地，除由法律规定由国家所有的外，属于集体所有；宅基地和自留地、自留山也属于集体所有。"可见，我国农村土地的所有权属性是固化在集体的。十一届三中全会以后，家庭承包责任制的实现实际上赋予农民农村土地使用权和部分收益权；而农村土地流转政策其实是赋予农民一定的农村土地处置权。我国农村土地产权的复杂性和有限性意味着农村土地商品交换（农村土地流转）的特殊性。一般地，普通商品的交换意味着商品所有权的完全转移，而农村土地作为商品交换，多表现为使用权转移，这种权利转移受到了严格约束。2019 年《土地管理法》总则中规定，任何单位和个人不得侵占、买卖或者以其他形式非法转让土地。土地使用权可以依法转让。可见，农村土地所有权不可转让。当然，征地制度可以看作一个特例，但是，征地制度本质上是国家行政权力作用于农村集体产权，因此征地行为本身并不是商品交换，至少不是完整意义上的商品交换，这时的土地算不上是纯粹的商品。可见，我国农村土地的权利关系已经由历史变迁形成并纳入法律规定，即农村土地所有权属于农民集体，使用权（承包权）属于农户。

2. 区位固定性

土地属于不动产的范畴，与其他商品相比较，作为商品进行流通的土地是固定的，不能发生空间位置的转移，是不能流动的，具有明显的地域性和区位固定性。大规模"沧海桑田"的变迁属于地质结构的变化，要么是自然灾害的小概率事件，要么是历史地理的概念，对于研究土地的经济属性是没有意义的。土地的区位固定性，要求人们就地利用。城市土地的区位固定性与商业地产和城市交通密切关联，农村土地的区位固定性与农业产出和规模利用息息相关。这直接影响到农村土地流转市场的供需行为。

3. 质量异质性

由于土地自身的条件（地质、地貌、土壤、植被、水文等）以及相应的气候条件（光照、温度、降水等）的差异，农村土地质量具有巨大的自然差异性。按照地租理论，土地的质量和位置都是形成级差地租Ⅰ的重要条件，因此土地的自然差异性是土地级差生产力的基础。农村土地的质量异质性不仅要求人们因地制宜合理利用土地资源，确定土地利用的合理方式（比如适度规模经营），而且在农村土地市场流转中也影响着供需双方的行为，供需行为也影响着市场均衡和市场定价。

4. 功能二重性

一般商品的功能属性一般是单一的，要么是生活资料，要么是生产资料。

2019 年《土地管理法》第四条中规定，农用地是指直接用于农业生产的土地，包括耕地、林地、草地、农田水利用地、养殖水面等。可见，农村土地首先具有生产功能，属于生产资料范畴。然而，农村土地对中国农民更具生活保障功能，也属于生活资料范畴。

中国农村土地的功能二重性是由中国国情决定的。首先，中国人口众多且绝大部分生活在农村，无粮不稳，农村的稳定是中国社会稳定的基石；其次，由于计划经济时期曾经长期施行的重工抑农政策和工农"剪刀差"留下的后遗症，城乡社会发展和城乡居民收入还存在巨大反差，农民整体上并不富裕，有许多地方的大多数农民还比较贫困，农业收入还是主要的甚至是唯一的生活来源。所以，对大多数的中国农民来说，土地是"活命田"而不是"富裕田"，土地的生活保障功能维系着农村社会的稳定和农民的基本生活。

首先，农用地是基本的生产资料，具有生产功能。土地是万物生存的基础，具有自然生产能力，在一定深度的土壤中附着各种有用矿物和营养成分，为万物生长发育提供不可缺少的自然资源。土地自然资源和人类技术劳动相结合，可以产出各种农业产品，为人类生存提供粮食和经济作物。

其次，农用地是农民基本的生活资料，具有社会保障功能。长期以来，由于我国存在的城乡二元经济结构，一方面，工农价格"剪刀差"导致农村经济相对于城市经济发展缓慢，城乡收入差距持续扩大，农民成为相对贫困群体；另一方面，我国现行的社会保障制度主要惠及城镇居民，党的十六大以来，虽然通过不断深化农村社会保障制度改革创新，农村社会保障体系初步形成，但是由于这项工作起步时间不长，地区发展不平衡、经费投入不足、保障水平偏低、覆盖面窄和基层管理薄弱等问题都很突出，与农民群众的需要和期待还有较大差距。因此，土地对于农民的社会保障功能，在现阶段是不可替代的。农村土地的社会保障功能主要体现为养老保障、失业保障、医疗保障三种形式。

5.2.2 农村土地市场的基本特征

由于农村土地是特殊的商品，有着与一般商品不同的特殊属性，这就决定了农村土地市场具有与一般商品市场不同的特征。一般而论，分析总结农村土地市场的基本特征，有利于我们更好地理解农村土地市场的运行规律，为农村土地市场定价奠定基础。关于农村土地市场的基本特征，毕宝德（2001）、黄贤金（2008）已有论述，本书归纳现有文献成果并拓展总结分析如下。

1. 市场范围的地域性

一般商品由于具有流动性，受市场的供求关系和价格水平的调节，地域性不明显，因此，一般商品市场往往随着人口的分布而自然、广泛地分布，并且按照商品的分门别类容易形成全国统一、联系的大市场。由于土地的质量异质性以及区位固定性，土地市场具有强烈的地域性特点，只能形成地方性市场，难以形成全国性统一市场。土地交易价格水平在各地方市场具有相对独立性。

2. 市场标的的权益性

土地是不动产，土地的区位固定性决定了土地不能像普通商品一样通过空间位置的转移实现所有权的同步转移，土地市场交易的是土地权益。农村土地流转的实质就是农村集体土地使用权经过一级市场批租（集体将土地发包给农户承包经营）以后的二级市场流通，这种流通是土地特殊商品有限权利的流通。土地市场交易标的权益性决定了其交易流程比一般商品交易复杂得多，交易之前的前置程序应包括对交易标的的合规性审查（如产权文件、证书的审查），交易之后应及时对土地权益过户登记。

3. 交易过程的专业性

土地是特殊大宗商品，土地产权交易过程复杂且具专业性。要顺利完成市场交易，离不开广泛的经纪人（中介）服务。专业市场服务机构为市场买卖双方提供技术咨询、价格评估、地籍测量、业务代理、法律仲裁、市场融资等相关服务。

4. 市场竞争的不完全性

土地市场竞争往往是不完全的，造成市场的低效率。市场竞争不完全性的表现和原因主要有：

第一，土地供给滞后且供给缺乏弹性。首先，土地是资源类商品，土地的自然禀赋决定了土地不可再生，面积有限，这容易影响供给的及时性，市场容易陷入由供给滞后引起的流动性不足；其次，由于土地资源稀缺，市场供给往往不足，从而引起供给无弹性或缺乏弹性。

第二，市场参与者有限。首先，市场的地域性决定了参与本地市场的往往绝大多数是本地人，没有普通商品市场的参与者的强扩充性；其次，土地交易属于大宗交易，大宗交易限制了普通大众的参与可能性；最后，大宗交易往往需要融资支持，农村和农业融资渠道目前还远远没有打开，融资门槛和融资滞后也会影响市场参与者的数量。

第三，市场信息不充分。土地市场信息的流动主要依赖于市场规模、技术、参与者禀赋。目前土地流转市场刚开始建设，土地估价技术还不够成熟，而市场的参与主体主要是农民，农民群体的居住分散特征和相对落后的自身禀赋也限制了市场信息的丰富与传播。

5. 市场发展的引致性

土地商品的功能二重性特征决定了农村土地市场发展对整个经济社会发展的引致性。首先，土地是农业生产资料，具有生产功能，农村土地要素市场的发展状况对宏观经济发展会产生重大影响，涉及国家粮食安全，所谓无粮不稳，国家坚持18亿亩耕地红线就是这个原因；其次，土地是农民生活资料，具有社会保障功能，农村土地要素市场的发展状况直接关系到城乡统筹大局，对城乡社会结构、城乡就业结构、城乡经济协调、城乡收入平衡都有直接或间接影响。农村土地市场发展的引致性特征决定了政府对该市场一定程度的管制偏好。

5.3　农户的土地供给行为

5.3.1　农村土地供给的经济变量解释

现有文献分析了影响农户土地供给意愿的主要因素，主要涉及土地的生活保障功能、非农要素禀赋和其他就业渠道、转让土地的成本三个方面。对应供给影响因素的宽泛定性描述是简单容易的，为了便于农村土地供给的经济分析，如何将其影响因素具体化定量化是本节的研究工作。考察某个地区农村土地的供给量（L）：将农村土地转让价格（r），其他就业渠道的工资（w），农户耕作单位土地所需的时间（t），单位农产品的农户效用（s）定义为影响农村土地供给的关键变量。

1. 农村土地转让价格

农村土地转让价格对农户的供给行为的影响是显而易见的，符合微观经济学最一般的定义，这是最直观的影响，也是交易双方最为关注的要素。

2. 其他就业渠道的工资

农业兼业化，是产生农村土地流转的重要原因。自20世纪70年代末期以来，农户兼业日益增加，特别是在经济发达地区，这一趋势更为明显。兼业农户的大量存在，给农村和整个社会带来深刻的影响。兼业农户的产生，是社会经济发展与农业生产特点共同作用的结果。农业技术进步使农业劳动力游离出来，农业的季节性造成劳动力的季节性剩余，农民发展生产、改善生活需要越来越多的资金，而农业本身难以满足需要，加上农业收入不稳定等因素，都推动农民到其他就业渠道就业。同时，非农业部门的发展也要求农业为其提供劳动力。然而，非农业就业往往并不稳定或不充分，一方面，土地保障功能的作用使得农民不敢完全脱离土地；另一方面，农民利用工余假日、家庭辅助劳力即可经营农业，加上乡村优美的生活环境等因素，使得农民眷恋土地，把土地和农业作为可靠的依托。其他就业渠道的不稳定或不充分的程度，可以用其他就业渠道的工资来度量，其大小影响着农户转出土地规模。

3. 农户耕作单位土地所需的时间

不同的农户耕种单位土地所需的时间是不一样的，这反映了农户的耕种效率的差异。耕种效率的差异影响农户的土地转出行为。一般来讲，土地的吸引力对效率低下的农户要小，反之亦然。耕种效率的差异可能是勤奋与懒惰的结果，也可能是来自耕种技术的差异。

4. 单位农产品的农户效用

由于农户自身禀赋的差异，单位农产品对不同农户的效用是不一样的，这反映了土地对不同农户的重要程度的不同，即保障功能大小的不同。对土地保障功能认知的不同直接影响到农户转出土地的意愿，从而影响到农村土地的供给规模。

需要说明的是，直观上，农产品市场价格会影响到农户的农业收益，从而影响土地供给意愿，但是考虑到土地对农民的保障功能，用农产品价格变化直接表达土地供给意愿的变化是有缺陷的。事实上，千百年来，农户主要以土地耕种作为提供生活保障的手段，农产品市场价格提高固然会减少土地供给意愿，但是农产品价格降低并不必然增加土地的供给意愿（即使农产品市场交易无利可图，农民往往继续耕种必要的土地以保障自给自足）。基于此种现实逻辑，未直接将农产品价格（一种农户投入土地生产的价值表达方式）纳入农户土地供给行为的表达中，而是引入"s"（土地的保障功能）作为农产品价格对农户影响的一个替代因子，以求更为科学地表达上述逻辑关系。

5.3.2 农村土地供给模型

考虑一个有 N 家农户的地区。一个代表性农户拥有的农村土地数量为 l_0（从而该地区所有农户拥有的农村土地总量为 $L_0 = Nl_0$），耕作单位土地需要的劳动时间 t（表示农户耕作土地的效率）。对于一个给定的期间（比如 1 年），假设该农户可以用于劳动的总时间为 T_0，并且他的总时间可以在自己耕作土地和其他就业渠道（比如外出打工）之间分配。如果该农户转让土地的数量为 l，则他耕作土地所需要的劳动时间为 $t(l_0 - l)$，从而用于其他就业渠道的劳动时间为 $T_0 - t(l_0 - l)$。如果农村土地转让的价格和其他就业渠道的单位时间工资分别为 r 和 w，该农户转让土地和其他就业渠道获得的收入之和为

$$R_{nl} = rl + w[T_0 - t(l_0 - l)] \qquad （5\text{-}1）$$

农村土地的基本产出函数（即使用目前存在的基本农业生产技术而导致的生产函数）为

$$q = f(x) = x^{\beta} \ (0 < \beta < 1) \qquad （5\text{-}2）$$

式中，x 为农户的土地投入量，假设 $\beta < 1$，用于描述农业生产技术呈现边际收益递减的特征。

假设土地对农户具有保障功能，这种保障功能用单位农产品为该农户带来的效用 s（以货币为单位）来描述，则该农户投入土地生产农产品带来的效用为

$$R_{ll} = sf(l_0 - l) = s(l_0 - l)^{\beta} \qquad （5\text{-}3）$$

式中，$s(s > 0)$ 越大，该农户单位农产品带来的效用水平越高，因而 s 代表用自己的土地生产的农产品对农户的重要性。如果进一步将农户使用自己的土地生产的农产品看作对农户生活福利（Well-being）的一种保障，则 s 代表土地对农户的保障功能，即较大的 s 对应较高的保障功能。

由式（5-1）～（5-3）可知，该农户的总收入为 $R_n = R_{nl} + R_{ll}$。因此，该农户的土地转让行为可以表述为，选择土地转让的数量以最大化自己的总效用，即

$$\max_{l}\{rl + w[T_0 - t(l_0 - l)] + s(l_0 - l)^{\beta}\} \tag{5-4}$$

最大化问题（5-4）的一阶条件和二阶条件分别为

$$\frac{\mathrm{d}R_n}{\mathrm{d}l} = r + wt - s\beta(l_0 - l)^{\beta-1} = 0 \tag{5-5}$$

$$\frac{\mathrm{d}^2R_n}{\mathrm{d}l^2} = s\beta(\beta-1)(l_0 - l)^{\beta-2} < 0$$

式中，二阶条件来源于假定 $\beta < 1$。

由式（5-5）可知，该农户的土地供给函数为

$$l = l_0 - \left(\frac{r + wt}{s\beta}\right)^{\frac{1}{\beta-1}} \tag{5-6}$$

应当指出，式（5-6）表示的农户土地供给函数中没有包含农产品的价格。事实上，由于农户利用土地进行生产基本上可以看成一种提供生活保障的手段［式（5-3）中的"s"代表这种保障功能的价值］，因此，从土地保障功能的角度，为尊重现实逻辑，未直接将农产品价格（一种农户投入土地生产的价值表达方式）纳入农户土地供给行为的表达中，而是引入"s"作为其替代因子。

进一步，由式（5-6）可知，该地区（N 家农户）的土地总供给函数为

$$L = L_0 - N\left(\frac{r + wt}{s\beta}\right)^{\frac{1}{\beta-1}} \tag{5-7}$$

由 $\beta < 1$ 和式（5-7），得

$$\frac{\partial L}{\partial r} = -\frac{N(s\beta)^{\frac{1}{1-\beta}}(r + wt)^{\frac{2-\beta}{\beta-1}}}{\beta - 1} > 0 \ , \quad \frac{\partial L}{\partial w} = -\frac{Nt(s\beta)^{\frac{1}{1-\beta}}(r + wt)^{\frac{2-\beta}{\beta-1}}}{\beta - 1} > 0$$

$$\frac{\partial L}{\partial t} = -\frac{Nw(s\beta)^{\frac{1}{1-\beta}}(r + wt)^{\frac{2-\beta}{\beta-1}}}{\beta - 1} > 0 \ , \quad \frac{\partial L}{\partial s} = -\frac{N}{1-\beta}\left(\frac{r + wt}{\beta}\right)^{\frac{1}{\beta-1}}s^{\frac{\beta}{1-\beta}} < 0$$

归纳起来，有如下命题。

命题1：其他条件不变，该地区的农村土地供给量（L）随着农村土地转让价格（r）的增加而增加，随着其他就业渠道的工资（w）的增加而增加，随着农户耕作单位土地所需的时间（t）的增加而增加，随着单位农产品的农户效用（s）的增加而减小。

命题1给出了农村土地供给函数的基本特征。农村土地供给量与农村土地转让价格之间的关系符合基本的经济学原理。农村土地供给量随着其他就业渠道的工资的增加而增加的原因是，其他就业渠道的工资高，农户将减少耕作土地的时间，从而增加转让土地的数量（自己耕作土地数量减小）。农村土地供给量与农户耕作单位土地所需的时间之间的关系可被解释为，耕作单位土地所需的时间越长，农户自己耕作土地的机会成本（从其他就业渠道获得的工资损失）越高，从而越愿意增加转让土地的数量（减少自己耕作土地数量）。最后，由于土地的保障功能增加，农户转让土地的意愿将减小，导致农村土地供给量减小。

5.4 企业的农村土地需求行为与农村土地市场均衡

本节针对竞争性农村土地市场和企业垄断的农村土地市场两种情形，分别讨论企业的农村土地需求行为和相应的农村土地市场均衡。

由于政府对流转农村土地用途的管制，企业转入农村土地的动因直接来自转入后农村土地的产出水平。农产品的市场价格为p，假设1：企业在农产品市场完全竞争。这一假设是基于农产品本身是一类差异化程度不高的产品，从而直接采用经典微观经济学的假定。假设2：企业利用农村土地进行生产（相对普通农户）具有农业生产技术优势和较高效率。这一假设符合农村土地流转的基本动因（正因为企业具有这样的优势和效率才使得农村土地流转成为可能）。则企业投入农村土地的产出函数为

$$q = kf(l) = kl^{\beta} \ (0 < \beta < 1)$$

式中，$k > 1$，用于描述企业相对普通农户具有更高的农业生产技术或者集约化生产优势。

5.4.1 竞争性农村土地市场

对于竞争性农村土地市场，企业的利润最大化行为可以描述为

$$\max_{L_c} R_F = \max_{L_c}\{pkL_c^{\beta} - rL_c\}$$

式中，下标 c 代表竞争性农村土地市场。

该最大化问题的一阶条件和二阶条件分别为

$$\frac{dR_F}{dL_c} = pk\beta L_c^{\beta-1} - r = 0 \tag{5-8}$$

$$\frac{d^2 R_F}{dL_c^2} = p\beta(\beta-1)L_c^{\beta-2} < 0$$

式中，二阶条件来源于假定 $\beta < 1$。

由式（5-8）可知，竞争性农村土地市场需求函数为

$$L_c = \left(\frac{r}{pk\beta}\right)^{\frac{1}{\beta-1}} \tag{5-9}$$

根据式（5-7）和式（5-9）可知，农村土地市场出清（ $L = L_c$ ）的条件为

$$L_0 - N\left(\frac{r+wt}{s\beta}\right)^{\frac{1}{\beta-1}} = \left(\frac{r}{pk\beta}\right)^{\frac{1}{\beta-1}} \tag{5-10}$$

求解方程（5-10），可得竞争性农村土地市场的均衡价格（记为 r_c^E ），并将其代入农村土地供给曲线，可得均衡的农村土地交易量（记为 L_c^E ）。

5.4.2 企业垄断的农村土地市场

对于企业垄断的农村土地市场，企业的利润最大化行为可以描述为

$$\max_{L_m} R_F = \max_{L_m}\left\{pkL_m^{\beta} - \left[s\beta\left(\frac{L_0-L_m}{N}\right)^{\beta-1} - wt\right]L_m\right\}$$

式中，下标 m 代表企业垄断的农村土地市场。

该最大化问题的一阶条件和二阶条件分别为

$$\frac{\mathrm{d}R_F}{\mathrm{d}L_m} = \beta\left[pkL_m^{\beta-1} - s\left(\frac{L_0-L_m}{N}\right)^{\beta-1} + \frac{(\beta-1)sL_m}{N}\left(\frac{L_0-L_m}{N}\right)^{\beta-2}\right] + wt = 0,$$

（5-11）

$$\frac{\mathrm{d}^2R_F}{\mathrm{d}L_m^2} = \beta(\beta-1)\left[pkL_m^{\beta-2} + \frac{2s}{N}\left(\frac{L_0-L_m}{N}\right)^{\beta-2} - \frac{(\beta-2)sL_m}{N^2}\left(\frac{L_0-L_m}{N}\right)^{\beta-3}\right] < 0$$

式中，二阶条件来源于假定 $\beta<1$。

由 $\beta<1$ 可知

$$\lim_{L_m\to 0}\frac{\mathrm{d}R_F}{\mathrm{d}L_m} = \beta\left[pk\lim_{L_m\to 0}L_m^{\beta-1} - s\left(\frac{L_0}{N}\right)^{\beta-1}\right] + wt = +\infty$$

$$\lim_{L_m\to L_0}\frac{\mathrm{d}R_F}{\mathrm{d}L_m} = \beta\left[pkL_0^{\beta-1} + \frac{(\beta-1)sL_0}{N}\times\lim_{L_m\to L_0}\left(\frac{L_0-L_m}{N}\right)^{\beta-2}\right] + wt = -\infty$$

由二阶条件可知，一阶条件在区间 $[0,L_0]$ 上有且仅有一个解 L_m^E，即企业垄断的农村土地市场上均衡的农村土地交易量，并将其代入农村土地供给曲线，可得均衡的农村土地交易价格 r_m^E。

5.5 农村土地市场均衡分析

5.5.1 比较竞争性农村土地市场与企业垄断的农村土地市场均衡

首先比较竞争性农村土地市场和企业垄断的农村土地市场的均衡交易量。由式（5-7）、式（5-9）和式（5-10）可知，竞争性农村土地市场的均衡条件可改写为

$$s\left(\frac{L_0-L_c}{N}\right)^{\beta-1} - pkL_c^{\beta-1} = \frac{wt}{\beta}$$

（5-12）

企业垄断的农村土地市场的均衡条件［即式（5-11）］可改写为

$$s\left[\left(\frac{L_0-L_m}{N}\right)^{\beta-1} - \frac{(\beta-1)L_m}{N}\times\left(\frac{L_0-L_m}{N}\right)^{\beta-2}\right] - pkL_m^{\beta-1} = \frac{wt}{\beta}$$

（5-13）

令

$$g(y) = s\left(\frac{L_0 - y}{N}\right)^{\beta-1} - pky^{\beta-1} - \frac{wt}{\beta},$$

$$h(y) = s\left[\left(\frac{L_0 - y}{N}\right)^{\beta-1} - \frac{(\beta-1)y}{N} \times \left(\frac{L_0 - y}{N}\right)^{\beta-2}\right] - pky^{\beta-1} - \frac{wt}{\beta}$$

则对任意的 $y \in (0, L_0)$，有

$$g(y) - h(y) = \frac{(\beta-1)sy}{N}\left(\frac{L_0 - y}{N}\right)^{\beta-2} < 0$$

并且

$$g'(y) = \frac{(1-\beta)s}{N}\left(\frac{L_0 - y}{N}\right)^{\beta-2} + (1-\beta)pky^{\beta-2} > 0 \tag{5-14}$$

$$h'(y) = \frac{2(1-\beta)s}{N}\left(\frac{L_0 - y}{N}\right)^{\beta-2} + (1-\beta)pky^{\beta-2} - \frac{(\beta-2)sy}{N^2}\left(\frac{L_0 - y}{N}\right)^{\beta-3} > 0 \tag{5-15}$$

因此，方程（5-12）（等价于 $g(y)=0$ ）的解大于方程（5-13）（等价于 $h(y)=0$ ）的解，即 $L_c^E > L_m^E$。进一步，将此结果代入农村土地供给函数，可得 $r_c^E > r_m^E$。

归纳起来，有如下命题。

命题 2：相对于竞争性农村土地市场的情形，企业在农村土地市场上的垄断将导致农村土地交易量下降，农村土地交易的价格也下降。

命题 2 表明，对于任意给定的关于供给和需求意愿的外生参数，企业（农村土地流转市场的需求方）在农村土地市场上的市场力量（Market Power）是影响农村土地交易量和交易价格的一个重要的因素。当企业拥有农村土地市场的垄断力量时，农村土地交易的均衡价格和均衡数量均降低。市场垄断力量将导致市场交易效率降低，从而这种交易量和交易价格的降低意味着农村土地流转交易的效率降低。因此，政府在管理农村土地流转

市场时，如果关注农村土地流转交易效率，则不应当首先考虑关于供给和需求意愿的外生参数，而应当限制企业（需求方）的市场力量，以提高农村土地交易的数量和相应的交易价格（意味着农户在农村土地市场上的交易收入提高），从而提高农村土地流转交易效率。

5.5.2 农村土地流转均衡交易量的比较静态分析

下面分析影响供需的几个重要的外生变量（农户耕作土地的效率、其他就业渠道的工资、土地对农户的保障功能；农产品市场的价格、企业的农业生产技术或者集约化生产优势）对市场均衡的影响（即比较静态分析）。首先分析外生变量对均衡交易量的影响。

对于竞争性农村土地市场的情形，方程（5-12）意味着均衡的交易量 L_c^E 满足 $g(L_c^E) = 0$。由式（5-14）可知 $\partial g / \partial L_c^E > 0$。进一步计算可得

$$\frac{\partial g}{\partial k} = -p(L_c^E)^{\beta-1} < 0 \ , \quad \frac{\partial g}{\partial w} = -\frac{t}{\beta} < 0 \ , \quad \frac{\partial g}{\partial t} = -\frac{wdt}{\beta} < 0$$

$$\frac{\partial g}{\partial s} = \left(\frac{L_0 - y}{N}\right)^{\beta-1} > 0 \ , \quad \frac{\partial g}{\partial p} = -ky^{\beta-1} < 0$$

因此，由 $g(L_c^E) = 0$，可以得到如下比较静态关系：

$$\frac{dL_c^E}{dk} = -\frac{\partial g / \partial k}{\partial g / \partial L_c^E} > 0 \ , \quad \frac{dL_c^E}{dw} = -\frac{\partial g / \partial w}{\partial g / \partial L_c^E} > 0 \ , \quad \frac{dL_c^E}{dt} = -\frac{\partial g / \partial t}{\partial g / \partial L_c^E} > 0$$

$$\frac{dL_c^E}{ds} = -\frac{\partial g / \partial s}{\partial g / \partial L_c^E} < 0 \ , \quad \frac{dL_c^E}{dp} = -\frac{\partial g / \partial p}{\partial g / \partial L_c^E} > 0$$

归纳起来，有如下命题。

命题 3：其他条件不变，竞争性农村土地市场的均衡交易量（ L_c^E ）随着企业具有技术或者集约化生产优势（ k ）的增加而增加，随着其他就业渠道的工资（ w ）的增加而增加，随着农户耕作单位土地所需的时间（ t ）的增加而增加，随着土地的保障功能（ s ）的增加而减小，随着农产品市场价格（ p ）的增加而增加。

命题 3 给出了外生变量对于竞争性农村土地市场的均衡交易量的影响。其他条件不变，k 和 p 的增加将导致农村土地需求曲线右移，从而导致均衡交易量增加；w，t 和 s 的增加将导致农村土地供给曲线右移，从而导致均衡交易量增加。

对于企业垄断农村土地市场的情形，方程（5-13）意味着均衡交易量 L_m^E 满足 $h(L_m^E) = 0$。由式（5-15）可知 $\partial h / \partial L_m^E > 0$。类似于竞争性农村土地市场的情形，有

$$\frac{\mathrm{d}L_m^E}{\mathrm{d}k} = -\frac{\partial h / \partial k}{\partial h / \partial L_m^E} > 0 \; , \quad \frac{\mathrm{d}L_m^E}{\mathrm{d}w} = -\frac{\partial h / \partial w}{\partial h / \partial L_m^E} > 0 \; , \quad \frac{\mathrm{d}L_m^E}{\mathrm{d}t} = -\frac{\partial h / \partial t}{\partial h / \partial L_m^E} > 0$$

$$\frac{\mathrm{d}L_m^E}{\mathrm{d}s} = -\frac{\partial h / \partial s}{\partial h / \partial L_m^E} < 0 \; , \quad \frac{\mathrm{d}L_m^E}{\mathrm{d}p} = -\frac{\partial h / \partial p}{\partial h / \partial L_m^E} > 0$$

归纳起来，有如下命题。

命题 4：其他条件不变，企业垄断的农村土地市场的均衡交易量（L_m^E）随着企业具有技术或者集约化生产优势（k）的增加而增加，随着其他就业渠道的工资（w）的增加而增加，随着农户耕作单位土地所需的时间（t）的增加而增加，随着土地的保障功能（s）的增加而减小，随着农产品市场价格（p）的增加而增加。

对比命题 3 和命题 4 可知，不论是竞争性农村土地市场的情形，还是企业垄断的农村土地市场的情形，外生变量对均衡交易量的影响方向都是一致的。其他就业渠道的工资的增加、农户耕作单位土地所需的时间（耕作土地的效率）的增加、土地的保障功能的增加将分别导致农村土地供给曲线右移、右移和左移，从而对应于农户供给土地的意愿增强、增强和减弱。而企业具有技术（或者集约化生产优势）的增加、农产品市场价格的增加均会导致企业农村土地投入的边际收益曲线（农村土地需求曲线）上移，从而对应于企业的需求意愿增强。毫无疑问，这些力量的变化（其他条件不变）将导致农村土地流转市场均衡交易量的变化。进一步，命题 3 和命题 4 表明，由这些力量引起的农村土地流转市场均衡交易量变化的方向不会受到企业是否具有垄断力量的影响。因此，这两个命题的实践含义

可以解释为，当需要判断农村土地流转市场均衡交易量的变化方向时，应当注重影响该市场需求和供给意愿的基本因素，而不是首先考虑市场力量。

5.5.3 农村土地流转均衡交易价格的比较静态分析

类似地，可以分析影响供需的几个重要的外生变量对农村土地流转均衡交易价格的影响。

对于竞争性农村土地市场的情形，由于市场均衡总在需求曲线与供给曲线的交点处，所以通过对需求曲线和供给曲线的移动，即可分析外生变量对均衡交易价格的比较静态。

命题 5：其他条件不变，竞争性农村土地市场的均衡交易价格（r_c^E）随着企业具有技术或者集约化生产优势（k）的增加而升高，随着其他就业渠道的工资（w）的增加而降低，随着农户耕作单位土地所需的时间（t）的增加而降低，随着土地的保障功能（s）的增加而升高，随着农产品市场价格（p）的增加而升高。

对于企业垄断的农村土地市场的情形，由于农村土地供给曲线（企业农村土地投入的平均成本曲线）向斜上方倾斜（命题 1：$\partial L / \partial r > 0$），从而企业农村土地投入的边际成本曲线在其平均成本曲线（即农村土地供给曲线）的上方，故在市场均衡交易量处，农村土地的需求曲线与供给曲线不相交。这使得不能直接通过需求曲线和供给曲线的移动来分析外生变量对均衡交易价格的比较静态。

首先，讨论 k 和 p 对均衡交易价格 r_m^E 的比较静态。由于 k 和 p 不会导致农村土地供给曲线移动，由供给曲线向斜上方倾斜的性质可知 $\mathrm{d} r_m^E / \mathrm{d} L_m^E > 0$，再由命题 4 可得

$$\frac{\mathrm{d} r_m^E}{\mathrm{d} k} = \frac{\mathrm{d} r_m^E}{\mathrm{d} L_m^E} \times \frac{\mathrm{d} L_m^E}{\mathrm{d} k} > 0 \, , \quad \frac{\mathrm{d} r_m^E}{\mathrm{d} k} = \frac{\mathrm{d} r_m^E}{\mathrm{d} L_m^E} \times \frac{\mathrm{d} L_m^E}{\mathrm{d} p} > 0$$

其次，讨论 w 和 t 对均衡交易价格 r_m^E 的比较静态。将式（5-11）代入劳动供给函数并消去 wt，得

$$r_m^E = s\beta\left(\frac{L_0 - L_m^E}{N}\right)^{\beta-1} - wt$$

$$= \beta\left[pk(L_m^E)^{\beta-1} + \frac{(\beta-1)sL_m^E}{N}\left(\frac{L_0 - L_m^E}{N}\right)^{\beta-2}\right]$$

则有

$$\frac{\mathrm{d}r_m^E}{\mathrm{d}L_m^E} = \beta(\beta-1)\left[pk(L_m^E)^{\beta-2} + \frac{s}{N}\left(\frac{L_0 - L_m^E}{N}\right)^{\beta-2} -\right.$$

$$\left. \frac{(\beta-2)sL_m^E}{N^2}\left(\frac{L_0 - L_m^E}{N}\right)^{\beta-3}\right] < 0$$

由命题 4 可知

$$\frac{\mathrm{d}r_m^E}{\mathrm{d}w} = \frac{\mathrm{d}r_m^E}{\mathrm{d}L_m^E} \times \frac{\mathrm{d}L_m^E}{\mathrm{d}w} < 0 , \quad \frac{\mathrm{d}r_m^E}{\mathrm{d}t} = \frac{\mathrm{d}r_m^E}{\mathrm{d}L_m^E} \times \frac{\mathrm{d}L_m^E}{\mathrm{d}t} < 0$$

最后，讨论 s 对均衡交易价格 r_m^E 的比较静态。将式（5-11）代入劳动供给函数并消去 s，得

$$r_m^E = s\beta\left(\frac{L_0 - L_m^E}{N}\right)^{\beta-1} - wt$$

$$= \left[1 - \frac{(\beta-1)L_m^E}{L_0 - L_m^E}\right]^{-1} \times \left(\frac{wt}{\beta} + pk(L_m^E)^{\beta-1}\right) - wt$$

式中，$L_m^E / (L_0 - L_m^E)$ 随着 L_m^E 的增加而增加。基于此，容易验证 $\mathrm{d}r_m^E / \mathrm{d}L_m^E < 0$。因此有

$$\frac{\mathrm{d}r_m^E}{\mathrm{d}s} = \frac{\mathrm{d}r_m^E}{\mathrm{d}L_m^E} \times \frac{\mathrm{d}L_m^E}{\mathrm{d}s} > 0$$

归纳起来，有如下命题。

命题 6：其他条件不变，企业垄断农村土地市场的均衡交易价格（r_m^E）随着企业具有技术或者集约化生产优势（k）的增加而升高，随着其他就业渠道的工资（w）的增加而降低，随着农户耕作单位土地所需的时间（t）的增加而降低，随着土地的保障功能（s）的增加而升高，随着农产品市场价格（p）的增加而升高。

对比命题 5 和命题 6 可知，不论是竞争性农村土地市场的情形，还是企业垄断的农村土地市场的情形，外生变量对均衡交易价格的影响方向都是一致的。因此，与命题 3 和命题 4 一样，这两个命题的实践含义可以解释为，当需要判断农村土地流转市场均衡交易价格的变化方向时，应当注重影响该市场需求和供给意愿的基本因素，而不是首先考虑市场力量。

5.5.4 数值示例

命题 2 比较了竞争和垄断对交易效率的影响，命题 3 和命题 4 描述了竞争和垄断两种市场环境下农村土地均衡交易量的比较静态。对外生变量影响竞争性农村土地市场和企业垄断农村土地市场均衡交易量的情况进行数值示例，如图 5-1 所示。

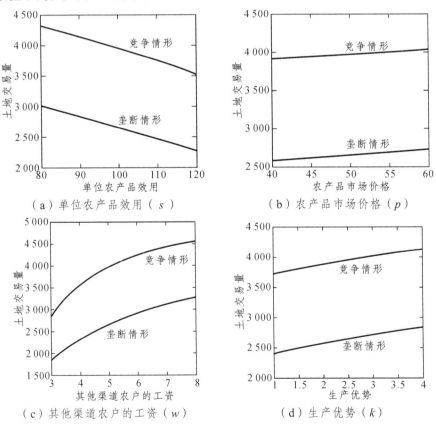

（a）单位农产品效用（s）　　　　　（b）农产品市场价格（p）

（c）其他渠道农户的工资（w）　　　　（d）生产优势（k）

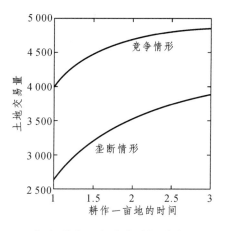

（e）耕作一亩地的时间（t）

图 5-1　相关因素对农村土地均衡交易量的影响

外生参数分别赋值如下：农户耕作单位土地所需的时间（t）=1、单位农产品的农户效用（s）=100、农产品的市场价格为（p）=50、其他就业渠道的工资（w）=5、企业的集约化生产优势（k）=2.5，考察拥有农村土地总量（L_0）=5000、农户数量（N）=15 的某个地区，在农业技术边际收益递减率 β=0.5 的经济中的情形。（MATLAB 绘图可以得到结果。）

显然，图 5-1 的数值示例结果与命题 2（竞争和垄断对交易效率的影响比较）、命题 3 和命题 4（两种市场环境下农村土地均衡交易量的比较静态）的理论结果是一致的。

5.6　本章小结

农村土地流转是优化土地资源配置、促进农业经济发展的重要途径，也是我国"三农"问题的瓶颈。为了逻辑一致地理解农村土地流转交易中影响农村土地供给和需求意愿的因素，以及市场力量对农村土地均衡交易量、交易价格和经济效率的作用，建立基于农户和企业最优决策的需求—供给模型，并求解和分析模型的均衡。

本章主要结论是：① 给定影响农村土地供给和需求意愿的因素，垄断将导致均衡交易量和均衡交易价格下降，并使经济效率降低；② 给定其他因素，一个（影响农村土地供给或需求意愿的）外生因素对均衡交易量和交易价格的影响在竞争性农村土地市场和企业垄断的农村土地市场中的方向是一致的。无论是在竞争还是垄断市场下，单位农产品对农户的效用、农户耕种土地的效率与农村土地流转效率负相关，而农产品市场价格、农民的非农渠道收入、企业的农业生产优势与农村土地流转效率正相关。

本章的主要结论对政府制定农村土地流转管理相关政策提供如下启示：

（1）如果关注农村土地流转交易的效率，应避免农村土地市场形成垄断，建立竞争性的农村土地流转市场。

（2）对农村土地市场的交易规模和价格的调控，应该重点关注影响市场需求和供给意愿的基本因素，通过适当的政策从源头上引导和管理而不是行政命令。要想提高农村土地流转规模，提升农村土地流转价格，其必要条件有：减少农民对土地保障的依赖，提高农产品价格，增加农户非农务工的工资收入，提升企业的农业耕种技术。

应当指出，本章直接采用经典微观经济学的假定，并假设企业在农产品市场中是完全竞争的，如果放松这个条件，采用本书的分析框架并引入垄断和寡头市场的两种市场结构，可以类似地分析不完全竞争的情形。对此，我们将进行进一步的研究。此外，本章在模型化市场力量时，只考虑了两种极端情况，没有分析寡头竞争的情形。由于寡头市场通常意味着丰富的策略相依性，从而需要针对具体的竞争方式进行具体的分析，这也是值得进一步研究的问题。

第6章
双向拍卖与农村土地交易定价

6.1 引 言

农村土地流转价格是中国农村土地市场发育的关键影响因素，农村土地流转价格机制是农村土地流转市场的核心机制。市场上与农村土地流转相关的法律、产权制度、政策、经济环境等宏观因素及与农村土地流转相关的预期、收入、偏好等微观因素，最终都将通过供求双方博弈后共同认可的均衡价格来综合反映。流转价格过低，不利于保护农户的权益；流转价格过高，又会增加新型农业经营主体的成本和风险，不利于保护新型农业经营主体的权益。因此，确定合理的农村土地流转价格事关农民权益保障和农村土地流转效率等重大问题（朱文珏等，2018）[478]，是农村土地流转市场健康有序发展的关键，而分析农村土地流转交易价格及其运行机理又是理解和阐释农村土地流转交易市场现象的关键。

6.1.1 农村土地流转定价现状

农村土地流转是指拥有农村土地承包经营权的农户保留承包权，将土地经营权（使用权）转让给他人（组织），并从中获取收益的经济行为。早在 1988 年之前，农户承包土地只有单纯的耕作权，随着现代化农业技术的大规模应用和农业生产效率的提高，一些具有技术和资金优势的个人（组织）有了对农村土地规模化经营的需求。国家适时调整政策，允许并鼓励农民将土地使用权以转包、出租、入股、互换、转让等方式实现流转，让土地向种田能手集中，实现规模化经营，提高土地资源配置效率。

近年来，随着农村富余劳动力的流动，农产品价格走低，使土地对农民生产、生活的重要性有所下降，再加上农业产业化的推动，农村土地流转的规模开始扩大，速度开始加快，农村土地使用权市场开始形成。2008

年 10 月 13 日，我国首家农村综合产权交易平台——成都农村产权交易所正式成立，标志着我国农村土地流转进入市场化、规范化运作阶段。然而总体看来，我国农村土地流转的数量和规模仍然有限，并且区域差异化明显。

现有的文献表明，农村土地流转交易规模较小的原因大致可以表现为如下两类：① 从流转交易双方的交易意愿来看，一方面，由于土地的生活保障功能较强、（不发达地区农户的）非农要素禀赋较差、交易成本较高等原因，农户交易土地（出让承包权或使用权）的意愿不强烈；另一方面，由于农业大户（农业企业家）缺乏和地权稳定性等原因，对农村土地的需求不足。② 从农村土地流转的制度设计角度看，钱忠好（2003）认为不完全的农村土地承包经营权提升了农村土地交易成本，降低了农村土地市场交易的净收益，最终减弱了农户的农村土地需求和供给[47]；田传浩等（2004）的实证研究支持了"中国农村土地制度阻碍了农村土地使用权市场发育"这一观点，并指出如果缺乏农村土地流转配套制度的改革，农村土地产权完善的政策并不会促进农村土地使用权市场的发育[135]；黄祖辉等（2008）的调查研究也显示了模糊的产权及其利益主体的虚化给土地流转的发展带来了很大的负面影响[499]。

上述两类原因暗含，要解决农村土地流转交易规模较小这一问题，必然要涉及供需双方的利益和他们之间的交易规则。如果以农村土地交易的价格来表征交易双方的利益分配，那么农村土地流转交易的定价机制就应当是一个必须解决的问题，即需要设计这样一个农村土地流转定价机制，使得在保障供需双方各自利益的基础上尽可能增大交易的数量，从而提高农村土地的使用效率。

目前，城市土地使用权出让市场有三种定价方式：协议出让、招标出让和拍卖出让。协议出让是土地使用权的出让者与受让者就某块地皮的使用条件和批租价格，进行一对一谈判，达成协议，签订出让合同的一种出让方式。招标出让是招标土地及其条件公布后，由应招者在规定日期前把标书和出价以书面形式报给政府，政府考虑用地者所出的价格、所提供的规划设计方案、企业信誉和资金力量等综合因素，最后决定取舍。拍卖出让是指在特定时间、特定地点和公开场合，由主管部门公布某块土地的使用条件和底价，各竞争者通过报价竞争，按照"价格高者得"的原则，确定土地使用权受让人的一种出让方式。

这三种定价方式虽然都属于市场范畴，但是其竞争程度不同，协议出让最弱，拍卖出让最强。拍卖出让和招标出让虽然都是竞争性签约方式，但两者之间仍然有很大区别。招标出让是由招标人发出招标通告，各投标人各自提出自己的条件，最后由招标人从中选择最优条件的投标人作为合同的双方当事人。在招标出让方式中，各投标人相互不知道其竞争对手提出的条件，一般只有一次投标机会，一旦提出标书就不能随意变更。而拍卖出让虽然也是由拍卖人发出拍卖通知，但由于各应买者之间能够进行公开竞争，每个应买者都可以随时根据竞争者提出的报价，提出更高的报价，最后由拍卖人与出价最高的应买者签约。因此，采取拍卖方式出让土地使用权，一方面更有利于受让人之间的公平竞争；另一方面对于土地使用权出让方而言能够得到最高的收入，而最终的受让人必然是通过使用土地能够获取收益最大的人，在这种意义下，拍卖出让是一种有效的资源配置方式。

虽然农村土地使用权流转市场与城市土地使用权出让市场不完全一致，且表现在市场成熟度和供需双方的力量对比上，但它们之间也具有共同之处：① 都是在保持土地所有权不变前提下的土地使用权买卖市场；② 市场主体之间可以相互选择。因此，农村土地流转市场的定价机制可以从城市土地使用权出让市场定价机制那里获取有益的参考，本书将在拍卖出让的基础上研究农村土地使用权有偿转让的问题。

6.1.2　双向拍卖研究综述

拍卖是资源分配的一种市场化方式，它有两个基本功能：一是揭示信息，二是减少代理成本（McAfee 等，1987）[882]。传统的拍卖方式可以分为两大类：密封拍卖和公开拍卖。其中，密封拍卖有两种具体形式：封标第一价格拍卖与封标第二价格拍卖。公开拍卖也有两种具体形式：英式拍卖和荷兰式拍卖。

在这四种传统拍卖方式中，不管是密封拍卖还是公开拍卖，其所对应的市场结构特征都是"一对多"：要么买方只有一个，卖方多个；要么卖方只有一个，买方多个。在传统拍卖情形下，买卖双方总有一方具有垄断优势，掌握着市场的稀缺资源。并且，传统拍卖方式下不会产生新的价格，市场的最终成交价格来自某个拍卖参与方的标价。

而双向拍卖机制与传统拍卖是截然不同的：首先，买卖双方对将要交易的商品提出各自要求的价格；然后，按照一定的价格出清机制，拍卖商以买卖双方的标价为基础产生新的交易价格；最后，买卖双方在这个交易价格下完成交易。与传统的拍卖机制相比，双向拍卖具有如下不同（廖屹，2008）[883]：

（1）市场结构不同。这四种传统的拍卖机制，其实质同属于单向拍卖，买卖双方各有优势。首先，买卖双方必定有一方拥有资源垄断优势，为了保证自身的期望收益最大化，具有资源垄断优势的一方在交易方式选择和交易规则制定上具有优先权，实施较大程度的市场控制力；其次，不具有资源垄断优势的一方往往具有相对的信息优势，这种信息优势来自他们对拍卖商品的成本或估价，为了自身利益最大化，这些信息对资源垄断优势一方是"隐藏"的。而在双向拍卖方式中，买卖双方各自丧失在单向拍卖中的相对优势，其关系变为一种平等的供给和需求关系。

（2）交易价格规则不同。这四种传统的拍卖机制，拍卖的价格规则是买方或者卖方单方面竞争的结果，按照价格规则，某个拍卖参与人（买方或卖方）的标价就是最终成交价格，市场并不产生新的成交价格，例如封标第一价格拍卖的最终成交价格来自标价第一位的参与人的要价。但是在双向拍卖中，由拍卖商制定成交规则，拍卖参与人（买方或卖方）的标价只是成交价格的参考和基础，最终拍卖成交价格是基于成交规则，以买卖双方的标价组合为基础而产生的新的价格。

国外学者 Wilson（1985）研究结果显示双向拍卖是一种有效率的资源配置方式[884]。Smith（1962）通过实验发现双向拍卖有着很高的价格发现效率，即使在供求信息不充分、买卖双方人数都很少的情况下，市场仍然可以达到新古典经济学所预测的竞争均衡[885]。国内学者詹文杰等（2003）对"Smith 奥秘"进行了评述，认为双向拍卖中买卖双方之间是一种供给和需求的平等关系，可以有效地解决"窜谋"和"恶意报价"的问题[886]。

1. 双向拍卖的理论模型

已有文献从完全信息、不完全信息、静态、动态等多方面对双向拍卖建立了理论模型。詹文杰等（2003）对此做了比较全面的归纳，基于此本书做了适当补充。

（1）竞争均衡模型。

这是双向拍卖经典静态理论模型。该模型的原理类似于新古典经济学的竞争均衡，只不过前者建立在严格的假设和理论推断之上，而后者可以通过可控的实验加以验证。在双向拍卖中，买卖双方分别对拍卖标的进行估价，将买方估价从高到低依次排列，将卖方成本从低到高依次排列，分别形成双向拍卖市场中的需求曲线和供给曲线。需求曲线与供给曲线叠加，在位于需求供给曲线交汇处两侧的卖方成本之间形成均衡价格。可见，竞争均衡模型中的均衡价格不是一个精确的均衡价格，而是一个价格范围区间，但是通过竞争均衡模型，可以预测市场中的交易次数和交易价格。

（2）马歇尔动态均衡模型。

这是双向拍卖经典动态理论模型。马歇尔路径弥补了静态均衡模型的不足，从理论上解释了买卖双方达到均衡的具体匹配过程。在双向拍卖中，首先，最低成本的卖方和最高估价的买方成交；其次，成本第二低的卖方和估价第二高的买方成交；以此类推，直到市场余下的所有卖方成本都高于买方估价，这个时候市场中不再有交易发生。从资源配置效率角度，马歇尔路径提供了双向拍卖中最佳交易路径，能够达到理论均衡点，收益值也最大。但是，在绝大多数双向拍卖市场中，实际交易成交价格往往来自某个卖方或买方的标价，马歇尔路径很难被严格遵循。

（3）不完全信息下的博弈论模型。

在拍卖市场中，卖方对于拍卖品的成本以及买方对于拍卖品的估价都是他们各自的私有信息，再加上买卖双方的风险偏好有基于个体的差异，所以拍卖市场中的行动参与者是信息不完全的，因此有学者将不完全信息下的博弈理论应用到拍卖市场中进行研究。肖特基和莎缪尔森（Chatterjee 和 Samuelson，1983）考虑了不完全信息的情况，第一次将贝叶斯-纳什均衡应用于双向拍卖的研究[887]。在这个贝叶斯博弈模型中，只考虑一个卖方、一个买方、一件商品的简单情形。卖方对自己的成本 c 、买方对自己的估价 v 都是各自的私有信息，卖方的要价 s 是 c 的函数，买方的出价 b 是 v 的函数。买方和卖方同时开价，其中卖方要价记为 s ($0 \leqslant s \leqslant 1$)，买方出价记为 b ($0 \leqslant b \leqslant 1$)，拍卖商清算市场时选择成交价格 P ：如果 $b \geqslant s$ ，双方成交在价格 P 上；如果 $b < s$ ，则交易不发生，采用线性贝叶斯-纳什均衡策略，买卖双方最终的成交价格为 $kb + (1-k)s$ ，其中 $0 \leqslant k \leqslant 1$ 。结果发现，在线性贝叶斯-纳什均衡策略下，双方错过交易的概率为 1/6，这说明买卖双方都有隐藏真实报价的动机。梅耶森和沙特威托（Satterthwaite 和 Wilson，1983）证明，在 c 和 v 服从均匀分布的情况下，线性战略均衡比任何其他贝叶斯均衡产生的净剩余都高。进一步，沙特威托和威廉姆斯（Satterthwaite 和 Williams，1993）将上述结论进行了推广，考虑 m 个买方和 m 个卖方的情形，结果发现，在贝叶斯-纳什均衡策略下，卖方要价和成本的差额、买方出价和估价的差额都与市场参与者数量 m 呈反向关系，这种反向关系在市场收益的流失计量上表现得更加突出[888]。因此，在这样的双向拍卖市场和均衡策略下，买卖双方人数增加得越多，其报价会越接近于真实的报价，进而提升市场效率。

（4）完全信息下的博弈论模型。

自史密斯发现了"Smith 奥秘"以来，双向拍卖引起了广泛的关注。早期学者用不完全信息下的博弈论研究双向拍卖，其缺陷是必须预先知道买方估价和卖方成本的分布情况以及对手的风险偏好，这在现实世界中是很难办到的。后来有学者试图利用完全信息下的博弈论来研究双向拍卖，这种尝试也取得了一定进展。弗雷德曼（Friedman，1991）认为，完全信息下的双向拍卖是一种研究的新趋势。因为竞争均衡与纳什均衡在双向拍卖的市场环境中能够一致；并且，在双向拍卖市场交易方获得市场信息的能力可以通过学习逐步提高，这样的报价行为可以达到类似于完全信息下的纳什均衡[889]。其最具代表性的是 Sadrieh（1998）提出的轮流报价双向拍卖模型[890]。区别于连续型双向拍卖，在轮流报价模型中，买方和卖方不是随机报价，而是严格按照规定好的周期报价，每个报价周期分为卖方和买方两个报价轮次，市场参与者只能在自己的报价轮次中报价。Sadrieh 的研究证明，虽然轮流报价双向拍卖模式使市场产生不同的交易结果，造成多个急躁均衡（Impatience Equilibria），但是由于所有的边际卖方和边际买方都不参与交易，并且所有交易价格都收敛在一个微小的区间内，所以这些市场结果有着很高的交易效率。而且，轮流报价的双向拍卖市场均衡结果与传统的竞争均衡结果是接近的，甚至是一致的。

（5）组合双向拍卖模型。

所谓组合双向拍卖，是买卖双方将多种商品按照不同种类与数量组合成一个标的进行双方报价拍卖的交易形式（范小勇等，2008）[891]。研究表明，和其他双向拍卖一样，通过双边竞价，组合双向拍卖可以解决单边拍卖中的垄断优势问题，更重要的是，组合双向拍卖可以通过商品组合显著地降低交易成本和交易次数。范小勇等（2008）通过基于影子价格的组合双向拍卖研究，提出了基于单位组合交易剩余最大化的市场出清规则，该规则对实现拍卖的市场效益和改善市场微观结构有重大作用，这些作用包括：消除搭便车行为，保护小规模投资交易者的利益；防止恶意竞标行为，实现"说真话的直接机制"；提高市场的流动性，进而提高市场效率，促进双向拍卖交易市场的繁荣。

2. 双向拍卖的报价决策模型

双向拍卖的报价策略有很多，具有代表性的决策模型有零信息模型、增强型零信息模型、GD 模型、"P-Strategy"模型。由于零信息模型很好地反映了市场中交易个体的无理性行为和有限理性行为，虽然它比较简单，但是成为双向拍卖报价决策的基准模型，被研究者广泛采用（詹文杰，2002）[892]。

（1）零信息模型。

歌德和桑德（Gode 和 Sunder，1993）首次提出该模型。它包括约束型零信息模型（Zero Intelligence With Constraint）和无约束零信息模型（Zero Intelligence Unconstrained）两种形式。在约束型零信息模型中，卖方的报价不能低于其成本，买方的报价不能低于其估价，突破这样的约束条件则会被市场忽略或视为无效；在无约束零信息模型中，买卖双方可以自由报价，不受任何约束条件限制。歌德和桑德研究发现，通过零信息模型，双向拍卖市场中的资源配置有效性取决于市场这只"无形的手",而与市场结构、交易动机、信息、学习能力无关。由于无约束零信息模型可以代表市场中的无理性个体,约束型零信息模型可以代表市场中的有限理性个体,所以不管市场中单个交易个体是否具有理性,都不影响市场最终表现为集体理性。在该模型下,市场最终效率可以达到90%以上[893]。

（2）增强型零信息模型。

克里夫（Cliff, 1996）在约束型零信息模型的基础上提出该模型。其基本思想是:在卖方成本和买方估价是固定的前提下,市场报价由利润率水平决定,在开始阶段,利润率由交易个体随机产生,若交易成功,交易个体会随机微增利润率;若交易不成功,交易个体会随机微减利润率。交易的约束条件和约束型零信息模型相同,即利润率不能为负。克里夫实验研究表明,从均衡和收益分布角度来看,增强型零信息模型比约束型零信息模型更接近于现实报价策略[894]。

（3）GD模型。

GD模型即基斯泰德-蒂克霍德（Gjerstad-Dickhuat）模型,是一个基于信心函数来计算最大期望收益的报价模型。该模型的核心思想是:引入交易成功的主观概率,首先分别计算出卖方和买方的信心函数,然后计算出各自的最优报价和期望收益。

（4）"P-Strategy"模型。

Sunju, Durfee和William把双向拍卖过程视为一个马尔科夫链,还考虑了交易过程的动态性与交易结果的不确定性。该模型的核心思想在于:"P-Strategy"有自适应能力,对何时使用哪种报价模型可以做出自主判断,从而避免了随机模型的缺点。卖方通过这种报价策略函数,可以计算出期望收益最大的报价策略和应该采取的最优报价。

3. 双向拍卖理论的应用

双向拍卖理论在现实生活中有着广泛的应用,比如电力市场（方德斌等,2005）[895]、水权交易市场（王庆等,2006）[896]、在线拍卖（付静等,2006）[897]、金融市场（刘波等,2007）[898]等。

廖屹（2008）应用不完全信息贝叶斯博弈模型，对完全开放的发电权交易市场进行了研究，通过求解贝叶斯-纳什均衡，给出了市场参与者的均衡报价策略和交易流程。研究结果表明：在线性均衡条件下，要使得市场参与者的报价满足贝叶斯-纳什均衡的条件，不仅要考虑自身的成本和价值，而且要考虑对方对发电权的估计以及交易成功的概率；合理运用发电权交易，不仅有利于市场各方利益最大化，而且对社会资源优化资源配置、社会效益扩大化有积极的作用[883]。

连续双向拍卖机制在金融市场得到了广泛的应用，并且已成为目前包括东京、多伦多、悉尼、香港、斯德哥尔摩等证券交易所，以及中国的沪深两市在内的几乎所有指令驱动市场中自动撮合交易系统的基础（刘波等，2007）[898]。连续双向拍卖交易机制应用于金融市场，一次交易的全过程主要包括：交易者通过对指令选取的决策产生特定分布的指令流，这些指令流与限价指令簿进行匹配、撮合，推动限价指令簿状态的动态演进，然后限价指令簿的状态又反过来影响交易者的决策，进而产生新的指令流。整个过程在连续双向拍卖机制下不断进行，从而促进金融资产的价格发现。已有文献主要针对这整个过程的各个环节分别从理论、实证和实验的角度进行研究，进而加深对连续双向拍卖交易机制下金融市场微观结构的认识。

尽管双向拍卖在电力、水权、在线拍卖、金融市场等领域有着广泛的应用，然而针对农村土地流转这一问题，几乎还没有相应的理论文献。

6.2 农村土地流转双向叫价拍卖模型

本节将在双向拍卖机制的基础上，研究农户（卖方）向他人或组织（买方）有偿转出土地使用权的问题。拍卖机制的设计，包括报价规则、交易规则和信息公布规则等。其中，交易规则决定了市场中买卖双方如何匹配、匹配后交易价格和数量如何确定，它不仅对买方和卖方的交易策略有重要指导作用，而且对拍卖市场交易的效率和公平有着重要的影响。

首先，将政府模型化，作为一个机制设计者（根据买方和卖方的报价规定确定成交价的规则），然后，买方和卖方以自己的利益最大化为目标分别给出自己的报价，并依据政府设计的成交价确定规则确定成交价格。基于此，本书将在买卖双方对土地使用收益的估价是各自的私有信息的条件下，构建一个买卖双方叫价的双向拍卖模型（与经典的双向拍卖模型比较，此模型通过一个参数描述了政府如何权衡买方和卖方之间的利益分配这一问题）。通过求解此博弈模型，获得（给定成交价确定规则时的）买卖双方的均衡报价策略，讨论该策略下买卖双方的效用改进问题，计算出买卖双方交易成功的概率。进一步，对交易成功的概率作比较静态分析。

6.2.1　市场参与者

假设拥有土地承包经营权的农户是市场的供给方（卖方），对农村土地承包经营权有需要的个人或组织是市场的需求方（买方），二者组成双向叫价拍卖的参与人。土地的承包经营权就是拍卖的商品（标的）。政府作为农村土地流转的服务中间机构，在市场中扮演着机制设计者的角色，他将按照买卖双方的报价来制定最终的成交价格。

农户如果自己耕作土地，能够获取的收益为 c（即土地承包经营权对农户的价值），这里 c 是定义在 $[0,1]$ 上的均匀分布。农户如果让土地闲置，可以从其他就业渠道（比如外出打工）获得的工资性收入为 w（$w \in (0,1)$）。买方（获得农户土地的经营权后）经营土地能够获取的收益（土地承包经营权对于买方的价值）为 v，这里 v 是定义在 $[h, h+1]$（$h \geqslant 0$）上的均匀分布，并且与 c 相互独立。

应当指出：① 将买方和卖方的估价假设为均匀分布，是为了从理论上分析农村土地流转交易涉及的主要变量之间的关系，但本书的研究思路完全可以应用于其他分布的情形（可能增加计算的复杂性）。② $w \in (0,1)$ 这一假定用于描述如下经济背景，即在没有土地经营权交易机制的情形下，既不是所有农户都采用其他就业渠道（如外出打工）（对应于 $w=1$），也不是所有农户都自己耕作土地（对应于 $w=0$）。所以，农户的工资性收入应该介于 $0 \sim 1$ 之间。③ 变量 h 用于描述买方的交易意愿（h 越大，意味着土地承包经营权对于买方的潜在价值越高，从而买方有更强烈的愿意获得土地承包经营权）。

6.2.2　交易规则

在这个模型中，仅考虑一个卖方（拥有土地承包经营权的农户）、一个买方（希望取得土地承包经营权的个人或组织）、一个机制设计者（政府）、一件商品（某一农户所拥有土地的承包经营权）的简单情形。在交易开始的时候，买卖双方向政府提出转让或受让申请并提出报价，双方进行竞价，政府负责组织拍卖和交易，最后政府确定交易合同。具体过程如下：

（1）组织拍卖：机制设计者（政府）负责组织拍卖，接受买卖双方交易申请，并对买卖双方的报价进行审核。

（2）双方报价：在指定时间内，买卖双方向政府提出有效的报价，以及在这个报价下的土地承包经营权交易数量。

（3）确定市场出清价格：政府根据买卖双方的报价信息确定最后的市场出清价格，然后由出清规则确定双方的交易合同。

（4）交易合同：达成交易的买卖双方签订交易合同，交易完成。

6.2.3　市场出清

农户将土地承包经营权转出的要价为 p_s，买方为了获得土地承包经营权的报价为 p_b。如果 $p_s > p_b$，买卖双方不发生交易，他们的效用均为 0；如果 $p_s \leqslant p_b$，买卖双方按照作为机制设计者的政府制定的成交价格 $p = \lambda p_s + (1-\lambda)p_b (\lambda \in (0,1))$ 进行交易。这一成交价确定规则暗含，在成交的条件（ $p_s \leqslant p_b$ ）下，λ 越大，农户（卖方）获得支付越低；λ 越小，农户（卖方）获得支付越高。因此，λ 可以表征政府对农户的关心程度（λ 越小，对农户的关心程度越高）。

6.3　农村土地流转双向叫价拍卖的贝叶斯均衡

当农村土地流转交易成交时，卖方的效用为

$$u_s = [\lambda p_s + (1-\lambda)p_b] + w - \max\{w, c\}$$
$$= [\lambda p_s + (1-\lambda)p_b] - \max\{0, c-w\}$$

令 $\varepsilon(c) = \max\{0, c-w\}$，则 ε 表示农户转出土地承包经营权所损失的机会成

本，其取值范围是 $\varepsilon \in [0, 1-w]$。因此，u_s 代表农户在农村土地流转交易成交时的净收益。

卖方的效用函数改写为

$$u_s = \begin{cases} [\lambda p_s + (1-\lambda)p_b] - \varepsilon & ,p_s \leqslant p_b \\ 0, & p_s > p_b \end{cases}$$

类似地，买方的效用函数可以写为

$$u_b = \begin{cases} v - [\lambda p_s + (1-\lambda)p_b] & ,p_s \leqslant p_b \\ 0, & p_s > p_b \end{cases}$$

卖方知道 c 不知道 v，买方知道 v 不知道 c，但是 c 和 v 的分布函数是共同知识。因此，这属于不完全信息叫价拍卖问题。在这个博弈模型中，卖方的战略（要价）p_s 是 ε 的函数 $p_s(\varepsilon)$，买方的战略（出价）p_b 是 v 的函数 $p_b(v)$。

如果下列两个条件成立，战略组合 $\{p_s^*(\varepsilon), p_b^*(v)\}$ 是此博弈模型的一个贝叶斯均衡。

（1）卖方最优。

对所有 $\varepsilon \in [0, 1-w]$，$p_s^*(\varepsilon)$ 是以下最优化问题的解：

$$\max_{p_s} \{[\lambda p_s + (1-\lambda)E(p_b(v) \mid p_b(v) \geqslant p_s) - \varepsilon] \cdot P\{p_b(v) \geqslant p_s\}\} \tag{6-1}$$

式中，$E(p_b(v) \mid p_b(v) \geqslant p_s)$ 是给定卖方要价低于买方出价的条件下，卖方预期买方的出价。

（2）买方最优。

对所有的 $v \in [h, h+1]$，$p_b^*(v)$ 是以下最优化问题的解：

$$\max_{p_s} \{[v - \lambda E(p_s(\varepsilon) \mid p_s(\varepsilon) \leqslant p_b) - (1-\lambda)p_b] \cdot P\{p_s(\varepsilon) \leqslant p_b\}\} \tag{6-2}$$

式中，$E(p_s(\varepsilon) \mid p_s(\varepsilon) \leqslant p_b)$ 是给定卖方要价低于买方出价的条件下，买方预期卖方的要价。

考虑线性报价战略（即买方和卖方均采用如下线性报价策略）：

$$\begin{cases} p_s(\varepsilon) = \alpha_s + \beta_s \varepsilon \\ p_b(v) = \alpha_b + \beta_b v \end{cases} \tag{6-3}$$

因为 v 在 $[h, h+1]$ 上均匀分布，故 $p_b(v)$ 在 $[\alpha_b + \beta_b h, \alpha_b + \beta_b(h+1)]$ 上均匀分布，则有

$$\begin{aligned} \Pr\{p_b(v) \geqslant p_s\} &= \Pr\{\alpha_b + \beta_b v \geqslant p_s\} \\ &= \Pr\left\{v \geqslant \frac{p_s - \alpha_b}{\beta_b}\right\} = h + 1 - \frac{p_s - \alpha_b}{\beta_b} \end{aligned} \tag{6-4}$$

$$E(p_b(v) \mid p_b(v) \geqslant p_s) = \frac{\dfrac{1}{\beta_b h} \displaystyle\int_{p_s}^{\alpha_b + \beta_b(h+1)} x \mathrm{d}x}{P\{p_b(v) \geqslant p_s\}} = \frac{\alpha_b + \beta_b(h+1) + p_s}{2} \tag{6-5}$$

将式（6-4）和（6-5）代入卖方目标函数即式（6-1），得到

$$\max_{p_s} \left\{ \left[\lambda p_s + (1-\lambda) \cdot \frac{\alpha_b + \beta_b(h+1) + p_s}{2} - \varepsilon \right] \cdot \left(h + 1 - \frac{p_s - \alpha_b}{\beta_b} \right) \right\} \tag{6-6}$$

最优化的一阶条件意味着

$$p_s = \frac{\lambda[\alpha_b + \beta_b(h+1)]}{1 + \lambda} + \frac{1}{1 + \lambda} \varepsilon \tag{6-7}$$

因为 c 是定义在 $[0,1]$ 上的均匀分布，那么 $\varepsilon(c) = \max\{0, c - w\}$ 的分布函数为

$$F(x) \equiv \Pr\{\varepsilon \leqslant x\} = \begin{cases} 0, & x < 0 \\ w, & x = 0 \\ w + x, & 0 < x \leqslant 1 \\ 1, & x > 1 - w \end{cases}$$

则有

$$\Pr\{p_s(\varepsilon) \leqslant p_b\} = \Pr\{\alpha_s + \beta_s \varepsilon \leqslant p_b\} = P\left\{\varepsilon \leqslant \frac{p_b - \alpha_s}{\beta_s}\right\} = w + \frac{p_b - \alpha_s}{\beta_s} \tag{6-8}$$

$$E(p_s(\varepsilon)\,|\,p_s(\varepsilon)\leqslant p_b)=\frac{w\alpha_s+\dfrac{1}{\beta_s}\displaystyle\int_{\alpha_s}^{p_b}x\mathrm{d}x}{\Pr\{p_s(\varepsilon)\leqslant p_b\}}=\frac{w\alpha_s+\dfrac{1}{2\beta_s}(p_b^2-\alpha_s^2)}{w+\dfrac{p_b-\alpha_s}{\beta_s}}\qquad(6\text{-}9)$$

将式（6-8）和（6-9）代入买方目标函数即式（6-2），得到

$$\max_{p_b}\left\{\left[v-\lambda\frac{w\alpha_s+\dfrac{1}{2\beta_s}(p_b^2-\alpha_s^2)}{w+\dfrac{p_b-\alpha_s}{\beta_s}}-(1-\lambda)p_b\right]\cdot\left(w+\frac{p_b-\alpha_s}{\beta_s}\right)\right\}\qquad(6\text{-}10)$$

由式（6-10）的最优化一阶条件可得

$$p_b=\frac{(1-\lambda)(\alpha_s-\beta_s w)}{2-\lambda}+\frac{1}{2-\lambda}v\qquad(6\text{-}11)$$

联立式（6-3）、式（6-7）和式（6-11），得到线性均衡战略为

$$\begin{cases}p_s^E(\varepsilon)=\dfrac{\lambda}{2}(h+1)-\dfrac{\lambda(1-\lambda)}{2(1+\lambda)}w+\dfrac{1}{1+\lambda}\varepsilon\\[3mm]p_b^E(v)=\dfrac{\lambda(1-\lambda)}{2(2-\lambda)}(h+1)-\dfrac{1-\lambda}{2}w+\dfrac{1}{2-\lambda}v\end{cases}\qquad(6\text{-}12)$$

上述结果表明，买卖双方分别按照式（6-12）所示的策略进行报价的时候，可以获取各自最大的期望效用。

6.4 农村土地流转双向叫价拍卖的均衡分析

6.4.1 线性均衡战略下买卖双方效用分析

在线性均衡战略下，买卖双方达成交易需要满足 $p_s(\varepsilon)\leqslant p_b(v)$，即

$$\frac{\lambda}{2}(h+1)-\frac{\lambda(1-\lambda)}{2(1+\lambda)}w+\frac{1}{1+\lambda}\varepsilon\leqslant\frac{\lambda(1-\lambda)}{2(2-\lambda)}(h+1)-\frac{1-\lambda}{2}w+\frac{1}{2-\lambda}v$$

求解可以得到

$$v \geqslant \frac{\lambda}{2}(h+1)+\frac{(2-\lambda)(1-\lambda)}{2(1+\lambda)}w+\frac{2-\lambda}{1+\lambda}\varepsilon \qquad （6-13）$$

政府根据买卖双方的报价 $p_s^E(\varepsilon)$ 和 $p_b^E(v)$［即式（6-12）］确定成交价格 p^E 为

$$\begin{aligned} p^E &= \lambda p_s^E(\varepsilon)+(1-\lambda)p_b^E(v) \\ &= \frac{\lambda}{2(2-\lambda)}(h+1)-\frac{1-\lambda}{2(1+\lambda)}w+\frac{\lambda}{1+\lambda}\varepsilon+\frac{1-\lambda}{2-\lambda}v \end{aligned} \qquad （6-14）$$

在农村土地交易成交的条件下，卖方的事后效用可表示为

$$u_s = p^E-\varepsilon = \frac{1-\lambda}{2-\lambda}v+\frac{\lambda}{2(2-\lambda)}(h+1)-\frac{1-\lambda}{2(1+\lambda)}w-\frac{1}{1+\lambda}\varepsilon \qquad （6-15）$$

由式（6-13）可得

$$0 \leqslant \frac{1}{2-\lambda}v-\frac{\lambda}{2(2-\lambda)}(h+1)-\frac{1-\lambda}{2(1+\lambda)}w-\frac{1}{1+\lambda}\varepsilon \qquad （6-16）$$

由式（6-15）和式（6-16）可得

$$u_s \geqslant \frac{\lambda}{2-\lambda}(h+1-v) \geqslant 0 \qquad （6-17）$$

因此，在线性均衡战略下，相对于不进行土地承包经营权转让（不成交）的情形，卖方的事后效用将得到提高。

类似地，在农村土地交易成交的条件下，买方在线性均衡战略下的事后效用可以表示为

$$u_b = v-p^E = \frac{1}{2-\lambda}v-\frac{\lambda}{2(2-\lambda)}(h+1)+\frac{1-\lambda}{2(1+\lambda)}w-\frac{\lambda}{1+\lambda}\varepsilon \qquad （6-18）$$

由式（6-16）和式（6-18）可得

$$u_b \geqslant \frac{1}{2-\lambda}v+\frac{1-\lambda}{1+\lambda}w+\frac{1-\lambda}{1+\lambda}\varepsilon \geqslant 0 \qquad （6-19）$$

因此，在线性均衡战略下，相对于不进行土地承包经营权转让（不成交）的情形，买方的事后效用将得到提高。

归纳起来，有如下命题：

命题 1：在农村土地流转交易的成交价格确定规则 $p = \lambda p_s + (1-\lambda)p_b$

$(\lambda \in (0,1))$ 下，**如果交易成交，则买方和买方的事后效用都将提高。**

命题 1 表明，从事后的角度看，在线性均衡战略下，农村土地流转交易的成交会使买卖双方的效用都提高。这显然是一种帕累托改进。这从理论上支持了如下观点：如果政府希望通过土地流转来实现土地的利用效率，则应当建立土地流转的交易机制（双向拍卖机制）。实际上，成都农村产权交易所的运行机制可以抽象为一个双向拍卖机制。当然，能够实现派累托改进的机制可能并不局限于双向拍卖。

6.4.2　线性均衡战略下买卖双方成交概率的比较静态分析

记式（6-13）的右端为 $k(\lambda,\varepsilon)$，并假设 $k(\lambda,0)>h$ 对所有的 λ 均成立。这样假设是因为，即使卖方进行农村土地流转交易的机会成本最小（ $\varepsilon=0$ ），买卖双方的交易也不是一定可以达成的。也就是说，存在一部分买方，不论政府如何确定成交价，农村土地对于他们的价值均小于 $k(\lambda,0)$。因此，h 作为农村土地对卖方价值 v 的下限，需要小于 $k(\lambda,0)$。

$F(\varepsilon)$ 表示 ε 的分布函数，$G(v)$ 表示 v 的分布函数，那么买卖双方成交的概率为

$$\Pr = \iint_{\substack{\varepsilon \in [0,1-w] \\ v \geq f(\varepsilon)}} \mathrm{d}F(\varepsilon)\mathrm{d}G(v)$$

$$= \left(1-\frac{\lambda}{2}\right)(h+1) - \frac{(2-\lambda)(1-\lambda)}{2(1+\lambda)}w - \frac{2-\lambda}{2(1+\lambda)}(1-w)^2 \tag{6-20}$$

命题 2：其他条件不变，买卖双方的成交概率随着买方经营土地能够获得的平均收益（由 h 表征）的增大而增大，反之亦然。

证明： 在 $h \in [0,+\infty)$ 空间上，买方经营土地所能获得的平均收益为

$$E(v) = \int_h^{h+1} v g_v \mathrm{d}v = h + \frac{1}{2}$$

当 $E(v)$ 增大时，h 也随之增大。

又由式（6-20）可以直接得到

$$\frac{\partial \Pr}{\partial h} = 1 - \frac{\lambda}{2} > 0 \tag{6-21}$$

由式（6-21）可知，当 h 增大时，Pr 也随之增大，反之亦然。因此，买方经营土地所能获得的平均收益越高，买卖双方成交概率越大；反之，买方经营土地所能获得的平均收益越低，买卖双方成交概率越小。

命题 2 得证。

命题 2 表明，买方经营土地的能力，也就是利用土地经营权获取收益的能力，将直接影响到土地经营权流转的成交概率。买方经营土地的能力越高，他获取土地经营权的意愿就越强烈，他希望获取更大面积的土地经营权，也能够支付更高的流转价格。这一结果从土地需求的角度揭示了土地流转市场交易不足的原因：如果买方对基于土地的投资项目的期望估价越高，则他的交易意愿越强烈，从而提高土地交易成功的概率。

命题 3：其他条件不变，当 $w \leqslant (1+\lambda)/2$ 时，买卖双方成交概率随着农户从其他就业渠道获得的工资性收入 w 的增大而（弱）增大；当 $w > (1+\lambda)/2$ 时，买卖双方成交概率随着农户工资性收入的增大而减小。

证明： 由式（6-20）可得

$$\frac{\partial \mathrm{Pr}}{\partial w} = \frac{2-\lambda}{2(1+\lambda)}(1+w-2\lambda) \tag{6-22}$$

由式（6-22）可知，当 $w \leqslant (1+\lambda)/2$ 时，$\partial \mathrm{Pr}/\partial w \geqslant 0$；当 $w > (1+\lambda)/2$ 时，$\partial \mathrm{Pr}/\partial w < 0$。因此，当 $w \leqslant (1+\lambda)/2$ 时，Pr 随着 w 的增大而增大；而当 $w > (1+\lambda)/2$ 时，Pr 随着 w 的增大而减小。

命题 3 得证。

命题 3 展示了农户从其他就业渠道获得工资性收入的能力将对土地流转成交概率产生影响：随着农户从其他就业渠道获得工资性收入的能力增强，交易成功的概率先增后减。这种影响发生的机理可以通过分析交易双方的均衡报价策略［即式（6-12）］得到解释。

将 $\varepsilon(c) = \max\{0, c-w\}$ 代入式（6-12），并求偏导可得

$$0 > \frac{\partial p_s^E}{\partial w} = \begin{cases} -\dfrac{\lambda(1-\lambda)}{2(1+\lambda)}, & w \geqslant c \\[3mm] -\dfrac{\lambda(1-\lambda)+2}{2(1+\lambda)}, & w < c \end{cases} \tag{6-23}$$

$$\frac{\partial p_b^E}{\partial w} = -\frac{1-\lambda}{2} < 0$$

这表明，w 的增大，一方面降低卖方（农户）的报价（意味着增加了农户的交易意愿，从而有助于提高交易成功的概率），另一方面也降低买方的报价（意味着降低了买方的交易意愿，从而倾向于降低交易成功的概率）。交易成功的概率是这两种效应综合作用的结果。进一步，对卖方（农户）而言，相对于较大的 w（$w \geq c$），在较小的 w（$w < c$）处，增大 w 使得农户降低其报价的边际更大［比较式（4-23）立即获得这一结果］，反之亦然。因此，给定买方降低交易意愿的边际，卖方增加交易意愿的边际先增后减，从而使得交易成功的概率先增后减。因此，命题 3 表明，一方面从机会成本的角度给出土地流转交易中供给方的交易意愿与交易成功的概率（可以反映交易规模）之间的关系，另一方面揭示机会成本（关于 w 的信息是对称的）如何影响买方的交易意愿，进而影响交易成功的概率（可以反映交易规模）。

命题 4：其他条件不变，买卖双方成交概率随着 λ 的增大呈现出先增大后减小的性质。

证明：由式（6-20）可得

$$\frac{\partial \Pr}{\partial \lambda} = -\frac{1}{2}(h+1) + \frac{5-2\lambda-\lambda^2}{2(1+\lambda)^2}w + \frac{3}{2(1+\lambda)^2}(1-w)^2 \equiv M(\lambda)$$

$$\frac{\partial^2 \Pr}{\partial \lambda^2} = -\frac{1}{1+\lambda} - \frac{5-2\lambda-\lambda^2}{4(1+\lambda)^3} - \frac{3}{4(1+\lambda)^3}(1-w)^2 < 0 \qquad （6-24）$$

由（6-24）式可知，$\partial \Pr / \partial \lambda \equiv M(\lambda) \geq 0$，$\Pr$ 随着 λ 的增大而减小。进一步，由于 $k(\lambda,0) > h$ 对所有的 λ 均成立，则当 $\lambda \to 0$ 时也成立，即

$$\lim_{\lambda \to 0} k(\lambda,0) = w > h$$

由上式可得

$$\lim_{\lambda \to 0} M(\lambda) = -\frac{h}{2} + 1 - \frac{w}{2} + \frac{3w^2}{2} > 1 - w + \frac{3w^2}{2} = \left(1 - \frac{w}{2}\right)^2 + \frac{5w^2}{4} > 0$$

再由 $w \in (0,1)$ 可得

$$\lim_{\lambda \to 1} M(\lambda) = -\frac{h}{2} - \frac{1}{8} - \frac{3w}{8} + \frac{3w^2}{8} < 0$$

最后，由 $M(\lambda)$ 连续性可知，存在 $\lambda^* \in (0,1)$，使得：当 $\lambda < \lambda^*$ 时，$\partial \text{Pr}/\partial \lambda > 0$；当 $\lambda = \lambda^*$ 时，$\partial \text{Pr}/\partial \lambda = 0$；当 $\lambda > \lambda^*$ 时，$\partial \text{Pr}/\partial \lambda < 0$。命题 4 得证。

命题 4 表明，λ 对买卖双方的成交概率的影响呈先增后减的趋势，因此，存在着一个对农户利益的关心程度（ $\lambda^* \in (0,1)$ ），使得农村土地流转交易成功概率达到最大。这意味着，如果希望通过引入双向拍卖这种市场机制来促进农村土地流转以实现事后帕累托改进，并希望这种改进的概率（交易规模）最大化，那么命题 4 为政府设计双向拍卖机制提供了一个参数确定的理论依据（即应当选择 λ^*）。进一步，由于 λ^* 代表政府对农户利益的关心程度，所以命题 4 的实践含义可以表述为，如果政府选择适当的对农户利益的关心程度，那么实现帕累托改进的农村土地流转交易成功的概率（规模）可以达到最大。

6.5　本章小结

农村土地流转是优化土地资源配置、促进农业经济发展的重要途径。尽管国家通过法律允许转让土地使用权已经 20 年过去了，但农村土地流转市场依然发展缓慢，尤其是没有一套适应市场发展的农村土地使用权流转定价机制。针对这一问题，本书引入双向拍卖模型进行研究，将农户看成是土地使用权的卖方，对农村土地承包经营权有需要的他人或组织看作是买方，将政府作为机制设计者。买卖双方分别向政府报价，政府按照一定规则确定成交价格，然后买卖双方在这一价格下完成交易。

研究结果表明：① 双向拍卖机制将有助于实现土地利用效率的事后帕累托改进；② 帕累托效率改进的概率随着买方期望价值的增加而增加，随着农户从其他渠道获得收入的增加而先增后减，随着政府对农户利益的关心程度的增加而先增后减。这些结果，一方面揭示了影响农村土地流转交易成功概率（规模）的需求、供给和制度因素；另一方面为政府设计双向拍卖机制提供了一个参数确定的理论基础。

应当指出，本书所讨论的仅是一个卖方、一个买方、一件商品的情形，对于多个农户出让土地使用权、多个组织（个人）转入土地使用权的问题，如何建立合理的交易规则和制定市场平衡机制，有待进一步研究。此外，政府选择适当的对农户利益的关心程度 λ^*，对农村土地流转交易成功的概率（规模）的帕累托改进具有重要的理论定价意义，然而在实际操作过程中，政府具体部门或人员可能存在对买方（开发商或承包大户）的偏袒，会一定程度上扭曲这种定价机制。

第7章
农村土地双边市场与平台中介定价

7.1 引 言

现有文献研究表明，农村土地流转存在交易规模较低、流动性不足等问题，揭示出农村土地流转信息不畅，缺乏交易中介机构。

在农村家庭联产承包责任制下，小规模分散经营是制约农业进一步发展和农民收入进一步提高的重要因素，学者对农村土地流转和适度规模经营的问题进行了大量的研究。史清华（2002）、贺振华（2006）对农村土地流转市场规模的研究显示，在现有流转体制和机制下，虽然政策允许流转，但我国农村土地流转的数量和规模仍然非常有限；对农村土地流转存在的障碍、对农村土地流转的信息传递的研究表明，农户间的土地流转处于自发状态，信息不对称、交易费用高。土地的转让方找不到土地的受让方，土地的受让方找不到土地的转让方。农村土地流转的中介组织匮乏，农村土地流转基本上是在一种信息不对称的垄断市场中运行（周飞，2006）[291]。实际上，由于土地商品的特殊性，农村产权交易市场相关设施的不完备，加上农民群体自身相对知识禀赋的欠缺，使得信息障碍带来的交易搜索成本高昂，进而引起市场流动性和交易量不足，成为农村土地流转的现实困境。

现有文献根据统计（调查）数据分析发现了我国农村土地流转规模有限、效率不高这一现象和问题，并且多从供需意愿的角度解释问题产生的原因，但对如何解决问题的研究不多，尤其是站在交易市场培育角度的研究更少，也有少部分学者即使提出要重视市场建设，也缺乏对市场体系的系统设计。实际上，从资源配置效率角度而言，市场和制度因素往往是最为关键的，因此有必要重新审视农村土地使用权流转的关键问题：由中介欠缺和信息不畅带来的有效供给和有效需求不足问题。

实际上，农村土地流转市场具有双边市场的特征，双边市场的平台定价策略为提高流转效率提供了新的解决思路。Armstrong（2006[899]，2007[900]）概括了双边市场的理论框架，双边市场通过平台定价，可以有效解决市场流动性不足和交易规模不足的问题，这在信用卡和股票市场的培育与发展中已经得到充分验证。本章试图引入双边市场的平台定价理论研究农村土地流转中介定价问题，以改善市场交易效率。首先，对农村土地流转市场分析表明，中国农村土地流转市场具有双边市场特征；其次，建立流转平台利润模型和社会福利模型，探讨流转平台定价策略；最后，按照农村土地流转交易的内涵、特征，引入平台作为第三方中介，建立农村土地流转平台概念模型，分析流转平台的功能、结构和运行机制。

研究表明，考虑土地的保障功能，应用双边市场平台定价非中性策略，通过对平台两边制定不同的收费结构，不仅可以改善交易的实现规模和流动性，也间接保障了农民的土地权益。

需要说明的是，平台需要平台运营商运营，平台运营商概念相对于拍卖商概念在市场中的作用和地位具有逻辑上的等同或近似性。只是分析角度不同，前者侧重于交易定价机制，后者侧重于以交易中介为中心的市场结构。

7.2 农村土地流转的双边市场特征

7.2.1 双边市场理论概述

1. 双边市场的定义

21 世纪以后，双边市场理论引起了学术界和产业界的重视。从 2002 年开始，在一些主流经济学和管理学杂志上，不断有这类研究成果发表，其中包括 Jean Tirole、Julian Wright 等著名学者。与此同时，Hagiu、Evans 等人在前期双边市场研究基础上，将研究成果应用于为企业提供战略咨询服务，已有相当数量的成功案例。

关于双边市场的概念，国内外学者至今还没有比较一致的严格准确的定义。Armstrong（2004）从市场参与者交叉网络外部性特征角度给出的定义是，两组参与者需要通过中间层或平台进行交易，而且一组参与者加入平台的收益取决于另一组参与者加入该平台的数量，这样的市场称作双边市场[901]。Rochet 等（2004）从价格结构非中性角度给出的定义是，如果（平台收费）总价格水平不变，通过提高对一边的收费，同时同等程度地降低对另一边的收费，平台可以改变交易量，则称这一市场是双边市场[902]。Wright（2004）总结认为，在双边市场中，价格结构影响交易量，平台应该设计合理的价格结构以吸引两边的参与者。双边市场涉及两类截然不同的用户，每一类用户通过共有平台与另一类用户相互作用而获得价值[903]。可见，虽然对双边市场定义的角度不同，但核心思想是一致的：一是存在一个双边或多边的平台结构，平台运营商通过平台向两类或多类终端用户提供服务；二是终端用户的类型是不一样的，并且来自不同的各自一边市场；三是不同类型的终端用户之间存在着显著的交叉网络外部性；四是平台定价时存在着价格结构非中性，即不仅价格总水平影响交易量，价格结构也影响交易量。

实际上，在许多场合，基于交叉网络外部性的双边平台结构能够推导出价格非中性的结论（陈宏民等，2007）[904]。

2. 双边市场的运行机制

双边市场的研究，代表着产业组织理论、企业战略管理等领域研究视角的改变，即从传统的厂商（消费者的"价格需求"）研究转变为两个互相关联的平台厂商（双边用户的"价格交易或交换行为"）的研究，研究对象有的是经济中的传统产业诸如中介、传媒等，也有的是新经济中的新兴产业诸如软件、银行支付卡系统等。双边市场的运行模式和经营理念与传统的单边市场有很大区别。与传统市场（单边市场）买卖双方自发的直接交易不同，双边市场以平台为核心，有两方参与者和一个交易平台，市场的买方和卖方在平台上进行交易（见图 7-1）。

双边市场中的平台需要应对两个或多个相关性很强的市场服务。同时，双边市场又不同于传统的多产品市场，因为平台要服务的两个市场或多个市场通常具有不同的顾客群，相互之间还存在着显著的交叉外部性。

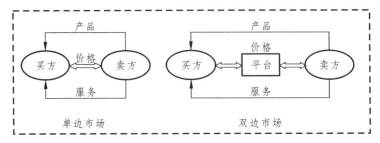

图 7-1　单边市场和双边市场对比

具有双边市场特征的产业，不再是由一类企业作为供给方和一类用户作为需求方所构成的单边市场，而是由一类平台提供平台服务，两类或者多类用户通过平台实现交易行为的双边市场或者多边市场。首先，双边市场上有一类平台企业，客户在其构造的服务平台上获益。其次，平台的客户分成两种或更多类型，平台向不同类型的客户提供性质截然不同的服务；平台与每类客户之间的供求关系构成一个并不独立的市场，称为平台的一边，所以称为双边市场或者多边市场。最后，平台的不同类型的客户之间存在交易或者交换行为，平台对各类客户的服务主要是撮合他们完成交易或交换行为，或者提高这些交易或交换行为的效率。对于平台一边的用户而言，另一边用户越多，在平台上成功搜索到合适的交易对象并相互作用最后达成交易的概率越高。根据 Rochet 和 Tirole 的研究，科斯定理是平台出现的必要条件，正是双边市场的用户之间因为种种原因难以达成直接交易，或者完成交易所付出的成本太高，才促使平台的出现。

3. 双边市场的特征

在双边市场上，平台的需求和供给都具有鲜明的特征。以交叉网络外部性为主的平台的需求特征包括：

一是双边用户交叉网络外部性特征。这个特征是双边市场的主要特征，其外部性强度也是决定平台对双边用户定价结构的主要原因。首先，在双边市场上存在外部性，说明每个市场中有利益溢出；其次，网络外部性意味着溢出的利益与市场规模成正比；最后，"交叉"意味着这种利益的溢出是不同市场的终端用户之间相互溢出。"交叉"性是双边市场网络外部性区别于传统的直接网络外部性和间接网络外部性的根本特性。

二是双边用户需求互补特征。在双边市场中，尽管平台同时向两个市场的消费者提供产品或服务，产品或服务之间存在互补性，但这种互补性并非源于传统的多产品市场的功能互补，也和单网络平台市场的非功能互补有所区别。双边市场的需求来自市场两边的联合需求，缺少任何一边市场的需求，平台的需求就难以形成。显然，双边用户需求互补是产生双边用户交叉网络外部性的主要原因。

三是双边用户多平台接入特征。这个特征并不是双边市场固有的本质特征。多平台接入除了由平台提供服务质量的不完全替代性所造成，更重要的是用户多平台接入的根本动机是尽可能多地享受另一边用户的规模带来的好处。

因为平台面临的需求来自两个相对独立的市场，其供给特征也与传统厂商有所不同。平台的供给特征包括：

一是平台撮合特征。即平台始终围绕促进双边用户发生相互作用而行事。双边市场的用户之间由于种种原因难以达成交易，促进了平台的出现，并且通过平台来撮合实现双边用户之间的交易。平台的功能主要是促成双边用户之间发生相互作用，帮助双边用户解决外部性问题，离开双边用户的相互作用，平台的产品和服务将无法销售。在这个过程中，平台通过促使双边用户基于平台发生相互作用而获得利润，或者保持盈亏平衡。

二是平台协调特征。即具有截然不同诉求的用户之间的互补性需求使得平台不能简单按照互补多产品厂商那样行事。由于互补多产品往往由同一消费者消费，互补品之间的功能互补外部性可以内化，并不需要厂商的协调。而平台企业必须协调双边用户产生的过度需求和不足需求，此时平台主要通过价格协调影响市场需求。

三是平台信息产品特征。平台厂商提供的产品或者服务在形式上主要是信息产品，呈现高固定成本、低边际成本的特点。

7.2.2 双边市场平台定价原理

很多文献分析了双边市场价格决定的经济学问题。一个重要的发现是，对多组消费者的最优定价必须同时考虑和平衡这些组的需求，定价结构也像定价水平一样成为这些产业的界定特征（Rochet 和 Tirole，2002）。不像熟悉的勒纳条件和多产品变量，最优价格是不与边际成本成比例的，一边的价格甚至可能低于其边际成本，这取决于间接网络外部性的大小，平台企业可能往往向一边或另一边倾斜价格。如果 A 边对 B 边产生了比 B 边对 A 边更大程度的外部性，A 边往往得到一个较低的价格（Parker 和 van Alstyne，2002）。像多产品定价的拉姆齐模型，企业通过定价来部分地补偿生产的共同成本，市场一边对共同成本的贡献可能大于另一边（Evans，2003）。

关于双边市场定价的研究，需要同时考察定价水平和定价结构两个方面。定价水平即从市场双边收取的总费用，定价结构则指总费用在双边的分配。有的研究还区分了定价的具体形式：成员资格费（固定费用）和使用费（变动费用）。Rochet 和 Tirole（2004）确定了双边市场定价的基本影响因素：弹性、服务提供商的相对市场实力、在另一边创造的剩余、平台竞争与多重通道和捆绑等。但是有关双边市场定价的结论都是建立在不同的假设基础之上，并没有得到一般化的原则，因此需要结合具体情况进行进一步研究。

为了说明平台厂商的上述定价特征，现考虑一个平台厂商向两类用户提供服务。简洁起见，假设两类用户 A、B 已经向平台厂商支付了一定的会员费。平台厂商希望可以通过改变价格来影响双边市场的需求。

若平台厂商对 A 边用户降价，那么通过该平台发生交易的 A 边用户将增加。若其他条件不变，那么平台厂商对 A 边用户设定的价格与 A 边用户对平台厂商的需求之间的关系将取决于 A 边用户对平台的需求价格弹性，这是传统市场中需求规律所揭示的内容。而在双边市场中，由于平台厂商的需求不仅来自 A 边市场，还来自 B 边市场，并且 B 边市场用户的需求与 A 边市场的需求密切相关，这种关联通过交叉网络外部性联系起来，即 B 边用户对加入平台获取的价值的评价取决于平台拥有的 A 边用户的数量。因此，当平台对 A 边用户降低定价时，平台拥有的 A 边用户数量增加，这将导致 B 边用户的数量也随之增加。这种增加速度依赖于 B 边用户对 A 边用户产生的交叉网络外部性强度的评价。同时，若加入平台的 B 边用户数量增加，A 边用户对加入平台带来的价值也随之增加，致使平台厂商的联合需求（jointly demand）上升。所谓联合需求是指相对于传统市场的单一需求而言，在双边市场中，只有在两边市场的用户同时产生了对平台厂商的需求之后，双边市场的需求才可以形成。若仅仅存在一边市场的需求，供给方的需求就难以形成。联合需求的上升来自直接效应和间接效应。首先，由于需求价格弹性的影响，一边市场价格的降低导致该边市场的需求增加，这是提高价格产生的直接效应。其次，在网络外部性的影响下，一边市场需求的增加导致另一边市场需求增加，从而平台厂商的联合需求增加，这是一边市场价格下降产生的间接效应。可见，在需求价格弹性和网络外部性的作用下，平台厂商运作的双边市场之间存在一定的反馈效应。因此，面对这样的反馈效应的影响，以利润最大化为盈利目标的平台厂商对 A 边用户市场的价格进行调整时，不仅需要考虑 A 边用户的需求价格弹性，还要考虑双边市场存在的交叉网络外部性。

回顾单边市场厂商的定价模式，在单边市场中，厂商通常选取边际收益等于边际成本时的产出量，同时在需求曲线的这一产量上确认相应的价格。这样的均衡常常由标准 Lerner 公式来表示，即成本价格边际等于需求价格弹性的倒数。而在双边市场模式下，定价变得复杂，但是有三个结论是确定的（Evans，2005）：

第一，平台厂商选择的最优价格通常以一种复杂的方式取决于双边市场各自的需求价格弹性，双边市场之间的交叉网络外部性强度和特征，以及双边市场各自的边际成本。

第二，平台厂商的最优价格结构往往会使得某一边的价格等于或低于其提供服务的边际成本，甚至为负。而这种价格结构并不意味着是掠夺性定价。

第三，相对于另一边市场价格而言，一边市场边际成本的上升并不必然导致该边市场价格的上升。

更一般地，价格和成本之间的关系远远比单边市场复杂。适用于单边市场的价格竞争模式在双边市场不再适用。例如，Rochet 和 Tirole（2003）通过特殊的需求假设说明，利润最大化得到的双边市场价格比率独立于双边市场各自的边际成本。一边市场边际成本的上升可能导致双边市场的价格都上升，但是双边市场的价格比率却不发生变化。尽管这并不是很一般化的结论，但是证明了在单边市场不可能发生的情况在双边市场中将有可能发生。

双边市场中平台定价受多种因素影响。Roson（2005）研究了影响平台定价的五个主要因素：用户的需求价格弹性、双边用户交叉网络外部性的强度、用户的多平台接入行为、平台竞争、捆绑等。本书认为，最本质的影响因素是用户的需求价格弹性和双边用户交叉网络外部性的强度。

7.2.3　农村土地流转与双边市场

1. 农村土地供需特征分析

农村土地流转实质上是农村土地使用权的市场交易，遵循经济学的一般供求理论。

首先考虑供给，在理性经济人的假设下，若农民作为农村土地流转的供给方，其行为目标在于追求自身经济利益的最大化，他需要对各种可供选择的行为方式进行成本-收益分析才能做出合理决策。当农民意识到从事其他产业的预期净收益大于滞留在农村土地上的收益时，他将选择转让农村土地，该决策用数学公式可表示为：$R \geqslant C_1 + C_2$，其中，R 为弃耕农民从事非农产业的预期收益，C_1 为务农收益，C_2 为弃耕农民因转让土地付出的交易成本，$C_1 + C_2$ 是产生农村土地有效流转的供给成本。

其次考虑需求，由于（法律规定）流转农村土地不能改变原来用途，其收益主要来源于农村土地规模经营的农业收益，用数学公式可表示为：$Y = f(S)$，其中，Y 为收益，S 是农村土地的规模。根据经济学的一般理论，土地转入农户要专业从事农业生产，农村土地的规模产出至少应相当于农户从事其他产业的平均收益（农户的激励相容条件），否则，在非农就业渠道畅通的情况下，农业劳动力必然会向非农产业转移。此时的农村土地规模被视为农村土地必要规模，用数学公式可表示为：$S_n = \alpha \times L / r$，其中，$S_n$ 为农村土地必要规模，L 为当地农村平均劳动收入水平，r 为农村土地转入后可达到的单位面积平均纯收入，α 为收入平衡系数。当专业农户必要规模小于最优经营规模时，他会不断转入农村土地，扩大农村土地规模，直至边际成本等于边际收益，此时的农村土地规模被称为最大利润规模，记为 S_d。同理，根据理性经济人假设，要形成农村土地流转的有效需求，最大利润规模必须要大于等于必要规模，即 $S_d \geqslant S_n$，否则，土地转入农户未能取得平均收益，从而难以形成农村土地流转需求。这就产生了农村土地有效需求的充要条件。

根据以上分析，只有当 $S_d \geqslant S_n$ 和 $R \geqslant C_1 + C_2$ 同时满足时，即在有效供给和有效需求时才能形成现实的土地流转（见表 7-1）。

表 7-1　农村土地流转供求关系分类

需求条件	供给条件	
	$R/(1+r_1) \geqslant C_1 + C_2$	$R/(1+r_1) < C_1 + C_2$
$S_d \geqslant S_n$	有供给又有需求，土地流转	无供给而有需求，无法流转
$S_d < S_n$	有供给而无需求，无法流转	无供给又无需求，无法流转

在农村土地流转中，卖方非农产业的收入预期决定土地供给，买方转入土地的规模预期决定土地需求，有效供给和有效需求共同决定流转成交率。这也从理论上验证了现有文献的经验结果：有效供给和有效需求不足导致农村土地流转发生率低，流转规模不足。农村土地流转的供求关系可分为四种类型：一是有供给又有需求；二是无供给而有需求；三是有供给而无需求；四是无供给又无需求。只有在既有供给又有需求的情况下，才能形成现实的土地流转。

2. 农村土地流转的双边市场特征分析

农村土地使用权的流转、土地规模经营的实现，是继家庭联产承包责任制后的又一大创造。市场的发育程度是农村土地使用权能否进入市场以及多大程度进入市场的前提条件。与普通的商品交易不同，土地交易的运作程序相对复杂。因为土地使用权的流转实际上是土地产权的双重两权分离，它涉及财产权的多个主体，即所有权主体、承包权主体、使用权主体的经济利益。与此同时，由于农民的素质普遍不高，而具有一定规模的种植大户又为数甚少，如果任凭农户作为漫无目的的转让对象来完成交易过程，势必影响土地流转的效率和速度。所以土地使用权的流转要有完善的农村土地使用权流转市场，特别是要有完善的中介服务机构和交易载体。

土地是不可再生资源，其供给是无弹性的，这决定了建立清晰稳定的产权制度是现阶段农村土地使用权流转的核心。农户通过与集体签订土地承包合同，取得独立的土地使用权，在不违反土地使用权出让合同规定的前提下，农民享有对土地的占有、使用、收益和处分权利，且自主经营、自负盈亏，同时有权将土地使用权有偿转让给第三者。有关土地管理部门和农村集体经济组织除了对农村土地进行注册管理外，一般不再进行干预。

在农村土地使用权流转交易过程中，需求主体可以是投资农业的企业，也可以是几户农民的联合体。其自身要么具有技术优势，期望通过集中一定量的农村土地实现规模经济；要么对农村土地的未来收益看好，而将农村土地使用权作为一种经济资源进行投资。

由此，土地流转市场的示意简图如图7-2所示。

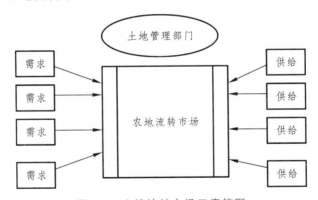

图7-2　土地流转市场示意简图

在土地交易市场上，交易双方存在着严重的信息不对称和交叉网络外部性。对于供给方，土地的肥沃程度（即使需求方通过一定调查方法去获取相应数据，可能依然会存在偏差）、土地使用权期限以及土地流转次数等属于隐藏信息，需求方需要有第三方权威部门对其进行评估和发布；对于需求方，通过市场集中土地使用权资源，但是否将农村土地用于农业生产以及农业生产是否按照可持续发展的生产方式进行等，供给方并不能真正对其进行监控，从而其土地使用权的价值可能遭受损害，因此也需要有第三方权威部门来对需求方进行生产活动的纠偏。在土地流转市场上，由于土地流转建立在家庭联产承包责任制的基础之上，可能存在土地地域分布不连续。需求方购买土地的主要动力来自对规模经济效益的追求，如果土地不连续，可能对其大规模使用农村土地造成障碍，增加其利用土地的成本，因此也需要第三方对土地资源进行整合，以减少土地使用成本。而农户自身也因土地是否连续可能联合与其土地相连的农户对需求方要求加价，与此同时，农户自身也愿意将自己所拥有的使用权转让给实力雄厚的需求方以期对该使用权进行尽可能的保值。这意味着农村土地流转市场中也存在着交叉网络外部性。因此，从农村土地的需求方和供给方两方面来看，农村土地流转市场应该在农村土地使用权转让过程中扮演着平台的角色。

以上分析表明，农村土地流转市场具有双边市场的特征。

7.3　农村土地流转平台定价策略

本节从双边市场角度来研究如何提高农村土地流转规模，提高市场效率。

事实上，双边市场可以有效解决市场流动性不足和交易规模不足的问题，这在信用卡和股票市场的培育与发展中已经得到充分验证。双边市场理论主要研究具有网络外部性的两个用户群体之间的相互作用。同时，双边市场中出现了一个联系两个边的平台，平台的作用是尽可能吸引两边的用户到平台上交易，因此平台需要通过定价策略等手段，扩大两边的用户规模并从中获利。因此，双边市场平台对平台两边的用户采用何种方式，这些定价方式中的关键因素对平台交易规模、利润和社会福利有何影响就是我们研究的重点。Armstrong（2006）建立了平台对于平台两边收取注册费用或者两部收费制的模型，该模型建立在会员外部性的基础上，也就是平台对于用户的效用与平台另一边的用户数量密切相关。Hagiu（2004）同样建立了一个平台收取注册费用的模型，并证明了用户对于产品多样性偏好的差异对平台定价的影响。研究表明，当用户对于产品多样性偏好强时，平台侧重于从产品提供者一边收费；当用户对于产品多样性偏好弱时，平台侧重于从产品购买者一边收费[905]。

本书在 Armstrong（2006）模型基础上，针对土地流转交易系统具体特点进行模型改进，集中研究什么因素影响土地流转交易平台对用户（土地买卖双方）定价（收费），什么样的收费会使福利最大化从而实现帕累托改进。需要指出的是，Armstrong（2006）模型并没有考虑双边用户的机会成本的损失和平台一边内部用户存在的自网络外部性。本节就是在对这一假设思考的基础上展开的。研究步骤如下：首先，建立农户土地流转交易平台利润模型和社会福利模型；然后，得出土地流转交易平台最优价格结构，运用比较静态分析什么因素影响土地流转交易平台最优价格结构，从而得出对土地流转交易平台定价的一些建设性意见。

考虑在土地流转交易平台存在双边用户：土地卖方 1（农户）和土地买方 2（种粮大户或经济组织）。土地之间的交易是完全竞争的，土地交易平台厂商是垄断平台厂商（实际上，在我国目前只有成都农村产权交易所 1 家土地交易平台）。假设土地交易双边用户 1，2 不仅关心土地交易平台拥有的另一边市场用户的数量，还关心土地交易平台在该用户所在的一边拥有用户的数量。假设 $\alpha_{12}, \alpha_{21}, \alpha_{11}, \alpha_{22}$ 分别表示通过土地交易平台每个土地买方 2 带给土地卖方 1 的收益，通过土地交易平台每个土地卖方 1 带给土地买方 2 的收益，土地交易平台一边土地卖方 1 的数量对自身收益的影响，土地交易平台一边土地买方 2 的数量对自身收益的影响。n_1, n_2 分别表示交易平台两边土地卖方和买方的数量。土地交易平台对双边收取注册费 p_1，p_2。土地卖方 1（农户）如果自己耕作土地，能够获取的收益（土地对农户的价值）为 c，这里 c 是定义在 [0,1] 上的均匀分布。土地卖方 1（农户）如果让土地闲置，可以从其他就业渠道（如外出打工）获得的工资性收入为 w。土地买方 2 支付价格 p 给农户。则交易平台两边土地卖方 1 和土地买方 2 的效用分别为

$$u_1 = \alpha_{12}n_2 - p_1 - \alpha_{11}n_1 - \max\{0, c - w\} + p$$
$$u_2 = \alpha_{21}n_1 - p_2 - \alpha_{22}n_2 - p$$

令 $\varepsilon(c) = \max\{0, c - w\}$，则 ε 表示土地卖方 1 转出土地经营权所损失的机会成本，其取值范围是 $\varepsilon \in [0, 1 - w]$。

为了更加准确地刻画土地交易平台面临的需求函数，由土地交易市场

双边用户土地卖方 1 和买方 2 通过土地交易平台获得的效用函数 u_1, u_2，可得土地交易平台面临的需求函数：

$$n_1 = \phi_1(u_1), \quad n_2 = \phi_2(u_2)$$

假设土地交易平台为双边用户土地卖方 1 和土地买方 2 提供服务的单位成本为 f_1, f_2。土地交易平台的利润函数为

$$\pi = n_1(p_1 - f_1) + n_2(p_2 - f_2)$$

假设土地交易平台是通过效用 $\{u_1, u_2\}$ 而不是价格来影响需求的，则交易平台面临的利润函数可以写成

$$\pi(u_1, u_2) = \phi_1(u_1)(\alpha_{12}\phi_2(u_2) - \alpha_{11}\phi_1(u_1) - u_1 - \max\{0, c - w\} + p - f_1) + \\ \phi_2(u_2)(\alpha_{21}\phi_1(u_1) - \alpha_{22}\phi_2(u_2) - p - u_2 - f_2) \tag{7-1}$$

土地交易平台双边卖方和买方 $i(i = 1, 2)$ 的总剩余 $v_i(u_i)$，其中 v_i 满足包络定理 $v_i'(u_i) \equiv \phi_i(u_i)$（陈宏民等，2007），则总的社会福利为

$$s = \pi(u_1, u_2) + v_1(u_1) + v_2(u_2) \tag{7-2}$$

将式（7-1）代入福利函数（7-2），可得

$$s = \phi_1(u_1)(\alpha_{12}\phi_2(u_2) - \alpha_{11}\phi_1(u_1) - u_1 - \max\{0, c - w\} + p - f_1) + \\ \phi_2(u_2)(\alpha_{21}\phi_1(u_1) - \alpha_{22}\phi_2(u_2) - p - u_2 - f_2) + v_1(u_1) + v_2(u_2) \tag{7-3}$$

式（7-1）的一阶条件为

$$p_1 = f_1 + \alpha_{11}\phi_1(u_1) - \alpha_{21}\phi_2(u_2) + \frac{\phi_1(u_1)}{\phi_1'(u_1)}$$

$$p_2 = f_2 + \alpha_{22}\phi_2(u_2) - \alpha_{12}\phi_1(u_1) + \frac{\phi_2(u_2)}{\phi_2'(u_2)} \tag{7-4}$$

化简式（7-4），得到土地交易平台利润最大化的价格结构：

$$p_1 = f_1 + \alpha_{11}n_1 - \alpha_{21}n_2 + \frac{\phi_1(u_1)}{\phi_1'(u_1)}$$

$$p_2 = f_2 + \alpha_{22}n_2 - \alpha_{12}n_1 + \frac{\phi_2(u_2)}{\phi_2'(u_2)} \tag{7-5}$$

类似地，通过式（7-3）的一阶条件，得到社会福利最大化的最优价格：

$$p_1 = f_1 + \alpha_{11}n_1 - \alpha_{21}n_2$$

$$p_2 = f_2 + \alpha_{22}n_2 - \alpha_{12}n_1 \qquad (7\text{-}6)$$

命题 1：其他条件不变，土地交易平台从社会福利最大化目的出发，土地交易平台价格（p_i）随着土地交易平台服务成本（f_i）的增加而增加，随着土地交易平台一边用户（土地卖方或买方）内部之间相互影响（$\alpha_{ii}n_i$）的增加而增加，随着土地交易平台一边用户对另一边用户产生的外部收益（$\alpha_{21}n_2$，$\alpha_{12}n_1$）的增加而减少。

命题 1 给出了土地交易平台的基本定价特征。土地交易平台价格显然随着土地交易平台的服务成本的增加而增加。土地交易平台价格随交易平台一边用户内部之间相互影响的增加而增加可以解释为，在土地卖方或买方内部参与土地交易竞价的人数越多，土地交易平台就会对土地卖方或买方收费越高。而土地交易平台价格随着交易平台一边用户对另一边用户产生的外部收益的增加而减少可以解释为，土地交易平台一方用户对另一方用户带来越多的外部收益，那么土地交易平台就会对产生外部收益大的一方通过转移支付（$\alpha_{21}n_2$，$\alpha_{12}n_1$）来吸引该方参与到土地交易平台中，而平台的总收益因为参与者的增加并没有减少。

命题 2：以 $\eta_1(p_1/n_2) = \dfrac{p_1 \phi_1'(u_1)}{\phi_1(u_1)}$ 表示土地交易平台在另一边用户数量一定情况下一边用户的需求价格弹性，土地交易平台利润最大化时的价格结构满足

$$\frac{p_1 - (f_1 + \alpha_{11}n_1 - \alpha_{21}n_1)}{p_1} = \frac{1}{\eta_1(p_1/n_2)}$$

$$\frac{p_2 - (f_2 + \alpha_{22}n_2 - \alpha_{12}n_2)}{p_2} = \frac{1}{\eta_2(p_2/n_1)}$$

由命题 2 可知，当用户的需求价格弹性很高，即 $\alpha_{ji} \gg \alpha_{ii}$（即土地交易平台中，一边用户 i 带给另一边用户 j 的外部收益远远大于一边用户 i 的数量对 i 自身的影响）时，土地交易平台从利润最大化目的出发，会对一边用户 i 进行补贴，即一边用户 i 承担的价格小于土地交易平台为其提供服务发生的成本，即 $p_i < f_i$。当 $\alpha_{ji} < \alpha_{ii}$ 时，土地交易平台可能会对用户 i 进行补

贴，也有可能提高 i 的注册费。一个直观的感觉是，在土地交易平台上，如果土地卖方带给土地买方的外部收益足够大，并且远远大于土地卖方之间的相互影响力时，土地交易平台给土地卖方用户足够的补贴，甚至免费，而土地交易平台利润主要来源于土地买方。

上述研究结果表明：① 土地交易平台从社会福利最大化目的出发，土地交易平台价格变化方向与土地交易平台服务成本、土地交易平台一边用户内部之间相互影响力变化方向是一致的；与土地交易平台一边用户对另一边用户产生的外部收益变化方向是相反的。② 土地交易平台从利润最大化目的出发，如果平台一边用户带给另一边用户的外部收益远远大于一边用户之间的相互影响力时，应对一边产生外部收益大的用户进行补贴，甚至免费。

研究结果给政府规制者提供如下启示：① 建立农村土地流转交易机构（平台）会给付建设成本，但是由于市场平台的有效建立，吸引众多的交易者加入平台，平台收费会冲抵平台建设成本。② 平台定价结构可以影响平台交易量，政府可以根据需要，通过制定不同的价格结构调控由自发场外交易引起的交易量异常（过大或不足），纠正市场失灵。

7.4　农村土地流转交易平台构建

7.4.1　平台的功能

农村土地流转市场的双边市场特征，意味着可以利用双边市场的平台对农村土地流转市场化建设进行理论指导。鉴于此，有必要建立农村土地流转交易平台，该平台主要是为了撮合农村土地使用权交易的发生，并保证交易双方的交易合法和合理化，以期实现农村土地资源使用的帕累托优化。该交易平台应该具有如下功能：

（1）提供农村土地实时供需信息。

土地的肥沃程度、地理特征、使用历史状况、交易历史以及现在所有人等信息，充分利用计算机信息管理方法，通过电子公告牌向需求方和供给方发布。为了充分利用双边市场的交叉外部性，以吸引土地使用权需求方和供给方进入场内交易，信息披露系统应该尽可能地收集和核实更多的土地使用权供给和需求情况。

（2）提供法律咨询和资质办理、银行贷款服务以及其他支持性服务。

农村土地使用权流转的前提是土地产权清晰。交易平台应该对参与交易的双方进行身份认证，对交易双方的资质进行法律确认，从而为农村土地流转提供法律保障。同时，平台可以与其他服务支持产业联合，缩短交易相关文件和材料的准备周期，充分利用平台双边需求的互补性，为交易的达成提供便利条件，并拉动相关产业的发展。

（3）根据市场供需状况和平台发展阶段的不同实施不同的价格结构。

农村土地流转交易的成功实施得益于交易平台所提供的撮合服务，因此对参与交易的双方都要收费。在平台建设初期，平台可以向双方都收取较低的交易费用，以吸引更多的需求方和供应方通过交易平台交易；而在平台步入稳定发展期后，根据市场的供需实时情况，通过交易费用的不对称收取来调节农村土地流转市场。当农村土地需求大于供给时，平台可以向需求方收取较高的交易费用，提高其成本，与此同时，向供给方收取较低费用以提高其利润，通过这样的方式可以对供需双方的交易行为进行一定程度上的调节；反之亦然。

（4）农村土地流转后使用监督情况披露。

农村土地流转的目的是实现农用土地的规模化效益。要保证需求方购买农村土地使用权后科学利用农村土地用于农业化生产。对于违规或违法使用农村土地的企业或个人进行曝光，并采用一定的惩罚措施，力保其从可持续发展角度使用农用土地。

7.4.2 平台的结构

农村土地流转市场分析表明，农村土地买卖存在诸多障碍，导致有效供给和有效需求不足，这影响了农村土地流转的规模和效率。建立农村土地流转交易平台，就需要引入第三方作为交易中介，同时创造信息畅通、价格协调、法律支撑的交易环境，通过系统的耦合减少或消除交易障碍。

对应于农村土地流转市场存在的四个方面的障碍，交易系统由基础制度平台、信息传递子系统、价格协调子系统、法律援助子系统、核心交易系统五个功能模块构成。政府在交易系统中起着关键的作用。

（1）基础制度平台。政府负责制定农村土地流转的国家政策、产权安排、交易规则等基础制度，消除农村土地流转的制度风险和买卖双方的交易顾虑。例如，制定依法、自愿、有偿的流转原则，做好农村土地的确权、登记、颁证工作。

（2）信息传递子系统。政府负责收集整理并及时发布土地的区位、面积、肥沃程度、价格、历史交易状况，以及买卖双方的资信、交易意愿等相关信息，尽可能揭示隐藏信息，消除信息不对称。

（3）价格协调子系统。政府负责制定农村土地分级和估价标准，培育和发展专业农村土地估价机构为买卖双方提供基准定价服务，促成合理的成交价格。

（4）法律援助子系统。政府负责提供法律咨询、资信审查、合同公证、纠纷仲裁等服务，维护买卖双方的合法权益。

（5）核心交易系统。政府负责提供交易场地、技术手段，具体组织交易双方的洽谈、协商，促成最终成交。例如，可以采取电子竞价、一次性密封报价、综合评审、招标投标、公开竞买等形式组织交易。

7.4.3　平台的特征

（1）服务性。农村土地流转交易系统是一个服务型的系统，为交易双方提供政策、法律、信息、价格服务。

（2）开放性。农村土地流转交易系统是一个开放的平台，不应该也不允许设置任何准入障碍，凡是具备基础条件、具有交易意愿的平台两边都可以加入，同时也为相关服务机构提供便利。

（3）层次性。农村土地流转交易系统是具有异质性和多样性市场参与者的耦合体，具有等级层次性。基础制度平台为交易提供前提，各子系统围绕核心交易系统服务。

（4）协调性。农村土地流转交易系统各个功能模块之间互通互联，协调运转是系统效率的关键。要充分发挥政府的公共管理职能。

基于平台功能、结构和特征分析，建立基于双边市场的政府主导的服务型农村土地流转交易平台概念模型（见图 7-3）。

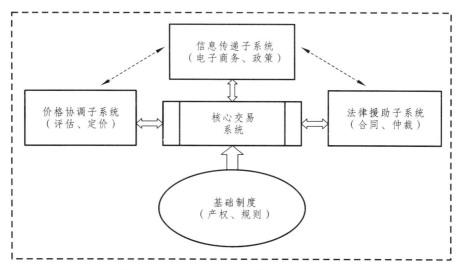

图 7-3　农村土地流转交易平台概念模型

7.4.4　平台的运行机制

纪汉霖等（2006）指出，网络外部性是双边市场存在的基础，双边市场中的网络外部性分为会员外部性（membership externalities）和使用外部性（usage externalities）。对平台一边用户而言，另一边用户越多，在平台上成功搜索到交易用户并成功交易的可能性就越大，这样平台对用户的吸引力就越大，这种外部性称为会员外部性，用户在决定是否到平台上注册交易时会考虑平台另一边用户的规模。使用外部性是指用户实际通过平台进行交易所产生的外部性，用户对是否加入平台的决策依赖于获得的效用和平台定价（平台收取的中介费）的比较，如果净效用为正，则加入平台，否则就不会加入[906]。

在双边市场中，平台价格结构影响交易量，平台应该设计合理的价格结构以吸引两边的参与者。这是平台效率的关键。基于网络外部性的平台定价策略同样适用于农村土地流转交易市场。农村土地流转交易的成功实施得益于交易平台所提供的撮合服务，因此对参与交易的双方都要收费。根据流转市场供需状况和平台发展阶段的不同实施不同的价格结构。在平台建设初期，平台可以向双方都收取较低费用，以吸引更多的需求方和供应方通过平台交易；而在平台步入稳定发展期后，根据市场的供需实时情况，通过交易费用的不对称收取差别费用来调节农村土地流转市场。当农村土地需求大于供给时，平台可以向需求方收取较高的交易费用，提高其成本，与此同时，向供给方收取较低费用以提高其利润；反之亦然。通过平台动态定价机制，对供需双方的交易行为进行调节，可以保证平台的成交规模和运行效率（见图 7-4）。

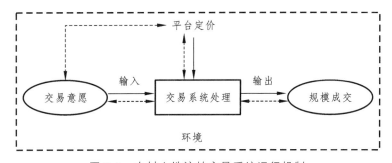

图 7-4　农村土地流转交易系统运行机制

7.5　本章小结

双边市场理论是当今产业组织理论学术前沿，农村土地流转是中国"三农"问题的焦点。本节利用双边市场的"平台"理论和网络外部性特征研究农村土地流转问题，主要研究农村土地流转交易平台的构建和双边平台定价。

首先，为有效解决市场流动性不足和交易规模不足的问题，从双边市场的视角，建立了一个政府主导、市场多方参与的农村土地流转交易平台系统，为买卖双方提供全方位的服务。这为农村土地流转理论研究与实践提供了一个新视角和新框架。

其次，从双边市场角度建立农户土地流转交易平台利润模型和社会福利模型；探讨了土地流转交易平台最优价格结构，以及什么因素影响土地流转交易平台最优价格结构。研究结果表明：从社会福利最大化目的出发，土地交易平台价格变化方向与土地交易平台服务成本、土地交易平台一边用户内部之间相互影响力变化方向是一致的；与土地交易平台一边用户对另一边用户产生的外部收益变化方向是相反的。从平台利润最大化目的出发，如果平台一边用户带给另一边用户的外部收益远远大于一边用户内部之间相互影响力，应该对一边产生外部收益大的用户进行补贴，甚至免费。

需要指出的是，本节没有讨论平台竞争问题，只考虑了垄断平台定价的情形，这和我国农村土地流转交易市场刚刚起步的现状相一致；但是随着农村土地流转交易市场的发展和发育，农村土地流转交易竞争性平台定价问题成为下一步的研究方向。此外，关于双边市场网络外部性的问题一直是理论界争论的问题，因此本书也没有具体区分在土地流转交易平台上具体哪一边产生的外部收益大，这也是下一步的研究方向。

第8章
农村土地流转案例分析——以成都为例

8.1 引 言

笔者从 2004 年以来，见证并参与了成都市城乡统筹（城乡一体化）改革的实践调查和理论研究（马永开等，2007）[907]，十七届三中全会以后，因为工作和研究的关系，又经常与四川省新农村建设领导小组和成都市农委的同志探讨"三农"问题，并通过实地访谈[908]获得一些原始数据和资料。随后，拜读了北京大学中国经济研究中心周其仁（2009）[909]教授发布的关于成都试验区的相关报道。根据 2005 年发布的《中共成都市委办公厅 成都市人民政府办公厅关于推进农村土地承包经营权流转的意见》、2008 年 3 月 1 日起施行的《四川省〈中华人民共和国农村土地承包法〉实施办法》、2015 年 5 月开始实施的《成都市农村土地经营权流转管理实施办法》、2021 年 12 月起开始施行的《成都市农村土地经营权流转管理实施办法（征求意见稿）》等农地流转相关政策和办法，本章针对文献研究中认为现实中存在农民合法权益得不到保障的现象，以及笔者深入成都调研发现的农民对农村土地流转政策认知的三个关键障碍，结合全国统筹城乡综合配套改革试验区——成都市的做法和经验，就农村产权制度改革和农村土地流转实践相关问题进行案例分析。按照建设服务型政府的内涵，以公平正义为原则，以市场保障为核心，试图构造清晰、合理的政府（集体）在农村土地流转市场建设中的行为边界，进一步提出通过政府职能合理界定农村土地市场失灵的应对思路。

8.2 成都市农村土地流转市场案例分析

8.2.1 基本情况

成都市地处川西平原，是四川省的省会城市，也是全国 15 个副省级城市之一。成都市的行政辖区在中华人民共和国成立后几经调整逐步扩大。截至 2020 年，成都市辖锦江、青羊、金牛、武侯、成华、龙泉驿、青白江、新都、温江、双流、郫都、新津 12 个区，简阳、都江堰、彭州、邛崃、崇州 5 个县级市，金堂、大邑、蒲江 3 个县。另外，成都市有国家级自主创新示范区——成都高新技术产业开发区、国家级经济技术开发区——成都经济技术开发区、国家级新区——四川天府新区成都直管区（2014 年 10 月 2 日被国务院认定为国家级新区）。2020 年 4 月 28 日，四川省人民政府同意设立成都东部新区。成都市全市土地面积为 14 335 平方千米，占全省总面积（48.5 万平方千米）的 2.9%[910]。

截至 2020 年底，成都市有常住人口 2093.8 万人，有户籍总户数 576.49 万户，户籍总人口 1519.70 万人，其中城镇人口 1015.61 万人、乡村人口 504.09 万人。2020 年，成都市城镇居民年人均可支配收入 48 593 元，其中工资性收入 28 825 元、经营净收入 4658 元、财产净收入 4886 元、转移净收入 10 224 元。城镇居民年人均生活消费支出 28 736 元，成都市农村居民年人均可支配收入 26 432 元，其中工资性收入 13 088 元、经营净收入 6602 元、财产净收入 2529 元、转移净收入 4212 元。农村居民年人均生活消费支出 18 501 元。成都市全年城镇新增就业 25.45 万人，城镇失业人员再就业 11.03 万人，就业困难人员实现就业 1.75 万人，新增吸纳大学生就业创业 7.82 万人。全市全年城镇职工基本养老保险参保人数为 960.75 万人、完成计划的 107.27%，城乡居民基本养老保险参保人数为 325.27 万人，参保率保持在 90% 以上。全市全年城镇职工基本医疗保险参保人数为 995.98 万人，城乡居民基本医疗保险参保人数为 836.75 万人[911]。

1993 年，国务院确定成都为西南地区的科技、商贸、金融中心和交通及通信枢纽，成都综合实力位西部第一。2007 年 6 月，国务院批准重庆市、成都市两地设立全国统筹城乡综合配套改革试验区。2008 年，成都市委、市政府开始启动农村产权制度改革试点。都江堰、温江、双流、大邑等 4 个区、市、县和 14 个重点镇成为改革首批试点区。2021 年，成都市一产增加值居全国副省级城市第 2 位，农村居民人均可支配收入居全国副省级城市第 5 位，城乡居民收入比居全国副省级城市第 4 位，都市现代农业综合发展水平位列全国 33 个大中城市第 3 位。在全面建设践行新发展理念的公园城市示范区的新征程上，成都市持之以恒地推进乡村振兴与城乡融合，继续书写"农业强农村美农民富"的大文章[912]。

早在 2003 年，成都就从解决"三农"问题入手，确立了统筹城乡发展的总体发展战略，也取得一定成效。一组对比数据可以说明成都的成绩：总体上讲，我国城乡收入差距不仅没有缩小，而且还有扩大的趋势。2003年全国城乡居民收入的差距为 3.21∶1。2008 年全国城乡居民的收入差距为 3.33∶1，比 2003 年有所扩大。2020 年全国城乡居民人均可支配收入差距为 2.56∶1，虽然相对差距有所缩小，但绝对差距达到人均 26 702.3 元。可见，虽然中央政府在"多予、少取、放活"的方针指导下，相继取消了农业税费、大幅度增加农产品补贴、加大对农村投资和财政转移支付力度，但是就全国总体来讲，城乡收入差距仍然是一个突出的现实问题。对照全国平均水平，2003—2020 年，作为千万级人口特大城市，成都的城乡收入比由 2003 年的 2.64∶1 到 2008 年的 2.61∶1，2020 年缩小为 1.84∶1。2021年，城市、乡村居民人均可支配收入分别为 5.26 万元、2.91 万元，分别增长 8.3%、10.2%[913]，城乡收入比进一步缩小为 1.81∶1。这说明成都出现了城乡人均收入差距发展趋势的改变，这在全国是少有的。

作为全国统筹城乡综合配套改革试验区、首批国家现代农业示范区、全国第二批农村改革试验区、全国首个农村金融服务综合改革试点城市、全国休闲农业和乡村旅游示范市，尤其是作为国家城乡融合发展试验区，成都市聚焦重点改革任务，围绕"人""地""钱"，积极探索农村产权流转，促进农村资源向资本转变，乡村发展的内生动力不断被激发培育，如郫都区稳慎推进新一轮农村宅基地制度改革试点；彭州市通过农村集体建设用地产权改革，打造出龙门山精品民宿 IP 等。目前，成都还在扎实推进全国农村改革试验区建设，深化集体林权制度改革试点顺利通过验收，集体产权制度改革等 8 项改革成果被国家部委推广[913]。

成都市围绕乡村振兴战略部署，在坚持农村土地"三权分置"基础上，适应农业和农村经济发展新阶段的要求，积极探索和创新农村土地经营机制，坚持"依法、自愿、有偿"原则和"三个不得"要求，规范引导农村土地承包经营权合法流转，大力推进土地向规模经营集中，有效提升了农村土地规模经营水平，促进了现代农业的发展，带动了农民持续稳定增收。相继制定了《成都市集体建设用地使用权流转管理暂行办法》、《成都市农村土地经营权流转管理实施办法》、《成都市农村土地承包经营权流转市场交易规则（试行）》（2021年1月）、《成都市农村土地经营权流转管理实施办法（征求意见稿）》（2021年12月起施行）、《双流区农村土地流转管理实施细则》（2021年6月起施行）等政策措施，促进农村土地经营权、未利用土地经营权流转。探索建立集体建设用地使用权出让制度，实现集体建设用地使用权出让、转让、出租、作价入股等形式的市场流转。探索农村房屋产权流转。在全国率先成立了农村产权交易所，各区（市、县）根据自身实际，在制定相应流转办法的基础上，积极搭建产权流转有形市场。截至2008年末，全市农村产权实现流转21 120宗，流转金额150 987.6万元。全市累计农用地流转面积达到302.7万亩，其中耕地流转面积达到226.2万亩，农用地流转50亩以上规模经营达到197.4万亩，1000亩以上规模经营业主也达到405个。截至2020年底，成都农村产权交易所与全省20个市州、123个区（市）县实现了交易信息联网运行，累计交易各类农村产权2.26万宗，成交金额达1273.75亿元[914]。

成都市在以农村产权制度改革为核心的统筹城乡发展工作方面的成效引起全国的广泛关注，学界和官员纷纷到成都调研，试图探寻这个全国统筹城乡综合配套改革试验区的"成都经验"。

8.2.2　基本做法和经验

成都市以农村土地制度改革为核心的统筹城乡改革创新的基本做法和经验可以概括为：确权是基础，流转是关键，配套是保障，创新是动力。

1. 界定农村土地产权，为农村土地流转奠定基础

2003年，成都市提出通过"三个集中"，即在贯彻国家宏观调控政策和市场机制推动下，工业向集中发展区集中；按照依法、自愿、有偿原则，土地向适度规模经营集中；在产业聚集和城镇建设推动下，农民向集中居

住区集中，统筹城乡经济社会发展，实现城乡一体化。2008 年，成都全面启动农村产权制度改革，提出建立健全归属明晰、权责分明、保护严格、流转顺畅的现代农村产权制度。确权既是改革的基础，也是改革的核心内容。所谓确权，是指明确界定并落实农民集体和农民个体对农村土地和农村房屋的财产权，这包括农村耕地、山林、建设用地、宅基地、农村房屋的所有权和使用权。具体做法是：开展农村集体土地和房屋确权工作，落实农民对土地和房屋的财产权。按照有关法律、法规，明确农村集体土地所有权、使用权，制定登记确权管理办法，对农村集体土地发放所有权证和使用权证；对农村房屋发放房屋所有权证，全面启动确权改革试点工作。2008 年，四川鱼鳞图信息技术股份有限公司为都江堰市柳街镇鹤鸣村八组制作用来确定农村土地和不动产产权的土地登记系统。中国首张现代鱼鳞图——鹤鸣村土地登记系统的图册，由于与古代鱼鳞图神似，被视为土地的"身份证"。鱼鳞图就是代表每一块土地的权证。鱼鳞图使土地产权得以明晰，让市场发挥优化资源配置的作用。由于土地是农业生产的基本生产资料，所以"权属清晰才能流转顺畅"，流转顺畅才能让最能发挥土地价值的人来使用这块土地。同时，各区（市、县）建立完善农村土地承包和土地流转台账，实现账地相符、账证相符。全市努力实现土地所有权到组、使用权和房屋产权到户的确权登记颁证目标。截至 2008 年末，全市共有 222 个乡镇、1703 个村（社区）启动了农村产权确权工作，涉及农户 122.4 万户，已完成确权颁证 37.2 万户。2013 年中央一号文件开始推动全国农村土地确权，测绘鱼鳞图市场迎来了井喷式发展。从鹤鸣村承包地"一证"确权到连山村"七证"确权，成都市持续推进农村产权制度改革，做到了为每块土地都办理"身份证"。来自成都市农业农村局的数据表明：自 2013 年中央一号文件推动全国农村土地确权开始至 2021 年，成都市累计颁发各类农村产权证书 1000 万本以上，其中颁发土地承包经营权证 209.3 万本，颁证率 99.5%。"三权分置"是在鱼鳞图基础上推进的重大改革举措——成都确定了"落实所有权、稳定承包权、放活经营权"的原则，土地经营权由此释放出巨大能量。土地经营权实现有价流转，告别过去农地"碎、小、散"瓶颈，形成规模经营，同时释放出巨大的资本价值[914]。

成都市将确权作为农村产权制度改革的先导和基础，对土地所有权、土地使用权和他项权利进行确认、确定和登记，使得农民拿到土地和房屋的"四证"，即土地承包经营权证、集体建设用地使用权证（即宅基地使用权证）、房屋所有权证、集体林地使用权证，还为此出台了一系列政策法规，并集合行政权力和村民自治的综合力量[915]进行大面积推广，让城乡居民享有同等物权，取得了很好的效果。"四证"清楚地载明了土地和房屋的位置、面积、期限等专属属性，从制度上杜绝了农地或农房的权属纠纷，即使有纠纷，也能通过法律途径及时、公平地解决。同时，在产权界定和资源重组的改革中，合理确定土地级差收入，更好兼顾城乡人民的利益。这正是尊重了制度变迁和经济改革的规律。当成都农民向人们展示刚刚领到的"四证"时，他们说出了多年来的心声："现在土地和房子真正是我的了。"

2. 搭建农村土地流转平台，为农村土地流转提供途径

成都市 2006 年挂牌设立了成都市农村土地承包流转服务中心，2008年 1 月在大邑县召开的成都市农经工作会议上正式挂牌成立，具体负责全市农村土地承包经营权流转指导和服务工作。这是我省首家市级农村土地承包流转服务中心，标志着成都市的农村土地流转由以往的个人行为变为政府指导。以往的农村土地流转都由农户之间直接进行，出现了流转合同签订不规范、农民的合法权益得不到切实保障等问题。农村土地流转也由于缺少政府的参与，呈现出规模不大、效益不明显的特点。农村土地承包流转服务中心，对流转主体双方的资质审查、合同签订和土地流转价格确定加以规范，并为流转主体双方提供土地流转供需信息、政策咨询服务，代表政府对农村土地流转进行监督和指导。

2008 年 10 月 13 日，成都市政府成立了以"以创新为手段，以市场为导向"为发展理念的成都农村产权交易所，这是成都市政府在全国率先挂牌成立的一个农村产权流转综合服务平台。关于农村土地流转市场建立的时机选择，成都农村产权交易所在创立之初曾经过多方论证，认为是成都市统筹城乡发展"天时、地利、人和"的产物。所谓天时，是指十七届三中全会以后，新一轮农村改革的大幕已经拉开；地利，是指成都进行了五

年统筹城乡发展、推进城乡一体化的实践，又作为全国统筹城乡综合配套改革试验区，具备了进行农村产权制度改革的良好基础；而人和，则是在成都五年来的实践中，许多农民已经从土地流转中尝到了甜头，社会资本也看到了其中的机会，农民和社会投资者都有了这方面的强烈要求。2008年成都市委出台《关于加强耕地保护进一步完善农村土地和房屋产权制度改革的意见》，在政策的设计上，决策建立成都农村产权交易所。关于市场模式选择，是分别建立农村土地承包经营权、农村房屋所有权、林权、集体建设用地使用权、农业类知识产权、农村集体经济组织股权交易市场，还是建立一个统一的市场平台，这是在筹建之初摆在政策设计者面前的难题。根据以市场为基础配置资源的原则，考虑到建立集农村土地承包经营权、农村房屋所有权、林权、集体建设用地使用权、农业类知识产权、农村集体经济组织股权等于一体的全市统一的市场，可以形成在更大范围内的价格发现机制，更加有利于在更大范围内促进资源优化配置，吸引社会资本的进入，在多方征求意见的基础上，最终选择了在全市建立统一的农村产权流转市场的模式。关于机构设立，是单独新增一个农村产权交易所还是依托已有的成都联合产权交易所，决策者论证了后者的优势。一是成都联合产权交易所具有较为发达的信息网络，拥有投资、法律、评估、会计等各类中介及服务机构会员40余家，是长江流域产权交易共同市场及珠三角产权交易共同市场成员单位，并与北京、上海、天津等地近40家产权交易机构建立了战略合作关系，这有利于成都农村产权交易所迅速走向市场。二是有着丰富的市场经验的成都联合产权交易所，汇聚了一批专业性较强、素质较高的人才，有利于通过市场化运作，使农村产权交易中的项目增值。2008年10月，依托成都联合产权交易所，成都市农村产权交易所正式挂牌成立，成为全市农村产权综合性市场平台。该平台不以营利为目的，为农村土地承包经营权、农村房屋所有权、林权、集体建设用地使用权、农业类知识产权、农村集体经济组织股权流转以及其他农村产权流转和投融资提供专业服务。2014年底，成都农村产权交易所完成股权划转，注册资本金达到5000万元，由成都投控集团与成都农发投公司持股，进一步完善了公司的治理结构。大力发展现代企业制度的成都农村产权交易所致力于发展成为集信息集成、政策研究、交易组织、诚信监管、评估公证、法律援助、金融担保、价格发布等多功能于一体的综合性产权交易所集团，为各类农村产权交易提供专业服务。实践表明，成都农村产权交易所在激活农村要素市场、释放农村产权价值的同时，增加了农村集体经济组织与农民的财产性收入，其交易总量位居全国同类型交易机构的首位，已发展成为专业性的农村产权交易平台、特色性的农村金融服务平台和综合性的乡村振兴发展平台。

按照笔者的理解，农村产权交易所和流转服务中心在职能上既有统一也有差异。统一点在于都为农村产权流转服务。不同点在于前者业务宽泛，后者业务相对狭窄，产权交易所主要承担市场交易组织和交易服务功能，而流转服务中心主要为农民提供农村土地流转指导与服务，包括资质审查和项目审查、档案管理、交易纠纷等，同时还承担土地承包和土地流转的监督管理职能（如对大额交易的申报备案制）。成都市全市已经形成市、县（市）、乡三级产权信息平台联网的农村土地流转交易网络，各个区（市、县）都建立了成都农村产权交易所分所或服务中心，各村还建立了交易站点。

为了规范农村土地承包经营权交易行为，促进农村土地承包经营权交易市场的健康发展，保障流转各方的合法权益，根据成都市相关政策法规，制定了农村产权的交易流程。具体流程是：委托授权——形式审查——信息发布——征集受让方——组织交易——成交签约——结算交割——出具鉴证书——变更登记及备案。在交易所交易大厅，可"一站式"办理产权交易的相关手续。交易流程的规范，将有助于交易过程和结果的公平合理。

成都市农村产权交易所按照市场化原则确定交易规则。主要内容体现"依法、有偿、自愿"原则，核心是交易定价规则。交易所明确规定：交易机构组织有交易意向的转出方和受让方进行洽谈、协商。经公开征集产生两个或两个以上意向受让方的，交易机构结合转出方和受让方情况，可以采取电子竞价、一次性密封报价、综合评审、招标投标、公开竞买等形式组织交易。可见，成都农村产权交易所采取比较灵活、有选择的交易定价规则。

值得强调的是，政府应该在交易规则的制订中按照公平正义的原则体现政策意图。前面章节讨论农村土地流转定价的理论问题，坚持了一个基本逻辑：农村土地流转定价机制应充分考虑土地的保障功能在现阶段对中国农民的重要性这个关键因子。其实，双向拍卖模型中 λ（政府对农户利益的关心程度）的引入就是基于这个逻辑，在现实中，λ^* 在数值上可以等同于农民的最低生活保障。因此，按照本书第 5 章的结论，如果现实交易的定价规则同样考虑农村土地保障因素，不仅可以增大交易成果的概率，也体现了对农民的社会公平。此外，按照本书第 6 章的结论，平台收费定价同样应该考虑农村土地保障因素，采取倾斜定价策略刺激农村土地市场供给的同时体现社会公平。许多研究表明，土地的保障功能是农村土地市场产生外部性的重要原因，因此，在农村土地流转交易定价和平台定价中引入土地保障的观点也提供了一个解决农村土地市场外部性导致的市场失灵的思路。

3. 配套相关措施，为农村土地流转提供保障

成都市在城乡统筹方面起步较早，有一定的基础。

在统筹城乡就业方面，大力推进城乡户籍、就业制度改革。成都市先后三次对户籍制度进行改革和调整，逐步建立起城乡一元化户籍制度。成都市作为全国 27 个试点城市之一，将城乡劳动力资源的开发和利用融为一体，狠抓就业制度改革，统筹安排城镇就业和农村富余劳动力的转移就业，在做好城镇就业的同时，把农村就业摆在更加突出的位置，大力扶持失地农民、农村富余劳动力的转移就业，将其纳入与城镇失业人员就业再就业相同的范围，同时，将产业发展、结构调整与统筹城乡就业相结合，建立起城乡一体的劳动力市场和就业培训、就业优惠政策、就业援助、就业工作责任制等体系，促进了城乡充分就业。2007 年成都市被国家列为统筹城乡就业试点城市。2020 年，成都市城镇新增就业 25.45 万人，城镇失业人员再就业 11.03 万人，就业困难人员实现就业 1.75 万人，新增吸纳大学生就业创业 7.82 万人。2021 年，实施农民工服务保障"五件实事"行动，职业技能培训 115.61 万人，城镇新增就业 26.43 万人，城镇失业人员再就业 11.94 万人，引导农村劳动力转移就业 224.4 万人，举办就业帮扶活动 683

场次，公益性岗位托底安置 1.26 万人[916]。而且，村民通过出租（转包）、入股等方式流转土地并从土地上解放出来，由此催生出 2 万余名农业职业经理人，在全国率先探索出"农业共营制"。"农业共营制"以"土地股份合作社+农业职业经理人+农业综合服务体系"为核心，有效破解了长期以来农业农村中存在的"谁来种地""谁来经营""谁来服务"的难题。

在统筹城乡社保方面，大力推进城乡社会保障制度改革。在完善城镇居民社会保险制度的同时，2003 年以来，成都市先后出台关于促进进城务工劳动者向城镇居民转变的意见、成都市征地农转非人员社会保险办法、成都市已征地农转非人员社会保险办法，建立了征地农转非人员社会保险制度、非城镇户籍从业人员综合保险制度、新型农村合作医疗制度、少儿住院互助金制度和城乡一体的社会救助体系等。2004 年底成都市农村居民最低生活保障政策出台，2008 年 10 月《成都市农民养老保险办法》出台，规定年满 18 周岁成都农村居民以家庭为单位自愿参保。这些结合成都实际的地方性规章和规范性文件的出台实施，为统筹推进城乡一体化的社会保险体系提供了政策支撑，基本实现了城乡社会保险制度全覆盖，同时也为农村产权交易和农村土地流转减少了后顾之忧，被劳动部列为中欧社会保险经办能力建设试点城市。2020 年，全市城乡居民基本养老保险参保 325.27 万人，参保率保持在 90%以上；城乡居民基本医疗保险参保 836.75 万人。2021 年，全市城乡居民基本养老保险参保 311.14 万人，参保覆盖率达 95.5%[916]。

在统筹城乡公共服务方面，大力推进城乡教育、卫生等公共服务体制改革。成都市在加大农村教育、卫生等社会事业投入的同时，积极推进农村学校、医院用人和分配制度改革，推动城乡教师、医务人员合理流动，促进了城乡教育、医疗卫生等社会事业均衡发展。国家教育部、卫生部分别在成都市召开现场会推广经验。

4. 创新流转模式，为农村土地流转提供动力

成都市总结推广了多种土地流转规模经营典型模式，通过组织召开专题现场会、农村工作会参观现场、加大宣传报道力度等带动农村土地流转。例如，以双流区昆山村为代表的"土地有偿流转，业主规模经营"模式，

以邛崃市羊安镇汤营村为代表的"土地量化入股，集体统一经营"模式，以邛崃市固驿镇仁寿村为代表的"龙头企业带动，村企合作经营"模式，以金堂县转龙镇大桥村为代表的"土地量化入股，农民与企业合作经营"模式，以龙泉驿区大面街办龙华村为代表的"开发农村集体建设用地，发展规模经营"模式等，发挥了示范引领作用，带动了土地规模经营加速推进。

2008 北京大学课题组重点研究了农村土地外部流转问题[917]，包括传统征地模式的创新、农村建设用地解决历史遗留问题的方法以及直接入市的途径创新。课题组认为，探索一条改革国家征地制度的现实路径，是成都经验很重要的一个方面。关于征地制度改革大体包括四个环节：

一是调整利益分配结构。在征地制度框架内，不仅创造了占补平衡和挂钩项目相结合的新的征地模式，而且从政府的土地收益中，加大返农力度，逐步拿出一个越来越大的数目，返还投入到农村进行土地整治。这样，政府通过利用级差地租规律，改革了土地收益的分配模式，协调了政府征地所得和征地补偿之间的关系。

二是适当扩大征地制度的弹性。所谓扩大弹性，就是在强制性的征地过程中注入一些非强制性因素。例如，通过创新占补平衡和挂钩项目模式，成都在偏远郊区灾后重建，腾出非经营性建设用地，本质上是通过市场定价，以部分宅基地的使用权换得联建方的建房资金，既解决了城市化扩张对土地的需求问题，又通过市场筹集了农村灾后建设资金。又如，成都突破征地制度的平衡点，按照尊重历史和有利于各方利益的原则，创造了蛟龙租约模式，实现了农村建设用地间接入市。此做法增加了传统征地制的弹性，原来的国家征地依靠国家行政权力强制执行，引入市场机制可以平衡各方利益。

三是寻找保护耕地的新机制。在我国现行的法律框架内，因为城市土地属于国家，农村土地属于集体，所以城市建设所需的农村土地必须通过征地制度来提供。而耕地是农民安身立命之本，忽视农民利益的征地制度必然遭到抵制，甚至引起社会问题。为了改变高度依赖行政权力配置土地资源的弊端，征地制度改革势在必行。为了缓解当前征地制度的矛盾，成都市政府每年从地方的土地增值基金中通过转移支付直接为承担耕地保护

责任的农民提供养老保险补贴。创新性地设立了耕地保护基金，为落实粮食
适度规模经营补贴提供配套，既调动了农民保护耕地的积极性，防范了耕地
"非农化"和"非粮化"风险，也为下一步改革征地制度、实现级差地租创
造了条件。

四是缩小征地面积与扩大集体建设用地入市并举。其一，我国《宪法》
总则中规定，城市的土地属于国家所有，所以凡是农村土地用来搞城市建
设的土地目前必须通过征用。十七届三中全会提出了"逐步缩小征地范围"
的改革方向，成都的"蛟龙模式"探索出一条出租代替征用、利用农民集
体土地发展工商业的新路子，既不违反《宪法》，又符合改革方向，使得农
民通过工商业发展得到了土地权益收入的实惠。其二，由于经济的发展，
级差地租的上升，在近年城乡关系特别是城市近郊的发展中，集体建设用
地直接入市成为发展趋势。成都在坚持城乡统筹、严保耕地的大前提下，
积极稳妥地探索农村建设用地直接入市的合法通道。例如，成都市锦江区
通过集体土地招、拍、挂，开创了集体建设用地直接入市，把农村集体建
设用地流转给非集体成员用于商业用途的先河。

成都的经验表明，在国家现行的法律框架内，只要以农民群众的利益
为本，农村产权制度改革还是有一定空间的。

8.2.3 主要成效

成都市通过推进农村土地经营权流转取得的主要成效包括以下五个方面。

一是实施了"米袋子""菜篮子"强基行动。成都市落实了最严格的耕
地保护制度，开展了遏制"非农化"、防止"非粮化"等专项整治工作。2021
年，成都市划定了粮食生产功能区、重要农产品生产保护区 335 万亩，累
计建成高标准农田 154.98 万亩。成都市还组织实施粮食生产规模经营补贴、
都江堰精华灌区水稻恢复种植补贴等支持政策，全市粮食连年丰收。2021
年，粮食播种面积 572.8 万亩、产量 230.6 万吨，出栏生猪 417 万头，禽类、
牛羊、水产等多种肉类以及蛋、奶供应充足[918]。

二是促进了现代农业优势产业发展。推进了农业产业结构的调整，提
高了农业集约化经营程度。在土地规模经营带动下，全市发展了一批具备

一定规模的农产品基地，形成了以邛崃、蒲江为中心的生猪产业带，以大邑、金堂为中心的食用菌产业带，以蒲江、邛崃、都江堰为中心的名优茶叶产业带，以双流、彭州为中心的蔬菜产业带，以金堂、蒲江为中心的柑橘产业带，以都江堰、蒲江为中心的猕猴桃产业带，以锦江、温江、郫都为中心的花卉产业带，推进农业产业升级和现代农业产业体系的建立，并重点培育和发展优质粮油、畜禽、蔬菜、水果、食用菌、花卉、茶叶、中药材、水产、林竹等十大优势特色产业。推进土地规模经营中，粮油、蔬菜、花卉、水果、林竹、中药材、观光农业优势发展趋势明显。2021 年，简阳跻身全国百强县，彭州获批建设全国蔬菜全产业链典型县，蒲江获评全国首批农业现代化示范区。

三是促进了农业产业化经营和农民组织化程度提高。全市结合土地规模经营引导农业产业化龙头企业、农民专业合作组织等新型农业经营主体和其他市场主体投资农业优势特色产业规模标准化基地建设，已建立农业优势特色产业规模标准化基地 158 个。聚焦构建"4+6"都市农业产业体系，规划布局崇州优质粮油、新津天府农博等现代农业园区（功能区），累计创建国家和省市县级现代农业园区 93 个。在推进土地规模经营中，坚持把农业优势特色产业发展与新型农业经营主体培育相结合，引导农村专业大户、农村能人、龙头企业和科研机构利用自身优势，联结带动农户，通过资金、技术和土地承包经营权入股等形式，组建农民专业合作社或对传统的村组集体经济组织进行股份合作改制，既组织起来统一开展土地规模经营，又让农民成为社员或股东，提高农民进入市场的组织化程度。在推进土地规模经营中，通过培育和引进相结合的办法、培训和市场推动的作用，培育壮大和发展了一批农业产业化龙头企业，发展了一批种养和流通专业大户、农民专业合作组织等新型农业经营主体，形成了一批有较强市场意识、有较高生产技能、有一定管理能力的现代农业经营者。引进业主不仅带来项目、资金，更带来了高新技术、新品种和新理念，带动农民改变观念，学习和掌握先进技术，实行标准化生产，提高了农业生产的科技水平。截至2017 年，全市已发展农民专业合作社 8012 家（其中简阳 1452 家），国家级以上 78 家；家庭农场 2922 家（其中简阳 154 家），省级以上 32 家[919]。截至 2021 年，全市已发展农民专业合作社 11 076 家，家庭农场 14 031 家，市级以上农业产业化重点龙头企业 445 家[918]。

四是促进了农民转移和持续稳定增收。农村土地规模经营使一部分农民直接从第一产业中解放出来，逐步转移到二三产业，也使得一部分农民由家庭生产经营者转变为农业产业工人，实现了就地转移就业。2016 年 12 月，四川省人民政府发布的《关于实施支持农业转移人口市民化若干财政政策的通知》规定，充分尊重农民意愿，维护进城落户农民土地承包权、宅基地使用权、集体收益分配权，支持引导其依法自愿有偿转让上述权益，促进有能力在城镇稳定就业和生活的常住人口有序实现市民化，并与城镇居民享有同等权利[920]。据 2007 年底统计，全市由农业向非农产业转移的农村劳动力达到 210 万人，占农村劳动力总数的 50% 以上，其中常年性转移的达到 147.2 万人，季节性转移的达到 55 万人。直接转移到省外的达到 40.3 万人，转移到省内市外的达到 27.6 万人。从事第二产业的占 52.3%，从事第三产业的占 47.7%。到 2008 年底，全市共有 81.8 万户农户转出土地承包经营权，占承包农户总数的 42.7%，涉及农业人口 224.3 万人，占承包人口的 40.3%。2021 年，成都市引导农村劳动力转移就业 224.4 万人；举办就业帮扶活动 683 场次，公益性岗位托底安置 1.26 万人[916]。同时，土地规模经营使农民获得了稳定增收。双流全县通过农用地流转解决了 1.2 万余名农村富余劳动力就业。农民既有土地流转的收益，又有工资性和二三产业经营收入。通过土地承包经营权入股的，不仅有土地流转的保底收入，还可以获得股份分红、就地务工薪金、外出务工等多项收入。村集体经济组织收益也较土地流转前有所增加。

五是促进了集体公益事业发展。推进土地规模经营中，引进业主发展产业，以及通过发展土地股份合作社等新型集体经济组织，有利于壮大集体经济，增强村级组织凝聚力和号召力，促进道路、沟渠等基础设施建设和文化、体育、卫生等公益事业建设发展。例如，金堂县又新镇祝新村在村级实力逐步壮大后，积极做好各项公益事业投入：一是加强农民素质培训；二是出资 2.5 万多元，为全村 2552 人购买新型农村合作医疗保险，177 户低保户全部纳入最低生活保障；三是投入 3 万多元，加强文体设施建设；

四是出资几千元，进行星级文明户的评选与表彰，有力促进了当地精神文明活动的开展。

此外，成都市探索构建农村产权抵押融资"六大体系"，在全国率先探索土地流转履约保证保险与土地流转收益保证保险，该机制被写入2017年中央一号文件。

8.3 本章小结

成都作为全国统筹城乡综合配套改革试验区，在以农村产权制度改革为核心的统筹城乡发展工作中，取得了一定经验和成效。成都市的基本做法和经验概括为：确权是基础，流转是关键，配套是保障，创新是动力。首先，界定农村土地产权，为农村土地流转奠定基础。成都市将确权作为农村产权制度改革的先导和基础。土地产权得以明晰，才能让市场发挥优化配置资源的作用。其次，搭建农村土地流转平台，为农村土地流转提供途径。建立全市统一的农村土地流转平台，可以形成在更大范围内的价格发现机制，更加有利于在更大范围内促进资源优化配置。第三，配套相关措施，为农村土地流转提供保障。在统筹城乡就业方面，大力推进城乡户籍、就业制度改革；在统筹城乡社保方面，大力推进城乡社会保障制度改革；在统筹城乡公共服务方面，大力推进城乡教育、卫生等公共服务体制改革。第四，创新流转模式，为农村土地流转提供动力。成都市创新总结推广"土地有偿流转，业主规模经营""土地量化入股，集体统一经营""龙头企业带动，村企合作经营""土地量化入股，农民与企业合作经营""开发农村集体建设用地，发展规模经营"等经营模式，起到了示范引领作用。

成都市在农村土地经营权流转中取得的主要成效包括：实施了"米袋子""菜篮子"强基行动；促进了现代农业优势产业发展；促进了农业产业化经营和农民组织化程度提高；促进了农民转移和持续稳定增收；促进了集体公益事业的发展。

第9章
研究结论与研究展望

9.1 全文总结与创新点

中国的大问题是农民问题，农民的根本问题是土地问题，农村土地流转被认为是解决中国城乡二元社会经济结构和"三农"问题的途径之一。十七届三中全会重点关注农村改革发展问题，将统筹城乡发展、激活中国庞大的农村资产作为会议的核心内容。这预示着以土地流转为核心的土地制度改革将成为推动新一轮中国农村乃至全国改革和发展的新起点。党的十九大报告把乡村振兴置于国家战略的高度，并将会在一个较长时期成为我国城乡经济社会发展的中心工作，报告还指出，必须始终把解决好"三农"问题这一关系国计民生的根本性问题作为全党工作的重中之重。党的二十大报告提出："全面推进乡村振兴。坚持农业农村优先发展，坚持城乡融合发展，畅通城乡要素流动。"

多年来，中国的市场经济一直将农村土地资产排斥在市场资源定价体系之外，在农村土地流转过程中暴露出的矛盾和冲突层出不穷，突出表现为农村土地流转缺乏科学合理的定价机制，定价机制的制度性缺失伤害了流转积极性，降低了流转效率。这与中国城市土地和房地产市场的发展形成极大反差，不仅仅阻碍了中国农村的经济发展和农民致富，在一些地方已经成为社会矛盾的焦点，严重影响和谐社会的建设和社会稳定。

本书综合运用农村土地流转的相关理论，采用理论研究和案例研究相结合，规范分析和实证分析互为补充的方法，在拓展和改进国内外现有研究不足的基础上，针对中国农村土地流转存在的主要问题，以农村土地流转市场机制为重点，市场定价为核心，试图构建符合中国国情的农村土地流转定价机制。该研究成果不但可以丰富中国农村土地流转市场化研究的方法和内容，而且可以作为政府政策制定和农村土地流转市场操作的参考，对建立和完善规范、高效的农村土地流转市场，加快农村社会经济发展步伐具有重要的理论和现实意义。

本书的研究框架和逻辑结构是：① 利用主体行为分析引入市场保障机制，探讨市场建设与政府的关系；② 利用市场均衡分析引入市场竞争机制，说明建立竞争性的农村土地流转市场的必要性和重要性；③ 利用双向拍卖理论引入价格发现机制，探讨交易定价的效率；④ 利用双边市场理论引入价格协调机制，探讨市场平台定价对交易效率的影响。上述研究均基于基本假设：影响农村土地交易市场效率的关键变量是农民的非农就业机会和土地的保障功能。

1. 研究市场保障机制

针对现实农村土地流转中政府（集体）存在随意调整农村土地承包周期、强迫流转等侵害农户利益等问题，结合农村土地流转中的主体行为分析认为，在农村土地流转市场中应该处理好市场规律和公权介入的关系，政府既不能"缺位"，也不能"越位"。协调好二者的关系是农村土地市场正常发育和健康发展的关键。在农村土地流转市场中，政府是公共服务的提供者，也是市场的监管者，还是农民利益的保护者。在坚持农民的改革主体地位的同时，政府应该发挥应有的作用。应按照建设"服务型政府"的内涵，合理界定政府的行为边界，为农村土地流转提供配套保障。首先，政府要通过制度供给明晰农村土地产权界定，不要随意和强制调整农村土地产权属性，并通过产权证书固化，这是农村土地流转的前提和基础；其次，政府要充分尊重市场规律，发挥市场在农村土地资源配置中的决定性作用，同时不要让市场放任自流，这是农村土地市场化配置的关键；最后，政府要提供以生活保障和就业保障为核心的配套保障措施，让农民流转农村土地没有后顾之忧，不要排斥农民的利益在社会保障体系之外。总之，合理界定政府行为在农村土地市场的边界，要因势利导，充分发挥市场机制的作用，顺应农业和农村经济发展的要求，引导而不干预，服务而不包办，放活而不放任，在坚持市场规律的前提下促进社会公平。

2. 分析农村土地流转的市场均衡

针对政府（集体）行政主导的农村土地流转现状，为了逻辑一致地理解农村土地流转交易中影响农村土地供给和需求意愿的因素，以及市场力量对土地均衡交易量、交易价格和经济效率的作用，建立基于农户和企业最优决策的需求—供给模型，并求解和分析模型的均衡。主要结论是：① 给定影响农村土地供给和需求意愿的因素，垄断将导致均衡交易量和均衡交易价格下降，并使经济效率降低；② 给定其他因素，一个（影响农村土地供给或需求意愿的）外生因素对均衡交易量和交易价格的影响在竞争性农村土地市场和垄断市场中的方向是一致的。无论是在垄断还是竞争市场下，单位农产品对农户的效用、农户耕种土地的效率与农村土地流转效率负相关，而农产品市场价格、农民的非农渠道收入、企业的农业生产优势与农村土地流转效率正相关。主要结论对政府制定农村土地流转管理相关政策有如下启示：① 如果关注农村土地流转交易的效率，应避免农村土地市场形成垄断，建立竞争性的农村土地流转市场；② 对农村土地市场的交易规模和价格的调控，应该重点关注影响市场需求和供给意愿的基本因素，通过适当的政策从源头上引导和管理而不是行政命令。要想提高农村土地流转的规模，提升农村土地流转的价格，其必要条件是：减少农民对土地保障的依赖，增加农户非农务工的工资收入，提高农产品价格，提升企业的农业耕种技术。

3. 研究双向拍卖与农村土地定价

针对现实农村土地流转中价格缺失、格随意性、效率低下等问题，首先，在传统的农村土地估价技术基础上，将农村土地的保障功能作为交易定价的重要影响因子。其次，模型化农村土地市场交易经济定价机制，建立了一个双向拍卖模型，将农户看成是土地使用权的卖方，对农村土地承包经营权有需要的他人或组织看成是买方，将政府作为机制设计者。买卖双方分别向政府报价，政府按照一定规则确定成交价格，然后买卖双方在这一价格下完成交易。模型的均衡分析结果表明：① 双向拍卖机制将有助于实现土地利用效率的事后帕累托改进；② 帕累托效率改进的概率随着买方期望价值的增加而增加，随着农户从其他渠道获得收入的增加而先增后减，随着政府对农户利益的关心程度的增加而先增后减。这些结果，一方面揭示了影响农村土地流转交易成功概率（规模）的需求、供给和制度因素，另一方面为政府设计双向拍卖机制提供了一个参数确定的理论基础。政府可以通过选择适当的对农户利益的关心程度（在交易价格规则中体现）来最大化农村土地流转交易成功的概率。

4. 研究农村土地双边市场与平台定价

针对现实农村土地流转中交易信息不畅通、交易规模较低、流动性不足等问题，应用双边市场理论。首先，引入平台企业作为第三方，按照农村土地流转交易的内涵和特征，建立农村土地流转交易系统概念模型框架，利用交易平台降低交易搜索成本，实现买卖双方的协同和匹配；其次，建立农户土地流转交易平台利润模型和社会福利模型，探讨农村土地流转交易平台最优价格结构，制定平台定价（收费）非中性策略，实行倾斜定价，通过价格协调改进交易的实现规模和流动性，避免市场失灵，促进交易市场繁荣。研究结果表明：① 土地交易平台从社会福利最大化目的出发，土地交易平台价格变化方向与土地交易平台服务成本、土地交易平台一边用户内部之间相互影响力变化方向是一致的；与土地交易平台一边用户对另一边用户产生的外部收益变化方向是相反的。② 土地交易平台从利润最大化目的出发，如果平台一边用户带给另一边用户的外部收益远远大于一边用户之间的相互影响力时，应该对一边产生外部收益大的用户进行补贴，甚至免费。研究结果给政府规制者提供如下启示：① 建立农村土地流转交易机构（平台）会给付建设成本，但是由于市场平台的有效建立，吸引众多的交易者加入平台，平台收费会冲抵平台建设成本；② 平台定价结构可以影响平台交易量，政府可以根据需要，通过制定不同的价格结构调控由外部性引起的交易量异常（过大或不足）。

归纳起来，本书的主要创新点是：

（1）建立农村土地市场综合保障机制，合理界定政府行为边界。中国农村土地制度改革的路径，不是单纯的诱致性制度变迁或强制性制度变迁，而是市场力量和政府力量共同推进下的混合性制度变迁。在农村土地市场化改革进程中，为了避免和修正市场失灵，政府应按照建设"服务型政府"的内涵承担制度供给、市场调控、配套保障的职责。

（2）建立农村土地价格形成机制，结合中国国情，将土地保障作为影响农村土地流转的关键变量并运用于定价策略。我国国情决定了农村土地的功能二重性。农村土地的二重性决定了土地的保障功能对农民的重要性。在土地市场定价机制的设计中，引入土地保障因子更加符合农民的诉求，体现政府对农民利益的关心程度，在保证市场效率的同时兼顾社会公平。

（3）建立农村土地价格发现机制，将双向拍卖定价策略引入农村土地流转市场，提高交易定价的科学性，进而改进市场效率。土地商品和市场特点决定了农村土地市场信息和竞争往往不充分。在双向拍卖机制下，即使在买卖双方人数都很少、供求信息不充分的情况下，市场都能达到新古典经济学所预测的竞争均衡，有着很高的价格发现效率。

（4）建立农村土地价格协调机制，将双边市场平台非中性定价策略引入农村土地流转中介，按照平台两边交叉网络外部性的特征进行倾斜定价。农村土地流转市场具有双边市场特征，双边市场的平台非中性倾斜定价策略可以影响交易量和交易价格，这给现实市场的有效调控提供了理论基础和技术手段，也为农村土地流转的市场调控提供新视角。

9.2 研究展望

由于农村土地流转具有鲜明的中国特色，现有对农村土地流转的研究主要是国内学者，且主要集中在定性研究和调查分析，还没有形成一个比较合理的研究框架，对市场定价机制的研究基本上还是空白。基于以上原因，本书的研究方法和技术路线也是尝试性的，难免会有一些局限。

在市场均衡分析中，本书直接采用经典微观经济学的假定，假设了企业在农产品市场中是完全竞争的，如果放松这个条件，用本书的分析框架并引入垄断和寡头市场这两种市场结构，可以类似地分析不完全竞争的情形。对此，我们将进行进一步研究。此外，在模型化市场力量时，只考虑了两种极端情况，没有分析寡头竞争的情形。由于寡头市场通常意味着丰富的策略相依性，需要针对具体的竞争方式进行具体的分析，这也是值得进一步研究的问题。

在双向拍卖定价中，本书所讨论的仅是一个卖方、一个买方、一件商品的情形，对于多个农户出让土地使用权、多个组织（个人）转入土地使用权的问题，如何建立合理的交易规则和制定市场平衡机制，有待进一步研究。此外，政府选择适当的对农户利益的关心程度 λ^*，对农村土地流转交易成功的概率（规模）的帕累托改进具有重要的理论定价意义，然而在实际操作过程中，政府具体部门或人员可能存在对买方（开发商或承包大户）的偏袒，会一定程度上扭曲这种定价机制。因此，理论结果的现实操作性如何还有待检验。

在双边市场定价中，由于双边市场理论是产业组织理论前沿，主要是国外学者近年来的探索性研究，理论本身还存在一些争论。本书没有讨论平台竞争问题，只考虑了垄断平台定价的情形，这和我国农村土地流转交易市场刚刚起步的现状相一致；但是随着农村土地流转交易市场的发展和发育，农村土地流转交易竞争性平台定价问题成为下一步的研究方向。此外，关于双边市场网络外部性的问题一直是理论界争论的问题，因此本书也没有具体区分在土地流转交易平台上具体哪一边产生的外部收益大，这也是下一步的研究方向。

以上这些，都是关于农村土地流转今后的研究方向。如果条件允许，笔者将做进一步的深入研究，也欢迎广大同仁一起探讨，不吝赐教。

后 记

　　"学问是苦根上长出来的甜果"。毫无疑问,科学研究是一项艰苦的工作,其间充满坎坷,饱含汗水,有无数夜晚的不眠,有刻骨铭心的煎熬,有百无聊赖的迷茫,也有陷入困境的痛苦。所幸有师长的谆谆教诲,有师兄弟姊妹的互助共勉,还有亲人朋友的支持帮助,研究成果最终才得以顺利完成。所以,在即将品尝到这甜果之际,我们只想说感谢。

　　感谢指导、帮助、关心过我们的师长,师长以他博大精深的学识造诣、严谨认真的治学态度和敏锐的学术洞察力,始终给我们高瞻远瞩的指导。在研究一度陷入困境而有所倦怠的时候,师长给我们以鞭策和鼓励。感谢同门的关心和启迪,和你们的交流和讨论使我们获益良多。感谢单位领导、同事、朋友的关心和支持。感谢一直默默支持我们的家人。大家的关爱和鼓励始终给予我们坚持的勇气和前进的动力。

　　本专著得到以下项目支持:四川循环经济研究中心 2022 年度科研课题"双碳目标下四川绿色低碳循环发展的经济体系研究"(课题编号 XHJJ-2206);成都职业技术学院 2021 年度"双高专项"学术专著出版资助项目;成都职业技术学院 2021 年科研创新团队项目"大数据财务分析课证融通应用技术创新团队"(项目编号 21KYTD03);成都职业技术学院 2021—2023年院级重点教改课题"推进大数据技术与会计学科教育教学深度融合的研究与实践"(项目编号 JG-Z2111)。

　　本书由黄晓懿博士设计体系和大纲,并对全书进行统稿。全书内容共 9章,第 1 章至第 4 章、第 8 章、第 9 章由黄晓懿博士撰写,第 5 章至第 7章由钟林博士撰写。

黄晓懿、钟林

2023 年 10 月

参考文献和注释

[1] 中华人民共和国中央人民政府. 中共中央国务院印发《乡村振兴战略规划（2018—2022 年）》[EB/OL]. [2018-09-26]. http://www.gov.cn/zhengce/ 2018-09/26/content_5325534.htm.

[2] 韩长赋. 党的十九大报告辅导读本[M]. 北京：人民出版社，2017.

[3] 张元洁，田云刚. 乡风文明的谱系学分析与产业化重建[J]. 湖北社会科学，2019（10）：50-55.

[4] 王爱国. 农村产业融合发展：对乡村振兴战略中农地流转的再思考[J]. 重庆理工大学学报（社会科学），2021，35（11）：115-124.

[5] 中华人民共和国中央人民政府. 中共中央 国务院关于全面推进乡村振兴加快农业农村现代化的意见[EB/OL]. [2021-02-21]. http://www.gov. cn/zhengce/2021-02/ 21/content_5588098.htm.

[6] 中华人民共和国中央人民政府. 中共中央 国务院关于做好 2022 年全面推进乡村振兴重点工作的意见[EB/OL]. [2022-02-22]. http://www. gov.cn/xinwen/2022-02/22/ content_5675041.htm.

[7] 习近平. 习近平谈治国理政：第 2 卷[M]. 北京：外文出版社，2017.

[8] 马克思，恩格斯. 马克思恩格斯文集：第 10 卷[M]. 北京：人民出版社，2009.

[9] 中华人民共和国中央人民政府. 国家乡村振兴局2023年稳步推进乡村建设 [EB/OL]. [2023-01-21]. http://www.gov.cn/xinwen/2023-01/21/ content_5738406.htm.

[10] 杜会永，王德章，冉庆国，等. 乡村振兴战略下农地流转对增加农民收入的影响——以黑龙江省为例[J]. 商业经济研究，2019（24）：182-185.

[11] 王小华，温涛. 农民收入超常规增长的要素优化配置目标、模式与实施[J]. 农业经济问题，2017，38（11）：30-39，110-111.

[12] 《农村土地经营权流转管理办法》经农业农村部 2021 年第 1 次常务会议审议通过，自 2021 年 3 月 1 日起施行。农业部 2005 年 1 月 19 日发布的《农村土地承包经营权流转管理办法》（农业部令第 47 号）同时废止。

[13] 十七届三中全会.《中共中央关于推进农村改革发展若干重大问题的决定》单行本[M]. 北京：人民出版社，2008.

[14] 中共中央每年发的第一份文件，该文件在国家全年工作中具有纲领性和指导性的地位。

[15] 毛泽东选集（第三卷）[M]. 北京：人民出版社，1990.

[16] 摘自纪念小平百年诞辰，2004 年 8 月 20 日《财经》记者专访："杜润生追忆邓小平与农村改革"。

[17] 摘自新华社合肥 2008 年 9 月 30 日电："胡锦涛到安徽农村考察"。

[18] 详见《中国经营报》（20080707）记者徐瑾专访文贯中："中国还需要一场土改"。

[19] 国家统计局. 中国统计年鉴 2021.http://www.stats.gov.cn/tjsj/ndsj/2021/indexch.htm2.

[20] 国家统计局. 政府信息公开. http://www.stats.gov.cn/xxgk/sjfb/zxfb2020/202104/t20210430_1816937.html.

[21] 赵朝. 吉林省西部地区农地流转问题研究[D]. 长春：吉林大学，2018.

[22] 张红宇. 中国农村的土地制度变迁[M]. 北京：中国农业出版社，2002.

[23] 胡吕银. 土地承包经营权的物权法分析[M]. 上海：复旦大学出版社，2004.

[24] 丁文. 我国农地流转政策的历史演变及其多元化解析[J]. 农业经济，2019（1）：99-101.

[25] 张红宇. 中国农地调整与使用权流转：几点评论[J]. 管理世界，2002（5）：76-87.

[26] 中华人民共和国中央人民政府. 中华人民共和国农业农村部令（2021 年 第 1 号）《农村土地经营权流转管理办法》[EB/OL]. [2021-01-26]. http://www.gov.cn/zhengce/zhengceku/2021-02/04/content_5584785.htm.

[27] 参照十七届三中全会文件、2021 年颁布的《农村土地经营权流转管理办法》、2021 年 12 月起施行的《成都市农村土地经营权流转管理实施办法（征求意见稿）》中对各种流转形式的界定。

[28] 中华人民共和国农业农村部. 中华人民共和国农业农村部令 2021 年第 1 号 [EB/OL]. [2021-01-26]. http://www.moa.gov.cn/govpublic/zcggs/202102/t20210203_6361060.htm.

[29] 中华人民共和国中央人民政府. 中共中央办公厅、国务院办公厅印发《关于完善农村土地所有权承包权经营权分置办法的意见》[EB/OL]. [2016-10-30]. http://www.gov.cn/zhengce/2016-10/30/content_5126200.htm.

[30] 滕卫双. 国外农村土地确权改革经验比较研究[J]. 世界农业，2014（5）：64-67，90.

[31] 李伟方. 农村土地承包经营权确权登记颁证标准解读[M]. 北京：中国农业出版社，2016.

[32] 丁玲. 地权的确立与流转：农地确权对农户农地流转影响的实证研究[M]. 武汉：武汉大学出版社，2017.

[33] 孔泾源. 中国农村土地制度：变迁过程的实证分析[J]. 经济研究，1993（2）：65-72，16.

[34] Harris J R, Todaro M P. Migration, unemployment and development American[J]. Economic Review, 1970(60): 126-142.

[35] Dennis Tao Yang. Urban-based policies and rising income inequality in China[J]. The American Economic Review, 1999, 89(2): 306-310.

[36] 檀竹平，洪炜杰，罗必良. 农业劳动力转移与种植结构"趋粮化"[J]. 改革，2019（7）：111-118.

[37] 钱龙，陈会广，叶俊焘. 成员外出务工、家庭人口结构与农户土地流转参与——基于 CFPS 的微观实证[J]. 中国农业大学学报，2019，24（1）：184-193.

[38] 张广胜，田洲宇. 改革开放四十年中国农村劳动力流动：变迁、贡献与展望 [J]. 农业经济问题，2018（7）：23-35.

[39] Zhang S, Song X, Wan J, et al. The features of rural labor transfer and

cultural differences: Evidence from China's southwest mountainous areas[J]. Sustainability, 2019, 11(6): 15-22.

[40] Lu H, Xie H. Impact of changes in labor resources and transfers of land use rights on agricultural non-point source pollution in Jiangsu Province, China[J]. Journal of Environmental Management, 2018, 20(7): 134-140.

[41] Kuiper M, Shutes L, Meijl H V, et al. Labor supply assumptions——A missing link in food security projections[J]. Global Food Security, 2020, 25(2): 1-11.

[42] 谭术魁. 农民为何撂荒耕地[J]. 中国土地科学，2001（5）：34-38.

[43] 对 21 世纪以来的流转动因主要归集为惠农制度因素增加流转需求，比如农业税于 2006 年全面取消。

[44] 刘友凡. 稳定承包权，放活经营权——湖北省黄冈市农村土地流转情况的调查[J]. 中国农村经济，2001（10）：19-22.

[45] 钟涨宝. 农地流转过程中的农户行为分析[J]. 中国农村观察，2003（6）：55-64.

[46] 徐旭，蒋文华，应风其. 我国农村土地流转的动因分析[J]. 管理世界，2002（9）：144-145.

[47] 钱忠好. 农地承包经营权市场流转：理论与实证分析——基于农户层面的经济分析[J]. 经济研究，2003（2）：83-91，94.

[48] 何欣，蒋涛，郭良燕，等. 中国农地流转市场的发展与农户流转农地行为研究——基于 2013—2015 年 29 省的农户调查数据[J]. 管理世界，2016（6）：79-89.

[49] 钱忠好. 非农就业是否必然导致农地流转——基于家庭内部分工的理论分析及其对中国农户兼业化的解释[J]. 中国农村经济，2008（10）：13-21.

[50] 游和远，吴次芳. 农地流转、禀赋依赖与农村劳动力转移[J]. 管理世界，2010（3）：65-75.

[51] 侯明利. 劳动力流动与农地流转的耦合协调研究[J]. 暨南学报（哲学社会科学版），2013，35（10）：150-155.

[52] 夏显力，常亮. 农户农地流转意愿影响因素及区域性差异分析——基于关中3个县（区）的农户调研[J]. 西安交通大学学报（社会科学版），2015，35（4）：68-72.

[53] 黄枫，孙世龙. 让市场配置农地资源：劳动力转移与农地使用权市场发育[J]. 管理世界，2015（7）：71-81.

[54] 钱龙，洪名勇. 非农就业、土地流转与农业生产效率变化——基于CFPS的实证分析[J]. 中国农村经济，2016（12）：2-16.

[55] 纪月清，熊晶白，刘华. 土地细碎化与农村劳动力转移研究[J]. 中国人口·资源与环境，2016，26（8）：105-115.

[56] 许庆，刘进，钱有飞. 劳动力流动、农地确权与农地流转[J]. 农业技术经济，2017（5）：4-16.

[57] 甄小鹏，凌晨. 农村劳动力流动对农村收入及收入差距的影响——基于劳动异质性的视角[J]. 经济学（季刊），2017，16（3）：1073-1096.

[58] 张桂文，王青，张荣. 中国农业劳动力转移的减贫效应研究[J]. 中国人口科学，2018（4）：18-29，126.

[59] 杨子砚，文峰. 从务工到创业——农地流转与农村劳动力转移形式升级[J]. 管理世界，2020，36（7）：171-185.

[60] 樊士德，金童谣. 中国劳动力流动对家庭贫困影响的内在机理与效应研究：基于面板Logit模型与随机效应模型的实证研究[J]. 江苏社会科学，2020（6）：79-89，242-243.

[61] 赵思诚，许庆，刘进. 劳动力转移、资本深化与农地流转[J]. 农业技术经济，2020（3）：4-19.

[62] 肖文韬. 乡村的变迁逻辑、发展困境与振兴之路[J]. 中南民族大学学报（人文社会科学版），2020，40（5）：128-132.

[63] De Brauw A, J K Huang, S Rozelle, et al. The evolution of China's rural labor markets during the reforms[J]. Journal of Comparative Economics, 2002, 30(2): 329-353.

[64] 金松青，Klaus Deininger. 中国农村土地租赁市场的发展及其在土地使用公平性和效率性上的含义[J]. 经济学季刊，2004（4）：1003-1027.

[65] Song Q J, Klausdeininger. Land rental markets in the process of rural structural transformation: productivity and equity impacts from China[M]. Washington DC: World Bank Research Department, 2006.

[66] Brandtl, Huang J K, Li G, et al. Land rights in China: facts, fictions, and issues[J]. China Journal, 2002(47): 67-97.

[67] Lohmar, Bryan. The effects of land tenure and grain quota policies on farmhouseholds labor allocation in China[D]. Davis: University of California, 2000.

[68] Yao Y. The development of the land lease market in rural China[J]. Land Economics, 2000, 76(2): 252-266.

[69] Kung K S. Off-farm labor markets and the emergence of land rental markets in rural China[J]. Journal of Comparative Economics, 2002, 30(2): 395-414.

[70] Shi X P, N Heerink, F T Qu. Choices between different off-farm employment sub-categories: an empirical analysis for Jiangxi province, China[J]. China Economic Review, 2007, 18(4): 438-455.

[71] Yan X, S Bauer, X Huo. Farm size, land reallocation and labour migration in rural China[J]. Population Space & Place, 2014, 20(4): 303-315.

[72] Xie H, Lu H. Impact of land fragmentation and non-agricultural labor supply on circulation of agricultural land management rights[J]. Land Use Policy, 2017 (68): 355-364.

[73] Lu W, Horlu G S A K. Transition of small farms in Ghana: perspectives of farm heritage, employment and networks[J]. Land Use Policy, 2019 (81): 434-452.

[74] Richards T J. Income targeting and farm labor supply[J]. American Journal of Agricultural Economics, 2020, 102(2): 419-438.

[75] 冷崇总. 试论农村土地使用权流转[J]. 上海农村经济, 1999(4): 19-22.

[76] 祝志勇. 农村土地流转制度的政治经济学分析[J]. 改革, 2003（1）: 117-121.

[77] 罗必良. 农地经营规模的效率决定[J]. 中国农村观察, 2000（5）: 18-24.

[78] 杨德才. 论我国农村土地流转模式及其选择[J]. 当代经济研究, 2005（12）: 49-52.

[79] 米运生, 郑秀娟, 曾泽莹, 等. 农地确权、信任转换与农村金融的新古典发展[J]. 经济理论与经济管理, 2015（7）: 63-73.

[80] 蔡昉, 王美艳. 从穷人经济到规模经济[J]. 经济研究, 2016（5）: 14-26.

[81] 顾天竹, 纪月清, 钟甫宁. 中国农业生产的地块规模经济及其来源分析[J]. 中国农村经济, 2017（2）: 30-43.

[82] 李琴, 李大胜, 陈风波. 地块特征对农业机械服务利用的影响分析[J]. 农业经济问题, 2017（7）: 43-52.

[83] 林万龙. 农地经营规模: 国际经验与中国的现实选择[J]. 农业经济问题, 2017（7）: 76-82.

[84] 王士海, 李先德. 经营规模大的农户更倾向于传播新技术吗[J]. 农业技术经济, 2017（4）: 76-82.

[85] 杨慧莲, 李艳, 韩旭东, 等. 土地细碎化增加"规模农户"农业生产成本了吗?——基于全国776个家庭农场和1166个专业大户的微观调查[J]. 中国土地科学, 2019, 33（4）: 76-83.

[86] LIU J, JIN X B, XU W Y, et al. Influential factors and classification of cultivated land fragmentation, and implications for future land consolidation: a case study of Jiangsu Province in eastern China[J]. Land Use Policy, 2019 (88): 1-19.

[87] 简新华, 王懂礼. 农地流转、农业规模经营和农村集体经济发展的创新[J]. 马克思主义研究, 2020（5）: 84-92, 156.

[88] Reyes-Bueno F, Sánchez J T, Samaniego J G, et al. Factors influencing land fractioning in the context of land market deregulation in ecuador[J]. Land Use Policy, 2016 (52): 144-151.

[89] Du D. The causal relationship between land urbanization quality and economic growth: evidence from capital cities in China[J]. Quality & Quantity, 2017, 51(6): 2707-2723.

[90] 季虹. 论农地使用权的市场化流转[J]. 农业经济问题，2001（10）：28-31.

[91] 刘甲鹏. 中国农地流转研究观点综述[J]. 学术动态，2003（6）：55-60.

[92] 吴郁玲，曲福田. 土地流转的制度经济学分析[J]. 农村经济，2006（1）：24-26.

[93] 蒋满元. 影响农村土地流转的原因及其有效途径探讨[J]. 华中农业大学学报（社会科学版），2006（4）：58-62.

[94] 康雄华，王世新，刘武，等. 农户农地流转决策影响因素分析——以湖北省典型区域为例[J]. 安徽农业科学，2007（13）：4034-4036，4048.

[95] 严冰. 农地确权[J]. 经济体制改革，2010（3）：99-102.

[96] 石敏，李琴. 我国农地流转的动因分析——基于广东省的实证研究[J]. 农业技术经济，2014（1）：49-55.

[97] 黄祥芳，陈建成，陈训波. 地方政府土地流转补贴政策分析及完善措施[J]. 西北农林科技大学学报（社会科学版），2014，14（2）：1-6.

[98] 康芳. 农村土地确权对农业适度规模经营的影响[J]. 改革与战略，2015，31（11）：96-99.

[99] 胡晓涛. 农村土地承包经营权确权登记面临的困境与对策[J]. 南都学坛，2014，34（6）：86-88.

[100] 冒佩华，徐骥. 农地经营权流转与农民劳动生产率提高：理论与实证[J]. 管理世界，2015（5）：63-74，88.

[101] 马贤磊，仇童伟，钱忠好. 农地产权安全性与农地流转市场的农户参与——基于江苏、湖北、广西、黑龙江四省（区）调查数据的实证分析[J]. 中国农村经济，2015（2）：22-37.

[102] 程令国，张晔，刘志彪. 农地确权促进了中国农村土地的流转吗？[J]. 管理世界，2016（1）：88-98.

[103] 刘玥汐，许恒周. 农地确权对农村土地流转的影响研究——基于农民分化的视角[J]. 干旱区资源与环境，2016（5）：25-29.

[104] 许庆，刘进，钱有飞. 劳动力流动、农地确权与农地流转[J]. 农业技术经济，2017（5）：4-16.

[105] 赵阳，李隆伟. 农村土地确权登记颁证有关问题探讨[J]. 兰州大学学报（社会科学版），2017（1）：1-7.

[106] 王士海，王秀丽. 农村土地承包经营权确权强化了农户的禀赋效应吗？——基于山东省 117 个县（市、区）农户的实证研究[J]. 农业经济问题，2018（5）：92-102.

[107] 牛先锋. 城市近郊的集体土地流转[J]. 中国土地，2001（3）：24.

[108] 张红宇，刘玫，王晖. 农村土地使用制度变迁：阶段性、多样性与政策调整（二）[J]. 农业经济问题，2002（3）：17-23.

[109] 姚咏涵. 家庭承包制下土地功能的实证考察与农地经营制度创新[J]. 农业经济，2002（3）：11-13.

[110] 陈卫平，郭定文. 农户承包土地流转问题探讨[J]. 经济问题探索，2006（1）：70-74.

[111] 李凤琴. 农地使用权的流转问题的思考[J]. 资源开发与市场，2007（3）：251-253.

[112] 李灿. 农地规模流转中的利益相关者绩效考量：冲突、平衡与共生[J]. 江西财经大学学报，2017（3）：74-81.

[113] 余练. 被流转：规模化土地流转中的政府动员与策略——基于皖南萍镇和鄂中龙村的实证调研[J]. 江苏大学学报社会科学版），2018（2）：21-29.

[114] 李壮壮，吴玲，李美桂. 城镇化视角下的土地流转影响因素研究——基于安徽 5 个市的农户调研数据[J]. 重庆工商大学学报（社会科学版），2018（4）：20-26.

[115] 张飞. 乡村旅游开发中农民分享土地增值收益现状及成因[J]. 社会科学家，2020（1）：72-76.

[116] 路征，李睿. 现阶段农地流转中的关键问题与微观制度创新——四川省安岳县农村土地流转实践考察[J]. 西部论坛，2017（4）：27-31.

[117] 冯炳英. 农村土地流转的绩效与发展对策[J]. 农业经济，2004（4）：24-25.

[118] 曹建华，王红英，黄小梅. 农村土地流转的供求意愿及其流转效率的

评价研究[J]. 中国土地科学，2007（5）：54-60.

[119] Armen A, Harold D. The property rights paradigm[J]. Journal of Economic History, 1973, 33(1): 19-22.

[120] Theo B, Ian P W, Elfriede M F. The role of land administration in the accession of Central European countries to European Union[J]. Land Use Policy, 2002, 19(1): 29-46.

[121] Terry V D. Seenarios of Central European land fragmentation[J]. Land Use Policy, 2003(20): 149-158.

[122] Tesfaye T, Adugna L. Factors affecting entry intensity in informal rental land markets in the Southern Ethiopian Highland [J]. Agricultural economics, 2004(30): 117-128.

[123] 余小英，王章名，王成璋. 我国农村土地流转制度效率分析[J]. 社会科学家，2015（6）：53-57.

[124] 李承政，顾海英，史清华. 农地配置扭曲与流转效率研究——基于1995-2007浙江样本的实证[J]. 经济科学，2015（3）：42-54.

[125] 陈章喜. 农地承包经营权流转效率：学理与实证[J]. 暨南学报（哲学社会科学版），2014（1）：97-103，162.

[126] 2021年3月开始施行《农村土地经营权流转管理办法》的同时该办法被废止.

[127] 丁文. 农地流转政策研究的进展与反思——基于改革开放四十年的视角[J]. 技术经济与管理研究，2018（11）：119-123.

[128] 中华人民共和国中央人民政府. http://www.gov.cn/premier/2021-03/12/content_5592671.htm.

[129] 周先智. 影响我国农村土地流转的成因探析[J]. 理论月刊，2000（8）：59-60.

[130] 庞丽铷. 新时期中国农地流转问题探析[J]. "三农"问题研究，2007（5）：538-541.

[131] 马晓河，崔红志. 建立土地流转制度，促进区域农业生产规模化经营[J]. 管理世界，2002（11）：63-77.

[132] 钱忠好. 农地承包经营权市场流转的困境与乡村干部行为——对乡村干部行为的分析[J]. 中国农村观察，2003（2）：10-13.

[133] 张雪玉. 农村土地使用权流转的现状与对策[J]. 福建农林大学学报：哲学社会科学版，2003（6）：15-17.

[134] 张勇，苏向学. 农村土地流转的政策论释及思考[J]. 湖北社会科学，2004（7）：73-74.

[135] 田传浩，贾生华. 农地制度，地权稳定性与农地使用权市场发育：理论与来自苏浙鲁的经验[J]. 经济研究，2004（1）：112-119.

[136] 黄丽萍. 农地使用权流转：农地产权制度改革的帕累托最优选择[J]. 东南学术，2006（5）：56-61.

[137] 于振荣，刘燕. 农地使用权的背景分析[J]. 大连海事大学学报，2007（4）：37-41.

[138] 王国辉. 我国农地流转的法律思考[J]. 农业经济，2007（5）：37-39.

[139] 邵景安，魏朝富，谢德体. 家庭承包制下土地流转的农户解释：对重庆不同经济类型区七个村的调查分析[J]. 地理研究，2007，26（2）：275-286.

[140] 刘克春，池泽新. 农业税费减免及粮食补贴、地租与农户农地转入行为——以江西省为例[J]. 农业技术经济，2008（1）：79-83.

[141] 叶剑平，丰雷，蒋妍，等. 2008年中国农村土地使用权调查研究——17省份调查结果及政策建议[J]. 管理世界，2010（1）：64-73.

[142] 徐珍源，孔祥智. 转出土地流转期限影响因素实证分析——基于转出农户收益与风险视角[J]. 农业技术经济，2010（7）：30-40.

[143] 陈水生. 土地流转的政策绩效和影响因素分析——基于东中西部三地的比较研究[J]. 社会科学，2011（5）：50-54.

[144] 操世元，杨敏. 农村土地流转中的"两分两换"政策省视与推广条件——兼论城乡统筹发展的新路径[J]. 中共杭州市委党校学报，2011（4）：82-86.

[145] 翁士洪. 农村土地流转政策的执行偏差——对小岗村的实证分析[J]. 公共管理学报，2012（1）：1-8.

[146] 田传浩, 方丽. 土地调整与农地租赁市场: 基于数量和质量的双重视角[J]. 经济研究, 2013, 48（2）: 110-121.

[147] 杨飞. 民族地区农村土地流转: 政策试验与制度壁垒 [J]. 西南民族大学学报（人文社会科学）, 2014（12）: 44-45.

[148] 胡建. 农村宅基地有限抵押制度的证成与支撑[J]. 中国软科学, 2015（7）: 13-19.

[149] 杨遂全, 张锰霖, 钱力. 城乡一体化背景下农村闲置房屋的出路[J]. 农村经济, 2015（1）: 13-18.

[150] 杨俊, 张晓云, 汤斌. 深化改革背景下农村房屋买卖路径探析[J]. 中国土地科学, 2015, 29（6）: 67-74.

[151] 杨雪锋, 董晓晨. 不同代际农民工退出宅基地意愿差异及影响因素[J]. 经济理论与经济管理, 2015（4）: 44-56.

[152] 瞿忠琼, 章明, 夏敏, 等. 城乡建设用地流转中置换指标的预警研究——以重庆市地票交易为例[J]. 中国土地科学, 2015, 129（5）: 39-47.

[153] 臧公庆, 龚鹏程. 农村耕地流转信托模式及机制构建研究[J]. 现代经济探讨, 2015（3）: 59-63.

[154] 林文声, 罗必良. 农地流转中的非市场行为[J]. 农村经济, 2015（3）: 27-31.

[155] 胡霞, 丁浩. 农地流转影响因素的实证分析——基于 CHIPS8000 农户数据[J]. 经济理论与经济管理, 2015（5）: 17-25.

[156] 聂建亮, 钟涨宝. 保障功能替代与农民对农地转出的响应[J]. 中国人口·资源与环境, 2015, 25（1）: 103-111.

[157] 蔡昉, 王美艳. 从穷人经济到规模经济——发展阶段变化对中国农业提出的挑战[J]. 经济研究, 2016, 51（5）: 14-26.

[158] 叶剑平, 丰雷, 蒋妍, 等. 2016 年中国农村土地使用权调查研究——17 省份调查结果及政策建议[J]. 管理世界, 2018（3）: 98-108.

[159] 戴青兰. 农村土地产权制度变迁背景下农村集体经济的演进与发展[J]. 农村经济, 2018（4）: 42-48.

[160] 仇童伟，罗必良. 农业要素市场建设视野的规模经营路径[J]. 改革，2018（3）：90-102.

[161] 王士海，王秀丽. 农村土地承包经营权确权强化了农户的禀赋效应吗？——基于山东省 117 个县（市、区）农户的实证研究[J]. 农业经济问题，2018（5）：92-102.

[162] 宁静，殷浩栋，汪三贵. 土地确权是否具有益贫性？——基于贫困地区调查数据的实证分析[J]. 农业经济问题，2018（9）：118-127.

[163] 应瑞瑶，何在中，周南，等. 农地确权、产权状态与农业长期投资——基于新一轮确权改革的再检验[J]. 中国农村观察，2018（3）：110-127.

[164] 曲颂，郭君平，夏英. 确权和调整化解了农地纠纷吗？——基于 7 省村级层面数据的实证分析[J]. 西北农林科技大学学报（社会科学版），2018（2）：71-78.

[165] 黄鹏进. 产权秩序转型：农村集体土地纠纷的一个宏观解释[J]. 南京农业大学学报（社会科学版），2018（1）：86-932.

[166] 许恒周，田浩辰. 农户生计多样化视角下农地确权政策实施效果评估——基于 1254 份农户问卷的实证研究[J]. 干旱区资源与环境，2018（2）：30-36.

[167] 仇童伟，罗必良. 种植结构"趋粮化"的动因何在？——基于农地产权与要素配置的作用机理及实证研究[J]. 中国农村经济，2018（2）：65-80.

[168] Ye L, Huang X, Yang H, et al. Effects of dual land ownerships and different land lease terms on industrial land use efficiency in Wuxi City, East China[J]. Habitat International, 2018, 78: 21-28.

[169] 杨宏力. 新一轮农村土地确权存在的问题及政策优化——基于山东省五市七镇的经验研究[J]. 山东大学学报(哲学社会科学版)，2018(3)：110-121.

[170] 陈慧妮. 乡村振兴战略背景下农村土地流转政策的执行路径——以 C 市 J 村为观察对象[J]. 社会科学家，2018（3）：59-63.

[171] 孟繁瑜, 陶建芝. 中国农地金融创新政策的建构及演化[J]. 农村经济, 2020（10）: 81-88.

[172] 李停. "三权分置"视域下中国农地金融创新研究[J]. 现代经济探讨, 2021（5）: 127-132.

[173] 姜松, 乐季. 中国农地金融创新: 内在逻辑、目标偏差与改进路径[J]. 经济体制改革, 2021（3）: 94-99.

[174] Rozelle Scott, Li Guo, Shen Minggao, et al. Leaving China's farms: survey results of new paths and remaining hurdles to rural migration[J]. ChinaQuart, 1999(158): 367-393.

[175] Brandtloren, Rozelle Scott, Turner Matthew. Local government behavior and property rights formation in rural China[M]. Toronto: University of Toronto, 2002.

[176] Matthew Gorton. Agricultural land reform in Moldova[J]. Land Use Policy, 2001 (18): 269-279.

[177] Hananel R. The land narrative: rethinking Israel's national land policy[J]. Land Use Policy, 2015 (45): 128-140.

[178] Mcgranahana D A, Brown P W, Schulte L A, et al. Associating conservation/production patterns in US farmpolicy with agricultural land-use in three Iowa, USAtownships, 1933-2002[J]. Land Use Policy, 2015 (49): 76-85.

[179] Albertus M, Diaz-Cayeros A, Magaloni B, et al. Authoritarian survival and poverty traps[J]. World Development, 2016 (77): 154-170.

[180] Jürgenson E. Land reform, land fragmentation and perspectives for future land consolidation in Estonia[J]. Land Use Policy, 2016 (57): 34-43.

[181] Jakus P M, Stambro J E, Hogue M, et al. Western public lands and the fiscal implications of a transfer to states[J]. Land Economics, 2017, 93(3): 371-389.

[182] Liu X, Zhao C, Song W. Review of the evolution of cultivated land

protection policies in the period following China's reform and liberalization[J]. Land Use Policy, 2017 (67): 660-669.

[183] Gao L, Sun D, Huang J. Impact of land tenure policy on agricultural investments in China evidence from a panel data study[J]. China Economic Review, 2017 (45): 244 -252.

[184] Gebru M, Holden S T, Tilahun M. Tenants'land access in the rental market: evidence from northern Ethiopia[J]. Agricultural Economics, 2019, 50(3): 291-302.

[185] Stacherzak A, Hedak M, Hjek L, et al. State interventionism in agricultural land turnover in Poland[J]. Sustainability, 2019, 11(6): 15-34.

[186] Kaletnik G, Honcharuk I, Yemchyk T, et al. The world experience in the regulation of the land circulation[J]. European Journal of Sustainable Development, 2020, 9(2): 557.

[187] 邢妹媛，张文秀，启宇. 当前农地流转中的制约因素分析[J]. 农村经济 2004（12）：21-11.

[188] James. Off-farm labor markets and the emergence of land rental markets in rural China[J]. Journal of Comparative Economics, 2002(30): 395-414.

[189] 邹伟，吴群. 基于交易成本分析的农地内部流转对策研究[J]. 农村经济，2006（12）：41-43.

[190] 陈志刚，曲福田. 农地产权制度变迁的绩效分析——对转型期中国农地制度多样化创新的解释[J]. 中国农村观察，2003（1）：2-9.

[191] 陈和午，聂斌. 农户土地租赁行为分析——基于福建省和黑龙江省的农户调查[J]. 中国农村经济，2006（2）：42-48.

[192] 卞琦娟，周曙东，易小燕，等. 农户农地流转现状、特征及其区域差异分析——以浙江省为例[J]. 资源科学，2011，33（2）：308-314.

[193] 张琳，黎小明，刘冰洁，等. 土地要素市场化配置能否促进工业结构优化？——基于微观土地交易数据的分析[J]. 中国土地科学，2018，

32（6）：23-31.

[194] 徐升艳，陈杰，赵刚. 土地出让市场化如何促进经济增长[J]. 中国工业经济，2018（3）：44-61.

[195] 甄江，黄季焜. 乡镇农地经营权流转平台发展趋势及其驱动力研究[J]. 农业技术经济，2018（7）：33-40.

[196] Zou B, Mishra A K, Luo B. Aging population, farm succession, and farmland usage: evidence from rural China[J]. Land Use Policy, 2018 (77) :437-445.

[197] 裴厦，谢高地，章予舒. 农地流转中的农民意愿和政府角色——以重庆市江北区统筹城乡改革和发展试验区为例[J]. 中国人口·资源与环境，2011，21（6）：55-60.

[198] 马贤磊，仇童伟，钱忠好. 农地流转中的政府作用[J]. 经济学家，2016（11）：83-89.

[199] 黄忠怀，邱佳敏. 政府干预土地集中流转[J]. 中国农村观察，2016（2）：34-44.

[200] 钱忠好，冀县卿. 中国农地流转现状及其政策改进——基于江苏、广西、湖北、黑龙江四省（区）调查数据的分析[J]. 管理世界，2016（2）：71-81.

[201] 陈金涛，刘文君. 农村土地"三权分置"的制度设计与实现路径探析[J]. 求实，2016（1）：81-89.

[202] 陈晓芳. 用途管制下的土地指标交易法律构造[J]. 北京大学学报（哲学社会科学版），2016，53（3）：141-148.

[203] 夏淑芳，陈美球. 承包地经营权流转中市场与政府的协同[J]. 中国土地科学，2016，30（5）：29-35.

[204] 翟黎明，夏显力，吴爱娣. 政府不同介入场景下农地流转对农户生计资本的影响[J]. 中国农村经济，2017（2）：2-15.

[205] 张建，王敏，诸培新. 农地流转政策执行偏差与农民土地权益保护——以江苏省某传统农业大县 S 县为例[J]. 南京农业大学学报（社会科学版），2017，17（2）：82-91，152.

[206] 耿宁，尚旭东. 基层政府主导竞标模式真的有助于农地有序流转吗？[J]. 农村经济，2017（8）：20-26.

[207] 王梅婷，张清勇. 财政分权、晋升激励与差异化土地出让[J]. 中央财经大学学报，2017（1）：70-80.

[208] 赵芸逸，王秀兰，丁翔宇，等. 农户视角下两种模式城乡建设用地增减挂钩效益对比分析[J]. 农业经济问题，2017（5）：93-105.

[209] 于潇. 农地确权、制度绩效与农户政策认知——基于典型历史时期的比较研究[J]. 财政科学，2017（7）：19-26.

[210] 尹亚军. 通过合同的治理——克服农地流转困境的助推策略[J]. 社会科学研究，2019（6）：73-81.

[211] 郜亮亮. 中国农户在农地流转市场上能否如愿以偿？——流转市场的交易成本考察[J]. 中国农村经济，2020（3）：78-96.

[212] 王珊，洪名勇，钱文荣. 农地流转中的政府作用与农户收入——基于贵州省 608 户农户调查的实证分析[J]. 中国土地科学，2020，34（3）：39-48.

[213] Qiu R, Xu W. Modes of land development in Shanghai[J]. Land Use Policy, 2017 (61): 475-486.

[214] Wu Y, Shan L, Guo Z, et al. Cultivated land protection policies in China facing 2030: dynamic balance system versus basic farmland zoning[J]. Habitat International, 2017 (69): 126-138.

[215] Zhou Y, Huang X, Chen Y, et al. The effect of land use planning (2006-2020) on construction land growth in China[J]. Cities, 2017 (68): 37-47.

[216] 林毅夫. 禀赋、技术和要素市场：中国农村改革中关于诱致性制度创新假说的一个自然实验[J]. 美国农业经济学期刊，1995，77（2）. 转引自：林毅夫. 再论制度、技术与中国农业发展[M]. 北京：北京大学出版社，2000.

[217] 杜文星，黄贤金. 区域农户农地流转意愿差异及其驱动力研究——以上海市、南京市、泰州市、扬州市农户调查为例[J]. 资源科学，2005

（6）：90-94.

[218] Yao, Yang. The development of the land lease market in rural China[J].
Land Economics, 2000, 76 (2): 252-266.

[219] 史清华，贾生华. 农户家庭农地流转及形成根源——以东部沿海苏鲁
浙三省为例[J]. 中国经济问题，2003（5）：41-54.

[220] 初玉岗. 企业家短缺与农地流转之不足[J]. 中国农村经济，2001（12）：
61-63，69.

[221] 王克强，刘红梅. 经济发达地区农地市场中农户土地供给和需求双向
不足研究. 经济地理，2001（12）：233-237.

[222] 钱文荣. 农户家庭的土地流转行为与意愿研究——浙江省奉化市的农
户调查与计量分析[J]. 浙江经济，2003（4）：20-23.

[223] 钱文荣. 农地市场化流转中的政府功能探析——基于浙江省海宁、奉
化两市农户行为的实证研究[J]. 农业经济导刊，2004（1）：14-19.

[224] 邵晓梅，许月卿. 鲁西北地区农户种植业收入驱动因素分析[J]. 中
国农业资源与区划，2005，26（4）：34-38.

[225] 蒋文华. 农村土地流转：新情况、新思考——浙江农村土地流转制度
的调查[J]. 中国农村经济，2001，5（10）：11-18.

[226] 刘克春，林坚. 农村已婚妇女失地与农地流转——基于江西省农户调
查实证研究[J]. 中国农村经济，2005（9）：48-55.

[227] 刘克春. 农户农地流转决策行为研究[D]. 浙江大学，2006.

[228] 钟涨宝，王绪朗，等. 有限理性与农地流转过程中的农户行为选择[J]. 华
中科技大学学报（社会科学版），2007（6）：113-117.

[229] 钱忠好，肖屹，曲福田. 农民土地产权认知、土地征用意愿与征地制
度改革——基于江西省鹰潭市的实证研究[J]. 中国农村经济，2007
（1）：28-35.

[230] 冯玲玲，邱道持，赵亚萍，等. 农地流转中二维主体的博弈研究——以
重庆市璧山县为例[J]. 农村经济，2008（11）：18-21.

[231] 罗光莲，关丽丽，骆东奇，等. 农村土地流转市场的农户行为选择实
证分析——基于重庆市 34 个区县大样本调查数据[J]. 开发研究，2009

（12）：66-69.

[232] 陈秧分，刘彦随，王介勇. 东部沿海地区农户非农就业对农地租赁行为的影响研究[J]. 自然资源学报，2010，25（3）：368-375.

[233] 乐章. 农民土地流转意愿及解释——基于十省份千户农民调查数据的实证分析[J]. 农业经济问题，2010，31（2）：64-70.

[234] 李庆海，李锐，王兆华. 农户土地租赁行为及其福利效果[J]. 经济学（季刊），2012，11（1）：269-288.

[235] 许恒周，郭忠兴. 农村土地流转影响因素的理论与实证研究——基于农民阶层分化与产权偏好的视角[J]. 中国人口·资源与环境，2011，21（3）：94 -98.

[236] 许恒周，石淑芹. 农民分化对农户农地流转意愿的影响研究[J]. 中国人口. 资源与环境，2012（9）：90-96.

[237] 廖洪乐. 农户兼业及其对农地承包经营权流转的影响[J]. 管理世界，2012（5）：62-70.

[238] 洪名勇，关海霞. 农户土地流转行为及影响因素分析[J]. 经济问题，2012（8）：72-77.

[239] 衡霞，程世云. 农地流转中的农民权益保障研究——以土地托管组织为例[J]. 农村经济，2014（2）：66-70.

[240] 沈建新. 基于农民权益保障的福建省农村土地流转改革研究[J]. 福建论坛（人文社会科学版），2015（12）：192-198.

[241] 宋文. 村民关联与农地规模经营的关系研究——以甘肃河西走廊地区为例[D]. 兰州：甘肃农业大学，2015.

[242] 赵雪雁，赵海莉，刘春芳. 石羊河下游农户的生计风险及应对策略——以民勤绿洲区为例[J]. 地理研究，2015，34（5）：922-932.

[243] 朱建军，胡继连，安康，等. 农地转出户的生计策略选择研究——基于中国家庭追踪调查（CFPS）数据[J]. 农业经济问题，2016，37（2）：49-58，111.

[244] 张锦华，刘进，许庆. 新型农村合作医疗制度、土地流转与农地滞留[J]. 管理世界，2016（1）：99-109.

[245] 伍骏骞，齐秀琳，范丹，等．宗族网络与农村土地经营权流转[J]．农业技术经济，2016（7）：29-38.

[246] 陈浩，王佳．社会资本能促进土地流转吗？[J]．中南财经政法大学学报，2016（1）：21-29.

[247] 仇童伟，李宁，等．公共治理与村庄自治视角下农户土地产权认知的形成[J]．中国人口·资源与环境，2016，26（9）：53-61.

[248] 吴郁玲，侯娇，冯忠垒，等．农户对宅基地使用权确权效应的认知研究[J]．中国土地科学，2016，30（4）：28-34.

[249] 于丽红，兰庆高，武翔宇．农村土地经营权抵押融资农户满意度分析[J]．中国土地科学，2016，30（4）：79-87.

[250] 周敏，雷国平，李菁．预期征地下设施农用地流转利益主体冲突机制研究[J]．中国土地科学，2016，30（1）：32-39.

[251] 张晓娟，宠守林．农村土地经营权流转价值评估：综述与展望[J]．贵州财经大学学报，2016（4）：103-110.

[252] 张桂颖，吕东辉．乡村社会嵌入与农户农地流转行为[J]．农业技术经济，2017（8）：57-66.

[253] 文长存，崔琦，吴敬学．农户分化、农地流转与规模化经营[J]．农村经济，2017（2）：32-37.

[254] 胡新艳，杨晓莹，王梦婷．农地流转中的禀赋效应及其影响因素：理论分析框架[J]．华中农业大学学报，2017（1）：106-114.

[255] 邹秀清，郭敏，周凡，等．发展家庭农场对农户流转土地意愿的影响[J]．资源科学，2017（8）：1470-1476.

[256] 付振奇，陈淑云．政治身份影响农户土地经营权流转意愿及行为吗？[J]．中国农村观察，2017（5）：130-144.

[257] 罗必良，邹宝玲，何一鸣．农地租约期限的"逆向选择"[J]．农业技术经济，2017（1）：4-17.

[258] 焦娜．地权安全性会改变农户投资行为吗——基于CHARLS2011和2013年数据的实证研究[J]．农业技术经济，2018（9）：42-53.

[259] 林善浪，叶炜，梁琳．家庭生命周期对农户农地流转意愿的影响研

究——基于福建省 1570 份调查问卷的实证分析[J]. 中国土地科学，2018，32（3）：68-73.

[260] 宋敏，王登娜. 省域农地城市流转规模及其影响因素作用的空间异质性研究[J]. 中国人口·资源与环境，2018（1）：54-62.

[261] 张燕纯，韩书成，李丹. 农村土地"三权分置"的新制度经济学分析[J]. 中国农业资源与区划，2018（1）：17-22.

[262] 江激宇，张士云，李博伟. 社会资本、流转契约与土地长期投资[J]. 中国人口·资源与环境，2018（3）：67-75.

[263] 甘臣林，谭永海，陈璐，等. 基于 TPB 框架的农户认知对农地转出意愿的影响[J]. 中国人口·资源与环境，2018（5）：152-159.

[264] 王素涛. 农户土地转出的影响因素研究——基于土地流转补贴政策效用的视角. 中国农业资源与区划，2018，39（12）：224-230.

[265] 刘琴. 河南省粮食主产区土地流转意愿影响因素分析[J]. 中国农业资源与区划，2018，39（11）：59-63.

[266] 全磊，陈玉萍. 农地转出户的生计资本流动及其影响因素分析[J]. 华中农业大学学报（社会科学版），2018（2）：127-135，161.

[267] 洪炜杰，胡新艳. 非正式、短期化农地流转契约与自我执行——基于关联博弈强度的分析[J]. 农业技术经济，2018（11）：4-19.

[268] 朱文珏，罗必良. 农地流转、禀赋效应及对象歧视性——基于确权背景下的 IV-Tobit 模型的实证分析[J]. 农业技术经济，2019（5）：4-15.

[269] 刘灵辉. 农地流转中妇女土地权益保护论略——基于"三权分置"和外嫁女性视角[J]. 湖南农业大学学报（社会科学版），2019（3）：52-57.

[270] 彭长生，王全忠，钟钰. 农地流转率差异的演变及驱动因素研究——基于劳动力流动的视角[J]. 农业技术经济，2019（3）：49-62.

[271] 江永红，程杨洋. 家庭负担是农地流转的约束吗[J]. 农业技术经济，2019（4）：43-54.

[272] 洪名勇，郑丽楠. 农地流转中农民权益损害——基于巴泽尔产权理论的经济分析[J]. 河北经贸大学学报，2019（1）：14-20.

[273] 兰勇，蒋黾，杜志雄. 农户向家庭农场流转土地的续约意愿及影响因

素研究[J]. 中国农村经济，2020（1）：65-85.

[274] 李朝柱，石道金，文洪星. 关系网络对土地流转行为及租金的影响——基于强、弱关系网络视角的分析[J]. 农业技术经济，2020（7）：106-116.

[275] 张景娜，张雪凯. 互联网使用对农地转出决策的影响及机制研究——来自CFPS的微观证据[J]. 中国农村经济，2020（3）：57-77.

[276] 黄文彬，陈风波. 非农就业是否必然抑制农地转入——基于农活熟悉程度的视角[J]. 农业技术经济，2020（6）：44-58.

[277] 张海丰，王琳. 权力不对等、合约选择与制度供给——一个农地流转的博弈框架[J]. 学习与探索，2021（2）：102-109.

[278] Che Y. Off-farm employments and land rental behavior[J]. China Agricultural Economic Review, 2016, 8(1): 37-55.

[279] Yan X, Huo X. Drivers of household entry and intensity in land rental market in rural China[J]. China Agricultural Economic Review, 2016, 8(2): 345-364.

[280] Kousar R, Abdulai A. Off-farm work, land tenancy contracts and investment in soil conservation measures in rural Pakistan[J]. Australian Journal of Agricultural and Resource Economics, 2016, 60(2): 307-326.

[281] Wineman A. Liverpool-Tasie L S. Land markets and the distribution of land in Northwestern Tanzania[J]. Land Use Policy, 2017 (69): 550-563.

[282] Zhang X, Ye Y, Wang M, et al. The micro administrative mechanism of land reallocation in land consolidation: a perspective from collective action[J]. Land Use Policy, 2018 (70): 547-558.

[283] Xu D, Guo S, Xie F, et al. The impact of rural laborer migration and household structure on household land use arrangements in mountainous areas of Sichuan Province, China[J]. Habitat International, 2017 (70): 72-80.

[284] Allahyari MS, Damalas CA, Masouleh ZD, et al. Land consolidation success in paddy fields of northern Iran: an assessment based on farmers'

satisfaction[J]. Land Use Policy, 2018 (3): 95-101.

[285] Deng X, Xu D D, Zeng M, et al. Does early-life famine experience impact rural land transfer? Evidence from China[J]. Land Use Policy, 2019 (81): 58-67.

[286] 姚洋. 集体决策下的诱导性制度变迁——中国农村地权稳定性演化的实证分析[J]. 中国农村观察，2000（2）：11-19，80.

[287] 钟太洋，黄贤金. 区域农地市场发育对农户水土保持行为的影响及其空间差异——基于生态脆弱区江西省兴国县、上饶县、余江县村域农户调查的分析[J]. 环境科学，2006（2）：392-400.

[288] 詹和平. 农村土地流转问题实证研究综述[J]. 安徽农业科技. 2007，35（24）：7710-7711，7713.

[289] 陈美球，等. 耕地流转农户行为影响因素的实证分析——基于江西省1396户农户耕地流转行为现状的调研[J]. 自然资源学报，2008（3）：369- 374.

[290] 陈锡文. 如何推进农民土地使用权合理流转[J]. 中国改革，农村版，2002（9）：35-37.

[291] 周飞. 我国农地流转的现状、问题及对策研究[J]. 经济师，2006（5）：11-12.

[292] 许恒富. 农村土地使用权流转探析[J]. 农业经济，2007（1）：42-44.

[293] 徐章星，张兵，尹鸿飞，等. 工商资本下乡促进了农地流转吗？——来自CLDS的经验证据[J]. 农业现代化研究，2020，41（1）：144-153.

[294] Skoufias.Using shadow wages to estimate labor supply of agricultural households[J]. American Journal of Agricultural Economics, 1994, 76 (1):155-162.

[295] MACMILLAN D C. An economic case for land reform[J]. Land Use Policy, 2000, 17(1): 49-57.

[296] 叶剑平，罗伊·普罗斯特曼，徐孝白，等. 中国农村土地农户30年使用权调查研究——17省调查结果及政策建议[J]. 管理世界，2000（2）：163-172.

[297] 叶剑平, 蒋妍, 丰雷. 中国农村土地流转市场的调查研究——基于 2005 年 17 省调查的分析和建议[J]. 中国农村观察, 2006 (4): 48-55.

[298] 易可君. 农村土地流转模式研究[J]. 岭南学刊, 1995 (6): 38-42.

[299] 钱良信. 土地使用权流转的主要模式及需要注意的问题[J]. 调研世界, 2002 (10): 43-46.

[300] 肖文韬. 农地流转约束与农户兼业行为[J]. 武汉理工大学学报 (信息与管理工程版), 2005 (6): 143-149.

[301] 傅晨, 刘梦琴, 周灿芳. 广东城乡统筹推进农村土地承包经营权流转研究[J]. 南方农村, 2007 (5): 11-16.

[302] 胡同泽, 任涵. 农村土地流转的主体阻碍因素分析及其对策[J]. 价格月刊, 2007 (7): 53-55.

[303] 李雪, 陈小伍. 促进农地流转与完善农村社会保障的关系探析[J]. 乡镇经济, 2008 (4): 44-48.

[304] 十七届三中全会文件做了同样的描述, 说明返租倒包方式在实践中的局限性.

[305] 戴中亮. 农村土地使用权流转原因的新制度经济学分析[J]. 农村经济, 2004 (1): 27-29.

[306] 陈和午, 聂斌. 农户土地租赁行为分析—基于福建省和黑龙江省的农户调查[J]. 中国农村经济, 2006 (2): 42-45.

[307] 邹伟, 吴群. 基于交易成本分析的农用地内部流转对策研究[J]. 农村经济, 2006 (12): 41-43.

[308] 苗绘, 王金营, 李海申. 乡村振兴视角下土地流转借助信托模式融资分析[J]. 金融理论与实践, 2021 (10): 101-109.

[309] 中华人民共和国农业农村部. 对十三届全国人大四次会议第 3646 号建议的答复[EB/OL]. [2021-09-23]. http://www.moa.gov.cn/govpublic/zcggs/202109/t2021 0923_6377456.htm.

[310] 张照新. 中国农村土地流转市场发展及其方式[J]. 中国农村经济, 2002 (2): 91-97.

[311] 姚洋. 土地、制度和农业发展[M]. 北京: 北京大学出版社, 2004.

[312] 土流网．土地数据．https://www.tuliu.com/landprice/list-253-0/.

[313] 温铁军．土地的社会保障功能与相关制度安排[M]．北京：社会科学文献出版社，2001.

[314] Turner, Brandt, Rozelle. Property rights formation and the organization of exchange and production in rural China[C]．中国农地制度与农业绩效国际研讨会论文，1998.

[315] 林玉妹．农村耕地流转市场的发育程度及特征[J]．福建师范大学学报：社会科学版，2005（3）：25-29.

[316] 汪建红，曹建华．农村土地流转机制效应与绩效[J]．江西农业大学学报：社会科学版，2006（4）：32-35.

[317] 央视网．全国家庭承包耕地流转面积超 5.55 亿亩 今年稳慎推进农村承包地二轮延包试点 [EB/OL]．[2021-04-26]．http://news.cctv.com/2021/04/26/ARTI84jFWqfVaUt2spwEZhJc210426.shtml.

[318] 高建设．农地流转价格失灵：解释与影响[J]．求实，2019（6）：92-106，110.

[319] 浙江大学农业现代化与农村发展研究中心、浙江省农业厅联合调查组．农村土地流转：新情况、新思考——浙江农村土地流转制度的调查[J]．中国农村经济，2001（10）：11-18.

[320] 韩东娥．山西省农户土地承包使用权流转问题研究[J]．山西农业大学学报（社会科学版），2003（2）：121-125.

[321] 刘启明．关于辽宁省农村土地使用权流转情况的调查报告[J]．农业经济，2002（1）：9-12.

[322] 俞海，黄季焜，Scott Rozelle，等．地权稳定性、土地流转与农地资源持续利用[J]．经济研究，2003（9）：82-91，95.

[323] 丁新正．统筹城乡背景下农地流转的模式及风险规避——以成渝全国统筹城乡综合配套改革试验区为实证[J]．南阳师范学院学报，2008，7（7）：18-22.

[324] 刘良军．村级集体经济背景下土地流转问题探析[J]．党政干部学刊，2010（9）：47-49.

[325] 乔博. 新型农业现代化视角下农村土地流转问题研究[J]. 青海社会科学，2014（4）：62-66.

[326] 李光跃，彭华，高超华，等. 农地流转促进适度规模经营的基本思考——基于四川省的调查分析[J]. 农村经济，2014（7）：52-55.

[327] 国家统计局陕西调查总队课题组. 农村土地制度变迁对粮食生产影响的实证分析[J]. 调研世界，2015（4）：3-7.

[328] 单杨. 农地流转对农村劳动力永久性迁移的影响研究[D]. 湘潭：湖南科技大学，2015：55-57.

[329] 周燕，殷志扬. 农村土地流转供求意愿和流转效率评价探究[J]. 农业经济，2015（12）：92-93.

[330] 陈园园，安详生，凌日萍. 地流转对农民生产效率的影响分析——以晋西北地区为例[J]. 干旱区资源与环境，2015，29（3）：45-49.

[331] 郑长青. 农村土地承包经营权流转和农村集体经济发展研究[J]. 淮海工学院学报（人文社会科学版），2016，14（7）：85-87.

[332] 何沙，曾宇. 农地流转中农民权益保障研究[J]. 宏观经济管理，2016（2）：43-46.

[333] 罗必良. 论服务规模经营——从纵向分工到横向分工及连片专业化[J]. 中国农村经济，2017（11）：2-16.

[334] 黄东学，程久苗，费罗成，等. 安徽省农地流转绩效差异分析[J]. 中国农业资源与区划，2017，38（3）：73-78.

[335] 任常青. 产业兴旺的基础、制约与制度性供给研究[J]. 学术界，2018（7）：15-27.

[336] 易爱军，崔红志. 影响农民对精准扶贫政策成效评价的因素分析——兼论农村的扶贫现状[J]. 兰州大学学报（社会科学版），2018（4）：36-43.

[337] 钱龙，袁航，刘景景，等. 农地流转影响粮食种植结构分析[J]. 农业技术经济，2018（8）：63-74.

[338] 曾雅婷，吕亚荣，刘文勇. 农地流转提升了粮食生产技术效率吗——来自农户的视角[J]. 农业技术经济，2018（3）：41-55.

[339] 苟兴朝，杨继瑞. 禀赋效应、产权细分、分工深化与农业生产经营模

式创新——兼论"农业共营制"的乡村振兴意义[J]. 宁夏社会科学，2019（2）：84-92.

[340] 郜亮亮. 中国种植类家庭农场的土地形成及使用特征——基于全国31 省（自治区、直辖市）2014～2018 年监测数据[J]. 管理世界，2020，36（4）：181-195.

[341] 史常亮，占鹏，朱俊峰. 土地流转、要素配置与农业生产效率改进[J]. 中国土地科学，2020，34（3）：49-57.

[342] 苏毅清，秦明，王亚华. 劳动力外流背景下土地流转对农村集体行动能力的影响——基于社会生态系统（SES）框架的研究[J]. 管理世界，2020，36（7）：185-198.

[343] 冯应斌，杨庆媛，董世琳，等. 基于农户收入的农村土地流转绩效分析[J]. 西南大学学报（自然科学版），2008（4）：179-183.

[344] 薛凤蕊，乔光华，苏日娜. 土地流转对农民收益的效果评价：基于DID 模型分析[J]. 中国农村观察，2011（2）：36-42，86.

[345] 韩菡，钟甫宁. 劳动力流出后"剩余土地"流向对于当地农民收入分配的影响[J]. 中国农村经济，2011（4）：18-25.

[346] 冷智花，付畅俭，许先普. 家庭收入结构、收入差距与土地流转——基于中国家庭追踪调查（CFPS）数据的微观分析[J]. 经济评论，2015（5）：111-128.

[347] 胡霞，丁浩. 土地流转对农户消费异质性影响研究[J]. 华南农业大学学报（社会科学版），2016，15（5）：55-64.

[348] 赵宁，张健. 土地流转背景下农村居民养老诉求与行为选择研究[J]. 社会保障研究，2017（2）：56-61.

[349] 夏玉莲，匡远配，曾福生. 农地流转、农村劳动力转移与农民减贫[J]. 经济经纬，2017，34（5）：32-37.

[350] 高欣，张安录. 农地流转、农户兼业程度与生产效率的关系[J]. 中国人口·资源与环境，2017（5）：121-128.

[351] 杨子，马贤磊，诸培新，等. 土地流转与农民收入变化研究[J]. 中国人口·资源与环境，2017（5）：141-120.

[352] 张兰，冯淑怡，陆华良，等．农地不同流转去向对转出户收入的影响[J]．中国农村观察，2017（5）：116-129．

[353] 夏玉莲，匡远配．农地流转的多维减贫效应分析——基于 5 省 1218 户农户的调查数据[J]．中国农村经济，2017（9）：44-61．

[354] 袁航，段鹏飞，刘景景．关于农业效率对农户农地流转行为影响争议的一个解答——基于农户模型（AHM）与 CFPS 数据的分析[J]．农业技术经济，2018（10）：4-16．

[355] 匡远配，周丽．农地流转与农村减贫——基于湖南省贫困地区的检验[J]．农业技术经济，2018（7）：64-70．

[356] 王珏，范静．土地经营权流转对农户收入增长及其地区异质性影响研究——基于全国 8 个省份 2037 个农户家庭的调查[J]．农村经济，2018（4）：35-41．

[357] 郭君平，曲颂，夏英，等．农村土地流转的收入分配效应[J]．中国人口·资源与环境，2018（5）：160-169．

[358] 彭继权，吴海涛，秦小迪．土地流转对农户贫困脆弱性的影响研究[J]．中国土地科学，2019，33（4）：67-75．

[359] 袁东波，陈美球，廖彩荣，等．土地转出农户主观福祉现状及其影响因素分析——基于生计资本视角[J]．中国土地科学，2019，33（3）：25-33．

[360] 高翔．非农就业、社会保险与农村居民多维贫困[J]．哈尔滨商业大学学报（社会科学版），2019（3）：96-105．

[361] 徐建牛，李敢．农地入市何以可能？——双重影响视角下农地入市案例研究[J]．公共管理学报，2019，16（3）：108-117，173．

[362] 刘魏，王小华．农地流转的多维减贫效应及其异质性研究[J]．宏观质量研究，2019，7（3）：51-65．

[363] 史常亮．农户土地流转收入效应的异质性分析[J]．学习与实践，2019（3）：37-46．

[364] 阿玛蒂亚·森．贫困与饥荒：论权利与剥夺[M]．北京：商务印书馆，2004．

[365] 刘魏，王小华. 地权稳定与农户多维相对贫困：缓解途径与作用机制[J]. 山西财经大学学报，2020，42（12）：15-29.

[366] 周京奎，王文波，龚明远，等. 农地流转、职业分层与减贫效应[J]. 经济研究，2020，55（6）：155-171.

[367] 黎翠梅，李静苇，傅沂. 农地流转、非农就业与农民减贫[J]. 经济与管理，2020，34（5）：10-18.

[368] 王成利，王洪娜. 不同级别城市的农业转移人口特征研究：基于分类市民化的视角[J]. 江淮论坛，2020（5）：12-17.

[369] 梁远，张越杰，毕文泰. 劳动力流动、农地流转对农户收入的影响[J]. 农业现代化研究，2021，42（4）：664-674.

[370] 赵耀辉. 中国农村劳动力流动及教育在其中的作用——以四川省为基础的研究[J]. 经济研究，1997（2）：37-42，73.

[371] 钱昱如，邱道持，王玲燕. 农地流转中的耕地用途变化及原因分析——基于重庆市忠县的调研[J]. 农村经济，2009（3）：32-34.

[372] 李长健，梁菊，杨婵. 博弈视角下农地流转与农民利益保障机制探析[J]. 桂海论丛，2009，25（4）：72-76.

[373] 罗必良. 农地流转的市场逻辑——"产权强度——禀赋效应——交易装置"的分析线索及案例研究[J]. 南方经济，2014（5）：1-24.

[374] 倪国华，蔡昉. 农户究竟需要多大的农地经营规模？——农地经营规模决策图谱研究[J]. 经济研究，2015（3）：159-171.

[375] 丁敬磊，刘光远，赵美平. 农地流转、劳动力转移及城镇化耦合协调度研究——基于城乡统筹发展的视角[J]. 中国农业资源与区划，2016，37（2）：37-44.

[376] 李长健，杨莲芳. 三权分置、农地流转及其风险防范[J]. 西北农林科技大学学报（社会科学版），2016（4）：49-55.

[377] 冀县卿，钱忠好，李友艺. 土地经营规模扩张有助于提升水稻生产效率吗？——基于上海市松江区家庭农场的分析[J]. 中国农村经济，2019（7）：71-88.

[378] 朱建军，胡继连．农地流转对我国农民收入分配的影响研究——基于中国健康与养老追踪调查数据[J]．南京农业大学学报（社会科学版），2015，15（3）：75-83，124.

[379] 李承桧，杨朝现，陈兰，等．基于农户收益风险视角的土地流转期限影响因素实证分析[J]．中国人口·资源与环境，2015（S1）：66-70.

[380] 张会萍，胡小云，惠怀伟．土地流转背景下老年人生计问题研究——基于宁夏银北地区的农户调查[J]．农业技术经济，2016（3）：56-67.

[381] 韩喜平，王炳程．中国农地流转风险甄别[J]．社会科学辑刊，2016（5）：108-112.

[382] 滕鹏，宋戈，黄善林，等．农户认知视角下农地流转意愿影响因素研究——以湖北省京山县为例．中国农业资源与区划，2017,38(1)：89-95.

[383] 张守莉，杨宁，边爽．土地经营规模对农户种粮收入的影响分析——以吉林省公主岭市为例．中国农业资源与区划，2017,38(9)：162-166.

[384] 吕军书，贾威．"三权分置"制度下农村土地流转失约风险的防范机制研究[J]．理论与改革，2017（6）：181-188.

[385] 聂英，聂鑫宇．农村土地流转增值收益分配的博弈分析[J]．农业技术经济，2018（3）：122-132.

[386] 张晓恒，周应恒．农户经营规模与效率水平不匹配对水稻生产成本的影响[J]．中国农村经济，2019（2）：81-97.

[387] 贾蕊，陆迁．土地流转促进黄土高原区农户水土保持措施的实施吗？——基于集体行动中介作用与政府补贴调节效应的分析[J]．中国农村经济，2018（6）：38-54.

[388] 叶兴庆，翁凝．拖延了半个世纪的农地集中：日本小农生产向规模经营转变的艰难历程及启示[J]．中国农村经济，2018（1）：124-137.

[389] 梁栋．土地流转、阶层重构与乡村振兴政策优化[J]．华南农业大学学报（社会科学版），2018，17（5）：1-11.

[390] 彭继权，吴海涛．土地流转对农户农业机械使用的影响[J]．中国土地科学，2019，33（7）：73-80.

[391] 马贤磊，车序超，李娜，等．耕地流转与规模经营改善了农业环境

吗？——基于耕地利用行为对农业环境效率的影响检验[J]. 中国土地科学，2019，33（6）：62-70.

[392] 刘莉君. 农村土地流转模式的绩效比较研究[M]. 北京：中国经济出版社，2011.

[393] 程飞，信桂新，魏朝富，等. 农地流转综合绩效评价体系构建及应用[J]. 西南大学学报（自然科学版），2015，37（1）：110-117.

[394] 郝丽丽，吴箐，王昭，等. 基于产权视角的快速城镇化地区农村土地流转模式及其效益研究：以湖北省熊口镇为例[J]. 地理科学进展，2015，34（1）：55-63.

[395] 甘臣林，陈璐，陈银蓉，等. 基于农户满意度的农地转出绩效评估研究：以武汉、鄂州两地典型调查样本为例[J]. 中国土地科学，2018，32（10）：28-35.

[396] 陈曼，甘臣林，梅昀，等. 农户生计视角下农地流转绩效评价及障碍因子诊断——基于武汉城市圈典型农户调查[J]. 资源科学，2019，41（8）：1551-1562.

[397] Besley, Timothy. Property rights and investment incentives: theory and evidence from China[J]. The Journal of Political Economy. 1995(103): 903-937.

[398] Pender J L, Kerr J M. The effects of land sales restrictions: evidence from South India[J]. Agricultural Economics. 1999(21): 279-294.

[399] Jean Olson Lanjouw. Information and the operation of markets: tests based on a general equilibrium model of land leasing in India[J]. Journal of Development Economics, 1999(60): 497-527.

[400] Douglas C. Macmillan. An economic case for land reform[J]. Land Use Policy, 2000(17): 49-57.

[401] Zhang W, Wang W, Li X, et al. Economic development and farmland protection: an assessment of rewarded land conversion quotas trading in Zhejiang, China[J]. Land Use Policy, 2014 (38): 467-476.

[402] Zou B, Luo B. Why the uncertain term occurs in the farmland lease

market: evidence from rural China[J]. Sustainability, 2018, 10(8): 1-15.

[403] Carter, Michaelr, Yao Yang. Local versus global separability in agricultural household models: the factor price equalization effect of land transfer rights[J]. American Journal of Agricultural Economics, 2002, 84(3): 702-715.

[404] Shucksmith M, Ronningen K. The uplands after neoliberalism?-the role of the small farm in rural sustainability[J]. Journal Of Rural Studies, 2011, 27(3): 275-287.

[405] Bert F, North M, Rovere S, et al. Simulating agricultural land rental markets by combining agent-based models with traditional economics concepts: the case of the Argentine Pampas[J]. Environmental Modelling &Software, 2015 (71): 97-110.

[406] Baumgartner P, Von Braun J, Abebaw D, et al. Impacts of large-scale land investments on income, prices, and employment: empirical analyses in Ethiopia[J]. World Development, 2015 (72): 175-190.

[407] Zeng S, Zhu F, Chen F, et al. Assessing the impacts of land consolidation on agricultural technical efficiency of producers: a survey from Jiangsu Province, China[J]. Sustainability, 2018, 10(7): 1-17.

[408] Malek Z, Verburg H P. Adaptation of land management in the mediterranean under scenarios of irrigation water use and availability[J]. Mitigation and Adaptation Strategies for Global Change, 2018, 23(6): 821-837.

[409] Huy H T, Nguyen T T. Cropland rental market and farm technical efficiency in rural Vietnam[J] . Land Use Policy, 2019 (81): 408-423.

[410] Deininger, Klaus, Song Q J. The potential of land rental markets in the process of economic development: evidence from China[J] . Journal of Development Economics, 2005, 78(1): 241-270.

[411] Feng S Y. Land rental market and off-farm employment: rural households in Jiangxi Province, P. R. China[D]. Wageningen:

Wageningen University, 2006: 48-86.

[412] Segers K, Dessein J, Hagberg S, et al. Unravelling the dynamics of access to farmland in tigray, ethiopia: the'emerging land market' revisited[J]. Land Use Policy, 2010, 27(4): 1018-1026.

[413] Gersbach H, Siemers L H R. Land reforms and economic development[J]. Macroeconomic Dynamics, 2010(4): 527-547.

[414] WILLMORE L, CAO G Y, XIN L J. Determinants of off-farm work and temporary migration in China[J]. Population and Environment, 2012, 33(2/3): 161-185.

[415] van Leeuwen M. Localizing land governance, strengthening the state: decentralization and land tenure security in Uganda[J]. Journal Of Agrarian Change, 2017(1): 208-227.

[416] Lichtenberg E, Ding C G. Assessing farmland protection policy in China[J]. Land Use Policy, 2008, 25(1): 59-68.

[417] Wang H, Tao R, Wang L, et al. Farmland preservation and land development rights trading in Zhejiang, China [J]. Habitat International, 2010, 34(4): 454- 463.

[418] Tan R, Beckmann V. Diversity of practical quota systems for farmland preservation: a multicountry comparison and analysis[J]. Environment and Planning C(Government and Policy), 2010, 28(2): 211-224.

[419] Yin G, Liu L, Jiang X. The sustainable arable land use pattern under the tradeoff of agricultural production, economic development, and ecological protection—an analysis of Dongting Lake basin, China [J]. Environmental Science and Pollution Research International, 2017, 24(32): 25329-25345.

[420] Long H, Ge D, Zhang Y, et al. Changing man-land interrelations in China's farming area under urbanization and its implications for food security[J]. Journal of Environmental Management, 2018 (209): 440-451.

[421] Choi H S, Entenmann S K. Land in the EU for perennial biomass crops from freed-up agricultural land: a sensitivity analysis considering yields, diet, market liberalization and world food prices[J]. Land Use Policy, 2019 (82): 292-306.

[422] Lu N, Wei H, Fan W, et al. Multiple influences of land transfer in the integration of Beijing-Tianjin-Hebei Region in China[J]. Ecological Indicators, 2018 (90): 101-111.

[423] Wu S, Ben P, Chen D, et al. Virtual land, water, and carbon flow in the inter-province trade of staple crops in China[J]. Resources Conservation And Recycling, 2018 (136): 179-186.

[424] Grubbstrom A, Eriksson C. Retired farmers and new land users: how relations to land and people influence farmers' land transfer decisions[J]. Sociologia Ruralis, 2018, 58(4): 707-725.

[425] 毛飞，孔祥智. 农地规模化流转的制约因素分析[J]. 农业技术经济，2012（4）：52-64.

[426] 罗必良，等. 产权强度、土地流转与农民权益保护[M]. 北京：经济科学出版社，2013：23.

[427] 洪名勇. 信任博弈和农地流转口头契约履约机制研究[J]. 商业研究，2013（1）：151.

[428] [德]尼克拉斯·卢曼. 信任[M]. 瞿铁鹏，李强，译. 上海：上海世纪出版集团，2005.

[429] 周飞舟，王绍琛. 农民上楼与资本下乡：城镇化的社会学研究[J]. 中国社会科学，2015（1）：66-83，203.

[430] 王雅龄，王力结. 地方债形成中的信号博弈：房地产价格——兼论新预算法的影响[J]. 经济学动态，2015（4）：59-68.

[431] 徐勇，赵德健. 创新集体：对集体经济有效实现形式的探索[J]. 华中师范大学学报（人文社会科学版），2015，54（1）：1-8.

[432] 唐莹，王玉波. 土地财政驱动农村建设用地入市程度及区域调控政策[J]. 经济地理，2016，36（2）：167-175.

[433] 汪晓春，李江风，王振伟，等. 新型城镇化背景下进城农民土地退出补偿机制研究[J]. 干旱区资源与环境，2016（1）：19-24.

[434] 肖鹏，吕之望. 土地经营权抵押的制约与创新[J]. 西北农林科技大学学报（社会科学版），2016，16（4）：43-48.

[435] 杨雅婷. 我国宅基地有偿使用制度探索与构建[J]. 南开学报，2016（4）：70-80.

[436] 张超，郭海霞，沈体雁. 中国空间市场一体化演化特征[J]. 财经科学，2016（1）：67-77.

[437] 张明辉，蔡银莺. 农地经济贡献对农地流转市场的影响[J]. 资源科学，2017（2）：199-208.

[438] 钱忠好，牟燕. 中国农地非农化市场化改革为何举步维艰[J]. 农业技术经济，2017（1）：18-27.

[439] 黄贤金. 城乡土地市场一体化对土地利用/覆被变化的影响研究综述[J]. 地理科学，2017（2）：200-208.

[440] 王雪琪，曹铁毅，邹伟. 地方政府干预农地流转对生产效率的影响——基于水稻种植户的分析[J]. 中国人口·资源与环境，2018（9）：133-141.

[441] 匡远配，陆钰凤. 我国农地流转"内卷化"陷阱及其出路[J]. 农业经济问题，2018（9）：33-43.

[442] 王敬尧，王承禹. 农地规模经营中的信任转变[J]. 政治学研究，2018（1）：59.

[443] 黄善林，樊文静，孙怡平. 农地依赖性、农地处置方式与市民化意愿的内在关系研究——基于川鄂苏黑四省调研数据[J]. 中国土地科学，2019，33（4）：25-33.

[444] 仇童伟，罗必良，何勤英. 农地流转市场转型：理论与证据——基于对农地流转对象与农地租金关系的分析[J]. 中国农村观察，2019（4）：128-144.

[445] 魏立乾，罗剑朝. 农地经营权抵押贷款试点政策效果仿真模拟研究——以宁夏平罗县658份农户数据为例[J]. 中国土地科学，2019，33（5）：69-77.

[446] 封玫，邱国良. 农村土地流转市场的关系逻辑及其再生产机制——基于 C 县 T 村个案的经验研究[J]. 求实，2020（2）：100-108，112.

[447] 荆会云. 农村承包土地经营权抵押融资的风险揭示与控制[J]. 财会通讯，2021（12）：141-145.

[448] 王爱国. 农村产业融合发展：对乡村振兴战略中农地流转的再思考[J]. 重庆理工大学学报（社会科学），2021，35（11）：115-124.

[449] Chen Z G, Wang Q, Huang X J. Can land market development suppress illegal land use in China?[J]. Habitat International, 2015(49): 403-412.

[450] Chen C. Untitled land, occupational choice, and agricultural productivity [J]. American Economic Journal: Macroeconomics, 2017, 9(4): 91-122.

[451] Zhang X, Ye Y, Wang M, et al. The micro administrative mechanism of land reallocation in land consolidation: a perspective from collective action[J]. Land Use Policy, 2018 (70): 547-558.

[452] Zeng D, Alwang J, Norton G, et al. Land ownership and technology adoption revisited: improved maize varieties in Ethiopia[J]. Land Use Policy, 2018 (72): 270-9.

[453] Nguyen H, Duan J, Liu J. State control versus hybrid land markets: planning and urban development in transitional Hanoi, Vietnam[J]. Sustainability, 2018 (10): 2993.

[454] Muraoka R, Jin S, Jayne TS. Land access, land rental and food security: evidence from Kenya[J]. Land Use Policy, 2018 (70): 611-622.

[455] 帅晓林. 我国农村承包地流转价格机制构建方略[J]. 社会科学辑刊，2012（2）：105-108

[456] 钱文荣. 试论我国农地利用及保护中的市场缺陷与政府不足[J]. 浙江社会科学，2000（5）：142-146.

[457] 孙瑞玲. 农村土地流转机制的创新研究[J]. 农业经济，2008（2）：47-48.

[458] 杨向飞，张绍良，何佳. 农地承包经营权流转价格形成机制比较[J]. 江苏农业科学，2016（12）：556-559.

[459] 邓大才. 制度安排、交易成本与农地流转价格[J]. 中州学刊，2009（2）：58-61.

[460] 郭晓鸣，高杰. 我国承包地经营权流转价格形成的影响因素、存在问题与政府行为[J]. 商学研究，2017（5）：5-11.

[461] 王春平，李铁民，刘康，等. 均衡价格视角下的农村土地流转：条件、问题与对策[J]. 沈阳农业大学学报（社会科学版），2011，13（2）：138-142.

[462] 伍振军，孔祥智，郑力文. 农地流转价格的影响因素研究——基于皖、浙两省413户农户的调查[J]. 江西农业大学学报(社会科学版)，2011，10（3）：1-6.

[463] 申云，朱述斌，邓莹，等. 农地使用权流转价格的影响因素分析——来自于农户和区域水平的经验[J]. 中国农村观察，2012（3）：2-17，25，95.

[464] 张振华. 基于收益现值法的农村土地流转价格研究[J]. 中央财经大学学报，2013（12）：58-62，69.

[465] 江淑斌，苏群. 农地流转"租金分层"现象及其根源[J]. 农业经济问题，2013（4）：42-48.

[466] 翟研宁. 农村土地承包经营权流转价格问题研究[J]. 农业经济问题，2013，34（11）：82-86.

[467] 田先红，陈玲. 地租怎样确定？——土地流转价格形成机制的社会学分析[J]. 中国农村观察，2013（6）：2-12，92.

[468] 朱启臻，胡方萌. 耕地流转费用引发的思考[J]. 中国合作经济，2014（12）：38-42.

[469] 孙根华，谢留洪. 农村土地流转应理性定价：由农村土地流转价格上涨趋势引发的思考[J]. 江苏农村经济，2014（3）：42-43.

[470] 尚旭东，常倩，王士权. 政府主导农地流转的价格机制及政策效应研究[J]. 中国人口·资源与环境，2016（8）：116-124.

[471] 杨卫忠. 农户风险偏好下的土地经营权拍卖报价研究[J]. 中国土地科学，2016，30（5）：46-52.

[472] 宋戈，林彤. 东北粮食主产区农村土地承包经营权规模化流转定价机制研究[J]. 中国土地科学，2016，30（6）：44-51.

[473] 赵钺，朱道林. 农村土地承包经营权流转价格研究综述[J]. 价格月刊，2016（11）：5-9.

[474] 侯凯，蒋远胜. 农地流转预期价格的形成机理及其对实际转出价格的影响[J]. 农村经济，2017（9）：20-24.

[475] 黄文彬，陈风波，谭莹. 种粮目的对农地流转中农户意愿价格差异的影响[J]. 资源科学，2017（10）：1844-1857.

[476] 陈奕山，钟甫宁，纪月清. 为什么土地流转中存在零租金？[J]. 中国农村观察，2017（4）：43-56.

[477] 全世文，胡历芳，曾寅初，等. 论中国农村土地的过度资本化[J]. 中国农村经济，2018（7）：2-18.

[478] 朱文珏，罗必良. 农地价格幻觉：由价值评价差异引发的农地流转市场配置"失灵"——基于全国9省（区）农户的微观数据[J]. 中国农村观察，2018（5）：67-81.

[479] 王倩，任倩，余劲. 粮食主产区农地流转农户议价能力实证分析[J]. 中国农村观察，2018（2）：47-59.

[480] 匡远配，刘洋. 农地流转过程中的"非农化"、"非粮化"辨析[J]. 农村经济，2018（4）：1-6.

[481] 刘成良. 农业补贴内卷化：规模经营与地租困境[J]. 中共福建省委党校学报，2019（5）：131-139.

[482] 张清勇，刘青，仲济香，等. 2018年土地科学研究重点进展评述及2019年展望——土地经济分报告[J]. 中国土地科学，2019，33（2）：93-101.

[483] 周海文，周海川. 农户社会信任对土地流转租金的影响——基于CHIP数据的实证分析[J]. 公共管理学报，2019，16（3）：118-130，174.

[484] 吴学兵，丁建军，何蒲明. 农地流转价格偏离的形成逻辑及对粮食安全的影响研究[J]. 世界农业，2020（11）：4-10.

[485] 肖惠朝. 乡村振兴视角下土地流转与村民委员会领导能力关系研究[J]. 农村经济与科技，2021，32（18）：225-227.

[486] Plantinga A J, Lubowski R N, Stavins R N. The effects of potential land development on agricultural land prices[J]. Journal of Urban Economics, 2002, 52(3): 561-581.

[487] Wen L, Butsic V, Stapp J R, et al. Can China's land coupon program activate rural assets? an empirical investigation of program characteristics and results of Chongqing[J]. Habitat International, 2017 (59): 80-89.

[488] Telles T S, Reydon B P, Maia A G. Effects of no-tillage on agricultural land values in Brazil[J]. Land Use Policy, 2018 (76): 124-129.

[489] Hanson E D, Sherrick B J, Kuethe T H. The changing roles of urban influence and agricultural productivity in farmland price determination [J]. Land Economics, 2018, 94(2): 199-205.

[490] Milczarek-Andrzejewska D, Zawaliskak, Czarnecki A. Land-use conflicts and the common agricultural policy: evidence from Poland[J]. Land Use Policy, 2018 (73): 423-433.

[491] Ricker-Gilbert J, Chamberlin J. Transaction costs, land rental markets, and their impact on youth access to agriculture in Tanzania[J]. Land Economics, 2018, 94(4): 541-555.

[492] Cummings et al. Grain price stabilization experiences in Asia: what have we learned?[J]. Food Policy, 2006, 31(4): 302-312.

[493] Nechaev V, Barsukova G, Saifetdinova N. Evaluating the market activity and pricing of agricultural land in the Central Black Earth economic region of the Russian Federation[J]. IOP Conference Series: Earth and Environmental Science, 2019, 274(1): 1-17.

[494] Plogmann J, Muhoff O, Odening M, et al. What moves the German land market? A decomposition of the land rent-price ratio[J]. German Journal of Agricultural Economics, 2019, 69(1): 1-18.

[495] Grau A, Odening M, Ritter M. Land price diffusion across borders: the case of Germany[J]. Applied Economics, 2019 (2): 1-18.

[496] 杨国玉. 对农村土地使用权流转理论与实践的思考[J]. 经济问题, 2003（11）: 44-47.

[497] 张文秀, 李冬梅, 邢殊媛, 等. 农户土地流转行为的影响因素分析[J]. 重庆大学学报（社会科学版）, 2005（1）: 14-17.

[498] 许恒富. 农村土地使用权流转探析[J]. 农业经济, 2007（1）: 42-44.

[499] 黄祖辉, 王朋. 农村土地流转: 现状、问题及对策——兼论土地流转对现代农业发展的影响[J]. 浙江大学学报（人文社会科学版）, 2008（2）: 38-47.

[500] 韩春虹, 张德元. 市场化运作的农地流转模式——一个分析框架[J]. 内蒙古社会科学（汉文版）, 2018（5）: 62-67.

[501] 邓大才. 农村土地使用权流转研究[J]. 财经问题研究, 1989（10）: 1-10.

[502] 邓大才. 农村土地使用权流动的障碍内生机制不完备[J]. 扬州大学学报: 人文社科版, 2000（4）: 43-47.

[503] 蒋兴国, 王智. 耕地使用权在农业内部流转的制约因素[J]. 农业经济问题, 1998（4）: 58.

[504] 蔡宜增. 试析农地使用权市场化流转的制约因素[J]. 龙岩师专学报, 2000（1）: 50, 51, 64.

[505] 秦毅. 反租倒包——土地流转机制的重要途径[J]. 山东农业, 2002（4）: 40-41.

[506] 傅晨, 范永柏. 东莞市农村土地使用权流转的现状、问题与政策建议[J]. 南方农村, 2007（2）: 44-47.

[507] 贺雪峰. 论熟人社会的人情. 南京师大学报（社会科学版）, 2010（4）: 20-27.

[508] 蒋永甫, 张小英. 农地流转主体的交易成本——基于种养大户、家庭农场、合作社及龙头企业的比较. 学术论坛, 2016, 39（2）: 43-48.

[509] 牛星, 李玲. 不同主体视角下农地流转的风险识别及评价研究——基

于上海涉农郊区的调研[J]. 中国农业资源与区划，2018，39（5）：20-27.

[510] 牛星，吴冠岑. 国内外农地流转的社会风险及治理研究综述[J]. 上海国土资源，2017，38（2）：64-69.

[511] 彭林园. 农村劳动力转移与土地流转制度协同机制构建[J]. 农业经济，2019（11）：73-74.

[512] 阮骋，陈梦鑫. 新型城镇化背景下的土地流转政策研究——以成都市万春镇流转模式为例[J]. 城市发展研究，2014，21（3）：61-65，71.

[513] 温世扬. 农地流转：困境与出路[J]. 法商研究，2014，31（2）：11-16.

[514] 缪德刚. 从单一产权到"三权分置"：新中国农村土地产权制度70年沿革[J]. 西南民族大学学报（人文社科版），2019（12）：103-112.

[515] 黎元生. 论培育我国农地产权市场[J]. 农业经济，1998（12）：32-33.

[516] 张笑寒. 关于构建我国农用地市场流转制度的思考[J]. 中国土地科学，2001（5）：31-33.

[517] 陈锡文，韩俊. 如何推进农民土地使用权合理流转[J]. 中国改革（农村版），2002（3）：37-39.

[518] 隋广军，潘伟志. 农村土地流转制度改革与农业发展[J]. 暨南学报（哲学社会科学版），2002（4）：38-42.

[519] 韩东娥. 山西省农户土地承包使用权流转问题研究[J]. 山西农业大学学报（社会科学版），2003（2）：121-125.

[520] 蔡勇志. 论加快土地流转制度改革[J]. 云南社会科学，2002（3）：41-43.

[521] 曹鸣风. 农村土地流转 金融何以应对[J]. 浙江金融，2001（9）：14.

[522] 杨雄芽，谢赟，鄢剑晖. 关于农村土地流转中的金融支持问题调查与思考[J]. 金融与经济，2002（8）：49.

[523] 车裕斌. 中国农地流转机制研究[D]. 武汉：华中农业大学，2004：4-9.

[524] 郎佩娟. 农村土地流转中的深层问题与政府行为[J]. 国家行政学院学报，2010（1）：28-32.

[525] 者贵昌，朱霁. 关于构建我国农村土地金融制度的探讨——基于农地

流转政策的思考[J]. 2011（9）：27-28.

[526] 侯明利. 河南农地流转现状、制约因素及对策分析[J]. 商业研究，2012
（8）：171-174.

[527] 罗必良，胡新艳. 中国农业经营制度：挑战、转型与创新——长江学
者、华南农业大学博士生导师罗必良教授访谈[J]. 社会科学家，2015
（5）：3-6，161.

[528] 洪名勇，龚丽娟. 基于信任的农地流转契约选择研究[J]. 江西社会科
学，2015（5）：218-222.

[529] 徐建国，张勋. 农业生产率进步、劳动力转移与工农业联动发展[J]. 管
理世界，2016（7）：76-87，97.

[530] 袁泉. 中国土地经营权信托：制度统合与立法建议[J]. 重庆大学学报
（社会科学版），2018（6）：118-128.

[531] 牛星，李玲. 不同主体视角下农地流转的风险识别及评价研究——基
于上海涉农郊区的调研[J]. 中国农业资源与区划，2018，39（5）：20-27.

[532] 廖彩荣，刘桃菊. 乡村振兴、集体经济组织与土地使用制度创新——基
于江西黄溪村的实践分析[J]. 南京农业大学学报（社会科学版），2018，
18（2）：27-34，158.

[533] 李灿，蔡思佳. 农地流转的情境差异与农民视角的绩效考量——基于
对河南与湖南两省的深度调研数据[J]. 财经理论与实践，2018，39
（4）：105-111.

[534] 何云庵，阳斌. 下乡资本与流转农地的"非离散性"衔接：乡村振兴
的路径选择[J]. 西南交通大学学报（社会科学版），2018，19（5）：
97-104.

[535] 郭金丰. 乡村振兴战略下的农村土地流转：市场特征、利益动因与制
度改进——以江西为例[J]. 求实，2018（3）：79-97，112.

[536] 蒲实，袁威. 政府信任对农地流转意愿影响及其机制研究——以乡村
振兴为背景[J]. 北京行政学院学报，2018（4）：28-36.

[537] 翟新花. 乡村振兴战略下土地流转的路径选择[J]. 中共山西省委党校
学报，2019（2）：61-64.

[538] 沈萌，甘臣林，陈银蓉，等. 基于DTPB理论农户农地转出意愿影响因素研究——以武汉城市圈为例[J]. 农业现代化研究，2019，40（3）：441-449.

[539] 邱国良，郑佩. 论农地流转市场中的不确定性[J]. 长白学刊，2019（1）：104-109.

[540] 田洁. 乡村振兴背景下农地流转制度改革路径探析[J]. 人民论坛，2019（24）：144-145.

[541] 杨子砚，文峰. 从务工到创业——农地流转与农村劳动力转移形式升级[J]. 管理世界，2020，36（7）：171-185.

[542] 李慧，刘志有，肖含松，等. 基于乡村振兴视角下西部绿洲流转农户生计脆弱性影响因素研究[J]. 中国农业资源与区划，2020，41（11）：234-242.

[543] 侯明利. 劳动力流动与农地流转互动关系测度——基于内生PVAR模型的验证[J]. 江汉论坛，2020（2）：57-63.

[544] 杨晶，邓大松，申云，等. 社会资本、农地流转与农户消费扩张[J]. 南方经济，2020（8）：65-81.

[545] 郑雄飞，吴振其. 乡村振兴与农地流转体制机制创新研究——基于地权配置的视角[J]. 浙江工商大学学报，2021（2）：121-129.

[546] 王璇，王卓. 农地流转、劳动力流动与农户多维相对贫困[J]. 经济问题，2021（6）：65-72.

[547] 黄善林，郭秀，郭翔宇. 农地流转、农地退出与宅基地退出的联动机制研究[J]. 学习与探索，2021（3）：137-144.

[548] 张劲涛. 用好财政政策催生土地流转市场[J]. 中央财经大学学报，2007（11）：23-26.

[549] 冯锋. 基于土地流转市场的农业补贴政策研究[J]. 农业经济问题，2009（7）：22-25.

[550] 肖大伟. 关于实施土地流转补贴政策的研究[J]. 中国土地科学，2010（12）：11-14.

[551] 吴霞. 广东财税支持农村土地流转的方法研究[J]. 安徽农业科学，2010

（25）：14085-14088.

[552] 赵德起，吴云勇．政府视角下农地使用权流转的理论探索与政策选择[J]．农业经济问题，2011（7）：36-45.

[553] 马志远，孟金卓，韩一宾．地方政府土地流转补贴政策反思[J]．财政研究，2011（3）：11-14.

[554] 张清勇，杜辉，刘青，等．2019年土地科学研究重点进展评述及2020年展望——土地经济分报告[J]．中国土地科学，2020，34（1）：102-110.

[555] 张清勇，杜辉，刘思雨，等．2020年土地科学研究重点进展评述及2021年展望——土地经济分报告[J]．中国土地科学，2021，35（2）：93-102.

[556] 张清勇，刘青，魏彩雯，等．2017年土地科学研究重点进展评述及2018年展望——土地经济分报告[J]．中国土地科学，2018，32（2）：72-80.

[557] 张清勇，刘青，仲济香，等．2018年土地科学研究重点进展评述及2019年展望——土地经济分报告[J]．中国土地科学，2019，33（2）：93-101.

[558] 王天琪.基于CiteSpace可视化分析的国内外农地流转研究进展[J].江苏农业科学，2021，49（12）：1-11.

[559] 沃克．牛津法律大辞典[M]．北京：光明日报出版社，1988.

[560] 德姆塞茨．财产权利与制度变迁：关于产权的理论[M]．上海：上海三联书店，1994.

[561] 盛洪．现代制度经济学（上）[M]．北京：北京大学出版社，2003.

[562] 李明义.现代产权经济学[M].北京：知识产权出版社，2008.

[563] 林毅夫.制度、技术与中国农业发展[M].上海：上海三联书店，1994.

[564] 周其仁．产权与制度变迁：中国改革的经验研究[M]．北京：北京大学出版社，2004.

[565] 党国印．论农村集体产权[J]．中国农村观察，1998（4）：3-11，24.

[566] 陈剑波．人民公社的产权制度——对排他性受到严格限制的产权体系所进行的制度分析[J]．经济研究，1994（7）：47-53.

[567] 程恩富. 问张五常：财产所有权果真无足轻重吗？[J]. 上海经济研究，1994（6）：46-47.

[568] 姚洋. 中国农地制度：一个分析框架[J]. 中国社会科学，2000（2）：54-65，206.

[569] Kung J K. Egalitarianism, subsistence privision and work incentives in China's agricultural collectives[J]. World Development, 1994, 22(2): 175-188.

[570] Dong X. Two-tier land tenure system and sustained economic growth in post-1978 rural China[J]. World Development, 1996, 24(5): 915-928.

[571] 毛科军. 中国农村产权制度研究[M]. 山西：山西经济出版社，1993.

[572] 王卫国. 中国土地权利研究[M]. 北京：中国政法大学出版社，1997.

[573] 叶剑平. 中国农村土地产权制度研究[M]. 北京：中国农业出版社，2000.

[574] 方恭温. 实行土地所有权公有和使用权农民私有[J]. 改革，1999（2）：57-61，70.

[575] 钱忠好. 农村土地承包经营权产权残缺与市场流转困境：理论与政策分析[J]. 管理世界，2002（6）：35-45，154-155.

[576] 何一鸣，罗必良. 农地流转、交易费用与产权管制：理论范式与博弈分析[J]. 农村经济，2012（1）：7-12.

[577] 王庆明. 产权的不完全转移：中国近代以来地权逻辑的延续与变异[J]. 广东社会科学，2015（3）：189-196.

[578] 申惠文. 法学视角中的农村土地三权分立改革[J]. 中国土地科学，2015，129（3）：39-44.

[579] 李伟伟，张云华. 土地经营权流转的根本属性与权能演变[J]. 改革，2015（7）：91-97.

[580] 杜茎深，罗平. 论基于物权路径引入发展权之不可行性[J]. 中国土地科学，2015，129（4）：11-17.

[581] 陈华彬. 空间建设用地使用权探微[J]. 法学，2015（7）：19-27.

[582] 简新华，杨冕. "中国农地制度和农业经营方式创新高峰论坛"综

述[J]. 经济研究，2015（2）：186-191.

[583] 王长春. 刍议集体所有的农村土地法律制度[J]. 农村经济，2015（2）：78-81.

[584] 程雪阳. 杜润生与中国农村改革的未竟事业[N]. 金融时报（英）中文网，2015-10-23.

[585] 陈雪原. 关于"双刘易斯二元模型"假说的理论与实证分析[J]. 中国农村经济，2015（3）：34-43.

[586] 顾汉龙，冯淑怡，张志林，等. 我国城乡建设用地增减挂钩政策与美国土地发展权转移政策的比较研究[J]. 经济地理，2015，35（6）：143-148，183.

[587] 藏波，张清勇，丰雷，等. 2015年土地科学研究重点进展评述及2016年展望——土地经济分报告[J]. 中国土地科学，2016，30（2）：76-85.

[588] 周炎，陈昆亭，雷新途. 农村土地集体所有承包制的发展优势研究[J]. 世界经济文汇，2016（3）：111-120.

[589] 李停. 农地产权对劳动力迁移模式的影响机理及实证检验[J]. 中国土地科学，2016，30（11）：13-21.

[590] 韩松. 论农民集体土地所有权的管理权能[J]. 中国法学，2016，33（2）：121-142.

[591] 付江涛，纪月清，胡浩. 产权保护与农户土地流转合约选择——兼评新一轮承包地确权颁证对农地流转的影响[J]. 江海学刊，2016（3）：74-80，238.

[592] 姚万军，曾霞，楚克本. 土地私有化是促进农地流转的必然选择吗？[J]. 南开经济研究，2016（1）：117-128.

[593] 狄亚娜，宋宗宇. 宅基地使用权的现实困境与制度变革[J]. 农村经济，2016，33（5）：10-16.

[594] 张清勇，刘逍遥，藏波，等. 2016年土地科学研究重点进展评述及2017年展望——土地经济分报告[J]. 中国土地科学，2017，31（2）：87-96.

[595] 桂华. 土地制度、合约选择与农业经营效率——全国6垦区18个农

场经营方式的调查与启示[J]. 政治经济学评论，2017，8（4）：63-88.

[596] 俞振宁，张晓滨，吴次芳. 2000—2016 年《自然》和《科学》期刊土地科学相关研究重点进展评述[J]. 中国土地科学，2017（5）：89-97.

[597] 李宁，何文剑，仇童伟，等. 农地产权结构、生产要素效率与农业绩效[J]. 管理世界，2017（3）：44-62.

[598] 张晓滨，叶艳妹，靳相木. 土地家庭承包经营权主体及农户内部关系研究[J]. 中国土地科学，2017（3）：13-20.

[599] 严小龙. 农地确权理路与"三确三跟"路线——基于对湖南、河南、贵州、安徽、江苏、广东等[J]. 湖南社会科学，2019（1）：59-66.

[600] 臧知非，周国林，耿元骊，等. 唯物史观视域下的中国古代土地制度变迁[J]. 中国社会科学，2020（1）：153-203，207-208.

[601] 丰雷，郑文博，胡依洁. 大规模土地确权：非洲的失败与亚洲的成功[J]. 农业经济问题，2020（1）：114-127.

[602] 吴晓燕. 动能转换：农村土地产权制度改革与乡村振兴[J]. 社会科学研究，2020（3）：59-68.

[603] 李帆，王敏正，江淑斌. 地权安排、土地流转与城乡经济[J]. 经济问题探索，2020（2）：51-60.

[604] 杨磊. 农地产权变革与乡村治理秩序：一个农政变迁的分析框架——基于湖北省 Z 村的个案扩展研究[J]. 公共管理学报，2020，17（1）：84-95，172.

[605] Suyanto S, Otsuka K. From deforestation to development of agroforests in customary land tenure areas of Sumatra[J]. Asian Economic Journal, 2001, 15 (1): 1-17.

[606] Aragón F M. Do better property rights improve local income?: Evidence from First Nations'treaties[J]. Journal of Development Economics, 2015 (116): 43-56.

[607] Abolina E, Luzadis VA. Abandoned agricultural land and its potential for short rotation woody crops in Latvia[J]. Land Use Policy, 2015 (49): 435-445.

[608] Reydon BP, Fernandes VB, Telles T S. Land tenure in Brazil: The question of regulation and governance[J]. Land Use Policy, 2015 (42): 509-516.

[609] Ondetti G. The social function of property, land rights and social welfare in Brazil[J]. Land Use Policy, 2015 (50): 29-37.

[610] Goswami B. Does tenure status affect the adoption of land productivity enhancing practices and input intensities? Evidence from Assam Plains in India's Northeast[J]. Journal of Land and Rural Studies, 2015, 3(1): 29-44.

[611] Lawry S, Samii C, Hall R, et al. The impact of land property rights interventions on investment and agricultural productivity in developing countries[J]. Journal of Development Effectiveness, 2016, 9(1): 61-81.

[612] Yoo D, Steckel RH. Property rights and economic development[J]. Journal of Institutional Economics, 2016, 12(3): 623-650.

[613] Nizalov D, Thornsbury S, Loveridge S, et al. Security of property rights and transition in land use[J]. Journal of Comparative Economics, 2016, 44(1): 76-91.

[614] Swinnen J, Van Herck K, Vranken L. The diversity of land markets and regulations in Europe, and(some of) its causes[J]. Journal of Development Studies, 2016, 52(2): 186-206.

[615] Cai M. Land for welfare in China[J]. Land Use Policy, 2016 (55): 1-12.

[616] Ploeger H, Bounjouh H. The Dutch urban ground lease: a valuable tool for land policy?[J]. Land Use Policy, 2017 (63): 78-85.

[617] Mwesigye F, Matsumoto T, Otsuka K. Population pressure, rural-to-rural migration and evolution of land tenure institutions: the case of Uganda[J]. Land Use Policy, 2017 (65): 1-14.

[618] Wang J, Lin Y, Anthony G, et al. Land-use changes and land policies evolution in China'surbanization processes[J]. Land Use Policy, 2018 (75): 375-387.

[619] Emily A S, Jennifer A G. Labor scarcity, land tenure, and historical legacy: evidence from Mexico[J]. Land Use Policy, 2018 (135): 504-516.

[620] Stefano M. Property as a human right and property as a special title. Rediscussing private ownership of land[J]. Land Use Policy, 2018 (70): 273-280.

[621] Adenew T A, Jasper V, Peter H. Farmers'participation in the development of land use policies for the Central Rift Valley of Ethiopia [J]. Land Use Policy, 2018 (71): 129-137.

[622] Chusak W, Ian G B. Communal land titling dilemmas in northern Thailand: from community forestry to beneficial yet risky and uncertain options[J]. Land Use Policy, 2018 (71): 320-328.

[623] Stacherzak A, Hedak M, Hjek L, et al. State interventionism in agricultural land turnover in Poland[J]. Sustainability, 2019, 11(6): 15-34.

[624] Sparovek G, Reydon B, Pinto L, et al. Who owns Brazilian lands?[J]. Land Use Policy, 2019 (87): 1-12.

[625] Gottlieb C, Grobovsek J. Communal land and agricultural productivity[J]. Journal of Development Economics, 2019 (138): 135- 152.

[626] Daniel D, Sutherland M, Speranza C. The role of tenure documents for livelihood resilience in Trinidad and Tobago[J]. Land Use Policy, 2019 (87): 12-19.

[627] Muchov Z, Raovi V. Fragmentation of land ownership in Slovakia: evolution, context, analysis and possible solutions[J]. Land Use Policy, 2020 (95): 105-110.

[628] Pochanasomboon A, Kidsom W A. Impacts of land ownership on the economic performance and viability of rice farming in Thailand[J]. Land, 2020, 9(3): 71.

[629] Lee N K. Race, socioeconomic status, and land ownership among freed African American farmers: the view from ceramic use at the ransom and

Sarah Williams farmstead, Manchaca, Texas[J]. Historical Archaeology, 2020, 54(2): 404-423.

[630] 黄少安.中国经济体制改革的核心是产权制度改革[J].中国经济问题, 2004（1）：46-52.

[631] Brent H, Navruz N. Land reform by default: uncovering patterns of agricultural decollectivization in Tajikistan[J]. The Journal of Peasant Studies, 2018 (45): 409-430.

[632] Olivier P, Marcel K, Fatah A. From worker to peasant and then to entrepreneur? Land reform and agrarian change in the Sass(Morocco)[J]. World Development, 2018 (105): 119 -131.

[633] Talan B. Redistributive land reform and structural change in Japan, South Korea, and Taiwai[J]. American Journal of Agricultural Economics, 2018 (3): 732-761.

[634] Dylan F. Evaluating the impact of market-assisted land reform in Brazil[J]. World Development, 2018 (103): 155-167.

[635] Andries D T. Without the blanket of the land: agrarian change and biopolitics in post-apartheid South Africa[J]. The Journal of Peasant Studies, 2018 (45): 1086-1107.

[636] 刘凯.中国特色的土地制度如何影响中国经济增长——基于多部门动态一般均衡框架的分析[J]. 中国工业经济，2018（10）：80-98.

[637] 刘守英．土地制度变革与经济结构转型——对中国 40 年发展经验的一个经济解释[J]. 中国土地科学，2018（1）：1-10.

[638] 冀县卿，钱忠好．中国农地产权制度改革 40 年——变迁分析及其启示[J]. 农业技术经济，2019（1）：17-24.

[639] 黄少安.制度经济学实质上都是关于产权的经济学[J].经济纵横，2010（9）：1-7.

[640] 科斯.社会成本问题 财产权利与制度变迁[M].上海：上海三联书店，1994.

[641] 在科斯的著作中，虽然没有对第三定理的直接表述，但很容易从第一、

第二定理中推导出来。

[642] [美]罗纳德·哈里·科斯. 企业、市场与法律[M]. 上海：上海三联书店，1990.

[643] Coase R H. The problem of social cost[J]. Journal of Law and Economics, 1960(3): 117-121.

[644] [美]科斯，阿尔钦，诺斯，等. 财产权利与制度变迁：产权学派与新制度学派译文集[M]. 刘守英，等，译. 上海：上海人民出版社，1994.

[645] Coase R H. The federal communications commission [J]. Journal of Law and Economics, 1959, 2(1): 1-40.

[646] Coase R H. The problem of social cost [J]. Journal of Law and Economics, 1960, 3(1): 1-44.

[647] [美]奥利弗·威廉姆森. 资本主义经济制度：论企业签约和市场签约[M]. 北京：商务印书馆，2002.

[648] [美]道格拉斯·诺斯，罗伯斯·托马斯. 西方世界的兴起[M]. 厉以平，蔡磊，译. 北京：华夏出版社，2009.

[649] North Douglas. Institutions, institutional change and economic performance[M]. Cambridge: Cambridge University Press, 1990.

[650] North Douglas. 经济史中的结构与变迁[M]. 上海：上海三联书店，1991.

[651] 戴维斯，诺斯. 制度变迁的理论：概念与原因[M]. 上海：上海人民出版社，1994.

[652] 波斯纳. 法律的经济分析[M]. 北京：中国大百科全书出版社，1997.

[653] Barzel Y. Economic analysis of proverty rights[M]. Cambridge: Cambridge University Press, 1989.

[654] Williamson O E. The economic institution of capitalism: firms, markets, relational contracting[M]. New York: Free Press, 1985.

[655] Luo B, Fu B. The farmland property rights deformity: the history, reality and reform[J]. China Agricultural Economic Review, 2009, 1(4): 435-458.

[656] Tan R, Qu F T, Heerink N, et al. Rural to urban land conversion in China—how large is the over-conversion and what are its welfare implications? [J]. China Economic Review, 2011, 22(4): 474-484.

[657] Jepsen MR, Kuemmerle T, Müllerb D, et al. Transitions in European land-management regimes between 1800 and 2010[J]. Land Use Policy, 2015 (49): 53-64.

[658] Anaafo D. Land reforms and land rights change: Acase study of land stressed groups in the Nkoranza South Municipality, Ghana[J]. Land Use Policy, 2015 (49): 538-546.

[659] Deininger K, Ali A, Alemu T. Impact of land certification on tnenure security, investment, and land market participation: evidence from Ethiopia[J]. Land economics, 2011, 87(2): 312-334.

[660] Blesh J, Wittman H. "Brasilience: "assessing resilience in land reform settlements in the Brazilian Cerrado[J]. Human Ecology, 2015, 43(4): 531-546.

[661] Marais L, Ntema J, Cloete J, et al. From informality to formality to informality: extralegal land transfers in an upgraded informal settlement of South Africa[J]. Urbani Izziv, 2014 (25): S148-S161.

[662] Jiao X, Smith-Hall C, Theilade I. Rural household incomes and land grabbing in Cambodia[J]. Land Use Policy, 2015 (48): 317-328.

[663] Kleemann L, Thiele R. Rural welfare implications of large-scale land acquisitions in Africa: atheoretical framework[J]. Economic Modelling, 2015 (51): 269-279.

[664] Cao Q, Sarker M, Sun J Y. Model of the influencing factors of the withdrawal from rural homesteads in China: application of grounded theory method[J]. Land Use Policy, 2019 (85): 285-289.

[665] Lipscomb M, Prabakaran N. Property rights and deforestation: evidence from the terra legal land reform in the Brazilian amazon[J]. World Development, 2020 (129): 104-110.

[666] Albertus M, Espinoza M, Fort R. Land reform and human capital development: evidence from Peru[J]. Journal of Development Economics, 2020 (147):102-108.

[667] BASSETT E. Reform and resistance: the political economy of land and planning reform in Kenya[J]. Urban Studies, 2020, 57(6): 1164-1183.

[668] 姚洋. 农地制度与农业绩效的实证研究[J]. 中国农村观察, 1998（6）: 3-12.

[669] 吴郁玲, 曲福田. 土地流转的制度经济学分析[J]. 农村经济, 2006（1）: 25-26.

[670] 庞宏. 中国农地流转的市场机制研究[D]. 西安: 长安大学, 2006.

[671] 刘俊. 土地承包经营权性质探讨[J]. 现代法学, 2007, 29（2）: 170-178.

[672] 姚永龙. 日本农地流转制度的变迁及其对中国的启示[J]. 世界农业, 2010（5）: 12-15.

[673] 丰雷, 蒋妍, 叶剑平. 诱致性制度变迁还是强制性制度变迁？——中国农村土地调整的制度演进及地区差异研究[J]. 经济研究, 2013, 48（6）: 4-18, 57.

[674] 冀县卿, 黄季焜, 郜亮亮. 中国现行的农地政策能有效抑制农地调整吗——基于全国村级数据的实证分析[J]. 农业技术经济, 2014（10）: 4-11.

[675] 何虹, 陆成林. 新型城镇化背景下农地流转的三个重要问题[J]. 学习与实践, 2015（4）: 32-39.

[676] 李汉卿. 乡村振兴背景下农村改革内卷化及其破解——"控制权"理论的视角[J]. 兰州学刊, 2020（10）: 164-173.

[677] 钱忠好, 曲福田. 农地股份合作制的制度经济解析[J]. 管理世界, 2006（8）: 47-55.

[678] 王琢. 中国农村土地产权制度新论——南海创新土地产权制度的试验[J]. 中国农村经济, 1994（5）: 16-21, 26.

[679] 刘承礼. 农地股份合作制的过渡性质：一种基于内生交易费用理论的评说与前瞻[J]. 农业经济问题, 2003（11）: 31-35, 79.

[680] 傅晨. 社区型农村股份合作制产权制度研究[J]. 改革，2001（5）：100-109.

[681] 钱忠好，牟燕. 中国土地市场化改革：制度变迁及其特征分析[J]. 农业经济问题，2013，34（5）：20-26，110.

[682] 王振坡，梅林，詹卉. 产权、市场及其绩效：我国农村土地制度变革探讨[J]. 农业经济问题，2015，36（4）：44-50，111.

[683] 陈雪原. 关于"双刘易斯二元模型"假说的理论与实证分析[J]. 中国农村经济，2015（3）：34-43.

[684] 陆剑. 集体经营性建设用地入市的实证解析与立法回应[J]. 法商研究，2015（3）：16-25.

[685] 雷庆勇，吕杰，李佳奇. 我国农地入市的障碍与实现路径[J]. 经济纵横，2015（2）：36-39.

[686] 陈浩，张京祥，陈宏胜. 新型城镇化视角下中国"土地红利"开发模式转型[J]. 中国土地科学，2015，129（4）：1-8.

[687] 高名姿，张雷，陈东平. 差序治理、熟人社会与农地确权矛盾化解——基于江苏省695份调查问卷和典型案例的分析[J]. 中国农村观察，2015（6）：60-69，96.

[688] 王敬尧，魏来. 当代中国农地制度的存续与变迁[J]. 中国社会科学，2016（2）：73-92.

[689] 盖庆恩，朱喜，程名望，等. 土地资源配置不当与劳动生产率[J]. 经济研究，2017（5）：117-130.

[690] 丁琳琳，孟庆国. 农村土地确权羁绊及对策：赣省调查[J]. 改革，2015（3）：56-64.

[691] 郑泰安，黄泽勇. 农村土地流转确权颁证问题研究[J]. 农村经济，2011（6）：32-35.

[692] 罗必良，李尚蒲. 农地流转的交易费用：威廉姆森分析范式及广东的证据[J]. 农业经济问题，2010（12）：30-40，110-111.

[693] 黄季焜，冀县卿. 农地使用权确权与农户对农地的长期投资[J]. 管理世界，2012（9）：76-81，99，187-188.

[694] 曾福生. 农地产权认知状况与流转行为牵扯:湘省 398 户农户样本[J]. 改革，2012（4）：69-73.

[695] 王连合. 农村集体土地确权无法解决的现实问题[J]. 青岛农业大学学报（社会科学版），2015，27（2）：54-59.

[696] 刘长全，杜旻. 土地承包经营权流转制度创新与改进方向——基于温州农村改革试验区的考察[J]. 湖南农业大学学报(社会科学版),2015，16（1）：72-78.

[697] 钱龙，洪名勇. 农地产权是"有意的制度模糊"吗——兼论土地确权的路径选择[J]. 经济学家，2015（8）：24-29.

[698] 张玮，李春. 土地承包经营权确权的问题及解决对策[J]. 劳动保障世界，2015（6）：44-45.

[699] 朱北仲. 我国农村土地确权中的问题与解决对策[J]. 经济纵横，2015（5）：44-47.

[700] 彭魏倬加，李中. 农村土地确权与农村金融发展关系——基于湖南县域的实证研究[J]. 经济地理，2016，36（7）：160-166.

[701] 冯广京，朱道林，林坚，等. 2015 年土地科学研究重点进展评述及 2016 年展望[J]. 中国土地科学，2016，30（1）：4-22.

[702] 杨宏力. 土地确权的内涵、效应、羁绊与模式选择：一个综述[J]. 聊城大学学报（社会科学版），2017（4）：121-128.

[703] 王玉莹，金晓斌，范业婷，等. 农村土地整治对促进农业现代化水平的影响分析[J]. 中国土地科学，2017，31（8）：69-76，97.

[704] 陆剑，陈振涛. 我国农村土地承包经营权确权:规则模糊及其厘清[J]. 南京农业大学学报（社会科学版），2017，17（3）：95-102，158.

[705] 马蕾. 我国农村土地承包经营权确权登记若干问题分析[J]. 东岳论丛，2018，39（8）：109-117.

[706] 陈奕山，纪月清，钟甫宁，等. 新一轮农地确权:率先发生在何处[J]. 财贸研究，2018（2）：23-32.

[707] 王慧君. 成都市农地流转中的土地发展权配置实证研究[J]. 中国农业资源与区划，2018，39（10）：219-223.

[708] 陈奕玮, 丁关良. 农地确权政策执行效果的偏差检验[J]. 河北经贸大学学报, 2019, 40（5）: 77-85.

[709] 韩家彬, 刘淑云. 土地确权对农村劳动力转移就业的影响——来自CHARLS 的证据[J]. 人口与经济, 2019（5）: 41-52.

[710] 韩长赋. 中国农村土地制度改革[J]. 农业经济问题, 2019（1）: 4-16.

[711] 胡依洁, 丰雷. 从个体化确权到多样化确权——农地产权正规化五种模式的比较分析[J]. 农业现代化研究, 2019, 40（3）: 366-376.

[712] 汪险生, 李宁. 村庄民主与产权安全: 来自农地确权的证据[J]. 农业经济问题, 2019（12）: 60-76.

[713] 黄宇虹, 樊纲治. 土地确权对农民非农就业的影响——基于农村土地制度与农村金融环境的分析[J]. 农业技术经济, 2020（5）: 93-106.

[714] 许恒周, 刘源. 我国农地确权研究的热点分析与演化路径——基于CiteSpace 的知识图谱分析[J]. 干旱区资源与环境, 2020, 34（2）: 1-9.

[715] 钟甫宁, 纪月清. 土地产权、非农就业机会与农户农业生产投资[J]. 经济研究, 2009, 44（12）: 43-51.

[716] 折晓叶, 艾云. 城乡关系演变的研究路径——一种社会学研究思路和分析框架[J]. 社会发展研究, 2014, 1（2）: 1-41, 243.

[717] 胡新艳, 罗必良, 王晓海, 等. 农户土地产权行为能力对农地流转的影响——基于中国 26 个省份农户调查分析[J]. 财贸研究, 2013, 24（5）: 25-31.

[718] 胡新艳, 罗必良. 新一轮农地确权与促进流转: 粤赣证据[J]. 改革, 2016（4）: 85-94.

[719] 钟文晶, 罗必良. 禀赋效应、产权强度与农地流转抑制——基于广东省的实证分析[J]. 农业经济问题, 2013, 34（3）: 6-16, 110.

[720] 罗必良. 农地确权、交易含义与农业经营方式转型——科斯定理拓展与案例研究[J]. 中国农村经济, 2016（11）: 2-16.

[721] 蔡洁, 夏显力. 农地确权真的可以促进农户农地流转吗? ——基于关中——天水经济区调查数据的实证分析[J]. 干旱区资源与环境, 2017

（7）：28-32.

[722] 林文声，秦明，苏毅清，等. 新一轮农地确权何以影响农地流转——来自中国健康与养老追踪调查的证据[J]. 中国农村经济，2017（7）：29-43.

[723] 李静. 农地确权、资源禀赋约束与农地流转[J]. 中国地质大学学报（社会科学版），2018，18（3）：158-167.

[724] 陈小知，胡新艳. 确权方式、资源属性与农地流转效应——基于IPWRA模型的分析[J]. 学术研究，2018（9）：96-103.

[725] 李宁，何文剑，仇童伟，等. 农地产权结构、生产要素效率与农业绩效[J]. 管理世界，2017（3）：44-62.

[726] 盖庆恩，朱喜，程名望，等. 土地资源配置不当与劳动生产率[J]. 经济研究，2017，52（5）：117-130.

[727] 陈明，武小龙，刘祖云. 权属意识、地方性知识与土地确权实践——贵州省丘陵山区农村土地承包经营权确权的实证研究[J]. 农业经济问题，2014（2）：65-74.

[728] 高飞. 农村土地"三权分置"的法理阐释与制度意蕴[J]. 法学研究，2016（3）：3-19.

[729] 张毅，张红，毕宝德. 农地的"三权分置"及改革问题[J]. 中国软科学，2016（3）：13-23.

[730] 孙宪忠. 推进农地三权分置经营模式的立法研究[J]. 中国社会科学，2016（7）：145-163.

[731] 陈朝兵. 农村土地"三权分置"：功能作用、权能划分与制度重建[J]. 中国人口·资源与环境，2016，26（4）：135-141.

[732] 蔡立东，姜楠. 农地三权分置的法实现[J]. 中国社会科学，2017（5）：102-122.

[733] 房建恩. 农村土地"三权分置"政策目标实现的经济法路径[J]. 中国土地科学，2017（1）：80-87.

[734] 刘禹涵. "三权分置"下的土地经营权登记[J]. 中国土地科学，2017（1）：73-79.

[735] 刘守英，熊雪锋，龙婷玉. 集体所有制下的农地权利分割与演变[J]. 中国人民大学学报，2019，33（1）：2-12.

[736] 丁关良. 农地流转法律制度"完善"与"变法"孰强孰弱研究[J]. 农业经济与管理，2019（1）：26-37.

[737] 高圣平. 宅基地制度改革政策的演进与走向[J]. 中国人民大学学报，2019，33（1）：23-33.

[738] 朱冬亮. 农民与土地渐行渐远——土地流转与"三权分置"制度实践[J]. 中国社会科学，2020（7）：123-144，207.

[739] 胡大伟. 宅基地"三权分置"的实施瓶颈与规范路径——基于杭州宅基地制度改革实践[J]. 湖南农业大学学报（社会科学版），2020，21（1）：49-55.

[740] 王蒲，郭晓鸣. 乡村转型下的农村宅基地制度改革[J]. 华南农业大学学报（社会科学版），2020，19（5）：39-46.

[741] 田传浩. 宅基地是如何被集体化的[J]. 中国农村经济，2020（11）：29-46.

[742] 王敬尧，王承禹. 国家治理、农地制度与农业供给侧结构性改革[J]. 政治学研究，2020（3）：90-101，127-128.

[743] 罗玉辉. 新中国成立 70 年农村土地制度改革的历史经验与未来思考[J]. 经济学家，2020（2）：109-116.

[744] 李江涛，熊柴，蔡继明. 开启城乡土地产权同权化和资源配置市场化改革新里程[J]. 管理世界，2020（6）：93-105.

[745] 钱忠好，牟燕. 乡村振兴与农村土地制度改革[J]. 农业经济问题，2020（4）：28-36.

[746] 陈莉. 村民关联度与农地制度变迁的关系研究[D]. 兰州：甘肃农业大学，2013.

[747] 刘同山. 农户承包地退出意愿影响粮食产量吗？[J]. 中国农村经济，2017（1）：68-81.

[748] 曾大鹏. 土地承包经营权抵押的法律困境与现实出路[J]. 中国农村观察，2017（2）：15-26.

[749] 郜亮亮. 中国农地流转市场的现状及完善建议[J]. 中州学刊，2018（2）：46-52.

[750] 王海娟，胡守庚. 农村土地"三权分置"改革的两难困境与出路[J]. 武汉大学学报（哲学社会科学版），2019（5）：184-192.

[751] [英]威廉·配第. 赋税论，献给英明人士，货币略论[M]. 陈冬野，等，译. 北京：商务印书馆，1972.

[752] [英]威廉·配第. 配第经济著作选集[M]. 陈冬野，等，译. 北京：商务印书馆，1981.

[753] [英]亚当·斯密. 国民财富的性质和原因的研究[M]. 北京：商务印书馆，1972.

[754] [英]李嘉图. 政治经济学及赋税原理[M]. 郭大力，王亚南，译. 北京：商务印书馆，1962.

[755] [德]马克思. 资本论[M]. 北京：人民出版社，1975.

[756] [德]马克思. 资本论（第三卷）[M]. 北京：人民出版社，2004.

[757] [德]马克思. 马克思恩格斯全集[M]. 北京：人民出版社，1972.

[758] [英]马歇尔. 经济学原理（上、下卷）[M]. 陈良璧，译. 北京：商务印书馆，2010.

[759] 张五常. 佃农理论[M]. 北京：商务印书馆，2000.

[760] 毕宝德. 土地经济学[M]. 北京：中国人民大学出版社，2001.

[761] 伊利，等. 土地经济学原理[M]. 北京：商务印书馆，1982.

[762] 王万茂，黄贤金. 中国大陆农用地价格区划和农用地估价[J]. 自然资源，1997（4）：1-8.

[763] 黄贤金. 农用地价格论[M]. 北京：中国农业出版社，1996.

[764] 单胜道，黄祖辉. 农业资源外部经济理论体系初探[J]. 农业技术经济，1999（5）：28-34.

[765] 单胜道，尤建新. 土地外部经济初步研究[J]. 资源科学，2002，24（2）：56-59.

[766] 陈浮，刘伟. 农用土地估价格评估[J]. 自然资源学报，1998，13（2）：162-168.

[767] 关文荣. 农用土地分等定级与估价[J]. 中国土地，2000，175（2）：
20-23.

[768] 周雪光. "关系产权"：产权制度的一个社会学解释[J]. 社会学研究，
2005（2）：1-31，243.

[769] 杜润生. 杜润生自述：中国农村体制变革重大决策纪实[M]. 北京：
人民出版社，2005.

[770] 王景新. 中国农村土地制度变迁 30 年：回眸与瞻望[J]. 现代经济探
讨，2008（6）：5-10.

[771] 杜润生. 中国农村改革漫忆[J]. 文史月刊，2016（7）：4-15.

[772] 简新华，李楠. 中国农业实现"第二个飞跃"的路径新探——贵州省
塘约村新型集体经营方式的调查思考[J]. 社会科学战线，2017（12）：
79-90.

[773] 陈剑波. 人民公社的产权制度——对排他性受到严格限制的产权体系
所进行的制度分析[J]. 经济研究，1994（7）：47-53.

[774] 杜润生. 包产到户的禁区是如何冲破的——曾经发生在中央高层的一
场大争论[J]. 今日国土，2006（Z1）：8-9.

[775] 刘守英，高圣平，王瑞民. 农地三权分置下的土地权利体系重构[J]. 北
京大学学报（哲学社会科学版），2017，54（5）：134-145.

[776] 在坚持土地集体所有和家庭承包经营的前提下，将集体的土地划分为
口粮田和责任田（有些地方叫商品田或经济田）两部分。

[777] Lin J Y. Rural reforms and agricultural growth in China[J]. The
American Economic Review, 1992, 82 (1): 34-51.

[778] 马瑞，柳海燕，徐志刚. 农地流转滞缓：经济激励不足还是外部市场
条件约束？——对 4 省 600 户农户 2005—2008 年期间农地转入行为
的分析[J]. 中国农村经济，2011（11）：36-48.

[779] 叶剑平，蒋妍，丰雷. 中国农村土地流转市场的调查研究——基于 2005
年 17 省调查的分析和建议[J]. 中国农村观察，2006（4）：36-48.

[780] 孙宪忠. 推进农地三权分置经营模式的立法研究[J]. 中国社会科学，
2016（7）：145-163，208-209.

[781] 肖卫东，梁春梅. 农村土地"三权分置"的内涵、基本要义及权利关系[J]. 中国农村经济，2016（11）：17-29.

[782] 祝之舟. 农村土地承包经营权的功能转向、体系定位与法律保障——以新《农村土地承包法》为论证基础[J]. 农业经济问题，2020（3）：40-48.

[783] 中华人民共和国中央人民政府. 中共中央 国务院关于抓好"三农"领域重点工作确保如期实现全面小康的意见[EB/OL]. [2020-02-05]. http://www. gov.cn/ zhengce/2020-02/05/content_5474884.htm.

[784] 人民日报. 稳字当头看"三农"[EB/OL]. [2022-02-12]. http://paper. people.com.cn/rmrb/html/2022-02/12/nw.D110000renmrb_20220212_2-01.htm.

[785] 张应良. "三权分置"与"长久不变"的政策协同困境与破解[J]. 改革，2017（10）：127-131.

[786] 向超，张新民. "三权分置"下农地流转权利体系化实现——以"内在体系调适"与"外在体系重构"为进路[J]. 农业经济问题，2019（9）：8-19.

[787] 申始占. 农地三权"分置"的困境辨析与理论建构[J]. 农业经济问题，2018（7）：46-57.

[788] 孔祥利，赵娜. 农业转型：引入土地制度变迁的生产函数重建[J]. 厦门大学学报（哲学社会科学版），2018（5）：34-42.

[789] 吴一恒，徐砾，马贤磊. 农地"三权分置"制度实施潜在风险与完善措施——基于产权配置与产权公共域视角[J]. 中国农村经济，2018（8）：46-63.

[790] 韩振华. 完善农地"三权分置"制度——一个基于"国家土地调节权"的新视角[J]. 政治经济学评论，2018（5）：144-169.

[791] 魏昂德，梅沙白. 中国改革道路的历史意义[J]. 国外理论动态，2018（9）：1-8.

[792] 高帆. 中国农地"三权分置"的形成逻辑与实施政策[J]. 经济学家，2018（4）：86-95.

[793] 丰雷. 新制度经济学视角下的中国农地制度变迁：回顾与展望[J]. 中

国土地科学，2018，32（4）：8-15.

[794] 赵金龙，王丽萍．改革开放以来我国农地产权政策演变及未来展望[J]．经济纵横，2018（5）：89-96.

[795] 李先东，李录堂，米巧．中国土地制度的历史追溯与反思[J]．农业经济问题，2018（4）：43-49.

[796] 刘建，吴理财．情景化博弈：农村土地流转的行动策略与分利秩序——基于赣南G村的案例分析[J]．江西财经大学学报，2018（4）：94-102.

[797] 韩俊．中国农村土地制度建设三题[J]．管理世界，1999（3）：184-195.

[798] 刘庆乐，莫仕懿．在分合之间：中国农地制度改革40年[J]．群言，2018（11）：22-25.

[799] Freeman E. Strategic management: a stakeholder approach[M]. Boston: Pitman Press, 1984.

[800] Mitchell V W, Vassos V. Perceived risk and risk reduction in holiday purchases: a cross-cultural and gender analysis[J]. Journal of Euromarketing, 1997, 6(3): 47-79.

[801] Wheeler J O. Urban cultural geography: Country cousin comes to the city[J]. Urban Geography, 1998, 19(7): 585-590.

[802] 唐超，罗明忠，罗琦．农地流转背景下农村集体经济有效实现形式——基于宿州市三个村实践的比较分析[J]．贵州社会科学，2018（7）：151-157.

[803] MO J. Land financing and economic growth: evidence from Chinese counties[J]. China Economic Review, 2018 (50): 219-239.

[804] 李永乐，胡晓波，魏后凯．"三维"政府竞争——以地方政府土地出让为例[J]．政治学研究，2018（1）：47-58，127.

[805] 王博，吕沛璐，冯淑怡，等．中国建设用地配置中政府失灵的理论解析及其改良框架设计[J]．中国土地科学，2018，32（5）：20-28.

[806] 成都发明了"村庄评议会"（有的地方叫"村资产管理小组"），把历史上担负过村庄公共管理责任的长者推举出来，由他们根据对多年来

没有可靠文本记录的土地、房产变动的回忆，解决确权的疑难问题。

[807] 景跃进. 当代中国农村"两委关系"的微观解析与宏观透视[M]，北京：中央文献出版社，2004.

[808] 贺东航. 中国村民自治制度"内卷化"现象的思考[J]. 经济社会体制比较，2007（6）：100-105.

[809] 郭庆海. 新型农业经营主体功能定位及成长的制度供给[J]. 中国农村经济，2013（4）：4-11.

[810] 王定祥，谭进鹏. 论现代农业特征与新型农业经营体系构建[J]. 农村经济，2015（9）：23-28.

[811] 陈锡文. 构建新型农业经营体系加快发展现代农业步伐[J]. 经济研究，2013（2）：4-6.

[812] 张东生，吕一清. 中国农地确权政策演变、内涵与作用机制的梳理与思考——改革开放 40 年来的经验总结[J]. 生态经济，2019，35（9）：108-115，127.

[813] 周应恒，胡凌啸. 农业经营主体和经营规模演化的国际经验分析[J]. 中国农村经济，2015（9）：80-95.

[814] 中华人民共和国中央人民政府. 发展新型农业经营主体[EB/OL]. [2022-12-26]. http://www.gov.cn/xinwen/2022-12/26/content_5733506.htm.

[815] 罗必良. 产权强度、土地流转与农民权益保护[M]. 北京：经济科学出版社，2013.

[816] 钟甫宁. 正确认识粮食安全和农业劳动力成本问题[J]. 农业经济问题，2016（1）：4-9，110.

[817] 姜启超，葛孚桥. 新型农业经营主体规模化经营中土地流入行为分析——基于 2016 年广州市的调查[J]. 南方农村，2017，33（3）：35-40.

[818] 宋志红. 三权分置下农地流转权利体系重构研究[J]. 中国法学，2018（4）：282-302.

[819] 张勇，包婷婷. 农地流转中的农户土地权益保障：现实困境与路径选择——基于"三权分置"视角[J]. 经济学家，2020（8）：120-128.

[820] 陶钟太朗，杨环. 论"三权分置"的制度实现：权属定位及路径依赖[J]. 南京农业大学学报（社会科学版），2017（3）：86-94.

[821] 陈小君."三权分置"与中国农地法制变革[J]. 甘肃政法学院学报，2018（1）：22-33.

[822] 朱广新. 土地承包权与经营权分离的政策意蕴与法制完善[J]. 法学，2015（11）：88-100.

[823] 郑志峰.当前我国农村土地承包权与经营权再分离的法制框架创新研究——以2014年中央一号文件为指导[J]. 法学，2014（10）：82-91.

[824] 杜云晗，黄涛. 农地经营权流转市场的治理：一个整体性的制度分析[J]. 农村经济，2018（2）：34-38.

[825] 李宁，张然，仇童伟，等. 农地产权变迁中的结构细分与"三权分置"改革[J]. 经济学家，2017（1）：62-69.

[826] 郑万军.城镇化背景下农民土地权益保障:制度困境与机制创新[J]. 农村经济，2014（11）：22-25.

[827] 黎毅，王燕，罗剑朝. 农地认知、农地确权与农地流转——基于西部6省(市、区)的调研分析[J]. 经济与管理研究，2021，42(1)：120-132.

[828] 张雷，高名姿，陈东平. 政策认知、确权方式与土地确权的农户满意度[J]. 西部论坛，2017（6）：33-41.

[829] 常伟，程丹. 农地承包经营权确权认知问题研究——基于安徽试点的经验分析[J]. 统计与信息论坛，2015（8）：87-91.

[830] 吕晓，臧涛，张全景. 土地政策的农户认知及其农地转出响应研究——基于山东省287份农户问卷调查的实证[J]. 南京农业大学学报（社会科学版），2017（5）：100-110，154.

[831] 刘承芳，何雨轩，罗仁福，等. 农户认知和农地产权安全性对农地流转的影响[J]. 经济经纬，2017（2）：31-36.

[832] 北京大学国家发展研究院综合课题组. 还权赋能——成都土地制度改革探索的调查研究[J]. 国际经济评论，2010（2）：54-92，5.

[833] 胡新艳，王梦婷，洪炜杰. 地权安全性的三个维度及其对农地流转的影响[J]. 农业技术经济，2019（11）：4-17.

[834] 高佳,李世平.产权认知、家庭特征与农户土地承包权退出意愿[J].西北农林科技大学学报（社会科学版）,2015（4）:71-78.

[835] 钟涨宝,胡梦琪.农户农地所有权认知及其对农地流转意愿的影响——基于湖北两县483个样本农户的实证研究[J].中南民族大学学报（人文社会科学版）,2018（4）:100-105.

[836] 罗必良,汪沙,李尚蒲.交易费用、农户认知与农地流转——来自广东省的农户问卷调查[J].农业技术经济,2012（1）:11-21.

[837] 蔡洁,夏显力,王婷.农户农地转出行为诱因及对其生计能力的影响研究[J].南京农业大学学报（社会科学版）,2018（4）:99-108,159.

[838] 石玲玲.农地流转市场异质性、认知与选择意愿[J].农村经济,2018（4）:49-57.

[839] 汤谨铭,朱俊峰.农户认知对农地制度变迁的影响及作用机制——基于重庆市的实证研究[J].农业经济问题,2013（7）:71-77,111-112.

[840] 丰雷,张明辉,韩松,等.个体认知、权威决策与中国农地制度变迁——一个动态演化博弈模型的构建及检验[J].政治经济学评论,2020（2）:156-180.

[841] 陆继霞.土地流转农户的可持续生计探析[J].贵州社会科学,2018（1）:154-160.

[842] Carter M R, Yao Y. Local versus global separability in agricultural household models: the factor price equalization effect of land transfer rights[J]. American Journal of Agricultural Economics, 2002, 84(3): 702-715.

[843] 钟夏娇.基于DTPB模型的旅游APP用户接受行为研究[D].上海:东华大学,2017.

[844] 苏芳.农户生计风险对其生计资本的影响分析:以石羊河流域为例[J].农业技术经济,2017（12）:87-97.

[845] 赵雪雁.生计资本对农牧民生活满意度的影响:以甘南高原为例[J].地理研究,2011,30（4）:687-698.

[846] 朱兰兰,蔡银莺.农户家庭生计禀赋对农地流转的影响:以湖北省不

同类型功能区为例[J]. 自然资源学报，2016，31（9）：1526-1539.

[847] Deininger K, Jin S, Nagarajan H K. Efficiency and equity impacts of rural land rental restrictions: evidence from India[J]. European Economic Review, 2008, 52 (5): 892-918.

[848] 李广东，邱道持，王利平，等. 生计资产差异对农户耕地保护补偿模式选择的影响：渝西方山丘陵不同地带样点村的实证分析[J]. 地理学报，2012，67（4）：504-515.

[849] 黄祖辉，王朋. 基于我国农村土地制度创新视角的社会保障问题探析[J]. 浙江社会科学，2009（2）：39-41，31，126.

[850] Chan K W, W Buckingham. Is China abolishing the Hukou System? [J]. The China Quarterly, 2008 (195): 582-605.

[851] Dreger C, T S Wang, Y Q Zhang. Understanding chinese consumption: The impact of Hukou[J]. Development and Change, 2015 (46): 1331-1344.

[852] 杨子砚，文峰. 从务工到创业——农地流转与农村劳动力转移形式升级[J]. 管理世界，2020，36（7）：171-185.

[853] Cai F, P Alber, Y Zhao. The chinese labor market in the reform era in China's great economic transformation[M]. Cambridge University Press, UK, 2008.

[854] 纪月清，熊晶白，刘华. 土地细碎化与农村劳动力转移研究[J]. 中国人口·资源与环境，2016，26（8）：105-115.

[855] Yao Y. The development of the land lease market in rural China[J]. Land Economics, 2000, 76(2): 252-266.

[856] Deininger K, S Jin, X Fang. Moving off the farm: land institutions to facilitate structural transformation and agri-cultural productivity growth in China[J]. World Development, 2014 (59): 505-520.

[857] Kung J K. Off-farm labor markets and the emergence of land rental markets in rural China[J]. Journal of Comparative Economics, 2002, 30 (2): 395-414.

[858] Jin S, Deininger K. Land rental markets in the process of rural structural transformation: Productivity and equity impacts from China[J]. Journal of Comparative Economics, 2009, 37 (4): 629-646.

[859] 杜鑫. 劳动力转移、土地租赁与农业资本投入的联合决策分析[J]. 中国农村经济, 2013（10）: 63-75.

[860] 伍振军, 张云华, 孔祥智. 交易费用、政府行为和模式比较: 中国土地承包经营权流转实证研究[J]. 中国软科学, 2011（4）: 175-183, 174.

[861] 罗必良. 科斯定理: 反思与拓展——兼论中国农地流转制度改革与选择 [J]. 经济研究, 2017, 52（11）: 178-193.

[862] 杨晶, 邓大松, 申云, 等. 社会资本、农地流转与农户消费扩张[J]. 南方经济, 2020（8）: 65-81.

[863] Deininger K, Jin S Q, Nagarajan H K. Efficiency and equity impacts of rural land rental restrictions: evidence from India[J]. European Economic Review, 2008, 52(5): 892-918.

[864] 钟晓兰, 李江涛, 冯艳芬, 等. 农户认知视角下广东省农村土地流转意愿与流转行为研究[J]. 资源科学, 2013, 35（10）: 2082-2093.

[865] 刘晓宇, 张林秀. 农村土地产权稳定性与劳动力转移关系分析[J]. 中国农村经济, 2008（2）: 29-39.

[866] 李星光, 刘军弟, 霍学喜. 社会信任对农地租赁市场的影响[J]. 南京农业大学学报（社会科学版）, 2020, 20（2）: 128-139.

[867] 邹宝玲, 罗必良. 农户分化与农地转出租约期限[J]. 财经问题研究, 2020（3）: 111-121.

[868] 钱忠好, 王兴稳. 农地流转何以促进农户收入增加——基于苏、桂、鄂、黑四省（区）农户调查数据的实证分析[J]. 中国农村经济, 2016（10）: 39-50.

[869] Allanson P. Marginal analysis of income mobility effects by income source with an application to the agricultural policy mix[J]. Journal of Agricultural Economics, 2019, 70(1): 259-266.

[870] 罗必良. 农业供给侧改革的关键、难点与方向. 农村经济, 2017（1）:
7-16

[871] 罗必良. 合约短期化与空合约假说: 基于农地租约的经验证据[J]. 财
经问题研究, 2017（1）: 10-21.

[872] 胡新艳, 洪炜杰. 农地租约中的价格决定: 基于经典地租理论的拓展
分析[J]. 南方经济, 2016（10）: 1-11.

[873] 李毅. 土地流转中的乡村基层政府与人情干预——基于浙北 A 乡的考
察[J]. 江西行政学院学报, 2015（3）: 74-80.

[874] 张莘锟, 杨明婉. 农户非农转移与土地流转契约的选择逻辑[J]. 农业
经济, 2021（8）: 84-86.

[875] 史清华, 贾生华. 农户家庭农地要素流动趋势及其根源比较[J]. 管理
世界, 2002（1）: 71-78.

[876] 贺振华. 农户兼业及其对农村土地流转的影响——一个分析框架
[J]. 上海财经大学学报, 2006, 8（2）: 72-78.

[877] Carter M, Yao Y. Administrative vs. market allocation in rural China[R].
Mimeo, University of Wisconsin-Madison, 1998.

[878] Feder G, Onchan T, Chalamwong Y, et al. Land policies and farm
productivity in Thailand[M]. Johns Hopkins University Press, Baltimore,
MD, 1988.

[879] Bromley D W. A most difficult passage: the economic transition in
central and eastern europe and the Former Soviet Union [J]. Journal of
Transforming Economies and Societies, 2000, 7(3): 3-23.

[880] Dong X-Y. Two-tier land tenure system and sustained economic growth
in post-1978 rural China[J]. World Development, 1996, 24(5): 915-928.

[881] Bogaerts T, Williamson L, Fendel E. The role of land administration in the
accession of Central European Countries to the European Union[J]. Land
Use Policy, 2002, 19(1): 29-46.

[882] McAfee P, McMillan J. Auctions and bidding[J]. Journal of Economics
Literature, 1987(25): 699-738.

[883] 廖屹. 基于博弈理论的发电权交易研究[D]. 成都：西南交通大学，2008.

[884] Wilson R. Incentive efficiency of double auctions[J]. Econometrica, 1985, 53(5): 1101-1115.

[885] Smith V L. An experimental study of competitive market behavior [J]. Journal of Political Economy, 1962(70): 11-137.

[886] 詹文杰，汪寿阳. 评"Smith 奥秘"与双向拍卖的研究进展[J]. 管理科学学报，2003，6（1）：1-12.

[887] Chatterjee K, Samuelson W. Bargaining under incomplete information [J]. Operations Reasearch, 1983 (31): 835-851.

[888] Satterthwaite M A, Williams S R. The Bayesian theory of the k_Double auction [M]. In the Double Auction Market: Institutions, Theories, and Evidence, Edited by Daniel Friedman and John Rust, New York: Addison Wesley, 1993: 99-123.

[889] Friedman D. A simple testable model of double auction markets [J]. Journal of Economic Behavior and Organization, 1991 (15): 47-70.

[890] Sadrieh A. The alternating double auction market: a game theoretic and experimental investigation [M]. Berlin; New York: Springer, 1998.

[891] 范小勇，石琴. 基于影子价格的组合双向拍卖交易价格研究[J]. 管理科学学报，2008，11（5）：16-22.

[892] 詹文杰. 基于实验经济学的双向拍卖研究[D]. 武汉：华中科技大学，2002.

[893] Gode D K, Sunder S. Allocative efficiency of markets with zero intelligence (ZI) traders: market as a partial substitute for individual rationality[J]. Journal of Political Economy, 1993 (101): 119-137.

[894] Cliff D, Bruten J. Zero is not enough: on the lower limit of agent intelligence for continuous auction markets [R]. The First Hewlett_Packard International Workshop on Interacting Software Agents, Bristol, September 1996.

[895] 方德斌，王先甲. 电力市场下发电公司和大用户间电力交易的双方叫价拍卖模型[J]. 电网技术，2005，29（6）：32-36.

[896] 王庆，王先甲. 基于博弈论的水权交易市场研究[J]. 水利经济，2006，24（1）：16-18.

[897] 付静，邵培基，杨小平. 在线双向拍卖中的不完全信息博弈仿真研究[J]. 管理学报，2006，3（6）：376-380.

[898] 刘波，曾勇，李平. 基于连续双向拍卖的金融市场微观结构综述[J]. 管理工程学报，2007，21（2）：91-100.

[899] Armstrong M. Competition in two-sided markets[J]. Rand Journal of Economics, 2006(37): 668-691.

[900] Armstrong M, Wright J. Two-sided markets, competitive bottlenecks and exclusive contracts[J]. Economic Theory, 2007(32): 353-380.

[901] Armstrong M. Two-sided markets: economic theory and poliey implications[D]. University College London, 2004.

[902] Roehet J, Tirole J. Defining two-sided markets. Mimeo, IDEI[D]. University of Toulouse, 2004.

[903] Wright J. One-sided logie in two-sided markets[J]. Review of Network Economics, 2004, 3(1), 44-64.

[904] 陈宏民，胥莉. 双边市场——企业竞争环境的新视角[M]. 上海：上海人民出版社，2007.

[905] Hagiu A. Two-sided platforms: pricing and social efficiency[R]. IDEI, 2004.

[906] 纪汉霖，管锡展. 双边市场及其定价策略研究[J]. 外国经济与管理，2006，28（3）：16.

[907] 马永开，钟林. 四川失地农民创业因素分析[J]. 四川年鉴，2007.

[908] 访谈结果表明，农户对土地流转有三个担忧：一是对土地的感情难以割舍，不愿流转；二是土地收入还是主要生活来源，不能流转；三是怕在交易中吃亏，卖不起价钱，不敢流转。

[909] 周其仁. 重视成都经验，探索城乡统筹[J]. 中国国土资源报，2009：7，13.

[910] 综合成都年鉴社 2021 年卷《成都年鉴》、《四川省人民政府关于同意设立成都东部新区的批复》（川府函〔2020〕84 号）。

[911] 成都年鉴社——2021 年卷《成都年鉴》（数据统计周期截至 2020 年 12 月）。

[912] 成都市人民政府. 实施乡村振兴战略 探索公园城市乡村表达[EB/OL]. [2022-06-08]. http://www.chengdu.gov.cn/chengdu/c151967/2022-06/08/ content_dfb55306cb5241e8ad96f206c08693f1.shtml.

[913] 成都市政府办公厅. 2022 年成都市人民政府工作报告[EB/OL]. [2022-01-30]. http://gk.chengdu.gov.cn/govInfo/detail.action?id=3259093&tn=2.2022.01-30.

[914] 四川日报. 土地是不是也可以流动起来？成都市农业农村局（市乡村振兴局、市供销社）[EB/OL]. [2021-05-19]. http://cdagri.chengdu.gov.cn/nyxx/c109513/2021-05/19/content_e8684e106d6e455d986951d9779be8f0.shtml.

[915] 成都发明了"村庄评议会"（有的地方叫"村资产管理小组"），把历史上担负过村庄公共管理责任的长者推举出来，由他们根据对多年来没有可靠文本记录的土地、房产变动的回忆，解决确权的疑难问题。

[916] 成都市人力资源和社会保障局. 成都市人力资源和社会保障局 2021 年工作总结和 2022 年工作打算[EB/OL]. [2022-01-24]. http://cdhrss.chengdu.gov.cn/cdrsj/c109724/2022-01/24/content_b1091678461a475d8357175460147beb.shtml.

[917] 本书没有将农地外部流转纳入研究范围，但是在制度和政府职能定位的分析框架下，逻辑上是相通的。

[918] 四川省农业农村厅. 成都市强化现代农业园区建设推进乡村产业振兴[EB/OL]. [2022-03-18]. http://nynct.sc.gov.cn//nynct/c100700/2022/3/18/5f74b7915e5e4fca9f334377c2a71b10.shtml.

[919] 四川省人民政府. 今年成都市将实现土地适度规模经营率逾 53% [EB/OL]. [2017-01-13]. https://www.sc.gov.cn/10462/10464/10465/10595/2017/1/13/10410918.shtml.

[920] 四川省人民政府办公厅. 四川省人民政府关于实施支持农业转移人口市民化若干财政政策的通知（川府发〔2016〕65 号）[EB/OL]. [2016-12-30]. https://www. sc.gov.cn/10462/c103044/2017/1/6/3fcba2fa810b40d59b49464e85e64353.shtml.